A PSICOGRAFIA ANTE OS TRIBUNAIS

Miguel Timponi

A PSICOGRAFIA ANTE OS TRIBUNAIS

(O caso Humberto de Campos)

No seu tríplice aspecto:
Jurídico
Científico
Literário

Copyright © 1959 by
FEDERAÇÃO ESPÍRITA BRASILEIRA – FEB

7ª edição – 3ª impressão – 5 mil exemplares – 11/2015

ISBN 978-85-7328-654-0

Todos os direitos reservados. Nenhuma parte desta publicação pode ser reproduzida, armazenada ou transmitida, total ou parcialmente, por quaisquer métodos ou processos, sem autorização do detentor do *copyright*.

FEDERAÇÃO ESPÍRITA BRASILEIRA – FEB
Av. L2 Norte – Q. 603 – Conjunto F (SGAN)
70830-106 – Brasília (DF) – Brasil
www.febeditora.com.br
editorial@febnet.org.br
+55 61 2101 6198

Pedidos de livros à FEB
Gerência comercial
Tel.: (61) 2101 6168/6177 – comercialfeb@febnet.org.br

Texto revisado conforme o Novo Acordo Ortográfico.

Dados Internacionais de Catalogação na Publicação (CIP)
(Federação Espírita Brasileira – Biblioteca de Obras Raras)

T586p   Timponi, Miguel, 1893–1964

          A psicografia ante os tribunais: o caso Humberto de Campos: no seu tríplice aspecto: jurídico, científico, literário /Miguel Timponi. – 7. ed. – 3. imp. – Brasília: FEB, 2015.

          488 p.; 21 cm

          ISBN 978-85-7328-654-0

          1. Espiritismo. 2. Psicografia – Processo. 3. Campos, Humberto de (Espírito). 4. Xavier, Francisco Cândido, 1910-2002. 5. Direitos Autorais. I. Federação Espírita Brasileira. II. Título. II. Título: O caso Humberto de Campos.

                                                               CDD 133.9
                                                               CDU 133.7
                                                               CDE 90.01.00

SUMÁRIO

Duas palavras 9
Petição inicial 13
Preliminar 14
De meritis 40
Dos estudos psíquicos — Experiências — O parecer dos sábios ... 115
Literatura de Além-túmulo 188
Os dois Humbertos 215
Despacho saneador 249
Contraminuta dos agravados 255
Tribunal de Apelação do Distrito Federal — Acórdão da Quarta Câmara 293
Apêndice 307
   Palavras de Humberto de Campos 309
   Patrimônio da coletividade o nome de Humberto de Campos —
      Dr. Augusto Pinto Lima 313
   A questão judicial que propuseram contra a Federação
      Espírita — Dr. Jônatas Otávio Fernandes 317
   Vida forense — Dr. Plínio Barreto 323
   A questão suscitada pela família do escritor Humberto
      de Campos — Dr. Aníbal Vaz de Melo 331
   Aspectos da questão em face da lei brasileira — Dr. Hugo
      Baldessarini 337

Opinam os protestantes sobre o rumoroso caso — Dr. Galdino Moreira 343

Cidadão do outro mundo — Dr. F. L. de Azevedo Silva 347

A identificação dos Espíritos — Barão de Itararé 353

São verdadeiras as obras de Além-túmulo — Dr. Sílvio Brito Soares 355

É uma realidade o fenômeno espírita — Prof. M. Tenório d'Albuquerque 361

Como se comportou a Academia de Ciências de Lisboa em face dos estranhos fenômenos... — Dr. Saladino de Gusmão 365

Djalma Andrade e outros intelectuais viram "coisas que os assombraram" — Dr. Djalma Andrade 369

O depoimento de Melo Teixeira — Prof. Dr. J. Melo Teixeira 373

Fala o MM. Juiz de Pedro Leopoldo — Sr. Walter Machado 381

O Espírito de Chopin — Edmundo Lys 383

Impressões do Sr. Campos Brinfeld — Sr. Campos Brinfeld 385

Nas fronteiras de dois mundos — *Gazeta Judiciária* 389

O estilo é o homem? — Dr. Mário Matos 393

Trechos da longa entrevista do desembargador Floriano Cavalcanti, ao *Diário*, de Natal — Dr. Floriano Cavalcanti 401

Janela aberta — Dr. R. Magalhães Júnior 405

Espiritismo e Ciência — Desembargador J. Flósculo da Nóbrega 409

Chico Xavier — Dr. Mário Donato 415

Fala o Líder — G. Mirim 419

Piparote ao Futurismo — Eça de Queirós (Espírito) 423

Julgando opiniões — Eça de Queirós (Espírito) 431

Parte do interessante inquérito promovido por *O Globo*, em 1935 435

Um punhado de versos recolhidos do arquivo de Chico Xavier ... 443

Emmanuel leva-nos a uma audaciosa excursão para lá dos limites
da matéria! 447
Chico Xavier responde a três delicadas perguntas de um
estudioso em assuntos financeiros 455
Quatro perguntas de Direito Penal e quatro respostas
avançadas 463
"Não se pode negar. Estamos diante de fenômeno lídimo, visto,
presenciado" 437
No rumo de novas revelações 471
Emmanuel dá por finda a sua missão 475
Berthelot, o frio pesquisador da matéria, fala-nos agora... 481

DUAS PALAVRAS

Ao tomar conhecimento de que a Exma. Sra. D. Catharina Vergolino de Campos, viúva do brilhante e saudoso escritor Humberto de Campos, havia ingressado em juízo com uma ação declaratória contra a Federação Espírita Brasileira, providenciei imediatamente para que a nossa contestação fosse apresentada, bem como a de Francisco Cândido Xavier, a quem deveríamos defender.

Convidado para patrono da causa, o Sr. Dr. Miguel Timponi se recusou a aceitá-la sob o fundamento de que lhe minguaria tempo para aparelhar a defesa e apresentar contestação no curto prazo que é concedido pela Lei, tendo em vista a relevância da matéria e a extensão que seria necessária dar ao trabalho.

Contudo, não me dei por vencido. Organizei um grupo de valiosos colaboradores que lhe poderiam facilitar a tarefa, um serviço de datilografia, um outro de informações e insisti junto ao Dr. Timponi para obter, como afinal obtive, a sua aquiescência em patrocinar a defesa.

Entre os excelentes colaboradores da contestação que ora se encontra enfeixada neste volume, devo salientar o Dr. Carlos Imbassahy, príncipe dos polemistas do Espiritismo em terras de Santa Cruz, que se encarregou da parte documental científica dos fenômenos espíritas; o Sr. Indalício Mendes, jornalista e cultor das belas-letras, que teve aos seus cuidados o árduo estudo comparativo das obras literárias de Humberto-Homem e Humberto-Espírito; o Sr. Jaime Cisneiros, que se tornou o elemento precioso de ligação entre os vários setores.

Na parte processual, teve ainda o Dr. Miguel Timponi a colaboração dos ilustres advogados do nosso foro, Drs. Nélson Martins Paixão e Francisco Nogueira, aos quais igualmente apresento os meus agradecimentos.

Na impossibilidade de me dirigir a todos quantos me enviaram espontaneamente sugestões e indicações, e demonstraram o seu grande interesse pela causa, deixo aqui consignado, em nome da Federação Espírita Brasileira, o meu reconhecimento.

Tem, portanto, este livro a sua razão de ser: em primeiro lugar, porque não seria possível atender aos pedidos de toda a parte do país e até do estrangeiro, em que me eram solicitadas cópias da defesa, senão reunindo-a em volume acessível a todos; em segundo lugar, porque, publicando este livro, a Federação presta uma homenagem ao seu patrono, que tão dedicadamente se encarregou da defesa, fazendo o prodígio de improvisar e apresentar uma obra desse vulto em pouco mais de uma dezena de dias.

Ergo o meu coração em prece a Jesus para pedir que ampare e abençoe esse Espírito de Luz que se chamou Humberto de Campos, o qual, em santificada missão, despertou o povo para a grande causa da Espiritualidade — numa evolução profética:

"BRASIL — CORAÇÃO DO MUNDO, PÁTRIA DO EVANGELHO".

A todos os confrades, e àqueles que, espontaneamente, muito colaboraram com entrevistas em nossos jornais e revistas, em nome da Federação Espírita Brasileira, a minha gratidão.

A. WANTUIL DE FREITAS
Presidente da Federação Espírita Brasileira

Rio de Janeiro, agosto de 1944.

PETIÇÃO INICIAL

EXMO. SR. DR. JUIZ DA 8ª VARA CÍVEL

A Federação Espírita Brasileira e Francisco Cândido Xavier requerem a V. Exa. se digne mandar juntar aos autos da ação declaratória que lhes promove a Exma. Sra. D. Catharina Vergolino de Campos a inclusa contestação.

A primeira suplicante, Federação Espírita Brasileira, foi regularmente citada na pessoa de seu presidente no dia 31 de julho próximo findo. O segundo suplicante, Francisco Cândido Xavier, tendo ciência dos termos da ação proposta, prescinde da sua citação, suprindo-a com o seu comparecimento espontâneo, na forma do art. 165 § 1º do Código de Processo Civil.
J. esta aos autos,

P. deferimento.
Rio, 8 de agosto de 1944.

• • •

CONTESTAÇÃO

Contestando a ação declaratória que lhes promove a Exma. Sra. D. Catharina Vergolino de Campos, viúva, brasileira, proprietária, residente em Niterói, estado do Rio de Janeiro.

A PSICOGRAFIA ANTE OS TRIBUNAIS

DIZEM

a Federação Espírita Brasileira, sociedade civil, cuja sede é nesta cidade, à Avenida Passos, nº 30, e única responsável perante terceiros pela sua Livraria Editora, e Francisco Cândido Xavier, brasileiro, solteiro, funcionário público federal, residente e domiciliado em Pedro Leopoldo, estado de Minas Gerais, nesta e na melhor forma de direito, o seguinte:

E.S.N.

PRELIMINARMENTE

1. A Autora, na qualidade de viúva do inesquecível escritor Humberto de Campos, propõe a presente ação declaratória, alegando que:

"1) — Em condomínio com seus filhos Lourdes, Henrique e Humberto, é titular dos direitos autorais oriundos da vasta e brilhante obra literária produzida por seu falecido marido, acima citado (doc. 1).

2) — Posteriormente à morte do grande escritor, começaram a surgir, como é público e notório, inúmeras produções literárias, atribuídas ao 'espírito' de Humberto de Campos e, segundo versão e técnica espíritas, 'psicografadas' pelo 'médium' mineiro Francisco Cândido Xavier (brasileiro, solteiro, residente em Pedro Leopoldo, no estado de Minas), as quais, reunidas em volumes, vêm sendo editadas pela 'Livraria Editora da Federação Espírita Brasileira' na coleção intitulada 'Biblioteca de Filosofia Espiritualista Moderna e Ciências Psíquicas' (docs. 2, 3, 4, 5 e 6).

3) — Com essa procedência, nada menos de cinco volumes, contendo algumas dezenas de produções cada um, já foram editados, sob os títulos e pelos preços abaixo mencionados:

Novas Mensagens (em 2ª edição) — Broch. Cr$ 4,00. Encad. — Cr$ 7,00.
Boa Nova (em 2ª edição) — Broch. — Cr$ 6,00. Encad. — Cr$ 9,00.
Reportagens de Além-túmulo (1ª edição) — Broch. — Cr$ 8,00. Encad. — Cr$ 12,00.
Brasil, coração do mundo e pátria do Evangelho (em 3ª edição) — Broch. — Cr$ 7,00. Encad. — Cr$ 10,00.
Crônicas de Além-túmulo (em 3ª edição) — Broch. — Cr$ 5,00. Encad. — Cr$ 8,00, notando-se que este último livro está sendo traduzido para o castelhano e em breve será lançado no mercado argentino.

Contêm esses volumes, na capa, acima do título e logo abaixo do timbre da coleção ('Biblioteca de Filosofia Espiritualista Moderna e Ciências Psíquicas'), o nome do 'médium psicógrafo', e após o título da obra, e entre parênteses, a expressão 'do espírito de Humberto de Campos', (docs. 2, 3, 4, 5 e 6). Na primeira página, logo após a capa, lê-se apenas o título da obra e em seguida a expressão 'do espírito de Humberto de Campos' (docs. 2, 3, 4, 5 e 6). No verso dessa página encontra-se uma relação de obras 'psicografadas' pelo 'médium' Francisco Cândido Xavier, todas compreendidas na seguinte designação: 'Produções do médium Francisco Cândido Xavier' ou 'Produções mediúnicas de Francisco Cândido Xavier', mas com o aditamento, entre parênteses: 'Ditado pelo Espírito de Humberto de Campos' ou de outro 'desencarnado' (vide o verso dos docs. 2, 3, 4, 5 e 6). Na página seguinte repete-se o nome da obra, seguido da expressão 'Ditada pelo Espírito de Humberto de Campos', aparecendo sempre com grande destaque o prestigioso nome do privilegiado escritor.

4) — Essas obras vêm sendo vendidas livremente, aos preços já referidos, sem 'controle' de quem quer que

seja — e inteiramente à revelia da Suplicante e de seus filhos, condôminos dos direitos autorais da obra literária de Humberto de Campos — com grande êxito de livraria, dado o fato de ser atribuída a quem, como Humberto de Campos, sempre desfrutou, como escritor, de grande popularidade entre o público brasileiro de todos os níveis intelectuais.

5) — A Suplicante e seus filhos, diante da celeuma provocada pelo aparecimento dessa vasta e ininterrupta produção literária, têm mantido, até agora, discreta atitude — de pura expectativa — aguardando que críticos literários ou cientistas proferissem a última palavra a respeito do fenômeno. A polêmica que se vem travando em torno do assunto promete, entretanto, não ter fim. E vem se avolumando — dado o silêncio sistemático da Suplicante e de seus filhos — a corrente dos que supõem que a família de Humberto de Campos, não só vem auferindo vantagens financeiras com a publicação dessas obras, como — por interesse de publicidade em torno do nome do glorioso escritor falecido — procura provocar e alimentar as discussões que se vêm travando pela imprensa, o que lhe cria verdadeiro constrangimento diante dos editores da obra produzida durante a vida do seu marido — W. M. Jackson Inc. Editores — com os quais tem contrato firmado e não extinto, sendo compreensível que tais editores se julguem prejudicados com a publicação das obras ditas 'psicografadas', prejuízo, que, aliás, atinge a própria Suplicante e seus filhos.

6) — Sem querer entrar no exame do mérito literário dessas produções — obtidas, segundo versão espírita, por métodos 'mediúnicos' — deseja a Suplicante que V. Exa., submetendo a hipótese — para sua elucidação — a todas as provas científicas possíveis, se digne declarar, por sentença, se essa obra literária É OU NÃO DO 'ESPÍRITO' DE HUMBERTO DE CAMPOS.

No caso negativo, se — além da apreensão dos exemplares em circulação — estão os responsáveis pela sua publicação:

a) — passíveis da sanção penal prevista em os artigos 185 e 196, do respectivo Código.
b) — proibidos de usar o nome de Humberto de Campos, em qualquer publicação literária.
c) — sujeitos ao pagamento de perdas e danos, nos termos da Lei Civil.

No caso afirmativo, isto é, se puder ficar provado que a produção literária em apreço é do 'Espírito de Humberto de Campos' deverá V. Exa., *data venia* declarar:

a) — se os direitos autorais pertencerão exclusivamente à família de Humberto de Campos ou ao mundo espírita, representado, entre nós, pela Federação Espírita Brasileira; devendo, outrossim, ficarem definidos não só o caráter da intervenção do 'médium' como os limites — sob o ponto de vista literário e econômico — da sua participação.
b) — se, reconhecidos os direitos da família de Humberto de Campos, poderão os titulares desses direitos dispor livremente dessa bagagem literária, sem quaisquer restrições, como dispõem da obra produzida ao tempo do desaparecimento do escritor.
c) — se a Federação Espírita Brasileira e a Livraria Editora da mesma Federação estão passíveis das sanções previstas na Lei, pela publicação das obras referidas nos itens 2 e 3, sem a prévia permissão da família do escritor.

Para esse fim, requer a Suplicante a V. Exa. se digne mandar citar a Federação Espírita Brasileira e a Livraria Editora da referida Federação, com sede ambas à Avenida

Passos, nº 30, nesta capital (na pessoa de seus representantes legais), bem como, mediante precatória, o 'médium' Francisco Cândido Xavier, residente no local acima referido, para virem responder aos termos da presente ação declaratória, permitida pelo § único do art. 2º do Código de Processo Civil.

A Suplicante não desconhece as dificuldades de ordem legal com que terá V. Exa. que se haver para decidir o presente pleito, dado o silêncio da Lei vigente em relação às hipóteses que os fenômenos 'mediúnicos' farão surgir ao espírito do Magistrado, obrigando-o a estabelecer normas de caráter excepcional como 'se fosse legislador', tendo em vista os direitos tradicionais da família do escritor, em face dos novos e estranhos acontecimentos pelos quais a Ciência Oficial tem, até agora, demonstrado indiferença.

Pouco importará, entretanto, o silêncio da Lei, se tais fenômenos puderem ser positivamente verificados, o que, *data venia* obrigará o Magistrado a deles conhecer e a lhes dar solução que concilie os interesses de vária ordem que se defrontam, harmonizando os princípios do direito natural com a nova doutrina, de caráter sobrenatural, por enquanto pelo menos. Protesta-se pela realização de demonstrações mediúnicas a serem produzidas — com a imprescindível colaboração dos Suplicados — para verificação da sobrevivência e operosidade do 'espírito' de Humberto de Campos, bem como por exames gráficos, estilísticos e de escrita, e ainda por precatórias, depoimento pessoal dos Suplicados e prova testemunhal".

2. É evidentemente ilícito, isto é, contrário à lei, o pedido da Autora.

Senão, vejamos.

Pede a inicial que o Poder Judiciário declare por sentença se É OU NÃO do Espírito de Humberto de Campos a obra literária que menciona, o que vale dizer — que declare, por sentença, a sobrevivência ou não do Espírito e a possibilidade ou impossibilidade da sua comunicação com os vivos.

Ora, a tese da sobrevivência do Espírito constitui precisamente a velha controvérsia que divide as doutrinas religiosas, as escolas filosóficas e as correntes científicas.

Como poderão os nossos tribunais dirimir uma contenda dessa natureza? Afirmar ou negar a sobrevivência do Espírito seria, em última análise, decretar a oficialização de um princípio religioso, filosófico ou científico.

Seria isso possível?

Não. Respondem os estatutos políticos de todas as nações cultas do mundo. Não. É o que confirma a nossa Constituição, que garante a liberdade de crença e de culto religioso (Const., art. 122 nº 4).

O Estado, portanto, que outorga e consagra a liberdade religiosa, que respeita e obriga a respeitar o exercício dos diversos cultos, não pode e não deve intervir nas suas controvérsias, sem a ab-rogação desse preceito constitucional.

"O Estado", di-lo Castro Nunes (*Teoria e prática do Poder Judiciário*, pág. 68), "é *uno* na sua estruturação, no sentido de que a existência dos três poderes (Legislativo, Executivo e Judiciário) não quebra a unidade, não é uma separação com a recíproca hostilidade que estava na base da antiga concepção. O Estado é, a um tempo, o poder que legisla, o poder que executa e governa e o poder que aplica as leis na realização do direito. Os tribunais não formam um poder fronteiro aos dois outros, não defrontam o Executivo e o Legislativo, são o próprio Estado na sua *função judicante.*"

Afirmar ou negar, reconhecer ou repudiar princípios religiosos ou filosóficos seria afastar-se o Estado da neutralidade que se traçou, sem, entretanto, conseguir, na realidade, impor o seu sistema ou a sua teoria. Seria extravagante e inexequível essa *impositio silentii* às questões de consciência e de foro íntimo.

Enquanto os guardas aduaneiros revistavam as malas de Henrique Heine (*Deutschland*, cap. II, *apud* Carlos Maximiliano, *Constituição Brasileira*, pág. 710), procurando livros proibidos, cantava, em voz baixa, o poeta:

"*Ihr Thoren, die ihr im Koffer sucht!*
Hier werdet ihr nichts entdecken!
Die contrebande, die mit mir reist,
Die hab'ich im Kopfe stecken".

("Insensatos que estais revolvendo a minha bagagem! Aí não descobrireis nada; o contrabando que viaja comigo, eu o conservo encerrado na cabeça.")

Compreende-se perfeitamente a que absurdos seríamos arrastados se fosse dada aos tribunais competência para julgar semelhantes pleitos.

O advogado Charles Ledru, pronunciando uma defesa no Tribunal de Paris, quando mais acesa prosseguia a luta entre alopatas e homeopatas, exclamava:

"Ora, admitindo o sistema do Sr. Procurador em Bressuire, que acontecerá no mundo judiciário? Aqui, um procurador alopata fará condenar à prisão todos os homeopatas; ali, um juiz homeopata fará condenar à penitenciária os alopatas; e assim procederão os juízes de instância e de apelação à voz do Ministério Público, uns sob a bandeira de Brown, outros sob a de Broussais, e ainda outros sob a de Hahnemann. Para chamar à razão os cavaleiros dessa nova cruzada, será necessário criar, no Tribunal de Cassação, uma sessão médica que estabeleça os bons princípios em relação à enxaqueca e a verdadeira jurisprudência em matéria de remédios. Vede quão ridículo se torna resolver por violências, difamações, prisões e ultrajes, quaisquer questões de Ciência. Talvez, quem sabe, não haja uma só cuja perfeita solução seja possível à fraqueza da nossa inteligência e que nestas coisas só haja de verdade o grito sublime do poeta, perguntando ao seu gênio onde estava a sabedoria:

> *Socrate la cherchait aux beaux jours de la Grèce.*
> *Platon, à Sunium, la cherchait après lui!*
> *Deux mille ans sont passés, je la cherche aujourd'hui.*
> *Deux mille ans passeront, et les enfants des hommes*
> *S'agiteront encore dans la nuit où nous sommes!...*".

Estava com a razão o eloquente tribuno. Os nossos magistrados hão de sentir-se à vontade, dentro da sua elevada concepção do Direito e da Justiça, porque não serão constrangidos a um pronunciamento semelhante, não serão coagidos a uma catalogação de arestos e julgados e à formação de uma jurisprudência *sui generis*, em que teriam que repetir com Rui Barbosa: "Vejo a Ciência que afirma Deus; vejo a Ciência que prescinde de Deus; vejo a Ciência que proscreve Deus; e entre o espiritualismo, o agnosticismo, o materialismo, muitas vezes se me levanta da razão esta pergunta: Onde está a Ciência? A mesma névoa, que a princípio se adensara sobre as inquietações do crente, acaba por envolver o orgulho do sábio. A mesma dúvida, que nos arrastara das tribulações da fé ao exclusivismo científico, pode reconduzir-nos do radicalismo científico à placidez da fé".

Já agora temos a garantia formal de que os nossos tribunais não intervirão em contendas dessa natureza. É o que ressalta do venerando acórdão da Egrégia 1ª Câmara do Tribunal de Apelação do Distrito Federal, proferido na Apelação Criminal nº 4.934, de que foi relator o Exmo. Sr. Desembargador José Duarte, cujas principais conclusões transcrevemos:

> Há, com efeito, uma linha divisória entre o objetivo e o subjetivo, entre o verdadeiro e o falso, na eterna e renovada investigação do sobrenatural, porém, a lei penal estaca diante do incognoscível que lhe não cabe sondar. Os aplicadores da lei, com a clara e pessoal visão da harmonia do mundo, se contentam com saber que na Natureza tudo é vida, é energia, é movimento, é beleza, e paira, ainda, para muitos Espíritos, um nebuloso mistério — o Além. *Il y a un rétour à la vie*; *les vivants naissent des morts*. (*Phedon* — Platão, trad. Menier, 1922, pág. 115.) É o primeiro filósofo enfrentando o problema. Mas a controvérsia subsiste...
> Todavia, para resolver os seus problemas penais, no campo positivo e prático, os juízes precavidos e experientes não descambam para as discussões metafísicas, não se perdem nas induções falazes, nem se inclinam para as especulações dos filósofos, dos quais disse Cícero — *nihil est tam absurdi, quod non dicantur ab aliquo Philosophorum*. Que lhes interessam neotomistas ou renovadores da filosofia de Santo Tomás, como Blondel e Maritain, os cartesianos, os kantianos, os idealistas, os bergsonianos ou transformadores do Espiritualismo e da introspecção psicológica, os comtianos?
> Grasset, estudando o maravilhoso; Richet, o criador da Metapsíquica, examinando os fenômenos da telecinesia, ectoplasmia e criptestesia; Crookes, Wallace, Zöllner, Delanne, Lodge, tentando resolver os problemas espíritas — são, todos, respeitáveis e prestimosos nos seus pontos

de vista, mas da mesma sorte indiferentes à Justiça Penal que lhes não pede subsídios, pela razão óbvia de não discutir, nem decidir matéria de Ciência ou de Religião.

E, decisivamente, o venerando acórdão deixa claro o seu pensamento com estas vigorosas expressões:

Princípios morais, políticos, filosóficos, produtos da época e da razão, índices de uma cultura ou expressão de uma tendência histórica, não têm alterado, neste particular, os cânones em que assenta a liberdade de consciência de que se orgulham os povos. Não há, propriamente, cultos proscritos, nem para as crenças se elaboraram as leis repressivas. As sanções ultraterrenas são as que lhe competem e essas nos escapam. Viva ou não o homem acorrentado ao mistério, nutrido da sua fé, é indiferente ao Estado.
Seria um eclipse na cultura do Brasil, senão monstruosidade jurídica, juízes negarem ao Espiritismo o direito de viver, expandir-se como culto, doutrina, filosofia. Constituiria isso uma afronta à Razão e à Liberdade. Da mesma sorte que o Catolicismo, o Presbiterianismo, o Positivismo, o culto israelita, o Budismo, o Teosofismo, o Espiritismo e todas as doutrinas reveladas, que são superiores à razão, encontram amparo no texto constitucional, porque todas essas crenças, penetradas de espiritualismo, contribuem para a boa formação da moral leiga, que só o hedonismo, fundado pelo infiel discípulo de Sócrates, desfigura com se enfeitar no prazer e na dor. Nas máximas de Confúcio, no *Zend Avesta*, no *Veidanas Edda*, nos poemas sânscritos, no *Alcorão*, no *Talmude*, no Novo Testamento, na *Bíblia*, na Cartilha Positivista, no Catecismo Espírita, há, sempre, benefícios espirituais

para a Humanidade. A moral de Epicteto, de Aristóteles, de Marco Aurélio, de Sêneca, porém, posto salutares, não valem, na essência, a moral cristã. Liberdade e religião são sócias e não inimigas. Não há religião sem liberdade. Não há liberdade sem religião. O despotismo é que passará sem fé; a liberdade não passa (Rui Barbosa) e, no Brasil, posto se pudesse dizer com o juiz americano Kent — nós somos um povo cristão e a nossa moralidade política está profundamente enxertada no Cristianismo — certo é que se encontra clima propício à expansão espiritual de todas as religiões, sem monopólios, sem conflitos. Na comunhão brasileira, nacionais e estrangeiros, fiéis às suas origens étnicas e históricas, e às suas tradições, bem se entendem na prática de suas crenças e na integridade de seu sentimento religioso.

Nem se diga que, na espécie, foram articulados fatos concretos, objetivos, que, embora resultantes da prática de um culto, de uma crença ou filosofia, invadem a esfera do direito comum, justificando-se, em tais circunstâncias, a intervenção do Poder Judiciário.

Procederia o reparo se o *petitum conclusum* se mantivesse restrita e rigorosamente dentro dessa objetividade, porque, nas mesmas circunstâncias, os fatos objetivos devem ser tratados também objetivamente.

Ultrapassou a petição inicial esse limite e estabeleceu, como indagação de fundo, a tese da sobrevivência do Espírito e da comunicação com os vivos.

Inverteu-se, desse modo, a questão: — os fatos objetivos, como os referentes ao direito autoral, ao uso do nome etc., indicados na inicial, estão na dependência da discussão ou do pronunciamento sobre o fato subjetivo.

Entrosados assim nesse pronunciamento, e não destacados, como se fazia mister, não é possível à Justiça tomar deles conhecimento por via da presente ação declaratória, sem desrespeito ao princípio constitucional.

Intranquila e apreensiva estaria a consciência dos fiéis de todas as crenças e religiões, se não lhes fosse mantida a segurança de que o Estado não lhes pode policiar as questões de foro íntimo.

Não permitir o seguimento da presente ação, nos termos em que foi colocada, será a afirmação do prestígio e do respeito que merece a Justiça brasileira.

O interesse passa a ser menos das partes litigantes do que da própria magistratura, que se veria, assim, envolvida nesse *mare magnum* de altas e transcendentes controvérsias, acompanhada do séquito indomável das paixões humanas, submetida eternamente às críticas irreverentes que a majestade do seu ministério não deve permitir, jungida à exacerbação e à exaltação das consciências violentadas e feridas.

3. Ilícito e juridicamente impossível é, portanto, o pedido, o que autoriza o requerimento de absolvição de instância, conforme o que dispõe o art. 201, nº III, do Código de Processo Civil.

Sobre a matéria pronunciou-se, recentemente, o Supremo Tribunal Federal, julgando o Recurso Extraordinário nº 6.263, em que aplicou aquele dispositivo para absolver o réu da instância. Merece transcrito o brilhante voto do Exmo. Sr. Ministro Waldemar Falcão:

> Essa norma do Código de Processo Civil está em perfeita harmonia com o espírito que orientou a nossa codificação processual.
> Vê-se que todo o esforço do legislador processual hodierno se orientou no sentido de tornar mais simples o andamento do processo, de fazer o que se chama — a

economia do esforço processual, de simplificar e tornar o mais acessível a todos o processamento das demandas.

Dentro dessa ordem de ideias, o legislador processual não poderia deixar de fixar-se naquele princípio, já hoje aceito pela maioria dos processualistas contemporâneos, segundo o qual há de o juiz, preliminarmente, examinar o a que se chama os pressupostos processuais, as preliminares, as questões prejudiciais que infirmariam radicalmente a lide, na sua marcha posterior. De maneira que seria aconselhável, então, pela própria necessidade de simplificar e de diminuir o esforço processual, declarar-se, desde então, se houve a prejudicial, a configuração do pressuposto processual que impediria a marcha normal do processo.

Já um dos mestres da matéria, Chiovenda, numa de suas obras clássicas, *Instituzioni di Diritto Processuale Civile*, enumera, muito bem, as categorias ou pressupostos processuais. Ele acha que se deve estabelecer primeiramente, como pressuposto processual, que haja um órgão estatal, revestido de poderes de jurisdição; segundo, que tal órgão seja objetivamente competente para conhecer do processo e subjetivamente capaz de julgar essa demanda; terceiro, que a parte que comparece em juízo tenha capacidade para agir como parte litigante, vale dizer, que tenha capacidade processual. Se essa parte não legitima sua capacidade processual; se ela não se apresentou em juízo com um pedido lícito, capaz de ser acolhido pela Justiça, e se se apresentou, ao invés, com um petitório evidentemente ilícito, e que visava a um impossível jurídico, necessariamente não se objetiva o terceiro pressuposto processual, a que se refere Chiovenda.

Nessas condições, há que se concluir que deverá o juiz declarar a objetivação da norma do art. 201, nº III, do Código de Processo Civil, absolvendo de instância o réu.

Do mesmo modo ainda decidiu o Egrégio Supremo Tribunal Federal, no Recurso extraordinário nº 3.921 (*Arquivo Judiciário*, vol. 67, pág. 352), do qual foi relator o Exmo. Sr. Ministro Orozimbo Nonato:

> Os casos de aplicação do art. 201, nº III, do Código de Processo são aqueles sós em que pode o juiz *prima facie*, pela exposição mesmo dos fatos e pela indicação das provas, reconhecer, independentemente de qualquer outro exame, que o interesse pleiteado é imoral ou ilícito. É necessário que se trate de pleito imoral e ilícito à evidência, não se justificando, então, que o juiz deixe que ele se desenvolva normalmente para, ao cabo de contas, declarar o que já se impunha ao mais ligeiro exame, ao primeiro súbito de vista: — a imoralidade ou iliceidade do interesse pleiteado.

4. Os R. R. abrem aqui um parêntesis para deixar de manifesto que sincero e leal é o seu apreço pela digna família do pranteado escritor e que lamentarão, profundamente, se no exercício do seu direito de defesa, em que somente lhes preocupa o argumento jurídico, haja de ser interpretado em sentido contrário qualquer das suas alegações.

E, prosseguindo, afirmam os R. R. que, nas mesmas condições viciosas do pedido, se encontra a indicação das provas, eis que se pretende a — "realização de demonstrações mediúnicas para verificação da SOBREVIVÊNCIA e OPEROSIDADE do Espírito de Humberto de Campos".

Ao Poder Judiciário não cabe determinar semelhante exame. Na verdade, se lhe é vedado afirmar ou negar a imortalidade da alma, defeso lhe será, igualmente, tentar a investigação nesse terreno, o que é lógico e intuitivo.

De resto, essa investigação deveria ser praticada pelos métodos espíritas e por perito versado na prática da mediunidade.

"Entende-se como perito", diz Carvalho Santos (*Código de Processo Civil Interpretado*), "a pessoa que é nomeada pelo juiz para examinar as questões de fato debatidas em uma causa e que, pelos seus conhecimentos especializados e experiência, possa esclarecê-lo, habilitando-o a proferir uma justa sentença.

O perito torna-se assim uma pessoa essencial ao juiz, sempre que a questão de fato, objeto da controvérsia, não possa ser esclarecida senão com o auxílio das regras de uma arte pouco familiar aos conhecimentos comuns dos juízes."

Seria, de qualquer modo, reconhecer e aplicar um meio de prova que é transcendente para a Justiça, e seria ainda, a princípio pelo menos, proclamar a sua eficácia e incluí-lo no sistema processual vigente, que admite em juízo todas as espécies de prova reconhecidas nas leis civis e comerciais (Código de Processo Civil, artigo 208).

Certamente, essa indicação é genérica. A lei não enumerou as provas. Mas, se devemos ficar rigorosamente dentro dos diplomas legais, não nos será defeso advertir que a perícia se faça sob as condições normais e inerentes ao fenômeno, tal como se apresenta comumente.

Não é um subterfúgio de defesa, mas uma questão de técnica afirmada e confirmada pela observação de todos os autores que proficientemente versaram o assunto. A literatura espírita é abundante e uniforme nesse sentido, o que estabelece, desde logo, a certeza de que não se trata de uma alegação imaginária ou ocasional. É o que passamos a demonstrar:

Léon Denis (*No Invisível*, Primeira parte, cap. IX) afirma que entre os homens de ciência é que se encontram os mais inveterados preconceitos e as maiores prevenções a respeito dos fatos espíritas, e diz:

> Querem eles impor a essas investigações as regras da ciência ortodoxa e positiva, que consideram os únicos fundamentos da certeza; e, se não são adotadas e seguidas essas regras, rejeitam implacavelmente todos os resultados obtidos.
>
> Entretanto, a experiência nos demonstra que cada ciência tem suas regras próprias. Não se pode estudar com proveito uma nova ordem de fenômenos, socorrendo-se de leis e condições que regem fatos de ordem inteiramente diversa. Só mediante pesquisas pessoais, ou graças a experiência nesse domínio adquirida pelos investigadores conscienciosos, e não em virtude de teorias *a priori*, é que se podem determinar as leis que governam os fenômenos ocultos. São das mais sutis e complicadas essas leis. Seu estudo exige um espírito refletido e imparcial. Mas como exigir imparcialidade daqueles cujos interesses, nomeada e amor-próprio, estão intimamente ligados a teorias ou a crenças que o Espiritismo pode aniquilar?
>
> "Para achar a verdade" — disse um notável pensador — "é preciso procurá-la com um coração simples." É, sem dúvida, por isso que certos sábios, imbuídos de teorias preconcebidas, escravizados pelo hábito aos rigores de um método rotineiro, colhem menos resultados nessas investigações do que homens simplesmente inteligentes, mas dotados de senso prático e de espírito independente. Esses se limitam a observar os fatos em si mesmos e a lhes deduzir as consequências lógicas, ao passo que o homem de ciência se aferrará principalmente ao método, ainda quando improdutivo.
>
> A ignorância das causas em ação e das condições em que elas se manifestam explica os frequentes insucessos

daqueles mesmos que, supondo dar lições aos outros, só conseguem demonstrar insuficiência das regras de sua própria ciência, quando as querem aplicar a esta ordem de pesquisas.

Nesse sentido opinam todos os investigadores, alguns dos quais passamos a indicar:

"No curso de certos períodos de sua longa carreira (refere-se à Sra. Piper), produzia-se nela uma decadência mediúnica, transitória, mas pronunciada". (E. Bozzano — *À Propos de L'introduction à la Mét.*, 1926, pág. 13.)

• • •

O Dr. Hodgson e o professor Hyslop observavam que não se deviam esquecer as dificuldades enormes e complexas que surgiam, indubitavelmente, de tal ou qual entidade espiritual comunicante, que empregava o cérebro de outrem; e, por conseguinte, não era permitido resolver com tanta desenvoltura um enigma que tinha necessidade de ser longamente examinado. O professor Hyslop fundava-se na oportuna analogia das interferências telefônicas... (Autor e obras cits., pág. 77.)

• • •

Que se saiba bem que a experimentação metapsíquica é coisa delicada e que não se improvisa.
Ela necessita, para ser frutuosa, um conhecimento aprofundado das contingências da mediunidade e dos métodos inéditos que ela impõe.
O manejo de um instrumento humano, o médium, é — diversamente do manejo acostumado dos instrumentos de

Física ou das substâncias químicas — complicado e difícil. (Gustave Geley — *L'Ectoplasmie et la Clair-voyance*, 1924, pág. 1.)

• • •

"Mas convém não esquecer que muitas vezes se conseguiram as interrupções das manifestações espíritas, alterando-se ou destruindo-se violentamente as condições indispensáveis à sua produção." (Lapponi — *Hipnotismo e Espiritismo*, pág. 248.)

• • •

Exibindo fenômenos de clarividência, de transmissão de pensamento, de leitura mental, é quase impossível que se obtenham bons resultados em presença de um incrédulo. A controvérsia entre Irving Bishop e Labouchère está ainda viva na memória dos nossos leitores. Bishop exibia com êxito, em Londres, suas admiráveis faculdades, em reuniões públicas e círculos privados. Ele demonstrara, repetidas vezes, a sua faculdade de ler os pensamentos, assim como adivinhara o conteúdo de sobrecartas fechadas e seladas, sob as mais rigorosas condições de experiência, à vista de muitos observadores competentes e merecedores de toda a confiança.

Labouchère veio pelo seu jornal e denunciou que tudo aquilo era mentira, impostura. Para provar a realidade da denúncia, colocou uma nota de valor em um subscrito fechado, oferecendo-a a Bishop se ele fosse capaz de dizer-lhe o número.

Todas as tentativas de Bishop, para ler o número, redundaram em fracasso. Não obstante, era verdade que ele havia produzido o fenômeno milhares de vezes antes, e os produziu outras tantas depois, mas o número particular daquela nota nunca pôde dizer. (Thomson Jay Hudson — *A lei dos fenômenos psíquicos*. Tradução de D. Santos, São Paulo, 1926, pág. 63.)

• • •

"Aí, ainda, o experimentador deve prestar grande atenção à observação dos fenômenos, visto que ele está arriscado a não compreender se não estiver ao corrente das leis que regem a fisiologia supranormal." (Henri Regnault — *Les Vivants et les Morts*, Durville, pág. 375.)

• • •

"Sinto" — diz o Espírito Patience Worth — "um sentimento de fraqueza infinita ao manifestar-me, porque, entrando em relação com a vossa mentalidade, retorno automaticamente às condições terrenas." (Bozzano — *À Propos de Patience Worth, Revue Spirite*, 1930, pág. 385.)

• • •

"Não há no mundo um só médium que possa garantir a obtenção de um fenômeno espírita em determinado momento." (Allan Kardec — *O Evangelho segundo o Espiritismo*.)

• • •

"Um médium possante é um instrumento extremamente delicado. Podemos prejudicá-lo, tratando-o com imperícia." "*On s'expose à le fausser en le maniant d'une main maladroite.*" (Richet — *Traité de Met.*, 2ª edição, pág. 53.)

• • •

"A mediunidade nasce espontaneamente, sem que se saiba por que, nem como, e, se tem a fantasia de desaparecer, vai sem que a possamos segurar." (Idem, pág. 52.)

Vê-se, assim, que manifesta seria a incongruência dos nossos tribunais se, para provarem fenômenos espíritas, recorressem ao próprio Espiritismo como meio de prova.

E não existindo texto algum de lei que regule as relações entre os vivos e os mortos, ao magistrado não seria lícito impor normas arbitrárias e contraproducentes, fora daquelas condições indispensáveis para a realização e verificação do fenômeno, segundo atestam, como vimos, os próprios espíritas e todos os experimentadores, mesmo não espíritas.

Essas condições ou esses requisitos, porém, são incompatíveis com a técnica processual.

Esse é o dilema:

Quid inde?

5. Não é tudo. Outras dificuldades existem que não podem ser reguladas ou legalmente removidas. Uma delas, e já se viu, é referente ao prazo processual, dentro do qual a perícia deverá estar concluída, porque ninguém poderá constranger ou obrigar a manifestação dos mortos e, principalmente, a manifestação de determinado Espírito. É impossível impor semelhante obrigação.

Não atenderiam ao pregão solene do porteiro das audiências judiciais...

O médium Francisco Cândido Xavier advertiu no *Parnaso de Além-túmulo*, em dezembro de 1931, que as comunicações sempre tiveram o cunho de espontaneidade.

O médium, observa Sousa Couto, não tem império sobre a gênese das comunicações.

Não é quando ele deseja que elas se produzem. Pode a sua vontade ser enérgica, a sua determinação ser intensa, e, contudo, o seu punho ficar parado.

De sorte que, em face da exiguidade do prazo processual, não se deve desprezar a hipótese da não ocorrência de qualquer manifestação, sem que essa circunstância, é claro, importe na negação do fato.

Os R. R. previnem, assim, qualquer conclusão precipitada em torno da possibilidade de, em qualquer parte e em qualquer tempo, vir a ser frustrada a tentativa de uma experimentação.

De resto, coerente com o seu ponto de vista em afirmar que o petitório é ilícito e juridicamente impossível, não está na sua vontade concordar com a prática de um ato processual nulo, porque a sua concordância não faria convalecê-lo, escoimando-o da eiva de nulidade:

"Il dire che un dato atto non può farsi, evidentemente si traduce nel dire che quel dato atto per legge non può esistere; e ciò che non può legalmente esistere, non può esser valido". (Salvatore la Rosa — *Sistema delle nullità*, 1901, pág. 56, nº 53.)

Efetivamente, o ato processual é nulo nos mesmos casos em que o são os atos jurídicos em geral (Pedro Batista Martins, *Coment. ao Código de Processo Civil*, vol. 3, pág. 232, nº 183) e entre esses casos estão os em que FOR ILÍCITO OU IMPOSSÍVEL O SEU OBJETO.

É necessário que fique claramente consignado que a Federação não está lançando mão de uma alegação *ad causam*, de um ardil ou de uma evasiva para furtar-se à realização da perícia. Ao contrário, é um dever moral apoiar qualquer investigação ampla, metódica, serena e rigorosa, em que sejam observadas todas as condições inerentes à produção do fenômeno e sem os atropelos dos prazos processuais.

Lamenta, por isso, que não se tenha tentado fazer essa ampla investigação como as determinadas pelas Sociedades de Pesquisas Psíquicas de Londres e dos Estados Unidos e de que resultaram conclusões e testemunhos inestimáveis.

A Ciência, mas a Ciência sem preconceitos e sem concepções apriorísticas, a Ciência que pesquisa por si mesma e sem perder-se no labirinto das palavras, no feiticismo das fórmulas, nos recuos do temor reverencial, há de traçar a orientação e o método dessas pesquisas.

"O ceticismo", diz C. Picone Chiodo, eminente criminalista e renomado advogado do foro italiano (*A verdade espiritualista*, pág. 109), "no que concerne às novas descobertas, é coisa de todos os tempos. Cremonesi negava os satélites de Júpiter, que Galileu descobrira, porque Aristóteles... deles não falava. E sabe-se que, convidado por Galileu para ir observá-los pelo seu telescópio, respondeu mais ou menos nestes termos: 'Aristóteles não fala de satélites de Júpiter, logo... eles não existem, nem podem existir, e eu não os quero ver. Verifique bem se não há no seu telescópio alguma mancha, e, se esta aí não estiver, estará nos seus olhos!'"

Conhece-se, igualmente, um professor de universidade que não queria observar ao microscópio os bacilos da tuberculose, e um sábio alemão que, a propósito dos fenômenos mediúnicos, dizia: "Não acreditarei senão quando os vir, mas como não quero perder meu tempo a observar, sabendo como sei que isso é impossível, não acreditarei nunca".

Tal qual o cético de que fala Lyell, que não acreditava na Geologia porque não a tinha estudado, e não queria estudá-la porque nela não acreditava!

Que se pesquise serena, fria e metodicamente, porque esse esforço em descobrir a verdade não interessa somente aos litigantes nesta causa, mas à Humanidade em geral, que não mais pode aceitar senão aquilo que emerge do fundo da sua consciência sem constrangimento e sem coação, límpida, certa e concludentemente.

A Ciência, exclamava William Thompson, na Associação Britânica de Edimburgo, é obrigada pela eterna lei da honra a encarar, de face e sem temor, qualquer problema que lhe seja francamente apresentado.

Ainda que o fenômeno, adverte Souza Couto (*Do país da luz*, Prólogo do volume 2º), se confinasse nos domínios do animismo, constituindo somente uma face inexplorada da psicologia experimental, ainda que nele se desse apenas uma ressurreição do consciente, trazendo à luz e à atualização trechos de uma literatura rica e profunda, sem que o "eu" supraliminal funcionasse desperto e dirigente na elaboração, mesmo assim cumpria à Ciência estudar o anormal fenômeno, no intuito nobilíssimo de lhe descobrir e codificar a condicionalidade e as leis.

Incumbia, dessarte, à A., uma vez que o Poder Judiciário não tem competência para resolver a sua dúvida, fazer a investigação por si mesma ou por meio de técnicos da sua imediata confiança, ou mesmo com a colaboração dos R. R., que estariam sempre dispostos a atender a qualquer solicitação extrajudicial. Somente, assim, sem obediência aos prazos fatais que a lei processual concede, poder-se-ía obter um resultado capaz de conduzir a uma conclusão segura.

Conta Léon Denis (Ob. cit., Primeira parte, cap. II) que o Sr. Duclaux, em sua conferência de inauguração do Instituto Psíquico Internacional, em Paris, declarava: "Este Instituto será uma obra de crítica mútua, tendo por base a experiência. Não admitirá como descoberta científica senão a que puder ser, À VONTADE, repetida".

E Denis comenta: "Que significam essas palavras? Podem reproduzir-se à vontade os fenômenos astronômicos e meteorológicos? Aí estão, entretanto, fatos científicos. Por que essas reservas e empecilhos?".

Outra dificuldade para a perícia seria a identificação do Espírito fora da técnica espiritualista.

Como a Justiça poderia estabelecer contato com o mundo invisível, se o Direito constituído não o reconhece, ou antes, não toma conhecimento da sua existência? Quais os meios e os processos de que lançaria mão para identificar o Espírito?

6. Depreende-se dos termos da petição inicial que a A. teve dúvida de que a produção mediúnica de Francisco Cândido Xavier houvesse sido ditada pelo Espírito do saudoso escritor:

> A suplicante e seus filhos, diante da celeuma provocada pelo aparecimento dessa vasta e ininterrupta produção literária, têm mantido, até agora, discreta atitude de pura expectativa, aguardando que críticos literários ou cientistas proferissem a última palavra a respeito do fenômeno...

Parece-nos que essa dúvida deveria ser dissipada antes do ingresso da A. em juízo, deliberando livremente sobre essa questão de foro íntimo e de modo a que pudesse formular um pedido certo ou determinado, escoimado de incertezas e vacilações. (Código do Processo Civil, art. 153.)

Delegar, porém, ao Poder Judiciário a tarefa de resolver, precipuamente, o seu estado de incerteza por meio de um exame que não lhe compete determinar é expor, igualmente, a inicial à censura do art. 160 do Código do Processo Civil.

Pede a A. que o Poder Judiciário declare *sim* ou *não*, "SE É OU NÃO". Já não se trata, é indubitável, de um pedido alternativo, mas condicional.

Da condicionalidade do pedido resulta como consequência absurda, inadmissível, que a ação proposta, caso idônea fosse e não se apresentasse com a eiva de ilicitude, seria fatalmente, em qualquer hipótese, julgada procedente.

Assim, se o MM. Juiz reconhecesse que os ditados mediúnicos são do *Espírito de Humberto de Campos*, a julgaria procedente para declarar o fato e, em consequência, CONDENAR OS R. R. NAS CUSTAS; se, ao contrário, reconhecesse que não, a julgaria igualmente procedente para isso mesmo declarar em sua sentença e, em consequência, TAMBÉM CONDENAR OS R.R. NAS CUSTAS.

Os R. R., portanto, foram chamados a juízo para serem fatalmente, inapelavelmente, condenados ao pagamento das custas do processo, qualquer que venha a ser o seu desfecho.

Essa consideração é suficiente para indicar desde logo que, ao formular a *causa petendi*, não obedeceu a inicial aos imperativos processuais.

7. A ação declaratória, entretanto, é manifestamente imprópria para o objetivo que tem em mira a A., porque o seu fim é o reconhecimento da existência ou inexistência de uma relação jurídica, da autenticidade ou falsidade de um documento.

Ora, a A. demanda a declaração de um fato:

"...se digne DECLARAR, por sentença, se essa obra literária É OU NÃO DO ESPÍRITO DE HUMBERTO DE CAMPOS".

"A ação meramente declaratória", diz Costa Manso (*Revista Forense*, vol. 48, pág. 22), "se aplica, em regra, à declaração de direitos subjetivos. A declaração de 'fatos' é estranha ao seu conceito. Todavia, há exceções que, por serem *derrogações do princípio geral*, devem ser EXPRESSAS na Lei. Uma delas é a referente à verificação da falsidade de documentos. Todas as legislações a admitem."

O nosso Código de Processo Civil admite expressamente essa única exceção (art. 2º § único).

Uma coisa é ALEGAR e PROVAR um fato e, em consequência, pedir o reconhecimento ou a declaração (*pronuntiatio*) da relação jurídica correspondente; outra coisa é pedir a DECLARAÇÃO DO FATO.

Pedro Batista Martins, com a sua incontestável autoridade de codificador (*Coment. do Código de Processo Civil*, vol. 3º, pág. 288, nº 229), confirma:

> O seu fim é a eliminação da incerteza objetiva que se possa verificar relativamente a certas relações de direito, nunca, porém, a declaração de SIMPLES FATOS, ou de fatos juridicamente irrelevantes. O seu exercício supõe a existência de controvérsias concretas, não sendo possível, por meio dela, resolver-se, abstratamente, qualquer dúvida que possa suscitar o ordenamento jurídico. Se assim não fora, o Poder Judiciário se transformaria em órgão consultivo, com a função de resolver questões puramente acadêmicas (*moot cases*) e a dar pareceres (*adivisory opinions*).

É precisamente a hipótese dos autos. A A., pedindo a declaração de um fato, que pode ser positivo ou negativo, consulta a seguir o Poder Judiciário se, no caso afirmativo, é a titular dos direitos autorais etc.; e se, no caso negativo, pode apreender os exemplares em circulação, processar criminalmente os R. R., proibir-lhes o uso do nome Humberto de Campos e obrigá-los à reparação do dano causado.

E esse minucioso parecer deverá ser pago pelos R. R., com a condenação nas custas...

EM RESUMO:

a) o petitório é ilícito e juridicamente impossível (art. 201, nº III do Cód. de Processo Civil);
b) a petição inicial é inepta (art. 160 e 201, nº VI do Cód. de Processo Civil);
c) a ação declaratória é imprópria (art. 2º § único do Cód. de Processo Civil).

DE MERITIS

8. A Federação Espírita Brasileira, fundada a 1º de janeiro de 1884, nesta cidade, tendo como primeiro presidente o Marechal Francisco Raimundo Ewerton Quadros, que foi sucessor do Almirante Custódio José de Melo na presidência do Clube Militar, é uma sociedade civil com personalidade jurídica e que tem por objeto e fins: a) o estudo teórico, experimental e prático do Espiritismo, a observância e a propaganda ilimitada de seus ensinos, por todas as maneiras que oferece a palavra escrita e falada; b) a prática da caridade espiritual, moral e material por todos os meios ao seu alcance; c) a união solidária das sociedades espíritas do Brasil (Estatutos, art. 1º §§ 1º, 2º e 3º).

Os seus diretores não recebem nenhum subsídio ou remuneração (Estatutos, art. 36 § 2º).

Além de uma revista doutrinária, o *Reformador*, que é o órgão oficial da Sociedade; de uma biblioteca, de um arquivo e de um museu, mantém a Federação uma tipografia e oficina de encadernação para a publicação de livros e folhetos, originais ou traduzidos, que, a juízo da diretoria, sejam considerados úteis à propaganda do Espiritismo e aos fins sociais (Estatutos, art. 4º).

Por disposição imperativa dos Estatutos (art. 64, § único), os lucros auferidos pela Livraria são aplicados pela diretoria no aumento de suas possibilidades como difusora da Doutrina e em OUTROS SETORES DE BENEFICIÊNCIA MANTIDOS PELA FEDERAÇÃO.

Esses setores de beneficência são os previstos pela lei da Sociedade (Estatutos, art. 5º §§ 1º, 2º, 3º, 4º, 5º e 6º): 1º assistência aos necessitados, sócios ou não, com o encargo da distribuição de socorros espirituais e prestação de auxílios materiais de qualquer espécie; 2º uma caixa beneficente; 3º um posto de assistência judiciária para defesa gratuita dos associados e dos pobres em geral; 4º um gabinete dentário, uma farmácia e um ambulatório médico-cirúrgico, facultados aos sócios e suas famílias e, também, aos necessitados que o solicitarem; 5º um sanatório e asilos (ainda em projeto); 6º cursos de instrução primária, secundária e profissional (em organização).

9. Entre as obras editadas pela Federação Espírita Brasileira, encontram-se as psicografadas pelo médium Francisco Cândido Xavier. São elas em número de dezenove, incluídas as que são agora objeto deste pleito.

As primeiras produções do médium Francisco Cândido Xavier, referentes ao Espírito de Humberto de Campos, foram publicadas em *Reformador*, órgão da Federação, e só mais tarde, a partir do ano de 1937, reunidas em volumes.

Desde o primeiro momento da sua publicação e, principalmente, depois do aparecimento da primeira obra, começaram a surgir os mais vivos comentários em torno do assunto, dividindo-se e estremando-se as opiniões favoráveis e contrárias à realidade do fenômeno. Durante todo esse tempo, após uma propaganda que não foi provocada nem pela Federação e nem pelo médium, mas pelos órgãos mais representativos das nossas letras e do nosso jornalismo, no justo afã de pesquisarem o *modus operandi* da comunicação mediúnica — ninguém jamais surgiu a público para apontar uma burla, um ardil, uma manobra fraudulenta, um desses truques de prestidigitação dos falsos médiuns, fertilíssimos em embustes de toda natureza.

Ao revés, jornalistas habituados e especializados nessa árdua e difícil função das descobertas sensacionais, críticos literários dos mais ilustres e dos mais rigorosos, magistrados, advogados, médicos e cidadãos de todos os matizes e de instrução diversa não tiveram dúvida em confirmar a sinceridade do médium e a autenticidade do fato.

Tocaria às raias da temeridade se a Federação, após 60 anos de uma existência de lutas e de labores árduos, "cultivando os mais belos frutos de espiritualidade, consciente da sua responsabilidade e da sua elevada missão" — fosse presa de um desvario para, em parceria com o médium, atirar, desassombradamente, ao exame dos doutos e dos eruditos, volumes e mais volumes, falseando e mentindo, fraudando e zombando.

E durante o decorrer de todo esse tempo, após inúmeras e sucessivas reportagens, nenhuma reclamação ou reprovação formal foi ter às mãos da diretoria da Federação Espírita Brasileira. Mais de sete anos decorreram sob absoluto silêncio. Uma após outra as obras foram sendo publicadas sem qualquer tentativa de protesto.

Entretanto, lá do Nordeste, desse Nordeste de encantamentos e de mistérios, a voz cheia de ternura e de emoção de uma velhinha santificada pela dor e pelo sofrimento, D. Ana de Campos Veras, extremosa mãe do querido e popular escritor, rompeu o silêncio para ofertar ao médium de Pedro Leopoldo a fotografia do seu próprio filho, com esta expressiva dedicatória:

"Ao prezado Sr. Francisco Xavier, dedicado intérprete espiritual do meu saudoso Humberto, ofereço com muito afeto esta fotografia, como prova de amizade e gratidão.

Da cr.ª at.ª

ANA DE CAMPOS VERAS
Parnaíba, 21-5-38."

"Intérprete espiritual!", frase feliz e adequada, que há de, por força, satisfazer os mais exigentes juristas, não habituados à terminologia espírita.

D. Ana de Campos Veras sentiu que, naquelas comunicações, vibrava o coração do seu glorioso filho.

Sentiu e compreendeu...

Ainda agora, conforme se vê da edição de *O Globo* de 19 de julho de 1944, essa Exma. senhora confirma que o estilo é do seu filho e assegura ao redator de *O Povo* e *Press Parga*:

> — Realmente — disse dona Ana Campos — li, emocionada, as *Crônicas de Além-túmulo*, e verifiquei que o estilo é o mesmo de meu filho. Não tenho dúvidas em afirmar isso e não conheço nenhuma explicação científica para esclarecer esse mistério, principalmente se considerarmos que Francisco Xavier é um cidadão de conhecimentos medíocres. Onde a fraude? Na hipótese de o Tribunal reconhecer aquela obra como realmente da autoria de Humberto, é claro que, por justiça, os direitos autorais venham a pertencer à família. No caso, porém, de os juízes decidirem em contrário, acho que os intelectuais

patriotas fariam ato de justiça aceitando Francisco Cândido Xavier na Academia Brasileira de Letras... Só um homem muito inteligente, muito culto e de fino talento literário poderia ter escrito essa produção, tão identificada com a de meu filho.[1]

E como se quisesse confirmar a certeza de sua convicção, diz o jornalista, ela passou a ler trechos de uma carta atribuída a Humberto de Campos, divulgada nos volumes que a Federação Espírita Brasileira fez imprimir.

Essa carta é a que se encontra no livro *Crônicas de Além-túmulo* e que passamos a transcrever:

CARTA A MINHA MÃE

Hoje, mamãe, eu não te escrevo daquele gabinete cheio de livros sábios, onde o teu filho, pobre e enfermo, via passar os espectros dos enigmas humanos, junto da lâmpada que, aos poucos, lhe devorava os olhos, no silêncio da noite.

A mão que me serve de porta-caneta é a mão cansada de um homem paupérrimo, que trabalhou o dia inteiro buscando o pão amargo e cotidiano dos que lutam e sofrem. A minha secretária é uma tripeça tosca à guisa de mesa, e as paredes que me rodeiam são nuas e tristes, como aquelas da nossa casa desconfortável em Pedra do Sal. O telhado sem forro deixa passar a ventania lamentosa da noite, e deste remanso humilde, onde a pobreza se esconde, exausta e desalentada, eu te escrevo sem insônias e sem fadigas,

---

[1] **Nota da Editora**, em 1960: — Às páginas 11 a 13 de *Reformador* de janeiro de 1955, encontram-se os clichês de três carinhosas cartas manuscritas dirigidas pela genitora de Humberto ao médium Chico Xavier.

para contar-te que ainda estou vivendo para amar e querer a mais nobre das mães.

Quereria voltar ao mundo que deixei, para ser novamente teu filho, desejando fazer-me um menino, aprendendo a rezar com o teu Espírito santificado nos sofrimentos. A saudade do teu afeto leva-me constantemente a essa Parnaíba das nossas recordações, cujas ruas arenosas, saturadas do vento salitroso do mar, sensibilizam a minha personalidade e, dentro do crepúsculo estrelado da tua velhice cheia de crença e de esperança, vou contigo, em Espírito, nos retrospectos prodigiosos da imaginação, aos nossos tempos distantes. Vejo-te com os teus vestidos modestos, em nossa casa de Miritiba, suportando com serenidade e devotamento os caprichos alegres de meu pai. Depois, faço a recapitulação dos teus dias de viuvez dolorosa, junto da máquina de costura e do teu "terço" de orações, sacrificando a mocidade e a saúde pelos filhos, chorando com eles a orfandade que o destino lhes reservara e, junto da figura gorda e risonha da Midoca, ajoelho-me aos teus pés e repito:

— Meu Senhor Jesus Cristo, se eu não tiver de ter uma boa sorte, levai-me deste mundo, dando-me uma boa morte.

Muitas vezes o destino te fez crer que partirias antes daqueles que havias nutrido com o beijo das tuas carícias, demandando os mundos ermos e frios da morte. Mas partimos e tu ficaste. Ficaste no cadinho doloroso da saudade, prolongando a esperança numa vida melhor, no seio imenso da Eternidade. E o culto dos filhos é o consolo suave do teu coração. Acariciando os teus netos, guardas com o mesmo desvelo o meu cajueiro, que aí ficou como um símbolo plantado no coração da terra parnaibana, e, carinhosamente, colhes das suas castanhas e das suas folhas fartas e verdes, para que as almas boas conservem uma lembrança do teu filho, arrebatado no turbilhão da dor e da morte.

Ao Mirocles, mamãe, que providenciou quanto ao destino desse irmão que aí deixei, enfeitado de flores e passarinhos, estuante de seiva, na carne moça da terra, pedi velasse pelos teus dias de insulamento e velhice, substituindo-me junto do teu coração. Todos os nossos te estendem as suas mãos bondosas e amigas e é assombrada que, hoje, ouves a minha voz, através das mensagens que tenho escrito para quantos me possam compreender. Sensibilizam-me as tuas lágrimas, quando passas os olhos cansados sobre as minhas páginas póstumas e procuro dissipar as dúvidas que torturam o teu coração, combalido nas lutas. Assalta-te o desejo de me encontrares, tocando-me com a generosa ternura de tuas mãos, lamentando as tuas vacilações e os teus escrúpulos, temendo aceitar as verdades espíritas, em detrimento da fé católica, que te vem sustentando nas provações. Mas não é preciso, mãe, que me procures nas organizações espíritas e, para creres na sobrevivência do teu filho, não é preciso que abandones os princípios da tua fé. Já não há mais tempo para que teu espírito excursione em experiências no caminho vasto das filosofias religiosas.

Numa de suas páginas, dizia Coelho Neto que as religiões são como as linguagens. Cada doutrina envia a Deus, a seu modo, o voto de súplica ou de adoração. Muitas mentalidades entregam-se, aí, no mundo, aos trabalhos elucidativos da polêmica ou da discussão. Chega, porém, um dia em que o homem acha melhor repousar na fé a que se habituou, nas suas meditações e nas suas lutas. Esse dia, mamãe, é o que estás vivendo, refugiada no conforto triste das lágrimas e das recordações. Ascendendo às culminâncias do teu calvário de saudade e de angústia, fixas os olhos na celeste expressão do Crucificado, e Jesus, que é a providência misericordiosa de todos os desamparados e de todos os tristes, te fala ao coração dos vinhos suaves e doces de Caná, que se metamorfosearam no vinagre amargoso dos martírios, e das palmas verdes de Jerusalém, que se transformaram na pesada coroa de espinhos. A cruz, então, se te afigura mais leve e caminhas. Amigos devotados e carinhosos te enviam de longe o terno consolo dos seus afetos e, prosseguindo no teu culto de amor aos filhos distantes, esperas que o Senhor, com as suas mãos prestigiosas, venha decifrar para os teus olhos os grandes mistérios da Vida.

Esperar e sofrer têm sido os dois grandes motivos, em torno dos quais rodopiaram os teus quase setenta e cinco anos de provações, de viuvez e de orfandade.

E eu, minha mãe, não estou mais aí para afagar-te as mãos trêmulas e os cabelos brancos que as dores santificaram. Não posso prover-te de pão e nem guardar-te da fúria da tempestade, mas, abraçando o teu Espírito, sou a força que adquires na oração, como se absorvesses um vinho misterioso e divino.

Inquirido, certa vez, pelo grande Luis Gama sobre as necessidades da sua alforria, um jovem escravo lhe observou:

— Não, meu senhor!... a liberdade que me oferece me doeria mais que o ferrete da escravidão, porque minha mãe, cansada e decrépita, ficaria sozinha nos misteres do cativeiro.

Se Deus me perguntasse, mamãe, sobre os imperativos da minha emancipação espiritual, eu teria preferido ficar, não obstante a claridade apagada e triste dos meus olhos e a hipertrofia que me transformava num monstro, para levar-te o meu carinho e a minha afeição, até que pudéssemos partir juntos desse mundo onde tudo sonhamos para nada alcançar.

Mas se a morte parte os grilhões frágeis do corpo, é impotente para dissolver as algemas inquebrantáveis do Espírito.

Deixa que o teu coração prossiga, oficiando no altar da saudade e da oração; cântaro divino e santificado, Deus colocará dentro dele o mel abençoado da esperança e da crença, e, um dia, no portal ignorado do mundo das sombras, eu virei, de mãos entrelaçadas com a Midoca, retrocedendo no tempo, para nos transformarmos em tuas crianças bem-amadas. Seremos agasalhados, então, nos teus braços cariciosos, como dois passarinhos minúsculos, ansiosos da doçura quente e suave das asas maternas, e guardaremos as nossas lágrimas nos cofres de Deus, onde elas se cristalizam como as moedas fulgurantes e eternas do erário de todos os infelizes e desafortunados do mundo.

Tuas mãos segurarão ainda o 'terço' das preces inesquecidas e nos ensinarás, de joelhos, a implorar, de mãos postas, as bênçãos prestigiosas do Céu. E, enquanto os teus lábios sussurrarem de mansinho "Salve Rainha... mãe de misericórdia...", começaremos juntos a viagem ditosa do Infinito, sob o dossel luminoso das nuvens claras, tênues e alegres, do Amor.

10. É certo que a Federação Espírita Brasileira jamais se dirigiu à distinta família Humberto de Campos e jamais lhe deu conhecimento da existência dessas mensagens, ou pediu permissão para publicá-las e divulgá-las. E não o fez por duas grandes e poderosas razões.

Em primeiro lugar, porque, colocada a questão rigorosamente sob o seu aspecto jurídico, e não sob o aspecto meramente convencional, entende que os ditados mediúnicos, máxime os sábios, cultos e morais, como são esses, prescindem do consentimento da família do comunicante para sua divulgação.

Em segundo lugar, porque cumpria aos seus herdeiros e à Federação resguardar a honestidade de sua conduta, que poderia ser falseada com aquela malévola insinuação a que se refere a inicial, isto é, de se avolumar "a corrente dos que supõem que a família de Humberto de Campos, não só vem auferindo vantagens financeiras com a publicação dessas obras, como por interesse de publicidade em torno do nome do glorioso escritor".

Como se vê, não era justo que a Federação, que publica as suas obras, não só como propaganda doutrinária (e não comercial), mas também com o elevado e nobre objetivo de socorrer, com os resultados das vendas, a miséria espantosa do Rio de Janeiro, fosse concorrer, por qualquer modo, para fortalecer essas infundadas e condenáveis impressões contra família tão digna de respeito e veneração, como o é, igualmente, a memória do seu ilustre chefe.

Entretanto, cumpre afirmar que se os herdeiros do brilhante cronista tivessem reclamado contra a publicação das obras, assim precedida daquela declaração — "DITADO PELO ESPÍRITO DE HUMBERTO DE CAMPOS" ou manifestado o desejo de que nenhuma referência fosse feita ao seu nome, a Federação Espírita Brasileira teria atendido pressurosamente, não em virtude do reconhecimento de um direito, mas em homenagem ao respeito que lhe merecem todas as crenças e aos íntimos e delicados sentimentos de família, cuja procedência ou improcedência a ninguém é dado discutir e analisar.

Feito esse reparo, passemos a examinar as questões jurídicas suscitadas nos autos.

11. Todo homem, o que equivale a dizer todo ser humano, é capaz de direitos e obrigações, na ordem civil (Cód. Civil, art. 2º).

A personalidade civil do homem começa do nascimento com vida (Cód. Civil, art. 4º).

A existência da pessoa natural termina com a morte (Cód. Civil, art. 10).

Esses são os princípios consagrados pela nossa lei escrita vigente.

Temos, portanto, como certo, que ao se referir a lei a ALGUÉM, OUTREM etc., indica o homem ou todo ser humano capaz de direitos e obrigações. Assim, por exemplo, é a expressão da lei penal — MATAR ALGUÉM. O homicídio, na definição da Carmignani, a mais em voga entre os criminalistas, "é a morte violenta de um HOMEM injustamente praticada por outro".

Planiol diz com a sua característica concisão (Planiol & Ripert, *Droit Civil*, vol. 1º, pág. 146, nº 371):

> *"La personalité se perd avec la vie. Les morts ne sont plus de personnes, ils ne sont plus rien".*

Certa ou errada, é essa a concepção geral do direito humano. *Mors omnia solvit.*

Cabe aqui, todavia (a natureza do assunto o comporta), transcrever a judiciosa opinião do nosso grande Teixeira de Freitas (*Código Civil*, Esboço, ano de 1860, págs. 17 e 181), que se insurgiu contra a denominação de pessoa natural e propugnou pela classificação de pessoas de existência *visível* e de existência *ideal*:

> A locução dá a perceber que não são naturais as outras pessoas que não são entes humanos; entretanto, que é tão natural o mundo visível como o mundo ideal, é tão natural a matéria como o espírito, é tão natural o corpo do homem como a sua alma, é tão natural o homem mecânico como o homem inteligente e livre, e é tão natural o espírito humano como o produto desse espírito que é a ideia. Ora, as pessoas de existência ideal são nada menos do que a ideia personificada. Em sua existência inteira o homem é um ente complexo, uma dualidade — de matéria

viva em sua manifestação externa — de espírito em sua substância eterna; e esses dois elementos separam-se por uma delicada operação do entendimento, dando-se existência distinta ao elemento divino, e ao seu produto que é a ideia.

Entretanto, perante o nosso direito constituído, como vimos, o morto não é mais pessoa, não é nada.

Passemos, a seguir, a indagar o que se considera herança.

12. O conceito, substancialmente, foi sempre o mesmo em todas as legislações, com ligeiras e sutilíssimas modificações, mais de forma que de fundo.

É, assim, o conjunto de todos os bens e direitos, patrimônio que o defunto possuiu (*quod defunctus habuit*), e que se transmite aos herdeiros por ter o seu titular deixado de ser capaz de direitos e obrigações, na ordem civil.

Direito das sucessões ou hereditário, diz Clóvis Beviláqua, é o complexo dos princípios, segundo os quais se realiza a transmissão do patrimônio de alguém, que deixa de existir. Essa transmissão constitui a sucessão; o patrimônio transmitido é a herança; quem recebe a herança é herdeiro ou legatário.

13. Admitidas essas premissas, a conclusão lógica se impõe:

logo, morto o corpo físico ou terminada a existência da pessoa natural, deixa esta de ser capaz de direitos e obrigações perante a lei civil, quer se aceite ou não a tese da sobrevivência do espírito;

logo, a obra de pensamento do espírito, posterior, é claro, à desagregação do corpo físico, perante a mesma lei civil, não lhe dá direitos e nem lhe impõe obrigações;

logo, se o espírito não é capaz de direitos e obrigações, não pode, evidentemente, transmitir a outrem o que não tem (*nemo plus juris ad alium transferre potest quam ipse habet*);

logo, compreendendo a herança tão somente "a transmissão do patrimônio de ALGUÉM, que deixa de existir" (*quod defunctus habuit*), forçosamente, nela não há de estar compreendido o que o espírito produz — *quod spiritus producit*;

logo, fatalmente (a fatalidade lógica é axiomática), os herdeiros nenhum direito podem invocar sobre a obra de pensamento do espírito, que deixou de ser ALGUÉM, na ordem civil.

14. Em face dessa conclusão, que é da própria lei, como se poderá falar de direitos autorais sobre obras que não integravam, porque não existiam, o patrimônio deixado aos seus herdeiros?

Ao autor de obra literária, científica ou artística pertence o direito exclusivo de reproduzi-la (Cód. Civil, art. 649).

Ora, é necessário aceitar o fato tal qual ele se apresenta na sua realidade, sem restrições, suspeições ou ideias preconcebidas. De outra forma, seria inútil dar-lhe o *nomen juris* e pedir a justa aplicação dos textos legais.

Quem é o autor da obra para o efeito de gozar do direito de reproduzi-la?

Já vimos que o Espírito não é capaz de direitos e obrigações. Cumpre-nos, consequentemente, examinar a outra face da questão.

As obras referidas são expostas à venda com a declaração inequívoca da sua natureza, isto é, como produção mediúnica. Os volumes contêm na capa, como o reconhece a petição inicial, todos os elementos elucidativos, de modo a não gerarem dúvida alguma com as obras escritas em vida pelo eminente escritor e que são hoje propriedade dos seus herdeiros.

O nome do *autor civil* (digamos assim) da obra mediúnica vem indicado no alto da capa e da primeira página (Francisco Cândido Xavier). Igualmente, vem indicada a coleção a que pertence o volume ("Biblioteca de filosofia espiritualista moderna e ciências psíquicas"). Por último, também de modo inconfundível, a declaração, entre parêntesis — "Do Espírito de Humberto de Campos" ou "Ditado pelo Espírito de Humberto de Campos". No verso da primeira página encontra-se o anúncio de todas as obras, sob o título — "Produções do médium Francisco Cândido Xavier".

É evidente, pois, que não há lugar para dúvida ou engano. O adquirente de um desses volumes verificará, imediatamente, *ad oculos* e *ad litteram*, que não se trata de uma das célebres obras escritas em vida do escritor, mas de uma produção mediúnica, e, portanto, de caráter essencialmente científico ou filosófico, a despeito da sua feição literária.

É de presumir, portanto, que a aquisição é feita somente por aqueles que aceitam o fenômeno ou que estudam, investigam e pesquisam a verdade nos domínios científicos, e não por aqueles outros que disputam a leitura dos escritos da sua preferência.

Essa circunstância é essencial e decisiva para a completa elucidação da causa, quer sob o seu aspecto jurídico, quer sob o seu aspecto moral.

Seria, assim, insustentável a alegação de concorrência desleal, de vez que essas produções não mais trazem o nome civil, ou, para ficarmos dentro da sistemática do

Código Civil, o nome do ser humano capaz de direitos e obrigações que foi — HUMBERTO DE CAMPOS, e sim e mui claramente, mui visivelmente, a designação característica do que ele é agora, realmente, ESPÍRITO DE HUMBERTO DE CAMPOS.

A contrafação existiria se publicadas estivessem sendo as obras que são hoje propriedade dos seus legítimos herdeiros, objeto do contrato de edição a que alude a petição inicial, ou se estivessem sendo reproduzidas por meio de disfarces, fraude, ou de cópias servis. Entender de outro modo seria levar o argumento ao extremo de não ser permitido ao próprio Humberto de Campos, se vivo fosse, publicar novas obras, não incluídas no contrato de edição, sob o falso pretexto de prejudicar os editores das obras anteriores.

Vale, portanto, insistir e repetir que não é possível qualquer confusão, equívoco, erro ou engano entre umas e outras — quer quanto ao tempo, quer quanto aos títulos, quer quanto à designação "ESPÍRITO", quer quanto ao gênero e à natureza da produção, quer quanto aos próprios objetivos da publicação, quer quanto ao custo dos volumes, quer quanto ao editor e quer, finalmente, quanto ao seu aspecto material.

Repetimos, pois: — quem é o autor, perante a lei civil, da obra ditada pelo ESPÍRITO DE HUMBERTO DE CAMPOS e a quem pertence, por via de consequência, o direito de reproduzi-la?

Não hesitamos em responder:

> PERANTE A LEI CIVIL, O AUTOR DA OBRA MEDIÚNICA E PSICOGRÁFICA, MODALIDADE QUE NENHUMA LEGISLAÇÃO DO MUNDO, ATÉ O PRESENTE, EXPRESSAMENTE REGULAMENTOU, É E NÃO PODE DEIXAR DE SER SENÃO AQUELE QUE A PRÓPRIA OBRA INDICA VISIVELMENTE,

SISTEMATICAMENTE, ITERATIVAMENTE — FRANCISCO CÂNDIDO XAVIER.

> *Des dispositions matérielles semblables, un format, un papier, une couverture identiques, en rendant évident l'intention du second auteur de profiter du succès de l'œuvres précédente et de créer une confusion entre elle et son propre ouvrage, doivent determiner à reconnaitre la contrefaçon.* (Pandectes Françaises, Répertoire, vol. 48, pág. 149, nº 1127.)

Verifica-se, consequentemente, que ninguém, de boa-fé, poderá alegar que foi induzido a adquirir uma dessas questionadas obras, julgando-as pertencer à coleção das produzidas em vida por Humberto de Campos e editadas por outra livraria.

Não encontrariam os R. R., em nossa linguagem e em nosso léxico, outra maneira mais apropriada de se referirem ao Espírito de alguém sem designar o nome da pessoa humana.

15. Há uma evidente analogia entre a designação de que usa a Federação para distinguir as obras que edita e a designação que foi usada por uma firma comercial, de que resultou um pronunciamento da Corte de Cassação de Turim (*Rivista del Diritto Commerciale*, vol. 11, parte II, pág. 179). Essa decisão logrou comentários favoráveis de dois jurisconsultos, Giovani Pacchioni, professor na Universidade de Turim, e Isidoro la Lumi, professor na Universidade de Perugia.

O caso, em suas linhas gerais, vem assim exposto e relatado pelo tribunal italiano: — "Luís Fenci era estabelecido, sob firma individual, com negócio de couros e calçados. Na sua loja, largamente acreditada e próspera, trabalhavam como empregados seus sobrinhos João e José Fenci. Morto Luís Fenci, que legou o seu estabelecimento com o uso da sua firma (o direito italiano o permite) ao seu genro, os sobrinhos João e José foram despedidos. Resolveram, então, fundar um estabelecimento com o mesmo gênero de negócio, o que fizeram sob a firma de 'SOBRINHOS DE LUÍS FENCI'. O genro legatário não se conformou e intentou ação judicial para proibir o uso do nome Luís Fenci, sob fundamento de 'concorrência desleal'."

Decidiu a Corte de Cassação que

"entre a denominação *Luís Fenci* e a outra — *Sobrinhos de Luís Fenci*, a diferença era importante e intuitiva, e de tal modo que não podia passar despercebido a quem quer que, como devia, usasse da mais ordinária e comum atenção; denominação inteiramente de fato e que não podia ser substituída por uma diversa e que fosse mais exata".

E concluiu:

"O uso do nome de outrem, mesmo com o intuito de mais facilmente adquirir uma clientela, não pode ser considerado por ilegítimo, quando todo o escopo e toda a possibilidade de confusão se excluem".

As obras que HUMBERTO DE CAMPOS, pois, escreveu como ser humano não se confundem com as que o ESPÍRITO DE HUMBERTO DE CAMPOS agora escreve.

Na interessante "enquete" promovida pela *Revista da Semana*, sob os auspícios do inteligente acadêmico Roberto Lyra Filho, "uma pessoa culta e muito conhecida da nossa magistratura", cujo nome ocultou, travou o seguinte diálogo, ao ser entrevistado:

"— Chamo a sua atenção para os termos em que está redigido o cabeçalho das obras. Já reparou?"

Tínhamos um volume à mão. Lá estava: — "Obras de Francisco Cândido Xavier, ditadas pelo Espírito de Humberto de Campos".

E o nosso entrevistado:

"— Está vendo? A coisa muda muito de aspecto."

— Mas por quê? — indagamos.

"— Das duas uma: ou os herdeiros admitem a autenticidade das obras e cobram direitos autorais — e isso eles não farão — ou, no caso de julgarem mistificação, os espíritas alegarão: — Mas, meus caros, V. Exas. não dizem que é tudo puro *pastiche*? Muito bem, que querem de nós? Que lei condena o *pastiche*?"

E continuando:

"— Quando Paul Reboux publicou o livro que ficou célebre *À la manière de...*, imitando os estilos de diversos autores mortos e vivos, ninguém se lembrou de processá-lo.

— Quer dizer que...

— Quer dizer que a questão, por mim, antes de ser julgada, já está resolvida".

Cabe aqui o popular provérbio: Pelo dedo se conhece o gigante...

Está certo, certíssimo. A lei não pune a imitação de estilo.

Eduardo Espínola, em parecer publicado na *Revista de Jurisprudência Brasileira*, vol. 8., pág. 120, conclui:

> Se a nossa lei fala apenas em reprodução de obra de outrem; se a *imitação* é processo distinto da reprodução, ainda que análogo; se a interpretação extensiva por analogia

é inadmissível para qualificar crimes, segue-se que, perante o nosso Código, a imitação não constitui crime.

No mesmo sentido opina Artur Lemos (revista e volume citados, pág. 125): "A mera imitação literária, em qualquer dos seus graus, não se acha proibida no direito pátrio, mesmo quando não acompanhada de autorização do autor da obra original".

E acrescenta:

> O Código Civil não inovou neste particular, quanto às composições literárias, onde a imitação continuou possível, sem restrição de espécie alguma, nem mesmo quanto às 'paráfrases', que, pelo parágrafo único do art. 665, são livres, quando não forem verdadeiras reproduções da obra original.

16. Examinemos, todavia, mais detidamente a questão do nome.

> É indispensável que, na vida social, cada homem seja distinguido dos seus semelhantes. Uma sociedade, cujos membros estivessem misturados em massa confusa, não seria uma sociedade. O nome é o sinal exterior que individualiza o homem na sociedade. Em sentido mais restrito, o nome propriamente dito, ou nome patronímico, é a designação de todos os membros de uma mesma família. O prenome é o sinal que distingue o indivíduo dos outros membros de sua família. (Humblet — *Traité des noms, prenoms et pseudonymes*, n°s 1 e 2; *Pandectes Françaises*, Répertoire, vol. 41, pág. 818, n° 1.)

O nome é uma *obrigação* antes de ser objeto de um *direito*. (G. Baudry — H. Hougues-Fourcade, *Trat. Dir. Civile*, vol. 1º, nº 294 bis XIII.)

Bosio, incontestável mestre na matéria (*Marchi e Segni Distintivi di Fabbrica*, nº 79, pág. 156), afirma, por sua vez, que o nome patronímico não pode constituir uma verdadeira propriedade e acrescenta que o uso que os descendentes fazem do nome familiar, para distinguir a sua personalidade, é em virtude de um direito que lhes assiste e não de uma transmissão, porque o direito que nós temos sobre o nosso nome morre conosco. (*"Il diritto che noi abbiamo sul nostro nome muore con noi, nè sarebbe esatto dire che noi transmettiamo il nome ai nostri discendenti".*)

Confirma Planiol (Ob. cit., pág. 156, nº 398) que o nome é uma instituição de polícia civil; é a forma obrigatória da designação das pessoas, mas não é mais um objeto de propriedade, que não o são os números de matrícula; não é alienável; a lei não o põe à disposição daquele que o traz, e ela o estabeleceu muito menos no seu do que no interesse geral.

Com exceção do Código Civil suíço e do alemão, todas as demais legislações são uniformes, não considerando o nome como coisa suscetível de apropriação.

São de Vivante (*Rivista del Diritto Commerciale*, 1904, II, notas 1 e 2, págs. 199 a 207) estas expressões persuasivas:

> O nome tem valor somente como meio para distinguir as pessoas e as coisas, condição imprescindível da vida social, como *signum fiducioe ac credulitatis ad agnoscendos homines et res*. Quando a lei reconhece a um cidadão o direito de possuir um nome para si ou para os seus produtos, não chega ao ponto de conceder-lhe o DIREITO DE USAR EXCLUSIVAMENTE aquele nome em toda esfera de atividade econômica e jurídica, não pretende retirá-lo da linguagem comum e do vocabulário dos nomes próprios.

E mais adiante continua:

> Quando um pai dá ao próprio filho um nome que, acompanhado do cognome de família, coincide com o já usado por outrem, este não tem o direito de reclamar contra a declaração feita no Registro Civil: a sua ação judiciária seria improcedente, porque aquela criança não ameaça de modo algum a esfera de sua atividade, não pode diminuir-lhe o crédito ou a clientela, em virtude da confusão dos nomes.

E conclui:

> Essa função diferenciadora deve fornecer ao jurista o critério para estabelecer os limites entre os quais deve conter-se a tutela jurídica do nome, dando-lhe a medida da sua disciplina, porque todo instituto jurídico deve regular-se segundo o seu escopo e sem que turbe os outros institutos com os quais se acha em contato.

Idêntica é a lição do nosso sempre lembrado Clóvis Beviláqua (*Cód. Civil*, Comentários, vol. 1º, pág. 197):

> O nome civil não constitui um bem jurídico, porque não é coisa suscetível de apropriação em nossa sociedade. O nome individual, o que se inscreve no Registro Civil, e os cristãos recebem no batismo, é, sem dúvida, um modo de designar a pessoa; mas, pelo fato de ter essa pessoa um nome que a individualiza, não se segue que possa impedir outra de o escolher para si. Nem tão copiosa é a onomástica para tornar possível esse exclusivismo.
> O nome de família, o cognome, o *gentilitium* dos romanos, o *nom* dos franceses, o *Nahme* dos alemães, é uma indicação mais precisa da pessoa. Porém, se é comum aos membros de uma família, não é um direito pessoal

exclusivo. Depois, no Brasil, pelo menos, se as famílias se honram em conservar e zelar o nome de seus antepassados, há muita escolha arbitrária de sobrenome, que seria vexatória e inútil impedir.

É certo, portanto, que o nome em si não constitui um valor patrimonial. A tutela jurídica se estende aos interesses econômicos ligados ao nome, tão somente para evitar que com a sua usurpação se estabeleça a confusão ou o engano, em prejuízo do patrimônio, da atividade e dos atributos da pessoa. Mas essa proibição só é legítima enquanto possa criar CONFUSÃO (*"ma va vietata sola e in quanto possa creare confusione, possa cioè occasionalmente rendere comune ad altri ciò che è caratteristica personale, ciò che delle singole attività individuali é effeto immediato"*. — *Digesto Italiano*, vol. 16, nº 35, pág. 202).

Por isso, o princípio da reparação do dano (Clóvis Beviláqua, ob. cit.) é suficiente para proteger todos os interesses econômicos e morais que se prendem ao nome, não porque o uso dele seja um direito exclusivo, mas porque todas as ofensas causadas às pessoas devem ser reparadas.

Confirmam: F. Mendes Pimentel (*Revista Forense*, vol. 34, pág. 263); Renato de Carvalho Tavares (*Revista de Direito*, vol. 54, pág. 18); Pouillet (*Marques de Fabrique*, pág. 573, nº 496); Fada e Bensa (*Anotações à tradução italiana das Pandetas de Windscheid*); Fábio Leal (*O Direito*, vol. 110, pág. 568); Philadelpho Azevedo (*Direito moral do escritor*, pág. 218); A. Sraffa (*Rivista del Diritto Commerciale*, 1909, 1ª parte, pág. 650); Tedesco Juniod (*Da troca e alteração do nome*, pág. 54).

17. Assim entendido o direito ao uso do nome, vejamos se se verificou uma usurpação e com o fito de provocar

confusão ou engano e de prejudicar os legítimos interesses dos herdeiros de Humberto de Campos.

Ora, não se pode falar em usurpação por parte do médium, visto que, no exercício de sua crença, recebendo mensagens de um Espírito e divulgando-as, sem nenhum interesse de ordem material, não tem e não pode ter a intenção dolosa de prejudicar o patrimônio de outrem ou de injuriar a pessoa de quem quer que seja.

Por parte da Federação, por igual, não caberia semelhante increpação, porque, publicando essas mensagens no interesse de propaganda doutrinária, e não de exploração comercial, integrando-as, por meio de indicação inequívoca, na sua coleção especializada de filosofia espiritualista moderna e ciências psíquicas, e para uso, evidentemente, dos crentes ou dos estudiosos — não visa a estabelecer concorrência ou valer-se dos nomes dos comunicantes.

Essa circunstância, exclusa de dolo e que desautorizaria, consequentemente, a *actio doli* ou a ACTIO INJURIARUM do direito romano, é tanto mais relevante quanto é certo que as publicações objetivam a substancialidade, o gênero e o caráter das produções e não um nome humano.

Em se tratando mesmo das obras literárias dos autores vivos ou produzidas em vida, a lei dispensa um tratamento especial em relação à sua reprodução, sempre que essa reprodução se apresente com o caráter científico ou destinada a fim religioso.

É o que preceitua o art. 666 do Código Civil:

> Não se considera ofensa aos direitos do autor a reprodução de passagens ou trechos de obras já publicadas e a inserção, ainda que integral, de pequenas composições alheias no corpo de obra maior, contanto que esta apresente caráter científico, ou seja, compilação destinada a fim literário, didático ou religioso, indicando-se, porém,

a origem de onde se tomaram os excertos, bem como o nome do autor.

18. Em que consiste, porém, a propaganda ilimitada da doutrina e dos ensinos do Espiritismo, uma das finalidades da Federação expressamente indicadas em seus estatutos?

Há de consistir, logicamente, em demonstrar a procedência dos seus princípios, entre os quais avulta a tese da sobrevivência do Espírito e da sua comunicação com o mundo dos vivos.

Entre os meios de levar a convicção aos que estudam, aos que pesquisam e aos que buscam a verdade onde quer que ela se encontre, vale-se a Federação da mediunidade escrevente, maravilhosa faculdade que torna possível a recepção do pensamento dos Espíritos.

Evidentemente, um livro, uma mensagem, uma comunicação qualquer, ditados por um Espírito, oferece vasto e copioso manancial para observação, exame, confronto e análise dos investigadores e estudiosos. E assim como eles podem gerar na mente de muitos a convicção de uma realidade e de uma certeza, podem provocar em outros a dúvida e o ceticismo, ou uma curiosidade maior para mais amplos estudos e pesquisas.

Longe, pois, de ser um mal, é um bem de inestimável alcance, porque desperta e aguça a inteligência, obrigando-a ao raciocínio e à reflexão, sem os quais ninguém é levado, por sua própria percepção, a uma conclusão certa e segura.

A publicação que se faz, portanto, de um desses ditados, principalmente quando o seu autor deixou em vida obras de grande valor literário, e foi consagrado como um dos mais destacados escritores do seu tempo, pelas suas concepções, pelas suas tendências, pelo fulgor do seu talento, pela justeza dos seus conceitos, pela sublimidade dos seus sentimentos, das suas paixões e das suas emoções, formando uma personalidade empolgante, inconfundível, enfeixada dentro do seu estilo primoroso e inigualável — não pode configurar a usurpação de nome, mas a demonstração de uma tese, de um princípio ou de uma verdade.

Seria inútil essa demonstração em relação a um autor fracassado, ao minguado literato que se ocultou dentro da sua obrazinha que não foi lida, ou ao poeta que recitou a vida inteira os seus próprios versos à falta de quem os descobrisse.

Quaisquer que fossem as consequências dessa propaganda doutrinária alimentada pelos mais sãos e elevados propósitos, sentir-se-ia confortada a Federação pelas suas inestimáveis recompensas morais. Inquestionavelmente, foram colimados esses nobres objetivos, eis que se alastra o debate em torno da questão, surgindo de todos os recantos do país opiniões e conceitos judiciosos, testemunhos interessantes e indicações apreciáveis, numa comprovação irretorquível das grandes angústias em que se debate a Humanidade, ávida de saber, de conhecer, de desvendar o mistério em que ela sente estar envolvida a sua própria existência.

Há injúria ao nome venerado de Humberto de Campos? Há, porventura, desrespeito à sua memória? Há qualquer referência desprimorosa ao seu caráter? Há qualquer insinuação maldosa, reticente, equívoca, à sua personalidade? Há qualquer aleivosia ou depreciação à sua conduta como cidadão ou como escritor?

— Não. — São livros de robusta e austera moral e que têm merecido as melhores apreciações. São ditados de grande saber e de profundas cogitações filosóficas. São obras que convidam ao estudo, à meditação, e que não comprometem os princípios da nossa organização política, porque não atentam contra a segurança pública e os bons costumes.

Releva, ao contrário, acentuar que as publicações da Federação Espírita Brasileira só poderiam concorrer para maior procura das obras produzidas em vida do escritor, porque todos quantos não as conhecem seriam impelidos à sua leitura, para estudo e confronto, ou mesmo por mera curiosidade.

Resulta, portanto, que nem o nome e nem as obras de Humberto de Campos foram ou estão sendo comprometidos pelos R. R.

Sobre essa grave questão do interesse da coletividade em relação à obra literária, artística e científica, e ao resguardo do patrimônio moral do autor, o Deputado HUMBERTO DE CAMPOS, em 1927, apresentou um projeto de lei, em cuja adoção, "infelizmente", diz Philadelpho Azevedo (*Direito moral do escritor*, pág. 177), "a Câmara não quis assentir".

Por todos os títulos, vale transcrever a brilhante e eloquente página que constitui a justificação do projeto:

> A lei 4.790, de 1924, foi omissa no que diz respeito ao patrimônio moral que representa uma obra literária, artística ou científica, e daí regulamentar unicamente os interesses comerciais de autores e editores com prejuízo de outros mais sagrados talvez e que podem ser os da própria coletividade.
>
> Pelas nossas leis em vigor, o editor ou empresário que faça aquisição dos originais de uma obra de Ciência ou de Literatura para publicar em livros, ou de uma peça teatral para ser representada, pode protelar indefinidamente a

publicação da obra ou a representação da peça. A obra literária científica ou musical pode ser por ele sepultada no seu arquivo, ou anulada pelo silêncio, sem que ao autor caiba direito a um recurso legal, por falta de um dispositivo a que se ampare no corpo da nossa Legislação. De caráter literário, artístico ou científico, a obra da inteligência está, entre nós, arbitrariamente incluída entre os bens alienáveis que o comprador pode, à vontade, anular e destruir.

As criações do espírito humano não devem, entretanto, ser classificadas nessa categoria. A obra literária, artística ou científica não tem apenas o seu valor comercial, negociável, mas outro, mais respeitável, que constitui um patrimônio da própria Humanidade. E esse patrimônio não pode ser dilapidado por um simples ato de venda material, que se deve limitar a uma simples exploração comercial. Vendendo os seus direitos ao editor, o autor resguarda, implicitamente, *o patrimônio moral, de glória, de fama, de nomeada — que é seu, da pátria, e da civilização, e não pode ser prejudicado por desídia ou vingança de terceiros* (nossos os grifos).

Imaginemos, para exemplificar, que um homem de ciência, pobre, não podendo editar uma obra sua, de grande alcance nas conquistas da Humanidade, a aliena, para ser editada, na forma comum dos contratos, a um editor, entregando-lhe os originais; imaginemos que o editor, por despeito ou capricho, tranca no seu cofre essa obra e não a edita, jamais. Será lícito a este prejudicar, retardar, pelo simples prestígio do seu ouro, a marcha do espírito humano? E, no entanto, dormem, nos arquivos dos editores brasileiros, obras que, vendidas há quinze, e, até, há vinte anos, continuam aí sepultadas por não encontrarem os seus autores qualquer apoio na lei.

O destino das criações literárias, artísticas ou científicas não pode ficar à mercê, ao mero arbítrio dos interesses comerciais. O livro didático, em particular, é um dos fatores da grandeza dos povos. Não obstante isso, livros ótimos, de utilidade reconhecida e proclamada, que prestaram serviços inestimáveis à cultura de uma geração, desaparecem de súbito, e para sempre, das livrarias, por mais que os procurem os professores, unicamente por um acinte do editor, que adquiriu os direitos autorais ao autor, que lhos vendeu, menos com espírito de lucro do que, talvez, com o pensamento na difusão do ensino.

O projeto acima corresponde, dessa maneira, a uma necessidade permanente dos homens de letras, de artes e de ciências, cujo patrimônio, assim constituído, não é só deles, mas da sua pátria, da sua raça e do seu tempo.

Os R. R. poderão ufanar-se de que estão resguardando "o patrimônio moral, de glória, de fama e de nomeada" de HUMBERTO DE CAMPOS, tal como ele o encarava, isto é, como "SEU, DA PÁTRIA E DA CIVILIZAÇÃO".

Esse objetivo foi conseguido. Ninguém ousaria contestá-lo.

19. Mas que o ESPÍRITO DE HUMBERTO DE CAMPOS diga, também, por si mesmo, o que pensa e o que julga do mérito desta causa e como encara a questão do nome.

A revelação foi feita ao médium Francisco Cândido Xavier pelo ditado da noite de 15 de julho p. p., concebido nestes termos:

> Não desconheço minha pesada responsabilidade moral, no momento, quando o sensacionalismo abre torrente de amargura em torno de minhalma.

Recebeu-me a Federação Espírita Brasileira, generosamente, em seus labores evangélicos, publicou-me as páginas singelas de noticiarista desencarnado, concedendo-me o ingresso na Academia da Espiritualidade. E continuei conversando com os desesperados de todos os matizes, voltuntariamente, como o hóspede interessado em valer-se da casa acolhedora.

Tudo ia bem, no trabalho a que me propus, desde o instante em que a morte me confundiu as vaidades literárias, mas sempre paguei o mais alto preço pelo vinho amargoso das letras.

Esqueci-me de que o pseudônimo é o refúgio dos escritores incompreendidos e, como a legislação de meu país não decretou, até agora, qualquer medida de restrição ao uso do nome dos "mortos", por eles mesmos, acreditei na possibilidade do esforço perseverante e tranquilo, continuando a usar o meu no intercâmbio com os famintos da felicidade, com quem fiz causa comum, desde muitos anos.

Eis, porém, que compareçem meus filhos diante da Justiça, reclamando uma sentença declaratória. Querem saber, por intermédio do Direito humano, se eu sou eu mesmo, como se as leis terrestres, respeitabilíssimas embora, pudessem substituir os olhos do coração.

Abre-se o mecanismo processual e o escândalo jornalístico acende a fogueira da opinião pública. Exigem meus filhos a minha patente literária e, para isso, recorrem à petição judicial. Não precisavam, todavia, movimentar o exército dos parágrafos e atormentar o cérebro dos juízes. Que é semelhante reclamação para quem já lhes deu a vida da sua vida? Que é um nome, simples ajuntamento de sílabas, sem maior significação? Ninguém conhece, na Terra, os nomes dos elevados cooperadores de Deus, que

sustentam as leis universais; entretanto, são elas executadas sem esquecimento de um til.
Na paz do anonimato, realizam-se os mais belos e os mais nobres serviços humanos.
Quero, porém, salientar, nesta resposta simples, que meus filhos não moveram semelhante ação por perversidade ou má-fé. Conheço-lhes as reservas infinitas de afeto e sei pesar o quilate do ouro da carinhosa admiração que consagram ao pai amigo, distanciado do mundo. Mas que paisagem florida, em meio do mato inculto, estará isenta da serpe venenosa e cruel? É por isto que não observo esse problema triste, como o fariseu orgulhoso, e sim como o publicano humilhado, pedindo a bênção de Deus para a humana incompreensão.
Não perturbarei o sossego dos que ficaram. Prometo aos meus filhos não incomodá-los, fazendo-me sentir em minha renovação espiritual. Estejam tranquilos e felizes no aprendizado da Sabedoria, soletrando o velho alfabeto da experiência. O que não lhes posso prometer é a representação do papel de mágico de esquina, através de demonstrações ociosas, que me fariam regressar, talvez, à neurastenia crônica dos meus últimos dias terrestres, quando batucava minha bengala de enfermo, no silêncio da amargura íntima ou no barulho da desesperação. Além disso, não creio seja o processo judicial o livro de entendimento entre os filhos afetuosos e o pai saudoso e amigo. Encontrar-nos-emos, em silêncio, sem os ruídos do mundo e as imperfeições da forma, no santuário do coração.
Diante, pois, do complicado problema em curso, ajoelho-me no altar da fé, rogando a Jesus inspire os dignos Juízes de minha causa, para que façam cessar o escândalo em torno do meu Espírito, considerando que se o

próprio Salomão funcionasse nesta causa, ao encarar as dificuldades do assunto, teria, talvez, de imitar o gesto de Pilatos, lavando as mãos...

20. Não existe um ponto de vista uniforme entre os literatos, os amantes da boa leitura, os jornalistas e todos quantos se manifestaram acerca do assunto, sobre o modo de encarar o fenômeno.

Há os que duvidam. O direito de duvidar é tão respeitável como o de crer.

Há os que explicam o fenômeno pela metapsíquica. Mas a metapsíquica não é uma explicação, é uma designação, e os próprios metapsiquistas, não espiritualistas, revelam que nem tudo podem explicar.

Há os céticos de todos os matizes. Esses não estudaram, não querem estudar e condenam *a priori* tudo quanto não sabem.

Há, ainda, os que, não conhecendo a procedência fenomênica, têm a sinceridade de aceitar o fato sem qualquer preconcebida oposição.

Há, finalmente, os que estudaram e creem. Os crentes são os mais lógicos.

A mesma observação ocorre em relação aos que se detiveram no exame e estudo restrito da produção literária e fizeram o confronto do estilo entre as obras de Humberto-homem e de Humberto-Espírito.

Uma circunstância notável e altamente significativa, entretanto, deverá ser posta desde logo em relevo. É que aqueles que negam a coincidência ou a semelhança dos estilos invocam e apontam, aqui e acolá, incorreções e imperfeições de linguagem, mas sem apresentarem um estudo analítico capaz de gerar uma convicção certa de que são eles, evidentemente, diferentes entre si, já pela sua forma, já pela sua essência, já pelos seus atributos e já por todo o conjunto que constitui o traço característico, a feição personalíssima do escritor.

Sente-se, percebe-se o estilo; difícil, sem dúvida, é defini-lo e caracterizá-lo.

O ilustre crítico Antônio Albalat escreveu sobre o estilo uma página primorosa e instrutiva (*A arte de escrever* — tradução de Cândido Figueiredo) e que passamos a transcrever:

> O estilo é o cunho pessoal do talento.
>
> Quanto mais original é o estilo, quanto mais empolgante ele é, mais pessoal é o talento.
>
> O estilo é a expressão, a arte da forma, que torna sensíveis as nossas ideias e os nossos sentimentos; é o meio de comunicação entre os espíritos.
>
> Não é somente o dom de exprimir os nossos pensamentos, é a arte de os tirar do nada, de os fazer nascer, de ver as suas relações, é a arte de os fecundar e de os evidenciar.
>
> O estilo abrange a ideia e a forma.
>
> Devemo-nos persuadir de que as coisas que se dizem não impressionam senão *pela maneira como se dizem*.
>
> Todos nós pensamos, pouco mais ou menos, as mesmas coisas, de um modo geral; a diferença está na expressão e no estilo; este eleva o que é comum, encontra novos aspectos para o que é banal, engrandece o que é simples, fortifica o que é fraco.
>
> Escrever bem é *pensar* bem, *sentir* bem e *reproduzir* bem tudo ao mesmo tempo.
>
> Dizia Racine: o que me distingue de Pradon é saber eu escrever.
>
> La Bruyère disse: Homero, Platão, Vergílio e Horácio não estão acima dos outros escritores senão pelas suas *expressões* e pelas suas *imagens*.

E Chateaubriand escreveu: Nada vive senão pelo estilo; embora protestem contra essa verdade, a melhor obra, cheia das melhores reflexões, morre à nascença, se lhe falta o estilo.

O estilo é a arte de aprender o valor das palavras e as relações das palavras entre si.

As ideias simples, representadas pelas palavras do dicionário, em número somente de umas 17.000, não bastam para fazer um escritor.

Aquele que conhecer essas 17.000 palavras poderá, não obstante, ser incapaz de traçar uma frase.

O talento não consiste em nos servirmos secamente das palavras, mas em descobrir as imagens, as sensações e os cambiantes que resultam das suas combinações.

O estilo é, pois, uma *criação de forma* pelas ideias e uma *criação de ideias* pela forma.

O escritor chega a inventar palavras para indicar novas relações.

O estilo é uma criação perpétua: criação de combinações, de embages, de tom, de expressão, de palavras e de imagens.

Quanto mais essa criação se reconhece na leitura, melhor é o escritor.

A aproximação, o emprego de certas palavras dá-lhes uma magia especial, uma poesia particular, uma significação nova.

Guy de Maupassant diz em qualquer parte: As palavras têm uma *alma*. A maior parte dos escritores e dos leitores só lhes pedem um *sentido*. É preciso encontrar essa *alma*, que aparece ao contato de outras palavras, que ilumina certos livros com uma luz desconhecida, bem difícil de fazer brotar.

Há nas aproximações e combinações da língua, escrita por certos homens, toda a evocação de um mundo poético, que o vulgo não sabe ver nem adivinhar. Quando se lhe fala disso, zanga-se, raciocina, argumenta, nega, grita e quer que se lhe mostre esse mundo. Seria inútil tentá-lo. Não sentindo, nunca compreenderá. Homens instruídos, inteligentes, escritores, até, admiram-se também quando lhes falam desse mistério, que ignoram, e sorriem, encolhendo os ombros! Que importa! Eles não percebem. É como falar em música a quem não tem ouvido.

Esta lição repleta de belos e verdadeiros conceitos há de servir ao estudioso, ao pesquisador inteligente e precavido, que se der ao trabalho de cotejar os ditados mediúnicos com as obras produzidas em vida pelos escritores, para neles descobrir o "CUNHO PESSOAL DO TALENTO", a arte de formar, a criação e a fecundação das ideias, o pensamento profundo, o sentimento, enfim, a ALMA "que ilumina o livro com uma luz desconhecida, BEM DIFÍCIL DE FAZER BROTAR".

No entanto, ninguém se preocupa em seguir serenamente esse caminho para encontrar os elementos imprescindíveis de reconhecimento e de identificação.

Ao revés, belisca-se na superfície, em busca de nuances, de filigranas, de sutilezas, de possíveis claudicações, de pontinhos e vírgulas, de bisantinas questiúnculas que nada exprimem e nada revelam.

21. Na verdade, não se pretende impor uma convicção. O próprio ceticismo, todavia, pode julgar sem crer, mas sem perder o senso crítico e sem faltar aos elementares princípios de justiça.

Assim, por exemplo, em relação ao *Parnaso de Além- -túmulo*, há o testemunho de um cético, que não faltou, entretanto, ao dever de consciência para confessar e proclamar a identidade de estilo, de inspiração e de expressão dos poetas mortos.

Esse cético é insuspeitíssimo para as partes litigantes. É o querido e popular acadêmico Humberto de Campos, em plena vida, em crônica publicada no *Diário Carioca*, edição de 10 de julho de 1932, sob o título "Poetas do outro mundo", em que afirmou:

> Eu faltaria, entretanto, ao dever que me é imposto pela consciência, se não confessasse que, fazendo versos pela pena do sr. Francisco Cândido Xavier, os poetas de que ele é intérprete apresentam as mesmas características de inspiração e de expressão que os identificavam neste planeta. Os temas abordados são os que os preocuparam em vida. O gosto é o mesmo e o verso obedece, ordinariamente, à mesma pauta musical. Frouxo e ingênuo em Casimiro, largo e sonoro em Castro Alves, sarcástico e variado em Junqueiro, fúnebre e grave em Antero, filosófico e profundo em Augusto dos Anjos — sente-se, ao ler cada um dos autores que veio do outro mundo para cantar neste instante, a inclinação do sr. Francisco Cândido Xavier para escrever *à la manière de*... ou para traduzir o que aqueles altos Espíritos sopraram ao seu.

Mas não é só. Dois dias depois, em 12 de julho de 1932, integralmente vivo, volta Humberto com outra crônica, "Como cantam os mortos", para identificar a voz dos poetas pelos versos do *Parnaso de Além-túmulo*:

> O *Parnaso de Além-túmulo*, do Sr. Francisco Cândido Xavier, cujos objetivos examinei em artigo anterior, merece trato mais grave e demorado.

Estudando a voz dos mortos, devemos identificá-la para evitar quaisquer possibilidades de impostura.

Vejamos, pois, como canta ou escreve Augusto dos Anjos, pela boca ou pela pena do espírita de Pedro Leopoldo:

> "Louco, que emerges de apodrecimentos,
> Alma pobre, esquelético fantasma
> Que gastaste a energia do teu plasma
> Em combates estéreis, famulentos...
>
> Em teus dias inúteis, foste apenas
> Um corvo ou sanguessuga de defuntos,
> Vendo somente a cárie dos conjuntos,
> Entre as sombras das lágrimas terrenas.
>
> Vias os teus iguais, iguais aos odres
> Onde se guarda o fragmento imundo,
> De todo o esterco que apavora o mundo
> E os tóxicos letais dos Corpos podres".

Casimiro de Abreu conserva, nas cordas da sua lira, feitas possivelmente com os restos dos seus nervos, a ingenuidade primitiva. E oferece-nos, nas rimas póstumas, a prova triste de que, mesmo além da vida, no seio mesmo da morte, as paixões não desaparecem. A saudade da pátria é conservada incólume, como se o morto não tivesse mudado de planeta, mas, apenas, de um país para outro. Ouçamos, para exemplo, o poeta das *Primaveras*, 82 anos depois de desencarnado:

> "Que terno sonho dourado
> Das minhas horas fagueiras
> No recanto das palmeiras

Do meu querido Brasil!
A vida era um dia lindo
Num vergel cheio de flores,
Cheio de aroma e esplendores
Sob um céu primaveril.
....

Se a morte aniquila o corpo,
Não aniquila a lembrança:
Jamais se extingue a esperança,
Nunca se extingue o sonhar!
E à minha terra querida,
Recortada de palmeiras,
Espero em horas fagueiras,
Um dia, poder voltar".

Antero de Quental continua triste e trágico no outro mundo, e disposto, parece, a suicidar-se de novo, para reaparecer neste. "A morte" é um dos seus sonetos característicos, exportados com endereço aos seus antigos admiradores e discípulos, por intermédio do médium mineiro:

"Ó Morte, eu te adorei, como se foras
O fim da sinuosa e negra estrada,
Onde habitasse a eterna paz do Nada
Sem agonias desconsoladoras.

    Eras tu a visão idolatrada
    Que sorria na dor das minhas horas,
    Visão de tristes faces cismadoras,
    Nos crepes do Silêncio amortalhada.

Busquei-te, eu que trazia a alma já morta,
Escorraçada no padecimento,
Batendo alucinado à tua porta;

> E escancaraste a porta escura e fria,
> Por onde penetrei no Sofrimento,
> Numa senda mais triste e mais sombria".

A notícia que Antero nos dá não é, evidentemente, das mais agradáveis. A outra existência, para ele, não tem sido melhor do que esta. Ou sucederá isso em virtude do gênero de morte que ele escolheu?
O homem que se mata engana, ou tenta enganar, a Deus. E o castigo que este lhe inflige consiste, possivelmente, em fazê-lo sofrer no outro mundo os mesmos tormentos que padecia neste. Em síntese: a morte obtida pelo suicídio não vale... Só é tomada em consideração aquela que Deus dá, isto é, que sobrevém naturalmente.

E prossegue:

Castro Alves continua condoreiro e utilizando as mesmas imagens em que era mestre, na Terra:

> "É a gota dágua caindo
> No arbusto que vai subindo,
> Pleno de seiva e verdor;
> O fragmento do estrume,
> Que se transforma em perfume
> Na corola de uma flor.
> ....
> É a dor que através dos anos,
> Dos algozes, dos tiranos,
> Anjos puríssimos faz,
> Transmutando os Neros rudes

> Em arautos de virtudes
> Em Mensageiros de Paz".

E Junqueiro, sem mudar de tema ou de rima:

> "Na silenciosa paz cimo do Calvário
> Ainda se vê na Cruz o Cristo solitário.
> Vinte séculos de dor, de pranto e de agonia,
> Represam-se no olhar do Filho de Maria".

As poesias de Junqueiro continuam sendo, na outra vida, extensas em demasia. Ficam, por isso, aí, apenas duas parelhas, para amostra.

E assevera finalmente:

"O *Parnaso de Além-túmulo* MERECE, como se vê, A ATENÇÃO DOS ESTUDIOSOS, que poderão dizer o que há nele, de sobrenatural ou de mistificação".

É indubitável que Humberto, nas duas crônicas referidas, não assegurou que os versos do *Parnaso de Além-túmulo* provinham certamente do Espírito daqueles poetas mortos. Mostrou-se, ao contrário, discreto e reservado, eis que não estudou e não examinou o fenômeno em si mesmo. Disse, entretanto, o *quantum satis* para manifestar e acolher a identidade dos estilos, dos pendores, das tendências, das emoções, da inspiração e da expressão dos poetas mortos.

Ora, precisamente esse é o testemunho que interessa por parte dos cultores e dos mestres das nossas letras. É o que podem dizer, dentro da sua especialidade técnica, sem maior exame do fenômeno, e com uma autoridade que, em princípio, ninguém lhes poderá contestar.

Tão insuspeita como a de Humberto de Campos é a opinião de um dos maiores e mais vigorosos críticos do momento, cuja autoridade, independência e combatividade, ninguém ousaria contestar (que o digam os autores vivos...) — Agrippino Grieco.

Eis as impressões espontaneamente manifestadas pelo apreciado crítico, por meio de entrevistas concedidas à imprensa:

Ao *Diário da Tarde*, de 31 de julho de 1939:

> — O médium Francisco Xavier escreveu isto do meu lado, celeremente, em papel rubricado por mim. A atenção que lhe dei e a leitura que fiz em voz alta dos trabalhos por ele apresentados com as assinaturas de Augusto dos Anjos e Humberto de Campos não importam em nenhuma espécie de adesão ao credo espírita, como fiz questão de esclarecer naquele momento. Sempre fui movido por sentimentos de catolicidade, graças à educação recebida na infância, mesmo sem ir a extremos de clericalismo radical. O meu livro *São Francisco de Assis e a poesia cristã* aí está a testemunhar quanto me merecem os grandes autores da Igreja. Mas o certo é que, como crítico literário, não pude deixar de impressionar-me com o que realmente existe do pensamento e da forma daqueles dois autores patrícios, nos versos de um, e na prosa de outro. Tendo lido as paródias de Albert Sorel, Paul Reboux e Charles Muller, julgo ser difícil (isso o digo com a maior lealdade) levar tão longe a técnica do *pastiche*. De qualquer modo, o assunto exige estudos mais detalhados, a que não me posso dar agora, nesta visita um tanto apressada à formosa terra de Minas.

Ao *Diário Mercantil* de 5 de agosto:

— O assunto é complexo, requer uma série grande de coeficientes de ordem religiosa, intelectual, literária etc., sob a ação dos quais deve ser analisado; mas, assim mesmo, nunca deixa de ser interessante.

Tive, já, ocasião de externar a minha maneira de encará-lo ao me entrevistar com um representante dos *Diários Associados*, na capital do estado, quando disse textualmente o que o *Diário Mercantil*, em serviço telefônico, divulgou em edição do dia 2 do corrente.

Assim, nada mais tenho a acrescentar senão repetir algumas palavras sobre a profunda emoção que me assaltou ao ler as referências da mensagem de Chico Xavier, feitas a mim e atribuídas a Humberto de Campos.

Íntimos, num contato cordial e literário constante, ambos críticos, ambos homens de letras, era natural que entre mim e Humberto existisse uma amizade intensa e mútua. Agora, anos após sua morte, eis que me é dado encontrar-lhe novamente as ideias e o estilo, e da maneira extraordinária por que o foi.

Com isso, não afirmo coisa alguma. Apenas transmito minha primeira impressão, que continua a mesma. Não discuto o modo por que foi obtido o original subscrito por Humberto. Imitação? *Pastiche?* Mistificação? Não nos reportemos apenas a isso. O que não me deixou dúvidas, sob o ponto de vista literário, foi a constatação fácil da linguagem inconfundível de Humberto na página que li. Como crítico, se, sem que eu conhecesse sua procedência, ma houvessem apresentado, tê-la-ia atribuído ao autor de *Sombras que sofrem, Crônicas, Memórias*, e outras inúmeras preciosidades das nossas letras contemporâneas.

Posteriormente, já de regresso ao Rio de Janeiro, Agrippino Grieco deu ao *Diário da Noite*, em 21 de setembro, a seguinte entrevista:

> — Pouco tenho a acrescentar ao que os *Diários Associados* divulgaram, aliás numa reportagem brilhante e variada, sobre o meu encontro póstumo com a literatura de Humberto de Campos.
> Estava eu em Belo Horizonte e, por mero acidente, acabei indo assistir a uma sessão espírita. Ali, falaram em levar-me à Estação de Pedro Leopoldo para ver trabalhar o médium Chico Xavier. Mas, já havendo tantas complicações no plano terrestre, quis furtar-me a outras tantas do plano astral, e lá não fui. Resultado: Chico Xavier resolveu vir a Belo Horizonte.

E prossegue:

> — Na noite marcada para o nosso encontro, fui, em vez de ir ao sítio aprazado, jantar tranquilamente num restaurante onde não costumava fazer refeições e onde, não sei como, conseguiram descobrir-me. Mas o caso é que me descobriram junto a um frango com ervilhas e me conduziram à agremiação onde havia profitentes e curiosos reunidos em minha intenção.
> Salão repleto; uma das grandes noites do kardecismo local... Aboletei-me à mesa da diretoria, junto ao Chico, que não me deu, assim inspecionado sumariamente, a impressão de nenhuma inteligência fora do comum. Um mestiço magro, meão de altura, com os cabelos bastante crespos e uma ligeira mancha esbranquiçada num dos olhos.

A seguir, o Sr. Grieco descreve, sem esconder a grande impressão que o domina ainda o fenômeno que presenciou:

> — Nisto, o orientador dos trabalhos pediu-me que rubricasse vinte folhas de papel, destinadas à escrita do médium; tratava-se de afastar qualquer suspeita de substituição de texto. Rubriquei-as e Chico Xavier, com uma celeridade vertiginosa, deixando correr o lápis com uma agilidade que não teria o mais desenvolto dos rasistas de cartório, foi enchendo tudo aquilo. À proporção que uma folha se completava, sempre em grafia bem legível, ia eu verificando o que ali fixara o lápis do Chico.
> Primeiro, um soneto atribuído a Augusto dos Anjos. A seguir, percebi que estavam em jogo, bem patentes, a linguagem e o meneio de ideias peculiares a Humberto de Campos. Dirão tratar-se de um *à la manière de*, como os de Paul Reboux e Charles Muller.

Por fim, apreciando o texto das comunicações, diz, concluindo:

> — Será uma interpretação digna de respeito. Quanto a mim, não podendo aceitar sem maior exame a certeza de um *pastiche*, de uma paródia, tive, como crítico literário que há trinta anos estuda a mecânica dos estilos, a sensação instantânea de percorrer um manuscrito inédito do espólio do memorialista glorioso.
> Eram em tudo os processos de Humberto de Campos, a sua amenidade, a sua vontade de parecer austero, o seu tom entre ligeiro e conselheiral. Alusões à Grécia e ao Egito, à Acrópole, a Terésias, ao véu de Ísis muito ao agrado do autor dos *Carvalhos e roseiras*. Uma

referência a Sainte-Beuve, crítico predileto de nós ambos, mestre de gosto e clareza que Humberto não se cansava de exaltar em suas palestras, que não me canso de exaltar em minhas palestras. Conjunto bem articulado. Uma crônica, em suma, que, dada a ler a qualquer leitor de mediana instrução, logo lhe arrancaria este comentário: "É Humberto puro!".
Fiquei naturalmente aturdido... Depois disso, já muitos dias decorreram e não sei como elucidar o caso. Fenômeno nervoso? Intervenção extra-humana? Faltam-me estudos especializados para concluir. Além do mais, recebi educação católica e sou um entusiasta dos gênios e heróis que tanto prestígio asseguram à religião que produziu um Santo Antônio de Pádua e um Bossuet. Meu livro *São Francisco de Assis e a poesia cristã* aí se encontra, a testemunhar quanto venero a ética e a estética da Igreja. Mas — repito-o com a maior lealdade — a mensagem subscrita por Humberto de Campos profundamente me impressionou...

Diante de um testemunho desse porte, os obcecados pelas ideias preconcebidas teriam que arranjar uma transcendente explicação: — Agrippino foi vítima de uma mistificação como o foi William Crookes e outros sábios, que viram e disseram sinceramente alguma coisa...

Nada há de estranho nessa increpação. A sua repetição é sistemática. Conta-nos Lombroso, no prefácio da sua obra *Pesquisas sobre os fenômenos hipnóticos e espíritas*,[2] que idêntica foi a recepção que teve, até mesmo por parte dos

---

[2] A edição brasileira, da FEB, recebeu o título: *Hipnotismo e mediunidade*.

seus melhores amigos, os quais lhe diziam: "quereis destruir um nome honrado, uma carreira que, depois de tantas lutas, chega finalmente à sua meta, com uma doutrina que todo o mundo não só repudia, mas, o que é pior, despreza e considera ridícula".

Prossigamos, porém, na demonstração de que o ilustre e erudito Sr. Agrippino Grieco não ficou insulado na sua opinião. Muitos outros notáveis homens de letras corroboraram a sua impressão.

Zeferino Brasil, há pouco falecido, justamente considerado como dos mais representativos poetas gaúchos, membro da Academia Rio-grandense de Letras e da Academia de Letras do Rio Grande do Sul, afirma categoricamente a identidade dos estilos, numa crônica magnífica escrita especialmente para o *Correio do Povo*, de Porto Alegre, edição de 15 de novembro de 1941, da qual transcrevemos o seguinte trecho:

> Seja como for, o que é certo é que — ou as poesias em apreço são de fato dos autores citados e foram realmente transmitidas do Além ao médium que as psicografou, ou o Sr. Francisco Xavier é um poeta extraordinário, genial mesmo, capaz de produzir e imitar assombrosamente os maiores gênios da poesia universal.
>
> Porque ninguém que conheça a arte poética e haja lido assiduamente Antero de Quental, Antônio Nobre, Guerra Junqueiro, João de Deus, Olavo Bilac, Augusto de Lima, Augusto dos Anjos, Cruz e Souza, Castro Alves, Casimiro de Abreu e os demais poetas que enchem as 398 páginas do *Parnaso de Além-túmulo*, deixará de os reconhecer integralmente nas poesias psicografadas.
>
> Em todas elas se encontram patentes as belezas, o estilo, os arrojos, as imagens próprias, os defeitos, o "selo pessoal", enfim, dos nomes gloriosos que as assinam e vivem imortais na história literária do Brasil e de Portugal.

Ora, eu não creio, nem ninguém também o acreditará, que haja alguém no mundo capaz de produzir os mais belos e empolgantes poemas e renegue a glória e a imortalidade, atribuindo-os, "charlatanescamente", à autoria de grandes poetas mortos, aos quais apenas serviu de médium.

De resto, este, como outros fenômenos do Espiritismo, têm sido objeto de acurados estudos por parte de cientistas e sábios notáveis, que os observaram demoradamente e os submeteram a minuciosa análise, sendo forçados a aceitá-los e a reconhecê-los.

Não serei eu, portanto, quem ponha em dúvida a autenticidade do *Parnaso de Além-túmulo*, livro este que deve ser lido por todos os intelectuais que amem a boa poesia e tenham a curiosidade de ver como alguns dos seus poetas adorados — como Guerra Junqueiro, Antero de Quental, Antônio Nobre, João de Deus, Olavo Bilac, Raimundo Corrêa, Augusto de Lima, Augusto dos Anjos, Cruz e Souza e outros, já falecidos — continuam a escrevê-la no outro mundo...

Só por isso vale a pena.

Como se vê, a crônica de Zeferino Brasil é concludente e positiva:

"...ninguém que conheça a arte poética e haja lido assiduamente Antero de Quental, Antônio Nobre, Guerra Junqueiro etc., *deixará de os reconhecer integralmente nas poesias psicografadas*".

Mais um "mistificado"...

Fato singular e coincidente: — os "mistificados" são sempre os grandes. Um grande escritor, um grande sábio, um grande crítico literário e um grande poeta.

22. Entre os cronistas da nossa imprensa diária, que trouxeram para o debate literário apreciáveis elementos de elucidação, muitos poderiam ser apontados. Citaremos, apenas, alguns deles.

O brilhante cronista Edmundo Lys (*O Globo*, edição de 11 de julho de 1944) escreveu esta impressionante página, sob o título:

POESIA DO ALÉM

> Falamos ontem, aqui, sobre uma obra que despertou o interesse de alguns leitores. Trata-se de *Parnaso do Além--túmulo*, obra psicografada pelo Chico Xavier, o já famoso médium de Pedro Leopoldo. Trata-se, de fato, de um livro impressionante, qualquer que seja o ângulo em que o tomemos. Reúne algumas dezenas de poetas brasileiros e portugueses que, segundo o Espiritismo, ditaram do Além seus versos ao médium mineiro. A variedade e a multiplicidade de nomes e de estros reunidos no volume é o que desconcerta. Está visto que, muitas vezes, podemos considerar fracos os poemas apresentados. Mas não podemos nunca negar a profunda semelhança, de fundo e forma, de qualquer dos poemas com as obras que, em vida, produziram os poetas citados.
>
> Alguns casos, sobretudo, me parecem dignos de referência, para estudo da crítica e da erudição, agora que o caso das obras psicográficas de Humberto de Campos traz novamente à publicidade os dotes singulares do mé-

dium da cidadezinha mineira. Citemos, por exemplo, o de Belmiro Braga, o grande poeta juiz-forense. Belmiro foi, sobretudo, um lírico e um satírico, de estilo singelo e notável espontaneidade. Tratou, sobretudo, a redondilha, e muitas de suas quadrinhas se incorporaram ao repertório da poesia popular. Entretanto, ninguém que conheça a obra de Belmiro confunde com as suas as redondilhas de Adelmar Tavares, outro de nossos troveiros de sabor popular, nem as de Djalma Andrade, que, também mineiro, como Belmiro, junta, ainda, como ele, aos mais doces acentos do lirismo a ferinidade da sátira. Se quiséssemos imitar Belmiro, seria justo versejar na sua forma habitual. Ora, no *Parnaso de Além-túmulo*, o poema de Belmiro é em sextilhas e, entretanto, se identifica como inspiração, como estilo, até como forma, com a obra do poeta das "Rosas", muito mais do que todas as quadras que conhecemos, compreendidas as de Djalma que, pelo fato de ser mineiro, de ter o mesmo clima espiritual do troveiro de Juiz de Fora, e de ser, também, um mestre da redondilha, deve parecer-se muito com ele, mesmo sem fazer como, sem adotar o *à la manière de...*

Queremos concluir, aqui, sobre a pasmosa identidade espiritual, com exclusão de qualquer recurso literário, entre a obra legada e a psicográfica, de Chico Xavier. Há casos, entretanto, em que o pensamento e a forma são imprescindíveis, como no de Augusto dos Anjos, por exemplo. O poeta do "Eu" foi um estro singularíssimo e, por isso, inconfundível, embora muito imitado. Diante de cada discípulo do vate paraibano, sente-se o aprendiz e, em geral, o mau aprendiz. Entretanto, o que Chico Xavier nos dá de Augusto dos Anjos, se aparecer entre os sonetos do "Eu", não poderá ser denunciado como obra psicografada.

Outra crônica sensata e judiciosa foi lançada pelo *Correio da Noite*, na apreciada seção "Contrastes & Confrontos", edição de 18 de julho de 1944, sob o título "Literatura de Além-túmulo", de autoria, pelo que pudemos apurar, do preclaro escritor e historiador brasileiro Garcia Júnior:

> A opinião pública do nosso país, desde que os herdeiros do saudoso escritor Humberto de Campos resolveram chamar a Juízo o médium Chico Xavier, de Pedro Leopoldo, não se pode negar que está a viver horas agitadíssimas de ansiedade. E está a viver porque ou o moço pobre e humilde das Alterosas prova que não passa de simples máquina que transmite aos vivos o pensamento daquele que foi o torturado poeta de "Poeira", e nesse caso vence o princípio sustentado pelos espíritas que acreditam na sobrevivência da alma, ou o nosso Chico Xavier ver-se-á, de futuro, apontado em qualquer esquina de rua como um mistificador vulgar, um mero pastichador daquele e de outros escritores já desaparecidos deste mundo, mas que, graças, então, à habilidade e até mesmo certa inteligência do moço mineiro, continuam a andar tão vivos nas páginas que ele alinhava publicamente, para quem quiser ver, como qualquer um de nós outros que, aqui embaixo, ainda espremmos diariamente o miolo do crânio para ter com que comprar à noite miolo de pão! Ora, admitida que fosse a hipótese de Chico Xavier poder imitar de modo mais amplo a Pedro Rabelo, que se atreveu a copiar a forma de estilo de Machado de Assis, mas tão somente em meia dúzia de páginas, então, convenhamos, o caso muda de figura. E muda, sobretudo, porque, ao contrário do incorrigível boêmio que se deu ao trabalho de escrever

à maneira do criador de "Quincas Borba" — *à la manière de...* como tinha feito alguém na França — o nosso Chico Xavier, dada a obra já produzida, está desde já a merecer a glorificação de gênio...

De resto, subsiste uma circunstância que mais servirá ainda para exaltá-lo aos que insistem teimosamente na ideia do pasticho: é que Chico Xavier trabalha a sua obra diante de quem quer que o deseje ver: basta apenas que lhe ponham à frente dos olhos algumas laudas de papel e um lápis, tal como o viu Agrippino Grieco, faz alguns anos, lá mesmo em Pedro Leopoldo!... Acresce outro detalhe sobremaneira relevante: se se trata de um pastichador (extraordinário, que é esse Chico Xavier!), como pode ele escrever à maneira não só do saudoso autor de *Carvalhos e roseiras*, como também dentro do estilo inimitável de Augusto dos Anjos, de Eça de Queirós? Será que ele guarda o próprio Diabo dentro do corpo? Entretanto, como mudaria certamente o quadro, se todos nós — crédulos e incrédulos — nos dispuséssemos a pensar um segundo acerca das coisas sobrenaturais! Se refletíssemos, por exemplo, sobre aqueles dois versos famosos que nos foram deixados pelo imortal cantor de *Os Lusíadas*, e que retratam a dúvida que o atormentava:

"Uma verdade que nas coisas anda
Que mora no visível e no invisível".

Mas não basta que evoquemos o grande Luís de Camões. Lembremo-nos igualmente da maneira por que, em *Hamlet*, o genial Shakespeare sente o sobrenatural como algo que escapa ainda à vã filosofia dos míseros mortais! Consultemos, depois disso, os cadernos de Victor Hugo, comprados por Barthou, e mais tarde publicados, em dezembro de 1918, na *Revue de Deux Mondes*. Se isto se fizer, então, ver-se-á, sem necessidade de lentes, que o genial criador de *Notre Dame de Paris* conversava frequentemente com os seus dois mortos queridos — a filha e o filho. Conforme se depreende de semelhante publicação, Hugo escrevia, não raro, em seus cadernos, solicitando aos filhos como deveria proceder em face das perseguições que já antevia lhe seriam feitas por Napoleão III. E uma vez feito o pedido (que ele solicitava lhe fosse respondido "sim" ou "não" por um determinado número de pancadas sobre a mesa), deixava-se o gênio absorver em outros pensamentos, até que lhe fosse satisfeita ou não a súplica. Excusado será dizer que nem uma só vez deixa Victor Hugo de assinalar as perguntas que tiveram ou não resposta! Mas há mais. O próprio Maurício Maeterlink, que escreveu de certa feita um livro *A Morte*, não consegue, embora se mostre um cético, destruir o argumento dos espíritas sobre a sobrevivência da alma, a sua imortalidade: só os exemplos que Maeterlink nos oferece, os "prós" e os "contras", só eles bastam para se acreditar que vida é ainda o melhor caminho que Deus pode oferecer ao crédulo, ao cético, ao ateu, para chamá-los ao seu aprisco!...

Como quer que seja, o que se não pode pôr em dúvida é que, se Chico Xavier tivesse realmente capacidade para produzir as duas dezenas de obras que já saíram de suas mãos de médium, bem que ele não precisaria ser o moço humilde que começou a vida como caixeiro de armazém e que só há pouco é um modesto funcionário da Secretaria de Agricultura de Minas Gerais... Bastaria que Chico Xavier viesse aqui para o Rio, mudasse o seu indumento de pobre para uns bons ternos de cavalheiro abastado, e entrasse a frequentar as rodas intelectuais. Com talento para produzir o que já lhe passou pelo lápis, psicograficamente, ele hoje poderia ufanar-se de ser um dos maiores escritores do Brasil...

O culto cronista do *Correio da Noite* encarou devidamente a questão.

Não se conceberia a possibilidade de *pastiche* numa imensidade de obras. Os poucos que conseguiram algum êxito escreveram um ou dois livros e imitaram um ou dois autores, ao cabo, porém, de trabalho penoso e meditado. Não se conhece, no entanto, o tempo que consumiram nesse ingente esforço. Segredo de gabinete...

Francisco Cândido Xavier escreve às claras, sem esforço, natural e subitamente. Essa circunstância, por si só, afastaria a hipótese de *pastiche*.

É a opinião de Albalat (*A formação do estilo*, tradução de Cândido de Figueiredo, pág. 83):

> Em suma, o pasticho (*Não conheço em português expressão ou termo, diz o tradutor, que corresponda precisamente ao italiano* pasticcio, *que, propriamente, é termo de pintura, e que, afrancesado, deu "pastiche". Paródia seria termo vernáculo, mas, como envolve sempre a ideia de burlesco ou ridículo, não representaria com exatidão o italiano* pasticcio. *Acho, portanto, preferível o aportuguesamento* pasticho) não pode ser senão um exercício literário momentâneo.

É bom, geralmente, por ser curto.
Disse Nodier:
"Não me convenceria da perfeição de uma imitação de estilo, de uma certa extensão, porque o sistema da composição me desenganaria, mesmo quando a composição da frase me iludisse. Assim, compreenderei bem que

Guilherme dos Autels ou algum dos seus contemporâneos, com tanto espírito como ele, conseguisse intercalar em Rabelais um capitulozinho que ligasse com o resto, sem inspirar suspeitas; mas seria difícil persuadir-me de que ele tivesse feito o último livro".

Magnífica e do mesmo modo judiciosa é a crônica publicada por *O Estado de S. Paulo*, edição de 10 de junho de 1944:

UMA DEMANDA

As pessoas que do berço trazem vocação para as letras caracterizam-se, geralmente, por estas faculdades: fantasia, compreensão e bom gosto. Com tais elementos apenas, elas produzem os primeiros trabalhos que, quando publicados, se tornam, nas mais das vezes, em trambolhos para seus apressados autores.

Só com o tempo e acurados estudos, os homens de letras alcançam a cultura, a correção, a clareza, a sua maneira particular de sentir, de escrever, de comunicar-se com o leitor. Enfim: a personalidade, o estilo, algumas vezes, a escola.

Dois escritores são tão diferentes entre si como dois pintores, ou dois músicos. Talvez mais. É verdade que, por mera ginástica, tem havido casos de um escritor procurar imitar a outro. Para isso, estuda a sua obra, anota as palavras preferidas, os assuntos habituais, constrói as frases mais ou menos de acordo com o modelo e, desse modo, a obra concluída chega a dar, mais ou menos, a impressão do autor arremedado. É o pasticho. Não passa de uma caricatura. Nesse gênero, certo escritor francês publicou uma obra denominada *À la manière de...* com arremedos de escritores em voga, sem, contudo, transmitir uma emoção artística.

Neste momento está em juízo, no Rio de Janeiro, uma questão assaz curiosa. Os herdeiros de Humberto de Campos pleiteiam junto a certa casa editora o pagamento dos direitos autorais de livros que, após a sua morte, teriam sido "escritos" pelo nosso ilustre patrício através de um chamado médium de Minas Gerais. Muito se tem falado nos últimos dias a tal respeito.

Fui sempre leitor de Humberto de Campos. Há anos, atraído pelo rumor que se fazia, procurei ler, igualmente, umas crônicas a ele atribuídas por Francisco Xavier, esse jovem, modesto e iletrado caixeiro de loja de uma cidadezinha de Minas. Observei o seguinte: a fantasia, a compreensão fraternal da vida e o bom gosto na composição são os mesmos que caracterizam a obra do nosso ilustre patrício. Até aí, trata-se de faculdades inatas que, por um acaso qualquer, poderiam ser trazidas do berço por Francisco Xavier.

O mesmo, porém, não poderia dar-se com a cultura, a correção, a clareza, a maneira particular de sentir, de escrever, de comunicar a sua impressão ao leitor. Enfim, a sua personalidade, a sua atitude perante a vida, os seus silêncios, elementos de êxito que Humberto de Campos conseguiu em quarenta anos de incessante prática da literatura. E o rapazinho de Minas Gerais, apresentando tais virtudes, não poderia improvisar aquilo que em todas as artes os artistas não trazem do berço e que é o mais difícil de conseguir.

Não quero discutir a questão, mas, no meu pobre entender, o Tribunal terá dois caminhos a seguir: ou declarar que Humberto de Campos é autor de tais obras, mandando o editor entrar com os direitos para os herdeiros, ou negar a autoria do nosso grande escritor. Nesse último caso, terá de pedir à Academia Brasileira de Letras uma poltrona para o rapazinho que principiou por onde nem todos acabam, isto é, escrevendo páginas que puderam ser atribuídas a quem tão formosamente escreveu...

23. É evidente, pois, que, em face de pareceres e de opiniões das mais valiosas nos nossos meios literários e jornalísticos, não se pode menosprezar o fenômeno insólito sem estudá-lo à luz da razão e dos fatos.

Mas se entre aqueles que encararam a feição literária, e opinaram no sentido da identidade dos estilos, houve convergência e expressiva concordância em concluir pela impossibilidade de se imputar a autoria das obras ao próprio médium — entre aqueles que vêm opinando em sentido contrário reinou sempre a discordância e a divergência.

Uns, sem arriscarem um juízo certo e concludente, lembram e sugerem a criação de um tribunal literário, para pronunciar um veredicto inapelável sobre a identidade do estilo. Esse seria para eles o argumento supremo capaz de firmar-lhes a convicção, o que equivale à confissão de que estão à míngua de elementos para julgarem por si mesmos.

Outros, no entanto, combatem essa tendência, arguindo que a semelhança de forma, de gosto e de expressão, longe de conduzirem a uma certeza absoluta, concorreriam, ao contrário, para estabelecer mais forte indício em favor de um embuste.

Está dito tudo.

O tribunal não negaria a semelhança.

Logo, não poderia concluir por um embuste.

Mas como existe, e se não existe deveria existir o embuste, o tribunal não preencheria os seus "nobilíssimos" fins.

Em conclusão, o tribunal é arriscado. É um projeto temerário. Não serve...

Esse raciocínio aparece às claras, sem qualquer dissimulação ou subterfúgio.

Em que ficamos, afinal?

Isso demonstra que não é possível uma reconciliação, uma recomposição de conceitos e de opiniões em que imperam e predominam velhos preconceitos, antigas convicções e inveterados fetiches.

Faz vislumbrar o que seria esse tribunal em que cada um dos seus juízes, cônscio e seguro da sua sabedoria e infalibilidade, nada mais teria a fazer senão continuar encastelado dentro das velhas muralhas dos princípios aprioristicos, onde a luz não penetra e o ar não se renova.

Nada resultaria e nada resultará enquanto assim forem encarados fenômenos dessa natureza, que estão exigindo o estudo e o exame sereno dos que têm olhos de ver.

Há, também, os que sentenciam irrevogavelmente no sentido de que não se pode atribuir a esses mortos, preeminentes vultos que foram das nossas letras e da nossa cultura, produções literárias medíocres, quase todas vazadas em pensamentos evangélicos, enfadonhas, monótonas, sem uma nota de mundanismo ou sequer um acentozinho picante e excitante...

Alvoroçados e de gramática em punho, vociferam que há erros e imperfeições que esses mortos queridos jamais cometeram em sua passagem pelo mundo.

Mas os gramáticos são impiedosos, turrões, irredutíveis e intransigentes. Fora da gramática, para eles, nada mais existe. E o estilo deixa de ser o homem e passa a ser a gramática...

Mais devagar, diria José Veríssimo (*Estudos de Literatura Brasileira*, 6ª série, pág. 121) — "em matéria de língua portuguesa, cumpre sermos moderados e modestos em nossos juízos, muito cautelosos e prudentes em afirmar o nosso saber e ainda mais em marcar os erros dos outros".

O que seria para desejar é que esse malogrado projeto de tribunal literário não olvidasse de intercalar, na sua regulamentação, a conveniência de apurar quais dos nossos homens de letras seriam capazes de ditar uma crônica no espaço de trinta a quarenta minutos, sem erguer uma só vez a pena — *currente calamo*, sem qualquer erro ou imperfeição, e sem revisão.

Manda a lógica que reconheçamos que suspeita maior deveria causar um ditado desse gênero sem qualquer imperfeição ou erro. Na verdade, se atribuem a Francisco Cândido Xavier a autoria dessas supostas mensagens dos mortos, como repetidamente afirmam, é inelutável a conclusão de que quem pode o mais, poderia o menos. Sim, quem é capaz, a começar da idade de 17 anos, de imitar tantos poetas e escritores, e de, no espaço de 12 anos, escrever 19 obras em estilos diversos — capaz seria de muito menos, isto é, de corrigir os erros e senões, preencher as lacunas, apurar a forma e lapidar a produção.[3]

Afirma-se, igualmente, que, sendo o estilo o reflexo da personalidade humana, há que considerar a sua mutabilidade e variabilidade em razão do tempo, das condições fisiológicas do escritor e de outras circunstâncias que podem alterar o ritmo normal das funções vitais.

Assim, conclui-se que, liberta pela morte, de todas as exigências físicas e de todas as deformações que a escravizavam e subjugavam, a alma há de tornar-se mais lúcida e,

---

[3] Este livro foi escrito em 1944. Atualmente, o número dessas obras é muitíssimo mais elevado. — **Nota da Editora**.

portanto, passará a exprimir-se de maneira diferente, ou, pelo menos, com mais autonomia.

Aceitemos em princípio a proposição, sem lhe opormos qualquer reparo.

Necessário se torna, porém, encarar a outra face do problema.

Como se comunicam as almas, ou seja, os Espíritos, exprimindo o seu pensamento?

Mediunicamente: o médium vem a ser, pois, o indivíduo que empresta o seu aparelho físico, ou seja, o seu corpo somático a forças estranhas que os espíritas têm como a alma dos mortos.

Logo, o comunicante toma emprestado um corpo físico, também sujeito àquele jugo e àquela escravidão da matéria.

E sem nenhum outro comentário poderíamos parar por aqui... certos de que seríamos perfeitamente entendidos.

Mas somos obrigados a observar que essas circunstâncias ou condições influenciais são, nos fenômenos psíquicos, mais intensas, mais positivas e mais desconcertantes.

"No mediunismo", diz Souza Couto (Ob. e loc. citadas), "o cérebro do médium deve aceitar e obedecer à influência que sobre ele exerce o comunicante. É preciso um estado especial do agente, é preciso um estado próprio do *sujet*, é necessário, enfim, que a relação entre eles se estabeleça e se afine. Nem todos os agentes são igualmente aptos para se concentrarem a ponto de poderem exercer uma possessão eficaz, e esse grau de concentração é indispensavelmente requerido. Nem todos os *sujets* são igualmente dóceis e maleáveis a uma plena receptividade. Daí essa diferenciação quase indefinida de graus de relação, e nessa diversidade residem as dificuldades que embaraçam a fenomenalidade perfeita."

É por isso que as comunicações mediúnicas recomendam, constantemente, que façamos uma seleção entre as mensagens recebidas e que as julguemos pelo seu valor intrínseco, porque das comunicações imperfeitas surgem erros e lacunas. (*Le doute est-il scientifique?* — L. Chevreuil, e *Revue Spirite*, 1927, pág. 434.)

Desse modo, verifica-se que, ao estado de libertação em que se encontra o Espírito, contrapõem-se as condições de receptividade do médium.

É mais conveniente, contudo, acreditar que o estilo não se encontra de mistura com as vísceras e as glândulas e que ele é, antes, o reflexo da alma, do ser pensante, residindo mais propriamente no pensamento e no sentimento.

Todas essas hipóteses discricionárias, engendradas para... nada explicarem, indicam apenas um desconhecimento completo da fenomenologia mediúnica, e sistemática aversão para o seu estudo e exame.

Quase todos se afastam, com um encolher de ombros, quando deveriam enfrentar resolutamente o problema. Os que chegam a admitir a mediunidade não prosseguem: — estacam e pretendem apresentá-la como fato conhecido da Ciência "— portas adentro da Psicologia, definido pelos psiquiatras, entendidos na matéria, que classificam, sem admitir contestação, o problema mediúnico dentro do subconsciente como um quisto metido em álcool para ser estudado..."

De qualquer modo, porém, se admitirmos que Francisco Cândido Xavier, moço de instrução primária, tem capacidade para imitar os versos de Castro Alves, deveríamos reconhecer que ele é igual a Castro Alves. E como pode também imitar os versos de Guerra Junqueiro, Augusto dos Anjos, Antero de Quental e de muitos outros, é também igual a cada um deles.

Mas, nesse caso, não é propriamente igual a cada um deles; é superior a todos eles!...

Isso seria monstruoso e inconcebível! Seria a mais absurda, a mais arbitrária, a mais inaceitável, a mais ridícula e a mais audaciosa de todas as conclusões!

Não é possível, em suma, um entendimento, um acertamento, entre os que tão mal colocam a questão, afastando-se do ponto essencial do debate, numa chocante subversão de princípios e de conceitos.

Não se realizou um estudo sério e nem se investigou profundamente. Tornava-se necessário, no entanto, uma análise metódica, fria, sistemática, de todas as obras de Humberto-homem e de Humberto-Espírito. Do exame comparativo e da observação do conjunto, surgiriam os elementos básicos de uma justa conclusão.

Há escritores de personalidade tão marcante que o seu estilo atrai seguidores, formando escolas literárias. Assim foi com o poeta espanhol Góngora, cujo estilo vivo e rebuscado criou o "gongorismo". Do mesmo modo, numerosas outras escolas têm surgido em diferentes épocas, como as que defenderam o "preciosismo", o "marinismo", e, há alguns anos, o "futurismo", de que Marinette foi "capitão-mor".

Há escritores que, pelo dinamismo de suas expressões arrebatadoras, permanecem inimitáveis. Euclides da Cunha ocupa, na literatura brasileira, a posição singular em que se encontra, na poesia, Augusto dos Anjos. Não se pode confundir o estilo opulento e primoroso de Rui Barbosa com o estilo suave e admirável de Camilo Castelo Branco. Uma página de Rui traz a chancela de seu talento invulgar, como na versão por ele feita de *A cruz e As sete palavras*, de Robertson Nicoll; um trabalho de Camilo reflete esbanjamento de riqueza vocabular, seja em *Lágrimas abençoadas*, seja em *Estrelas Propícias*, ou *Vinte horas de liteira*. Vejamos o Machado de Assis de *Brás Cubas* e o de *História sem data*; o José de Alencar de *O tronco do Ipê* e o de *Iracema*; o Aluísio de Azevedo de *O Cortiço* e o de *Uma lágrima de mulher*.

Do mesmo modo, penetremos a essência do estilo de Humberto de Campos. Comecemos pelas crônicas do "Conselheiro XX", muitas das quais de feição maliciosa e jovial; percorramos as páginas de *Lagartas e libélulas* e depois elevemos o coração com o amargurado escritor de *Sombras que sofrem*, redimido pela dor física e pela dor moral. Sintamos a metamorfose do Humberto de Campos que afivelara ao rosto a máscara do "Conselheiro XX" para casquinar do mundo, repudiando-a, depois, num sentimento renovador que o restitui à sua verdadeira fisionomia moral, ao seu recolhimento profundo, acicatado pela desventura e pela desilusão.

Entretanto, o Humberto de Campos que escreveu as crônicas de *A funda de David* foi o mesmíssimo Humberto de Campos que redigiu as páginas imortais dos *Párias*, de *Um sonho de pobre*, de *O monstro e outros contos*, de *Contraste*, como é o mesmo Humberto de Campos que se percebe e sente, em toda a sua expressão, na cadência e no equilíbrio de frase, através dos capítulos magníficos de *Crônicas de Além-túmulo*; *Boa Nova*; *Brasil, coração do mundo, pátria do Evangelho* e *Reportagens de Além--túmulo*.

Urge, pois, o exame sereno dos fatos. Estudo honesto, e de coração simples, há de conduzir o investigador a um pronunciamento justo.

Um *veredictum*, sob o ponto de vista literário, só será possível por meio de um estudo comparativo nessas condições.

Por esse motivo, e como parte integrante desta contestação, apresentamos um trabalho que servirá para fixar o estudo sobre o que Albalat chama "anatomia do estilo".

Nele vêm intercalados períodos, por conexão de ideias e pensamentos, devidamente enumerados, extraídos das produções dos dois Humbertos.

O confronto desses textos assume aspecto assaz importante pela oportunidade que oferece de se verificar, não já a semelhança, mas a igualdade dos estilos.

24. Tudo isso revela que não se resolvem questões de alta indagação filosófica e científica sem uma investigação apropriada, consentânea com a ordem dos fenômenos a examinar, sem o caráter do sensacionalismo.

Os maiores disparates e absurdos emergem da superficialidade e da ligeireza com que os opositores contumazes opinam a distância, sem nenhuma noção e conhecimento, com medo, talvez, dos "duendes" e das "assombrações".

Por isso mesmo, um ilustre magistrado, o Dr. Octavio Coutinho, Juiz de Direito da Comarca de São Lourenço da Mata, estado de Pernambuco, numa interessante crônica escrita especialmente para o *Jornal do Commercio*, de Recife, em 11 de julho de 1944, depois de explanar com acerto e proficiência a matéria jurídica, indica a solução única que lhe interessa:

> Mas, sem maior explanação filosófica sobre o assunto, tornando ao caso particular das obras espiríticas de Humberto de Campos, posso afirmar que qualquer controvérsia a respeito foi afastada antecipadamente pelo próprio Espírito comunicante.
>
> Parece que ele já previa o que teria de acontecer no futuro, após sete anos decorridos, pois, desde 25 de junho

de 1937, no seu prefácio às *Crônicas de Além-túmulo*, obra publicada em 1938, dirigindo-se ao leitor, escrevia, textualmente: "Desta vez, não tenho necessidade de mandar os originais de minha produção literária a determinada casa editora, obedecendo a dispositivos contratuais, ressalvando-se a minha estima sincera pelo grande amigo José Olímpio. A lei já não cogita mais de minha existência, pois, do contrário, as atividades e os possíveis direitos dos mortos representariam uma séria ameaça à tranquilidade dos vivos.

Enquanto aí consumia o fosfato do cérebro para acudir aos imperativos do estômago, posso agora dar o volume sem retribuição monetária. O médium está satisfeito com sua vida singela, dentro da pauta evangélica do "dai de graça o que de graça recebestes", e a Federação Espírita Brasileira, instituição veneranda que o prefeito Pedro Ernesto reconheceu de utilidade pública, cuja livraria vai imprimir o meu pensamento, é sobejamente conhecida no Rio de Janeiro pelas suas respeitáveis finalidades sociais, pela sua assistência aos necessitados, pelo seu programa cristão, enfim, cheio de renúncias e abnegações santificadoras.

Está aí tudo antecipada e justamente solucionado, sem que me interesse qualquer outra solução terrena, mesmo a do Poder Judiciário, a que tenho a honra de pertencer, como o mais humilde dos seus membros.

É essa a grande verdade inicialmente declarada nesta contestação: — não se dirimem pelo Poder Judiciário as controvérsias de foro íntimo.

Reafirmamos, por tudo isso, em meio à controvérsia suscitada, que os crentes são, ainda, os mais lógicos.

Creem: — eis tudo.

Francisco Cândido Xavier recusa, reverentemente, o título declaratório, por sentença judicial, de escritor e de homem de letras, honra que a outros empolgaria.

Recusa, porque indestrutível é a sua crença, inabalável a sua fé, fundada a sua convicção.

Nada pede, nada quer, nada exige, senão respeito à sua crença.

"Para cada fiel, a religião é sua crença, toda a sua crença, nada senão sua crença." (*Pour chaque fidèle la religion c'est sa croyance, toute sa croyance, rien que sa croyance.*)

25. R. Magalhães Júnior, conceituado cronista de *A Noite*, na edição final de 24 de maio de 1944 escreveu:

> A imprensa tem agitado, frequentemente, a palpitante questão da literatura psicografada. Embora os livros editados pela Federação Espírita Brasileira sejam desdenhados pelos críticos oficiais, não merecendo sequer uma breve referência do Sr. Tristão de Ataíde ou do Sr. Álvaro Lins, a verdade é que esses livros têm público numeroso. E deles se tiram edições sucessivas, que talvez não cheguem a alcançar alguns dos editados por José Olímpio, embora este livreiro seja um dos campeões dos *best-sellers* nacionais. Não os leem os literatos, nem os eruditos, mas o povo os devora. Mesmo pessoas que se dizem católicas — e quantas conheço nesse rol! — consomem essa literatura espírita. Os livros atribuídos a Humberto de Campos têm sido um verdadeiro sucesso de livraria, vendendo-se hoje por todo o Brasil. Os poemas assinados por poetas do Além e ditados ao médium Chico Xavier

encontram público tão grande quanto as *Espumas Flutuantes*, de Castro Alves, ou os *Cantos do exílio*, de Gonçalves Dias. Ou maior, talvez. No meio de todo esse sucesso, surge agora um episódio judiciário que promete ser ruidoso: a família de Humberto de Campos anuncia que vai acionar a empresa editora da Federação Espírita Brasileira, para retirar do mercado os livros atribuídos ao autor das *Memórias* ou para obter, sobre os mesmos, o pagamento regular dos direitos autorais.

E depois de deduzir interessantes comentários em torno desta questão judiciária, advertiu:

> De mim para mim, entendo que esse pleito começará no terreno puramente jurídico para findar em terreno metafísico. No fim das contas, o que se discutirá não é se as obras atribuídas a Humberto de Campos devem ser vendidas ou retiradas do mercado, mas se o Espiritismo existe ou não existe.

O vaticínio do culto jornalista estava certo, com a diferença, porém, de que, inicialmente, a causa surgiu com o seu aspecto predominantemente metafísico.

Os R. R. são chamados a juízo sob a suspeita de uma fraude, de um embuste e de uma burla que estariam praticando como sectários e propagandistas do Espiritismo. A A., logo de início, exige provas da *"sobrevivência e da operosidade do Espírito de Humberto de Campos"*. O debate toma rumos diversos e inesperados e assume proporções incomuns.

No fundo, porém, surge, inelutavelmente, a controvérsia principal, senão única: — se o Espiritismo é, ou não, uma verdade.

Os próprios críticos literários deixaram à margem a questão do estilo e quedaram-se na indagação da verdade ou falsidade do fenômeno.

Acreditariam nas obras psicografadas de Francisco Cândido Xavier, por exemplo, se lhes provassem que as comunicações podem versar igualmente sobre assuntos de natureza científica e artística.

Entretanto, essa prova está ao alcance de qualquer pessoa. Basta recorrer à copiosa literatura espírita para verificar-se como superabundam os casos desse gênero.

Philadelpho de Azevedo (ob. cit., pág. 82) relata o caso, extraído da revista *Droit d'Auteur* (1928, pág. 82), de um músico médium, que executou, em concertos, várias peças sob a inspiração de Chopin e Gounod; pois bem, a Sociedade musical reclamou a parte dos direitos que caberia aos herdeiros daqueles artistas: a contenda acabou por um acordo, entregando o executor uma parte a determinado asilo de pobres de Saint Étienne.

• • •

Victorien Sardou, dramaturgo, autor de *Tosca*, membro da Academia Francesa, desconhecia desenho. Mas, com rapidez surpreendente, fazia desenhos fantásticos, que ele próprio atribuía a um Espírito. (Osty — *Revue Mét.*, 1930, pág. 267.)

• • •

Marjan Gruzewski tornou-se pintor ao frequentar sessões espíritas. Pintava as mais variadas, expressivas e interessantes figuras, em quartos completamente escuros. (Osty — *Revue Mét.*, 1930, págs. 267 e 1928 nº 2; M.

N. Okolowicz — *Revue Zagadnienia Metapsychiczne*, Varsóvia, nos 9 e 10, 1927. Vide fl. 5.)

• • •

Marguerite Burnat-Provins tem visões e as reproduz em quadros admiráveis. As visões são rápidas. Houve uma que ficou suspensa acima de seu leito muitos minutos: — Schumandra, "Deus do Desprezo". (Osty — *Revue Mét.*, 1930, pág. 27. O autor faz sobre o caso interessante estudo, e o acompanha com inúmeras gravuras.) A médium afirma que as pinturas não são dela, da sua imaginação.

• • •

A Sra. Juliette Hervy escreve mediunicamente; *ouve* o que tem que escrever. (Autor e obra citados.) Richet publica várias poesias da médium.

Osty propõe à médium o problema da quarta dimensão, conforme a hipótese de Poincaré. A médium discorre longamente sobre esse assunto científico. (Osty — *Revue Mét.*, 1930, pág. 309.) A médium declara sempre que é uma voz que lhe dita as respostas, isto é, diz ela, um Espírito.

• • •

Augustin Lesage, pintor-médium, admitido na Sociedade Nacional de Belas-Artes de Paris, e na exposição do Salão de Outono, pintava por inspiração dos seus guias. Vários psiquistas estudaram a sua prodigiosa e admirável produção mediúnica. Era mineiro, de profissão. (E. Osty — *M. Augustin Lesage, peintre sans avoir appris*, 1928; Paul

Courquin — *En l'honneur du peintre-mineur A. Lesage*, 1938.)

• • •

Luís Bellotti, pintor-médium, cai em transe com os olhos tapados, e faz quadros à maneira de vários autores defuntos, de vários artistas mortos, que são os seus inspiradores. (M. Rocco — *Mondo Oculto*, março, 1927. *Tribuna*, Roma, 17-12-1926.)

• • •

Georges Aubert dava concertos de piano, em transe mediúnico; foi estudado e examinado, em Paris, no "Institut Général Psychologique". — Jesse F. Shepard improvisava, segundo declaração dele, por inspiração dos Espíritos. Executava à luz ou em completa escuridão. Muitos pensavam que o piano tocava sozinho. (*Revue Mét.* — 1937, pág. 67.)

• • •

Iole Catera escreve composições musicais para piano, para canto, para orquestra, mediunicamente. *Não tem nenhum conhecimento de música* — "*sans avoir absolutement aucune connaissance de musique*". (Cesar de Vesme — *Un médium musical extraordinaire*, 1937.)

• • •

Uma revista, nas possessões inglesas do Oriente — *Taranaki News*, e o *New Zealand Herald*, Nova Zelândia,

27-10-1934 — refere o caso de uma menina, sem conhecimento cultural, que pinta de olhos vendados. Acontece-lhe, muitas vezes, executar porções fragmentárias da imagem antes de ter esboçado o conjunto. Quando há muita curiosidade em torno, não produz nada.

• • •

Um deficiente mental de 14 anos, sem saber ler e escrever, quando sua mãe toca, senta-se também ao piano e toca, ao mesmo tempo, duas oitavas acima. *"La partition est ainsi jouée à quatre mains avec un synchronisme parfait et une précision surprenante."*

Foi examinado por quatro membros do "Comité Directeur de la Société d'Études Psychiques", que fizeram um relatório completo a respeito. O relatório está assinado pelos Drs. M. Botto, Isnard (Ionard), Salles, Tournel. (*Rev. Mét.*, 1925.)

Deve-se notar que o deficiente mental era insusceptível de educação musical como de qualquer outra.

• • •

Bach comunica-se com a Srta. Jelly l'Aranyi para lhe dar instruções sobre a maneira de executar uma de suas sonatas. As indicações que pareciam fantasiosas, porque ignoradas de todos, foram verificadas certas, porque encontradas mais tarde no "Collége Royal de Musique".

• • •

Schumann apresenta-se à mesma médium para dizer onde se encontrava uma sua mensagem, cujo paradeiro todos ignoravam. (*Zeitschrift fuer metapsychisque Forschung*, Berlim, 1938; *La Ricerca Psichica*, Roma, pág. 129, 1938.)

• • •

Refere Franz Lehar — sobre uma opereta "Deitei-me e, durante toda a noite, mergulhado *numa espécie de transe,* compus um ato e meio. Um presente de Deus para um aniversário, pois que isto se passou a 30 de abril, data do meu nascimento." Nota do célebre compositor ao *News Wiener Journal*. (*Psychic News*, 1938, pág. 296.)

• • •

Fizeram ruído em França as notáveis pinturas de Victor Simon. Suas telas figuraram no "Salon des Indépendants", sala 23. O trabalho foi mediúnico. Veja-se o importante artigo sobre o assunto, de Paul Courquin, sob o título — "*Un nouveau médium-peintre: Victor Simon*". (*Revue Spirite*, 1935, pág. 105.)

• • •

A *Revue Spirite*, 1931, pág. 332, refere-se num artigo — "*Les peintres spirites au Salon*", aos quadros dos pintores espíritas, isto é, das pinturas mediúnicas expostas no "Salon des Artistes Français".

• • •

A *Zeitschrift für Seelenleben*, 1931, pág. 107, trata de uma exposição de arte mediúnica, inclusive a arte plástica, em Berlim, W. 62, Wichmannstr. 24.

O Sr. J. P. Barkas, membro da Sociedade de Geologia de Newcastle (ver Aksakof, *Animisme et Spiritisme*, pág. 332 e seguintes), publicou em 1885, no *Light*, de Londres, uma série de artigos em que se nos deparam "Respostas de improviso a questões científicas, por médium de educação ordinária", nas quais se encontram desenvolvidas, com admirável proficiência, teorias sobre assuntos técnicos, como, por exemplo, "o modo por que a percepção do som atinge a nossa consciência", o motivo da neutralização de dois sons de igual intensidade vibratória, uma descrição rigorosa, anatômica, do olho humano etc., das quais não possuía a médium a mais mínima noção.

A seu turno, o major-general A. W. Drayson comunicou igualmente ao *Light* (edição de 1884, pág. 499) uma observação pessoal, subordinada à epígrafe *"The Solution of Scientific Problems by Spirits"* (*Solução de problemas científicos pelos Espíritos*), a qual constitui real e eloquente desmentido aos que, não tendo dos fenômenos demorada e múltipla observação que os habilite a formar juízo autorizado, pretendem que as comunicações espíritas jamais ultrapassam o nível dos conhecimentos, não só do médium, como do círculo em que sejam transmitidas, havendo neste caso mera sugestão mental inconsciente.

Sem dúvida, não têm por missão os Espíritos antecipar-se ostensivamente aos homens na pesquisa da Verdade, cujo conhecimento deve ser para estes o prêmio do esforço e um elemento de progresso, limitando-se em geral a assisti-los com suas inspirações ocultas. Casos há, todavia, em que, segundo um critério de utilidade, que ao arbítrio humano escapará, e não deve ser estranho ao plano providencial a que todas as coisas obedecem, a revelação de uma verdade ignorada é transmitida, vindo a ser mais tarde confirmada, como sucedeu com o major-general Drayson, cujo depoimento é o seguinte (Aksakof, ob. cit., págs. 341 a 343):

> Tendo recebido do Sr. George Stock uma carta em que me perguntava se eu poderia citar um exemplo que fosse de ter um Espírito, ou pretenso Espírito, resolvido, em sessão, um desses problemas científicos que têm feito a preocupação dos sábios no século passado, tenho a honra de vos comunicar [a narrativa era, como o dissemos, dirigida ao *Light*, de Londres] o seguinte fato, de que fui testemunha pessoal.
> Em 1871, William Herschel descobriu o planeta Urano e seus satélites. Observou que esses satélites, contrariamente a todos os outros do sistema solar, percorriam suas órbitas de oriente a ocidente. Diz J. F. Herschel em seus *Esboços Astronômicos*: "As órbitas desses satélites apresentam particularidades inteiramente inesperadas e excepcionais, contrárias às leis gerais que regem os corpos do sistema solar. Os planos de suas órbitas são quase perpendiculares à eclíptica, formando um ângulo de 70°58', e eles as percorrem com um movimento *retrógrado*, o que quer dizer que a revolução que efetuam em torno do centro do seu planeta é de leste a oeste, em vez de seguir a direção inversa".
> Desde que Laplace emitiu a teoria de que o Sol e todos os planetas se formaram a expensas de uma só matéria nebulosa, esses satélites eram um enigma para ele.
> O almirante Smyth menciona em seu *"Ciclo Celeste"* que o movimento de tais satélites, com estupefação de todos os astrônomos, é retrógrado, contrariamente ao de todos os outros corpos até então observados.

Na "Gallery of Nature" igualmente se diz que os satélites de Urano descrevem sua órbita de leste a oeste, singular anomalia que constitui exceção no sistema solar.

Todas as obras de Astronomia, publicadas antes de 1860, contêm o mesmo raciocínio acerca dos satélites de Urano. Por minha parte, não encontrava explicação alguma para essa particularidade; era mistério para mim, como para os mencionados escritores.

Em 1858 hospedei em minha casa uma senhora, que era médium e com quem organizei sessões cotidianas. Uma noite me disse ela estar vendo ao meu lado uma pessoa que pretendia ter sido, em sua existência terrestre, um astrônomo.

Perguntei a essa personagem se era atualmente mais sábia que na Terra.

— *Muito mais* — respondeu ela.

Tive, então, a ideia de submeter a esse pretenso Espírito uma questão, a fim de pôr à prova os seus conhecimentos.

— Pode dizer-me — perguntei-lhe — por que os satélites de Urano fazem sua revolução de leste a oeste e não de oeste a leste?

Recebi imediatamente a seguinte resposta:

— Os satélites de Urano não percorrem sua órbita do oriente ao ocidente; giram em torno de seu planeta de ocidente a oriente, no mesmo sentido em que a Lua gira ao redor da Terra. O erro proveio de estar o polo sul de Urano voltado para a Terra na ocasião da descoberta desse planeta; assim como o Sol, visto do Hemisfério Austral, parece efetuar seu percurso cotidiano da direita para a esquerda e não da esquerda para a direita, o que não quer dizer que percorressem sua órbita de oriente a ocidente.

Em resposta a outra questão que propus, acrescentou o meu interlocutor:

— Enquanto se achava o polo sul de Urano voltado para a Terra, para um observador terrestre os satélites pareciam deslocar-se da esquerda para a direita, e daí se concluiu, erradamente, que se encaminhavam do oriente para o ocidente. Esse estado de coisas durou cerca de 42 anos. Quando o polo norte de Urano se acha voltado para a Terra, os seus satélites percorrem o seu trajeto da esquerda para a direita e sempre de ocidente a oriente.

Perguntei, então, como é que aquele erro não fora reconhecido até 42 anos depois da descoberta do planeta Urano por W. Herschel, ao que me foi dada esta resposta:

— É porque, em regra, os homens não fazem mais que repetir o que disseram as autoridades que os precederam; deslumbrados pelos resultados obtidos por seus predecessores, não se dão ao trabalho de refletir.

Guiado por esse ensino, apliquei-me a resolver o problema geometricamente, e verifiquei que a explicação era exatíssima e a solução bem simples. Em consequência, escrevi sobre o assunto um tratado que foi inserto nas *Memórias do Instituto Real de Artilharia*, em 1859.

Dei, em 1862, essa mesma explicação ao pretenso enigma em uma pequena obra sobre Astronomia, *Common Sights in the Heavens* (*Vista de olhos nos céus*); mas a influência da opinião "autorizada" é tão funesta que somente agora os escritores que se ocupam de astronomia começam a reconhecer que o mistério dos satélites de Urano deve ser provavelmente atribuído à posição do eixo desse planeta.

Na primavera de 1859 tive, uma vez mais, ocasião de conversar, pelo mesmo médium, com a personalidade que dizia ser o mesmo Espírito e perguntei se me poderia esclarecer sobre algum outro fato astronômico ainda ignorado. Possuía eu, então, um telescópio com uma objetiva de quatro polegadas e de uma distância focal de cinco pés. Fui informado de que o planeta Marte tinha dois satélites, que ainda ninguém tinha visto e que eu poderia descobrir, em favoráveis condições. Aproveitei a primeira ocasião que se me ofereceu para fazer observações em tal sentido, mas não descobri coisa alguma.

Dei ciência dessa comunicação a três ou quatro amigos com quem fazia experiências espíritas, e ficou decidido que guardaríamos segredo a tal respeito, pois que nenhuma prova possuíamos em apoio das afirmações do meu interlocutor e ficaríamos expostos à risota geral.

Durante minha estada nas Índias, falei dessas revelações ao Sr. Sinnet; em que época não o posso dizer exatamente. Dezoito anos mais tarde, em 1877, esses satélites foram descobertos por um astrônomo, em Washington.

Inútil, contudo, prosseguir na citação de outros casos.

Dar-se-ia, talvez, o que já tem acontecido em outras oportunidades.

Faz poucos meses, um dedicado cultor das ciências psíquicas apresentou a um amigo, com quem, amistosamente, se entretinha em constantes discussões sobre esses assuntos, umas páginas escritas, dizendo-lhe:

— Aqui está o trecho de uma comunicação mediúnica de Rui Barbosa.

E, enquanto o amigo lia, acrescentou:

— Não diga, desta feita, que não é...

A resposta não se fez esperar:

— Está claro que não é. Ora, a quem você quer impingir isso...

— Mas...

— Qual, meu caro, esse trecho que você me exibe, nem a um sapateiro se poderia atribuir. Nunca me enganei com o estilo do Rui.

— Desta vez, porém, enganou-se, amigo.

E, abrindo o livro que consigo trazia, *Esfola da calúnia*, disse:

— Aqui está! É do Rui vivo... Integralmente do Rui...

Tudo isso demonstra, como dissemos e como previa R. Magalhães Júnior, que o Espiritismo está convocado a provar ou a justificar os seus princípios e os seus fundamentos.

Os R. R. veem-se assim obrigados, mau grado seu, a fazer desfilar diante do honrado julgador os preeminentes vultos da Ciência que sustentaram e defenderam esses princípios, sem recorrerem àqueles outros que, anteriormente, haviam aceito sob a orientação da sua fé.

Com esse secular e culto desfile pelos diversos países do mundo, estará feita uma síntese histórica do Espiritismo científico ou experimental.

Do seu exame sereno e do seu estudo sério há de ressaltar a certeza de que, mesmo para aqueles que já foram levados para os campos opostos das diversas concepções metafísicas, não se trata de lucubrações ou fantasias de cérebros alucinados.

"Pode-se admitir a dúvida, antes de estudar; a negativa, depois de se estudar; mas a negativa simples, sem estudos e provas, é vazia de senso e de respeitabilidade."

Que falem, pois, os sábios e os gênios.

DOS ESTUDOS PSÍQUICOS. — EXPERIÊNCIAS. — O PARECER DOS SÁBIOS

NA INGLATERRA E NA AMÉRICA:

26. O período científico, no que diz respeito aos fenômenos psíquicos, começou na Inglaterra com as experiências do célebre físico William Crookes, o erudito

cientista descobridor do tálio e da matéria radiante e o mais eclético dos sábios ingleses, a cujo saber todos rendem respeitoso culto.

Fora ele incumbido de estudar o fenômeno para que trouxesse ao país e ao mundo, sobre o caso, a palavra da Ciência.

E o eminente vulto dizia, depois de quatro anos de investigações:

> Tendo, como todo pesquisador imparcial, chegado à conclusão de que *havia aí qualquer coisa,* não podia mais, eu, estudante das Leis da Natureza, recusar-me a continuar nessas pesquisas, qualquer que fosse o ponto a que elas me pudessem conduzir.

As suas pesquisas levaram-no a percorrer a extensa gama dos fenômenos supranormais. Vejamos o que ele relata:

> Em minha presença, vários fenômenos se produziram ao mesmo tempo. Cheguei a ver a Sra. Fox escrever, automaticamente, uma comunicação para um dos assistentes, enquanto uma outra comunicação sobre assunto diverso lhe era dada para outra pessoa, por meio do alfabeto e por pancadas. Durante esse tempo, a médium conversava com uma terceira pessoa, sem o menor embaraço, e sobre matéria por completo diferente das outras duas.

E mais:

> Durante uma sessão com o Sr. Home, a régua de que falei atravessou a mesa, em plena luz, e veio a mim, onde deu uma comunicação, batendo-me em uma das mãos.

As pancadas eram tão claras e tão precisas, e tão evidente era achar-se a régua sob a influência de um poder invisível, que lhe perguntei: — Pode a Inteligência presente mudar o caráter de seus movimentos e dar-me uma comunicação telegráfica pelo alfabeto Morse?
Tenho seguros motivos para crer que o alfabeto Morse era totalmente desconhecido dos presentes, não o conhecendo, perfeitamente, eu mesmo.
Mal acabara de pronunciar aquelas palavras, mudou o caráter das pancadas. As letras foram dadas da maneira por que pedi. Eu tinha visto o bastante para convencer-me de que na extremidade da régua havia um bom operador de Morse, quem quer que fosse.

Ainda outro exemplo cita o douto físico:

> Uma senhora escrevia automaticamente por meio da prancheta.
> ....
> — Vês este jornal e podes lê-lo? (Dirigia-me à Inteligência que movia a prancheta.) Acrescentei, colocando um dedo sobre o número do *Times* que estava sobre a mesa, atrás de mim, sem olhá-lo.
> — Sim — respondeu a prancheta.
> — Bem — disse eu —, se podes vê-lo, escreva a palavra que está agora coberta por meu dedo.
> A prancheta moveu-se e com alguma dificuldade escreveu a palavra *honra*. Voltei-me e vi que era essa a palavra que meu dedo escondia.

Crookes conclui:

> Desde o começo de minhas pesquisas, verifiquei que o poder que produzia tais fenômenos não era simplesmente

uma força cega, mas uma inteligência que os dirigia, ou, pelo menos, lhes estava associada.

Essa inteligência é de tal caráter que somos obrigados a crer não provenha de nenhuma das pessoas presentes. — (W. Crookes — *Quartely Journal of Science*, janeiro, 1874. — Há tradução desses trabalhos, em português, por Oscar d'Argonnel, com o título: *Fatos espíritas, observados por William Crookes*, 1932.)

• • •

Russel Wallace é outro sábio inglês. Foi autor, diz a enciclopédia de Nélson, do mais belo princípio que já apareceu desde Newton, e, independentemente de Darwin, apresentou uma teoria praticamente idêntica à da seleção natural. (*Quite independent of Darwin thought out a theory pratically identical with the theory of natural sellection.*)

O grande naturalista afirmou que primeiro foi arrastado a aceitar os fatos e depois a aceitar a teoria que deles dimanava. "*They compelled me to accept them, as facts, long before I could accept the spiritual explanation of them. By slow degrees a place was made.*" (Sir Alfred Russel Wallace — *On Miracles and Modern Spiritualism*, Prefácio, 1874.)

A obra de Wallace, a que se seguiram outras, é a afirmação irrefutável da existência do fenômeno e de sua espiritualidade.

Nesse mesmo trabalho, diz ele:

> As acusações e as críticas são suportadas pelos Espíritos, com bom humor, excitando, apenas, compaixão pela ignorância voluntária, e desprezo diante da presunção dos escritores adversários.

Esse estado d'alma tranquilo e confiante deve ser apresentado a esses antagonistas, que conhecem tanto a literatura espírita como a verdade contida nos *Vedas*.

Escrevendo ao *Times*, expressava-se com a modéstia digna de um sábio, e destarte refutava as expressões de um cético:

> Não pretendo o verdadeiro título de homem de ciência. Mas há muitos que o merecem e que não foram considerados por vosso correspondente, como o finado Dr. Grégory, de Edimburgo, o prof. Robert Chambers e o prof. Hare, de Filadélfia, infelizmente mortos; como o Dr. Guilly de Malvern, sábio médico, o juiz Edmonds, um dos melhores da América, que fizeram, neste terreno, as mais amplas pesquisas. Todos esses homens ficaram não somente convencidos da realidade dos fatos maravilhosos, como aceitaram a teoria do Espiritismo moderno, única, a seu ver, capaz de englobar todos os fatos e explicá-los. Poderei assegurar, sem exagero, que os principais fatos estão agora tão bem estabelecidos e são tão fáceis de estudar, como qualquer outro fenômeno excepcional da Natureza, cujas leis não foram ainda descobertas. (G. Delanne — *Le Spiritisme devant la Science*, 1923, página 199.)

• • •

Outro nome que se impõe, entre os sábios ingleses, é o de *Sir* William Barrett, lente de Física no "Royal College of Science for Dublin", assistente do célebre professor Tyndall, pertencente à Sociedade Real de Londres, e, na opinião de René Sudre —, *un des physiciens les plus distingués de l'Angleterre*.

Entre grande número de suas obras escolhamos aquela que tem por título — *Nos umbrais do Invisível*.

Na introdução à tradução francesa, ele declara:

> Estou absolutamente convencido de que a ciência psíquica provou experimentalmente a existência de uma entidade transcendente e imaterial no homem, a alma.
> Estabeleceu, igualmente, a existência de um mundo espiritual e invisível, de seres vivos e inteligentes, que se podem comunicar conosco, em se apresentando ocasião favorável. Acrescento que, a despeito de ilusões, simulações e enganos, há uma crescente multidão de provas que convergem em favor da sobrevivência do homem após a morte e a dissolução do corpo. (W. Barrett — *Au Seuil de l'Invibible*, 1923, pág. 13.)

O eminente físico estudou durante mais de quarenta anos. Ele o diz: "As conclusões a que chego não são fruto de um exame rápido e superficial. Há mais de quarenta anos que estudo os chamados fenômenos supranormais, com toda a liberdade e sem nenhum interesse".

No prefácio à edição inglesa, acrescentou:

> Ninguém, dos que ridicularizam o Espiritismo, lhe concedeu, que eu saiba, atenção refletida e paciente. Afirmo que toda pessoa de senso que consagrar a seu estudo, prudente e imparcial, tantos dias ou mesmo tantas horas como muitos de nós têm consagrado anos, será constrangida a mudar de opinião.

E no corpo da obra perguntava: "Como podem as negações dos ignorantes e dos sectários ter mais peso para a Ciência do que as afirmações de todos os testemunhos que enumeramos?".

Deixa o mestre, finalmente, o campo das objeções e entra na 2ª parte da obra com esta declaração:

> É tempo de deixar as discussões fastidiosas e expor os casos pessoais que me convenceram da objetividade do fenômeno. É quase impossível dar àqueles que não se dedicaram a essas experiências uma ideia do poder e do acervo de provas que impuseram nossa convicção. (William Fletcher Barrett — *On the Threshold of the Unseen*, 1917.)

Suas conclusões foram final e firmemente estabelecidas no trabalho intitulado — *Algumas reminiscências de cinquenta anos de pesquisas psíquicas*, onde ele estabelece: "É evidente a existência de um mundo espiritual, a sobrevivência depois da morte e a comunicação ocasional dos que morreram." (*There is evidence for the existence of a spiritual world for survival after death, for occasional communications from those who passed over.*) — (W. Barrett — *Some Reminiscences of Fifty years of Psychical Research*, Proc. XXXIV, 1924.)

• • •

É interessante notar que os físicos ingleses, os que, portanto, mais perto se achavam dos fatos da matéria e mais longe dos fatos do espírito, é que com mais profundidade, perseverança e técnica estudaram os fenômenos metapsíquicos e concluíram, não só pela sua realidade, como também pela realidade dos Espíritos.

Ouçamos outro físico eminente, *Sir* Oliver Lodge, *world famous physicist* — como é considerado — autor de várias e importantes obras universitárias, membro da "Sociedade Real de Londres", tido como o mais eminente dos físicos modernos. Declara ele, peremptoriamente, no seu livro *Por que eu creio na imortalidade pessoal*:

> A prova da identidade pessoal está, assim, gradualmente estabelecida, de maneira séria e sistemática, pelo exame crítico dos investigadores e, sobretudo, pelos esforços especiais e inteligentes dos comunicantes do Além.
> Para mim, a evidência é virtualmente completa, e não tenho nenhuma dúvida da existência e da sobrevivência da personalidade, como não a teria sobre a dedução de qualquer experiência ordinária e normal. (Oliver Lodge — *Why I Believe in a Personal Immortality*, 1928, pág. 68. — Na tradução francesa: *Pourquoi je crois à l'immortalité personelle*, Ed. Myers, 1929, pág. 61.)

• • •

O Dr. Richard Hodgson, um dos mais céticos investigadores, afirma, depois das experiências com a médium, Sra. Piper:

> Presentemente não tenho a menor dúvida (*at present time I cannot profess to have any doubt*) de que os principais comunicantes, de que tratei em páginas anteriores, são verdadeiramente as personagens que dizem ser, que sobreviveram à mudança a que chamamos morte, e que se comunicaram conosco, que nos denominamos vivos, por intermédio do organismo da Sra. Piper, em transe

(*through Mrs. Piper entranced organism*). (Richard Hodgson — *Proceedings*, vol. XIII, 1897.)

• • •

De James Hervey Hyslop, professor de Lógica e Ética da Universidade de Colúmbia, em Nova Iorque, autor de várias e memoráveis obras, colhemos o seguinte:
Do seu livro — *A vida depois da morte*:

> Publiquei na minha obra *A Ciência e a vida futura*, e na intitulada *A ciência psíquica e a ressurreição*, sumários da evidência científica com relação à sobrevivência; e Frederico Myers, na *Personalidade Humana*, coligiu um conjunto de fatos evidentes, mirando o mesmo objetivo. Por esta razão não apresentarei tantas provas neste volume, visto que considerarei a hipótese da sobrevivência como cientificamente provada. (*I shall treat the hypothesis of survival as scientifically proved.*)

E declarava mais, que não discutiria com o que negasse a existência de Espíritos desencarnados, porque esse dava provas de nada conhecer do assunto: "*I give him short shrift, and not propose any longer to argue with him on the supposition that he knows anything about the subject*". — (James Hyslop — *Life after Death. Problems of Future Life and its Nature*, 1918, pág. 233 e seguintes.)

• • •

Robert Dale Owen, estadista, congressista, membro da Convenção Constitucional da Indiana, denominado por

Dixon o Conselheiro Privado da América, ministro do estrangeiro, dedicou-se ao Psiquismo, para provar o erro em que estava seu genitor, que se aplicava a tais estudos:

"*Of his father's attachment to spiritualism he heard with pain and regret*".

O resultado de sua investigação foi contrário às vistas com que iniciara as pesquisas, e terminou declarando sua crença nos fenômenos e na sobrevivência, em várias obras, entre as quais: *As fronteiras do outro mundo, Entre este mundo e o outro* etc. (Dale Owen — *Footfalls on the Boundaries of Another World*, 1860; *The Debatable Land Between this World and the Next*, 1870.)

• • •

Nas mesmas condições de Owen se encontrava o prof. Sexton, que começou sua campanha com furiosa investida contra os fenômenos psíquicos. Conhecedor dos processos de mágica, coube-lhe demonstrar a diferença abissal que havia entre estes processos e aqueles fenômenos. Suas conclusões, como a demonstração da sobrevivência e comunicabilidade dos Espíritos, se acham exaradas em dois importantes trabalhos, de grande êxito na Inglaterra: *O materialismo científico, calmamente considerado* e *Uma resposta ao professor Tyndall*. (Dr. George Sexton — *Scientific Materialism Calmly Considered*; *A Reply to Professor Tyndall's Belfast Address*.)

• • •

Cabe referir-nos, agora, a um vulto de grande projeção nos Estados Unidos da América, o eminente jurista John Worth Edmonds que foi, sucessivamente, membro de ambas as casas do Congresso de Nova Iorque, presidente do

Senado, juiz do Supremo Tribunal de Apelação de Nova Iorque. (*Supreme Court.*)

Seus primeiros trabalhos sobre a matéria foram publicados a 1º de agosto de 1853, no *New York Courier*, o que produziu no público extraordinária sensação de espanto. Mais tarde, ele declarava: "Fui investigar, convencido da impostura e, tentando desmascará-la, cheguei a conclusão diversa e me sinto no dever de divulgá-la". (*I went into the investigation originally thinking it a deception and intending to make public my exposure of it. Having from my researches come to a different conclusion, I feel that the obligation to make known the result is just as strong.*) — (John Edmonds — *New York Herald*, 6-8-1853.)

Os fenômenos psíquicos, que ele a princípio verificara em diversos médiuns, passaram a dar-se com sua filha Laura e com ele próprio. A filha, mediunizada, chegou a falar em nove ou dez línguas, que lhe eram inteiramente desconhecidas, pelo fenômeno a que os psiquistas chamam *xenoglossia*.

Toda a sua experiência e convicção vêm exaradas em dois grossos volumes, publicados sob o título — *Espiritismo ou Espiritualismo*. (J. Edmonds — *Spiritualism*, Nova Iorque, 1855.)

• • •

Walter Winn, notável publicista inglês, redator do *The Young Man and Woman*, autor de *Secrets of Success in Life*, *Revelation* e outras obras, escreve:

> Estou certo de que todo leitor, sem preconceitos, depois de haver lido os capítulos precedentes, não deixará de

admitir que os fatos relatados justificam minha crença na sobrevivência do meu filho; Rupert está atualmente vivo, é feliz, interessa-se por mim.

Deve-se notar que comecei esses estudos e pesquisas com grande ceticismo, mas os fatos destruíram inteiramente minhas dúvidas e todas as minhas objeções. (Walter Winn — *Rupert Lives*, 1918. Pode-se ver também a tradução francesa de Carita Borderieux e Sarah Edwards — *Rupert Vit*, Paris, 1920, pág. 153.)

• • •

Conan Doyle, o novelista sobejamente conhecido, deixara ultimamente os seus apreciados e interessantíssimos casos policiais pelos casos psíquicos. Com a mesma fecundidade literária escreveu várias obras sobre o assunto. Em *A nova revelação*, estatuía: "Os fenômenos psíquicos, verificados até a evidência pelos que tiveram o cuidado de estudá-los, têm, como justo valor, o de servirem de base, dando-lhe realidade objetiva, a um imenso corpo de doutrina". (Conan Doyle — *The New Revelation*, 10ª ed., Londres, pág. 49. Na edição portuguesa — *A nova revelação,* tradução de Guillon Ribeiro, 1920, pág. 50.)

No 2º capítulo de sua obra, o festejado escritor, depois de vários relatos, acrescenta:

> Contam-se por muitos os casos desta natureza. Apenas menciono alguns. Mas penso que todo o sistema que eles formam, desde o fenômeno físico, do simples ruído numa mesa até a mais inspirada alocução de um profeta, constitui um todo completo, uma cadeia cujos elos se ligam uns aos outros, e que, se o extremo inferior dessa cadeia

veio ter às mãos da Humanidade, foi para que esta, por seus esforços e pelo uso da razão, encontrasse o caminho a seguir, até chegar à revelação que a esperava no extremo superior. (Página 65 do original inglês; pág. 64 da tradução em português.)

Em *A nova revelação* há um capítulo inteiro, que ocupa quase a metade do livro, com o título *"The search"*. São as suas primeiras investigações.

Cético, ele encarava os fenômenos psíquicos como a maior tolice da Terra, e, tendo sabido da condenação de médiuns fraudulentos, admirava-se de que pudesse um homem acreditar em coisas tais.

"I had always regarded the subject as the greatest nonsense upon earth, and I had read of the conviction of fraudulent mediuns and wondered how any sane man could believe such things." (Obra citada.)

Lendo a obra do juiz Edmonds, parecia-lhe aquilo um exemplo de como um homem prático e notável poderia ter uma fraqueza no cérebro. Foi nestas disposições de espírito que ele encetou as suas experiências, entre amigos íntimos, com uma pequena mesa de três pés, e, como a mesa se movesse, ele atribuía esses movimentos a gracejo dos amigos, e os amigos, a gracejo dele. Mais tarde, leu vários autores, e foi continuando as suas indagações até que chegou à certeza do fenômeno psíquico e de sua causa espiritual.

Nos *Devaneios de um espiritualista*, depois de ter como irrefutavelmente provada a comunicação dos mortos, aceita, ainda, a moral que dela se depreende: "Com profunda reverência ao Cristo, o Espiritismo organizado crê que o homem colhe o que semeia, que ninguém, senão ele mesmo, arrancará o joio". (*A man reaps as he sows with no one but himself to pull out the weeds.*) — (Conan Doyle

— *The Wanderings of a Spiritualist*, Londres e Glasgow, 1922, pág. 19.)

• • •

Passemos aos filósofos ingleses, e, afortunadamente, nos cabe mencionar os mais afamados. Um deles é William James, que o mundo filosófico e literário sobejamente conhece; o outro é Frederico Myers, de quem dizia o prof. Flournoy:

> Se as futuras descobertas confirmassem sua tese da intervenção dos desencarnados, seu nome seria inscrito no livro de ouro dos iniciados, e junto aos de Copérnico e Darwin completaria a tríade dos gênios que mais profundamente revolucionaram o pensamento psicológico, biológico e cosmológico. (Theodore Flournoy — *Archives de Psychologie de la Suisse Romande*, junho de 1903.)

Em William James se lê que, na Inglaterra, cerca de um adulto sobre dez vê fantasmas, isto baseado em 25.000 respostas dadas a Gurney. (Payot — *Études et Réflexions d'un Psychiste*, Paris, 1924, pág. 111.)

Nas "Impressões finais" apresenta este judicioso reparo:

> Quando uma teoria — dizia Jeffries Weyman — vem, sem cessar, à discussão, todas as vezes que a crítica ortodoxa a enterra, ela parece cada vez mais sólida e mais dura de acutilar, e podereis estar certo de que nela há uma parte de verdade. Tinha visto inumar Aken, Lamarck e Chambers; mas o resultado para Darwin foi o de tornar a heresia um pouco mais plausível. Muitas vezes a Ciência matou os Espíritos, como uma das muitas superstições

populares, e, entretanto, nunca nos falaram deles com tanta abundância nem com tão grandes aparências de autenticidade. (Obra e autor citados, pág. 318.)

Agora, Myers:

> Essas descobertas dir-se-iam de natureza a contribuir, mais que quaisquer outras, à ultimação do programa de dominação científica que a *Instauratio Magna* tinha formulado para a Humanidade.
> Bacon previra o triunfo progressivo da observação e da experiência, a vitória do fato real e analisado, em todos os domínios dos estudos humanos, salvo num. Com efeito, foi à Autoridade e à Fé que ele abandonou o domínio das coisas divinas. Cabe-me mostrar que essa grande exceção não é mais justificada.
> Acho que existe um método de chegar ao conhecimento das coisas divinas com a mesma certeza, a mesma segurança calma às quais devemos o progresso no conhecimento das coisas terrestres. (*Human Personality and its Survival to Bodily Death*. Na trad. francesa de Jankelevitch, 1910, pág. 403.)

O processo de chegar às coisas divinas, segundo o mais eminente dos filósofos da Inglaterra, era o fenômeno espírita.

Não nos alonguemos mais sobre a literatura psíquica de língua inglesa. Basta lembremos, de passagem e em apurada seleção, o *Matter to Spirit*, de August de Morgan, presidente da Sociedade Matemática, de Londres; *Theosophy and Higher Life*, do professor George Wyld; o *Experimental Investigation of the Spirit Manifestation*, de Robert Hare, da Universidade da Pensilvânia; o *Spiritual*

Magazine, de Barkas, da Sociedade Geológica de New Castle; e mais os trabalhos do filósofo Fichte; do fisiologista Henry Lews; de Mapes, professor de Química da Academia Nacional dos Estados Unidos; de Oxon, da Universidade de Oxford; de James Gully, escritor; de Sergeant Cox, jurisconsulto, filósofo e escritor; de John Elliotson, notabilíssimo médico inglês; do Dr. Ahburner, médico da Casa Real; de Pearsall Carpenter, naturalista; de *Sir* John Lubboch, escritor; de William Stead, o afamado estadista, tão celebrizado na Conferência de Haya; dos reverendos F. C. Spur e Dale Owen; de Stainton Moses; de Stanley de Brath; de Horace Leaf; de Hardinge Britten; de Lorde Duraven; da Srta. Storr...

Temos dado, assim, ligeira ideia do vulto dos autores ingleses e americanos e da marcha do Psiquismo na Grã--Bretanha e nos Estados Unidos. Para não nos estendermos excessivamente, passemos a outro país.

NA ITÁLIA:

27. Na Itália, as experiências psíquicas tomaram grande vulto, sendo que, por bem do seu progresso, com ele se preocuparam homens notáveis na arte médica, nas letras jurídicas, no campo da Ciência.

Lembremos, de começo, o Dr. José Lapponi, médico de dois papas, Leão XIII e Pio X, professor de Antropologia, escritor, clínico de nomeada.

No seu livro *Hipnotismo e Espiritismo*, refere-se, entre inúmeros e variados casos, a um depoimento prestado pelo fidalgo Domingos Denza, cavalheiro do Santo Sepulcro, *di costumi integerrimi* — diz o autor. O depoimento seguiu-se a uma devassa procedida pelo cardeal Carpegna, por ordem de Inocêncio X.

Denza sonhara com uma senhora de branco, e, acordando, certa vez achara-se em presença da mesma senhora, que disse ter sido a marquesa Laura Poppoli Astalle, falecida, e que vinha pedir missas ao marido; deixara na coberta da cama, impressa, a sua mão, de tal forma que apareciam com nitidez os dedos e os ressaltos, com os contornos dela, em fosco queimado. Era notável a torcedura do dedo mínimo, conforme defeito contraído pela marquesa.

O fato foi observado e verificado por muitos, inclusive pela Rainha da Suécia e pelo Pontífice.

"Ma da niuno com maggiori sensi di pietà e religione che della real maestà della regina di Svezia, e dalla Santità stessa del Sommo Pontefice." (G. Lapponi — *Ipnotismo e Spiritismo*, Roma, 1906, pág. 38.)

Trata-se de um perfeito fenômeno espírita, ou de vários, visto que há nele o onírico, o da aparição do defunto e o da marca de fogo, este longamente descrito, com vária cópia de exemplos, em monografia de Ernesto Bozzano.

Depois de outros relatos, afirma o douto escritor:

> Julgava a Ciência ter já proferido, a propósito, sua última palavra, pondo em destaque a analogia entre fenômenos espíritas e alguns fenômenos mórbidos, e cuidava-se que o Espiritismo estivesse para sempre condenado ao esquecimento.
>
> Entretanto, acontecimentos inesperados demonstram quão pouco justificada era a incredulidade incondicional dos modernos; quão prematuras eram as conclusões estabelecidas em nome da Ciência; e deram vida nova ao Espiritismo. (Ob. cit., pág. 41.)

Tratando de uma sessão, declara: "Para tornar completa a admiração de quem assiste a uma sessão de Espiritismo, só falta uma coisa: ver, tocar os Espíritos com os quais se confabula". (*A rendere pieno lo stupore di chi assiste a uma seduta di Spiritismo, non resta che uma cosa: vedere, toccare gli spiriti com cui si favella.* — Obra cit., pág. 102.)

Chama a atenção para vários fatos espíritas, maravilhosos, que tiveram por testemunhas monsenhor Berardi Pasquali, bispo de Ruvo; do arcebispo Júlio Vaccaro, de Bari; do arcediago Vallareli; de Terlizzi; do Cav. Carmerino, questor; de Melusi, delegado; do Dr. Cotugno, do pastor Garreti; de um redator e de muitos outros. A descrição dos fatos é prolongada e inclui fenômenos de xenoglossia (línguas estranhas), bilocação, telecinesia, incorporação etc. etc.

Afirma que a um Congresso, em 1889, concorreram 500 delegados, representando 40.000 membros de várias sociedades espíritas, com endereços precisos. E que, se se acrescentasse a esse o número dos testemunhos dos fatos por ele citados, chegar-se-ia, pelo menos, a seis milhões de indivíduos.

"Lendo-se" — diz ainda — "a descrição sumária de todas as maravilhas espíritas, pode alguém acreditar ter sob os olhos o capítulo de algum romance fantástico, ou, pelo menos, de alguma novela mais ou menos engenhosamente arquitetada. Mas os fatos singulares por mim brevemente resumidos das obras e dos cuidadosos relatos dos que se preocuparam com esses assuntos são uma realidade que nos é atestada por um número quase infinito de testemunhas." (*Ma che i fatti singolari, da me brevemente riassunti dalle opere e dalle accurate relazioni di coloro che si sono occupati dell'argomento, siano uma realtà, ci è attestato da un numero quasi infinito di testimoni.* — Pág. 125.)

O autor oferece uma lista dos mais notáveis representantes das ciências, das letras e das artes, que se têm ocupado de Psiquismo e Espiritismo, já em obras de fôlego, já pelas suas experiências, e nos dá um rol de perto de noventa nomes, com seus respectivos cargos e títulos, isto ainda no começo do século.

Do trabalho de Lapponi há uma tradução em português.

• • •

O engenheiro Giuseppe Costa, na sua obra — *Além da Vida, a relatividade da morte*, conclui pela certeza absoluta dos fenômenos e ainda pela da autenticidade do Espiritismo. No capítulo sob o título: "*La realtà dell'ipotesi spiritica*", diz, para demonstrar essa hipótese, entre outros argumentos, que "numerosos fatos provam a diversidade da inteligência que guia os fenômenos, da que promana do médium". E por exemplo:

> Em 1865, Paulo Pantasso soube, por via mediúnica, da existência de um 5º satélite de Júpiter e comunicou-a ao professor Scarpa, de Turim. O descobrimento foi, em seguida, confirmado pela Astronomia. (Eng. Giuseppe Costa — *Di là dalla Vita. La Realtà della Morte*. Turim, Genova, 1923, pág. 249.)

Lombroso, cujo nome dispensa apresentação, dizia, no prefácio do seu livro, que o conjunto das observações, nesse terreno, forma um bloco de provas que desafia o ceticismo.

Merecem notados vários trechos do seu importante trabalho:

> *É notevole che nel transe spiritico si manifestino delle energie motorie ed intelletive che sono molto differenti, qualche volta maggiori e spesso sproporzionate a quelle del medium; e fanno supporre l'intervento di una altra intelligenza, di una altra energia, perquanto transitoria.* (É de reparar que, no transe espirítico, se manifestem energias motoras e intelectuais, que são muitas vezes diferentes, algumas vezes maiores e mesmo desproporcionadas às do médium; fazem elas supor a intervenção, ainda que transitória, de uma outra inteligência, de uma outra energia.)

> *E questa forza (mediunica), dalla tradizione di tutti i secoli e di tutti i popoli e dall'osservazione sperimentale, ci è additata nell'azione residua dei defunti.* (Essa força mediúnica, já pela tradição de todos os séculos e de todos os povos, como pela observação experimental, promana da ação resídua dos defuntos.)

> *Evidentemente accanto all'azione del medio in queste sperienze se ne manifesta un altra più debole spesso, che noi presumiamo essere quella del defunto.* (Evidentemente, nessas experiências, ao lado da ação do médium, manifesta-se uma outra, amiúde mais débil, que presumimos ser a do defunto.)

> *In questi ultimi casi anche ammettendo l'intervento inconscio di qualche medio, l'azione del defunto era prevalente, indipendente da questo, contra il cui interesse agiva e con*

un carattere spiccatissimo di propria autonomia personale. (Nos últimos casos, admitindo, ainda, a intervenção inconsciente de algum médium, prevalece, independentemente deste, a ação do defunto, que agia contra os interesses desse médium, e apresentava insofismável caráter de autonomia pessoal.)

Quando ciò accade, quando indovina il futuro, quando senza studi letterari scrive un romanzo, quando abbozza una scultura senza l'intervento di uno scultore, quando fa comunicazioni ignorate da tutti, quando scrive col carattere e collo stile dei defunti, completamente ignotti a tutti, ciò accade perchè alla potenza medianica se ne associa un'altra che ha, si pure transitoriamente, quelle facoltà che mancano ai vivi, di leggere il futuro, di improvisarsi artista, ecc. (Quando isto sucede, quando se adivinha o futuro, quando, sem estudos literários, se escreve um romance, quando se esboça uma escultura sem a intervenção de um escultor, quando se fazem comunicações por todos ignoradas, quando se escreve com o caráter e o estilo do defunto, inteiramente desconhecido de todos, tal acontece porque à potência mediúnica se associa outra que, embora transitoriamente, possui a faculdade que falta aos vivos, de ler o futuro, de improvisar-se artista, e assim por diante) — (Cesare Lombroso — *Ricerche sui Fenomeni Ipnotici e Spiritici*, Torino, 1909, págs. 11, 163, 171, 185, 269 e 303.)[4]

Foram muitos os sábios italianos que acompanharam Lombroso em suas experiências ou lhe seguiram as

---

[4] Publicado em português, pela FEB, sob o título: *Hipnotismo e mediunidade*.

pegadas, podendo ser mencionados, entre outros, Ciolfi, Ermacora, Porro, Broferio, Botazzi, o astrônomo Schiaparelli, Finzi, Foa e muitos mais; muitíssimos outros nomes poderíamos acrescentar, mas a extensão que vai tomando este trabalho e o muito caminho ainda a percorrer obrigam a suprimi-los.

• • •

Ernesto Bozzano, filósofo, potente celebração pelo seu espírito de ordem, de método e de lógica, cético, materialista, positivista, entregou-se aos estudos psíquicos, que não mais deixou, e a eles dedicou toda a sua existência, desde os primeiros anos da mocidade.

Numa obra que publicou em francês, sob o título em português — *A propósito da introdução à metapsíquica humana* — diz o erudito mestre, em resposta ao professor Richet, e sobre determinado ponto metapsíquico:

> Estudei pessoalmente esta questão em longa monografia que, como todas que a precederam, não constitui um trabalho de pesquisas apressadas (*de recherches hâtives*), concluídas em poucos meses, mas é o resultado de leituras consideráveis, prolongadas durante 36 anos.

Isto foi, ainda, em 1926.

As "leituras consideráveis" do mestre levaram-no a estabelecer como cientificamente provada, *sulla base dei fatti*, a hipótese espírita.

Suas conclusões eram firmes, sem sombra de dúvida:

> Afirmo, sem receio de erro, que, fora da hipótese espírita, não existe nenhuma outra capaz de explicar os casos

análogos ao que acabo de expor. Ora, os fatos dessa categoria se contam por centenas nas experiências da Sra. Piper.

E referindo-se a um caso de incorporação:

> A espontaneidade eloquente dessa linguagem não escapará a ninguém, assim como a importância teórica de semelhantes episódios só é compreensível com o auxílio da hipótese espírita.

Mais adiante, replicando a Sudre:

> Nesse estado de coisas, longe de concluir que, graças à prosopopese-metagnomia se chegam a explicar todos os casos de identificação dos mortos, dever-se-á consentir que todos os casos de identificação de mortos, em que surgem episódios análogos aos que citei, devem ser encarados como autenticamente espíritos, e isso de maneira experimentalmente demonstrada. (Ernesto Bozzano — *A Propos de L'introduction à la Metapsychique Humaine*, Paris, 1926, págs. 20, 29, 34 e 45.)

Nessa mesma obra, Bozzano estuda e estabelece onze ordens de fenômenos, absolutamente inexplicáveis por qualquer teoria metapsíquica, que não a espírita. (Vejam-se págs. 63 e seguintes.)

Importante obra desse autor, pelos esclarecimentos que nos traz sobre a passagem de um mundo para outro, e pelas provas com que os firma, é *A crise da morte*. Sobre o valor do trabalho ninguém diria talvez melhor que o seu tradutor, o digno e ilustrado engenheiro patrício, que foi o Dr. Guillon Ribeiro:

Com efeito, em *A crise da morte*, as mensagens do Além, sobre que Bozzano assentou o seu estudo, elucidam uma das questões mais relevantes que aquela revelação suscita e que, todavia, é das menos fartamente exploradas nas suas obras basilares: a do modo por que se dá a entrada, no meio espiritual, dos Espíritos que desencarnam na Terra, e de como lhes transcorre ali a existência durante os primeiros tempos após a desencarnação, problema cuja solução põe em destaque, como fator preponderante da constituição desse meio, para cada Espírito, sob a ação, que mais perceptível então se torna, da lei de afinidade, a força criadora, ou o poder criador do pensamento.

Tais mensagens, porém, dispersas como se encontram em publicações várias, só muito relativo valor teriam sempre, se o notável escritor italiano não as houvesse submetido ao processo científico da análise comparada, do que resultou ficarem formando, doravante, as descrições que elas encerram, um conjunto de revelações de irrecusável veracidade, por isso que, assinaladas, conforme ele deixou, as concordâncias positivas existentes nelas, quer quanto aos informes capitais, quer quanto aos secundários, demonstrado também deixou procederem as ditas mensagens, indubitavelmente, do mundo invisível e conterem o fruto das experiências individuais a que se viram sujeitas as entidades que as deram. (Guillon Ribeiro — Prefácio a *A crise da morte*, 1930.)

Vale assinalado este trecho, porque nele se refere o tradutor ao valor probante da obra, que trata do caso especial das mensagens, mediunidade principal de Francisco Xavier, e que ora se debate neste processo.

Convém ainda mencionar pelo seu valor teórico — uma vez que já não resta dúvida a ninguém das ideias de

Bozzano sobre a realidade do fenômeno e a comunicabilidade do morto — o seguinte trecho colhido em *Fenômenos de bilocação*:

> Os fundamentos do saber humano passarão da concepção materialista do Universo à concepção espiritualista do ser, com as consequências filosóficas, sociais, morais e religiosas que dela decorrem.
> É com efeito flagrante que a existência imanente no corpo somático subentende a imanência de um cérebro etérico no cérebro somático, e assim se achariam dissipadas as perplexidades que impediram até aqui os fisiologistas de admitirem a existência do espírito sobrevivente à morte do corpo, perplexidades que resumem no fato indubitável da existência de um paralelismo psicofísico nos fenômenos do pensamento. (E. Bozzano — *Des Phénomènes de Bilocation*, 1937, pág. 175.)

Pelos trabalhos do filósofo se demonstra, à luz dos seus exemplos, que não existe o paralelismo absoluto, e assim fica achado o caminho que leva à certeza da independência do espírito em relação à matéria.

A obra gigantesca, extraordinária, do ousado psiquista, deixou demonstrada a realidade do fenômeno, a realidade e independência do Espírito e a realidade da comunhão dos mortos.

• • •

Morselli, obstinado cético, dizia entretanto:

"*Al piú, porto con me un piccolo corredo di convinzioni metapsichiche guadagnateni coll'esperienza.*" (Quanto ao mais, conservo comigo uma pequena bagagem de convicções metapsíquicas adquiridas pela experiência.) — (Eurico Morselli — *Psicologia e Spiritismo*.)

• • •

Os Drs. Moroni e Rossi escreveram uma obra em prol do Psiquismo, com o título — *Alcuni Saggi di Medianità Ipnotica*.

• • •

Zingaropoli publica enorme série de relatos em *Luce e Ombra*, 1908, 1910.

• • •

Do Dr. Vicenzo Caltagirone, transcrevemos, como curioso, o seguinte relato passado com ele mesmo:

> Eu era amigo e médico do Dr. Benjamim Sirchia, conhecidíssimo em Palermo. Incrédulo, um dia, em que estava de visita em minha casa, falamos dos fenômenos mediúnicos, e, em tom de pilhéria, disse-me ele:
> — Doutor, se eu morrer antes de V., o que é provável, porque sou mais velho, virei dar-lhe uma prova de minha sobrevivência.
> Estávamos na sala de jantar. Também em tom de pilhéria, respondi:
> — Venha manifestar-se, quebrando qualquer coisa nesta casa; por exemplo, a lâmpada que está sobre a mesa.
> Tudo foi dito por gracejo. Separamo-nos, e desde aquele dia não mais tive notícias suas.

Em dezembro, estava sentado à mesa com minha irmã quando nossa atenção foi despertada por muitas pancadinhas dadas sobre a campânula da lâmpada central, bem como sobre o casquete de porcelana colocado por cima do tubo. A princípio, atribuímos isso ao calor da chama, que tratei de atenuar. Como, porém, as pancadas se tornassem mais fortes, saltei da cadeira e pus-me a examinar o caso detidamente, concluindo que o fenômeno não podia ser atribuído ao calor. De mais, eram golpes secos, que se diriam produzidos pelos nós dos dedos.

Isto se repetiu durante quatro ou cinco dias, provocando sempre, em mim, a maior curiosidade. No último dia, uma pancada mais forte quebrou em dois pedaços o casquete de porcelana, que ficou dependurado do gancho do contrapeso metálico.

Declaro, à fé de cavalheiro, que, durante esses cinco ou seis dias, nunca pensei no meu amigo Sirchia, muito menos, em nossa conversação.

Ao dia seguinte, às 8 horas da manhã, estava só com minha irmã quando a sala ressoou com um ruído fortíssimo, parecendo que haviam dado na mesa uma violenta paulada.

Corremos a ver o que tinha sucedido. Por estranho que pareça, sobre a mesa, como posto por mão humana, encontramos metade do casquete de porcelana, enquanto o outro pedaço continuava dependurado. A pancada que tínhamos ouvido era desproporcional ao acontecido.

Depois de demonstrar que havia um móvel intencional no fenômeno, conclui a narrativa:

"Dois dias depois encontrei o Dr. Rusci, médico, que me disse:

— Sabe quem morreu? O Dr. Sirchia". (V. Caltagirone — *Filosofia della Scienza*, maio, 1911, pág. 65.)

NA ALEMANHA:

28. Lançando os olhos para os trabalhos psíquicos na Alemanha, limitar-nos-emos a um curto período, entre 1920 e 1928, visto que todas as energias, todas as forças e todas as atividades do país se dirigiram sempre para o campo da guerra. Mesmo assim, muito se desenvolveram as pesquisas entre os germanos, até que o advento de Hitler fez paralisar por completo todo o movimento, em virtude das ordens expressas e das medidas fulminantes, emanadas das altas autoridades do Reich.

Em 1921, o professor Rudolf Lambert editava prestimosa obra sob o título — *Fatos misteriosos* (*Geheimnisvolle Tatsachen*). Nessa obra declara ele:

> ...que começamos, agora, a prestar atenção a fenômenos cujo alcance, para concepção da vida e do mundo, e alargamento dos horizontes científicos, deixa atrás de si todas as manifestações até aqui conhecidas do espírito humano.

Este mesmo escritor prestou admirável serviço à Parapsicologia (como se denominam ou denominavam os estudos psíquicos na Alemanha), dando à publicidade uma edição crítica da célebre obra *A vidente de Prevorst* (*Die Seherin von Prevorst*), de Justinus Kerner, na qual esse médico estuda a mediunidade de Frederica Hauffe, trabalho esse que mereceria capítulo especial.

Com o *bastão divinatório* preocupou-se o conde Carl von Klinchowstrom, que escreveu *Die Wünschelrute als Wissenchaftliches Problem* (*O bastão divinatório como problema científico*).

O estudo da médium Megalis, que interessou e preocupou muitos psiquistas escandinavos, fez que a literatura germânica se enriquecesse com duas obras de Ubaldo Tartaruga — *Telepatia e retroscopia criminais* e *A médium clarividente Megalis na Suécia* (*Kriminal-Telepathie und Retroskopie* e *Das Hellisch Medium Megalis in Schweden*, 1923).

O Dr. August Ludwig publicava — *A história das pesquisas psíquicas, da antiguidade aos nossos dias*; o professor Karl Camilo Schneider — *A atitude científica de hoje em relação aos fenômenos parapsíquicos* (*Die Stellung der Heutigen Wissenschaft zu den parapsychischen Phaenomenen*); o Dr. Missriegler — *A psicologia da sugestão*, em que o autor estabelece vários pontos de contato entre a sugestão e a Metapsíquica.

Em 1925, o Dr. Gustav Pagenstecher leva à publicidade a obra — *Percepção extrassensorial* (*Auszersinnliche Wahrnehmung*), na qual relata suas magníficas experiências com a Sra. Reys, médium clarividente.

Tieschner apresenta novo trabalho — *Sensação a distância e mesmerismo* (*Fernfuhlen und Mesmerismus*).

Nesse período começam a ser vertidas para o alemão as obras francesas de Gustave Geley. Teria sido, talvez, o período áureo da Metapsíquica. Ainda não havia decorrido o 1º trimestre e as livrarias anunciavam a obra de Shroder sobre metagnomia tátil, que se intitulava — *Experiências fundamentais no domínio das ciências-fronteiras psíquicas.* (*Grundversuche auf dem Gebiete der psychischen Grenzwissenschaften*).

Os alemães chamam ciência-fronteira à que não entra no quadro das ciências oficiais.

O mesmo professor, para combater os acusadores de fraudes, escreveu a obra — *Os fatos ocultos e o desmascaramento dos médiuns*.

Adolf Wagner escreve sobre Metapsíquica e disfarça o assunto sob o título *A finalidade da Natureza*. (*Das Zweekgesetz in der Natur*).

Quase ao mesmo tempo surgem, no mesmo gênero, três importantes obras: *Estudos de Parapsicologia*. (*Parapsychologische Erkenntnisse*), de Karl Gruber, professor de Zoologia da Escola Superior de Técnica de Munique; a *Telepatia Experimental* (*Experimentelle Telepathie*), de Carl Bruck, também professor, na qual narra fenômenos que muito se afastam da Telepatia; e *A força magnética do homem e a prática do magnetismo terapêutico* (*Die magnetischen Krafte des Menschen und die Praxis des Heilmagnetismus*), 1926, do Dr. Ludwig Lasky.

O Dr. Karl Blacker, catedrático de Química, de Viena, editou *O oculto sob o ponto de vista das ciências naturais* (*Das Okkulte von der Naturwissenschaft*).

O Dr. Tartaruga publica mais uma obra em 1928 — *Os milagres da hipnose* (*Wunder der Hypnose*), e o Dr. Max Kemmerich — *Uma sessão com a médium Sra. Silbert* (*Eine Sitzung mit dem medium Frau Silbert*).

Em 1921, o Dr. Rodolfo Tischner, obreiro de grande mérito, adquirira notável êxito com sua obra — *Introdução ao Ocultismo e Espiritismo* (*Einsfuhrung in den Okkultismus und Spiritismus*), e, como ficasse completamente esgotada a edição, reeditou-a em 1924. É um resumo crítico e uma exposição elevada dos fatos observados naquele terreno. Tratando do Espiritismo, o autor declara que há injustiça e exagero quando se fala em perigo. Menciona, especialmente, os casos interessantes que verificou conjuntamente com Staudenmayer.

Nesse mesmo ano, o Dr. Ubaldo Tartaruga publica um trabalho de fôlego: *Milagres no domínio da clarividência* (*Aus dem Reiche des Helischwunders*).

Em 1934, Lambert apresentava novo livro sobre Assombrações, manifestações de mortos e levitação (*Spuk, Gespenster und Apportphoenomene*).

Ainda em 1934, os condes Kermann Keyserling, Kuno Hardenberg e o Dr. Karl Happich editaram um trabalho com o nome de *Das Okkulte*. A mais importante parte da obra é a do Dr. Happich, neurologista de Darmstadt, que estuda a mediunidade de um intelectual, designado sob as iniciais H. P., e apresenta os admiráveis resultados de seu exame. Entre aqueles, o médico menciona vários casos de diagnósticos e curas feitas pelo médium.

Digno de menção é o fenômeno, também observado, da regressão da memória, em que, repetindo as experiências do engenheiro francês De Rochas, o médico coloca o paciente em hipnose e este revoca e relata suas vidas anteriores.

T. Oesterreich, na sua obra *O ocultismo na concepção moderna do mundo*, trata de várias experiências alheias e relata os fenômenos que observou com os médiuns Willy Schneider e Silbert Graz. (*Der Okkultismus im modernen Weltbild.*)

Em Munique, o Dr. H. W. Zahn publicou vultoso trabalho que denominou — *Die Okkulte Frage*, e que traduziríamos por *A questão psíquica*, visto que pelo nome de ocultismo se referem os alemães ao Psiquismo.

O Dr. Zahn, neurologista em Baden-Baden, ocupou-se dos fatos que verificou por intermédio de uma senhorita, médium de efeitos físicos, e que foram testemunhados por vários professores da Universidade.

• • •

Merece, aqui, especial destaque, o nome de um dos maiores filósofos da Alemanha e dos mais conhecidos do mundo inteiro, que é Hans Driesch.

Formado em Medicina, em Ciência e em Direito, regia, até antes da guerra de 1939, a cadeira de Filosofia da Universidade de Leipzig. Grande pacifista, foi um dos raros que tiveram a inaudita coragem de recusar categoricamente a sua assinatura numa célebre lista ou manifesto dos intelectuais germânicos, por ocasião do prélio de 1914.

Pelo seu valor, foi convidado a presidir a Sociedade Inglesa de Pesquisas Psíquicas, celeiro de tantas notabilidades na Grã-Bretanha.

Driesch afirma a realidade dos fenômenos metapsíquicos e assegura:

"...que a hipótese espírita é a que os explica menos complicadamente".

Suas conclusões são o resultado de profundo estudo, e ele as proclama, tanto do alto de sua cátedra, em Leipzig, como da Sociedade de Londres.

Sustenta-as em seus trabalhos, como em *Filosofia dos orgânicos* e *Grande problema da Psicologia* (*Philosophie des Organischen*, 1921; *Grund Problem des Psychologie*, 1926).

Expôs as suas ideias em discurso, na Clark University, de Worcester, e no seu último estudo apresentado em Paris, no Congresso de Pesquisas Psíquicas: — *Da influência da Metapsíquica no aspecto geral do Universo e a Metapsíquica e a Biologia*.

Driesch demonstra nas suas teses que, com os fatos psíquicos, o estudo da Filosofia e da Biologia está passando por profunda transformação.

• • •

Um grande nome, entretanto, que avulta entre os mais meticulosos psiquistas alemães é o do notável Barão de Schrenck-Notzing. Minucioso pesquisador, fez que desfilassem pelo seu gabinete de experiências as maiores notabilidades da língua alemã, e universitários de países vizinhos. Médico notável, foi discípulo de Hartmann e de Du Prel. Hipnotizador afamado, havia frequentado as aulas de Bernheim, em Nanci.

Começando a dedicar-se às questões psíquicas, escreveu a obra *Fenômenos de materialização* (*Materialisations Phenomene*), 1914.

Este trabalho provocou grande celeuma e suscitou várias polêmicas, o que levou o autor a escrever outro volume: *O combate pelos fenômenos de materialização*, 1920.

Tendo examinado vários e afamados médiuns, descreveu suas observações em *Fenômenos físicos da mediunidade* (*Physikalische Phenomene des Mediumismus*), 1920.

Experimentador consciencioso, expôs os casos em que podia haver fraude, extremando-os dos casos reais, e escreveu — *A fraude do médium L. Laszlo* (*Der Betrug des Mediums L. Laszlo*), Budapeste.

Depois da morte desse notável experimentador, a viúva ainda publicou várias obras póstumas: *Gefalschte Wunder* (*Falsos Milagres*); *Gesammelte Aufsatze sur Parapsichologie* (*Estudos de Parapsicologia*); *Die Phe-*

nomene des Mediums R. Schneider (*Fenômenos com o médium Schneider*).

Notzing principiara seus estudos observando uma dançarina que, ignorando a música, em transe tocava vários trechos musicais, o que o fez editar seu primeiro livro — *A dançarina do sonho* (ou *A dançarina que sonha, Madalena C.*) (*Die Traumtanzerin Magdeleine C.*), 1914.

O livro de Schrenck que maior repercussão teve na Alemanha foi o denominado *Experiências de movimentos a distância* (*Experimente der Fernbewegung*), no qual o barão apresenta minucioso relatório de suas experiências com Willy Schneider, com a descrição dos seus aparelhos e dos melhoramentos neles introduzidos. Entre estes, o Dr. Notzing menciona a aplicação da caixa de gaze; nesta, o médium podia ser visto do exterior sem poder receber qualquer auxílio e sem deixar de ficar seguro pelas mãos dos experimentadores.

O mais importante na obra do famoso pesquisador tedesco são as impressões, os atestados, o testemunho dos universitários alemães. Eles enchem mais de metade do livro. Nenhum teve a menor dúvida da autenticidade do fenômeno; nenhum deixou de admirar-se dos processos empregados para a fiscalização; todos, unânimes, afirmam a impossibilidade de engano com semelhante aparelhagem e semelhantes métodos.

A obra de Notzing denota aquela capacidade de trabalho, aquele vigor de análise, aquele exagero de minúcias que caracterizam o espírito do pesquisador alemão.

Dentre os sábios que passaram pelo gabinete do barão, podemos destacar os seguintes nomes:

Dr. Zimmer, professor de Zoologia da Universidade de Munique;

Dr. Gruber, professor de Zoologia da Politécnica;

Dr. Hans Driech, professor de Filosofia da Universidade de Leipzig;

Dr. Becher, professor de Psicologia da Universidade de Munique;

Dr. Oesterreich, professor de Filosofia da Universidade de Tubingue;

Dr. Von Kalker, professor de Jurisprudência da Universidade de Munique;

Dr. Gustave Freitag, professor de Medicina da Universidade de Munique;

Dr. Salzer, idem;

Dr. Gustave Wolf, professor de Psiquiatria da Universidade de Bale, e diretor do Hospício de Alienados de Friedmatt;

Dr. Von Aster, professor de Filosofia da Universidade de Giessen;

Dr. Graetz, professor de Física da Universidade de Munique;

Dr. Pauli, professor de Psicologia da Universidade de Munique;

Dr. Alruz, professor de Psicologia da Universidade de Upsal;

Dr. Vanino, professor de Química da Universidade de Munique;

Dr. Wiedersheim, conselheiro privado, ex-professor de Anatomia da Universidade de Friburgo;

Dr. Huber, *privatdozent* de Psicologia da Universidade de Munique;

Dr. Schmidt Noehr, ex-professor de Filosofia da Universidade de Heidelberg;

Dr. Hartogs, professor de Matemática da Universidade de Munique;

Dr. Heilner, professor de Medicina da Universidade de Munique;
Dr. Pauli, professor da Universidade de Iena;
Dr. Geiger, professor de Filosofia da Universidade de Munique;
Dr. Widstaetter, professor de Química na Universidade de Munique;
Dr. Lindemann, professor de Matemática na Universidade de Munique;
Dr. Osborne, neurólogo, Munique;
Dr. Marcinowski, médico, diretor do Sanatório de Heilbrunn, na Baviera;
Dr. Troemmer, diretor da seção de doenças nervosas nos Estabelecimentos St. Georges, em Hamburgo;
Dr. Tischner, oculista em Munique;
Dr. Muller, higienista, especialista em radioscopia, Munique;
Dr. Kindborg, neurólogo, Breslau;
Barão von Gebsattel, especialista em doenças nervosas, Munique;
Dr. Krapf, diretor do Asilo de Alienados de Gabersee;
Dra. Lebrecht, neuróloga, Munique;
Kuttner, estudante de Medicina, Munique;
Dr. Wittenberg, neurólogo, Munique;
Dr. Recknagel, médico clínico, Munique;
Dr. Durig, idem;
Dr. von Hattingberg, neurólogo, Munique;
Dr. Nobb, oculista;
Dr. Pattin, ginecologista, Munique;
Dr. Bohn, veterinário, Nuremberg;
Dr. von Scanzoni, advogado, Munique;
Dr. Oertel, Munique;

Dr. Erich Bohn, advogado, Breslau;
Dr. Willy Seidel, escritor, Munique;
Dr. Gustave Meyrinck, escritor, Starnberg;
M.R. Lambert, conselheiro, Stuttgart;
Dr. Karl Krall, psicologia animal, Elberfeld;
Dr. Rudolf Schott, cientista, Munique;
Sichler, bibliotecário nacional, Berna, Suíça;
Dr. Bastian Schmidt, professor de psicologia animal, Munique;
Dr. Alfred Schuler, cientista, Munique;
Dr. Ludwig Klages, ex-professor de Filosofia em Munique;
General Peter, escritor, Munique;
Dr. Offner, diretor do Ginásio de Gunzburgo;
Hutchinson, escritor, Munique;
Pearse, oculista e escritor inglês;
Dingwall, membro da Sociedade Inglesa de Pesquisas Psíquicas, perito prestidigitador;
Harry Price, idem.

Não terminaremos esta resenha de obras e autores germânicos, na qual levamos a síntese aos seus extremos limites, sem nos referirmos ao mais antigo dos trabalhos — *A vidente de Prevorst*, de Kerner.

O que há nele de interessante, além da descrição da extensa e complexa mediunidade da vidente, estudada por aquele médico de vasta nomeada, é o que dele dizia René Sudre, um metapsiquista, mas inteiramente contrário à hipótese espírita, isto é, "que vinte anos antes de Allan Kardec, já os fenômenos psíquicos surgiam na Alemanha, como muito mais tarde os havia de coligir e apresentar ao mundo o Codificador do Espiritismo".

NA FRANÇA:

29. Ao passarmos em revista os sábios franceses que se preocuparam com os fenômenos psíquicos, trataremos, em primeiro lugar, daqueles a quem só os fenômenos interessavam, deixando de lado a parte causal e a parte doutrinária. São eles os "metapsiquistas", ou seja, os que tomaram a peito, simplesmente, deixar demonstrada a autenticidade do fato supranormal.

Entre estes ocupa posição de destaque o professor da Sorbonne, Charles Richet, verdadeiro gênio por seus descobrimentos científicos e um dos maiores fisiologistas do mundo.

Principia por definir a Metapsíquica como "uma ciência que tem por objeto fenômenos mecânicos ou psicológicos, devidos a forças que parecem inteligentes, ou a poderes desconhecidos, latentes na inteligência humana". (Richet — *Traité de Métapsychique*, 1923, pág. 5.)

A Metapsíquica é, pois, uma ciência.

Mais adiante, diz ele, referindo-se à impossibilidade da fraude:

> Temos lido e relido, estudado e analisado as obras que foram escritas sobre o assunto, e declaramos, enormemente inverossímil e mesmo impossível, que homens ilustres e probos como *Sir* William Crookes, *Sir* Oliver Lodge, Reichenbach, Russel Wallace, Lombroso, William James, Schiaparelli, F. Myers, Zöllner, A. de Rochas, Ochorowicz, Morselli, *Sir* William Barrett, E. Gurney, C. Flammarion e tantos outros se tenham deixado todos, por cem vezes diferentes, apesar de sua ciência, apesar de sua vigilante atenção, enganar por fraudadores, e que fossem vítimas de uma espantosa credulidade. Eles não

poderiam ser *todos* e *sempre* bastante cegos para não se aperceberem de fraudes, que deviam ser grosseiras; bastante imprudentes para concluir, quando nenhuma conclusão era legítima; bastante inábeis para nunca, nem uns nem outros, fazerem uma só experiência irrepreensível. *A priori*, suas experiências merecem meditadas seriamente. (Idem, pág. 6.)

Referindo-se a Crookes, confessa o eminente cientista:

Mas o respeito às ideias habituais era a tal ponto idolátrico que ninguém se deu ao trabalho de estudá-lo nem refutá-lo. Contentaram-se em rir, e declaro, com grande vergonha minha, que eu estava entre os cegos voluntários. Sim, eu ria, em lugar de admirar o heroísmo do grande sábio que ousava dizer, em 1872, que há fantasmas, que se lhes pode ouvir o coração bater e tirar-lhes fotografias.
Somente agora se pode compreender Crookes. Ainda hoje a base da Metapsíquica objetiva são as experiências de Crookes. Aquilo é granito, e nenhuma crítica as pode abalar. (*C'est du granit, et nulle critique ne les a pu atteindre.*)
Ainda nos últimos dias de sua gloriosa e laboriosa vida, ele dizia que *nada tinha a retirar do que houvera outrora afirmado*. (O grifo é do autor.)
Não se trata mais de aspecto religioso ou místico, perdido em nebulosas considerações espiritualistas ou teosóficas; trata-se de uma ciência experimental, desdenhosa das teorias, tão exata em sua requerida precisão, como a Química, a Física e a Fisiologia (*il s'agit d'une science expérimentale, dédaigneuse des théories, aussi exacte*

dans sa précision voulue, que la Chimie, la Physique et la Physiologie). (Idem, pág. 35.)

Aqui, o mestre estabelecia a precisão, a exatidão da nova ciência.

Referindo-se à Sra. Piper, declara que ela foi estudada por James, por Hodgson, por Hyslop, por Myers, por Lodge, por Barrett; que, às pessoas que vinham vê-la, dizia, espontaneamente, sem hesitação, os nomes dos diversos membros de suas famílias, contando episódios que o próprio visitante ignorava e cuja autenticidade verificava ele depois de longo e laborioso inquérito. E acrescentava:

"Mesmo que não houvesse, como médium, senão a Sra. Piper, no mundo, seria bastante para que a criptestesia ficasse cientificamente estabelecida".

Falando de Eusapia Palladino, mostra que ela foi centenas de vezes estudada, analisada por todos os sábios da Europa: Porro, Schiaparelli, Aksakof, G. Finzi, A. e F. Myers, Lodge, Feilding, Lombroso, De Rochas, Ochorowicz, Maxwell, Notzing, Flammarion, Bottazzi, Morselli, Foa, Sabatier, Watteville, Gramont, Carrington e muitos outros que, alternadamente, verificaram a realidade dos movimentos sem contato e das materializações. E o fisiologista concluía: "Mesmo que não houvesse, como médium, senão Eusapia Palladino, no mundo, seria bastante para que a telecinesia e a ectoplasmia estivessem cientificamente estabelecidas". (Idem, pág. 39.)

Apesar de suas ideias materialistas, como fisiologista, que era, aconselhava: "Seguramente, é preciso não desdenhar nem os magnetizadores nem os espíritas".

(*Assurément, il ne faut dédaigner ni les magnétiseurs, ni les spirites.*) — (Idem, pág. 40.)

Finalizemos as transcrições, bem a nosso pesar, para não sobrecarregar este trabalho. Indo às conclusões, basta mencionar o seguinte trecho para deixar patente a convicção do cientista:

> Talvez, e eu me acuso por isto, não me tivessem convencido as experiências inumeráveis, que os eminentes sábios já publicaram, se dos quatro fenômenos fundamentais da Metapsíquica não fosse eu testemunha — testemunha pouco entusiasta, testemunha severa, revoltada, desconfiada em extremo dos fatos que se me impunham. Pude verificar, em condições irrepreocháveis e apesar do meu desejo de negá-las, a realidade dos quatro fenômenos essenciais da Metapsíquica. (Idem, pág. 784.)

O que ele chama fenômenos essenciais são: a) a criptestesia; b) a telecinesia; c) a ectoplasmia; d) a premonição; ou, em termos comuns: — a) os fenômenos subjetivos: os intelectuais, o de identificação, de escrita, de incorporação, de aparição etc.; b) o de levitação ou movimentos; c) a aparição tangível de fantasmas materializados ou parte deles; d) a adivinhação, a previsão.

Em *A grande esperança*, ensina o mestre:

> Somos forçados a dizer como Swedenborg: o Espírito sopra onde quer — *fiat ubi vult*. Há casos muito mais complexos, nos quais o médium incorpora certa personalidade. Assim, por exemplo, a Sra. Piper fala como se fosse George Pelham; a Sra. Leonard como se fosse, realmente, Raymond Lodge. E há outros exemplos

notáveis na Ciência. Um dos últimos é o que se chama a volta do capitão Hentcliffe.

A explicação espírita é muito simples. Poder-se-ia dizer que ela se impõe por sua simplicidade.

"George Pelham morreu, mas não desapareceu a sua consciência. Seu *eu* persiste, sua memória sobrevive e invadiu o pensamento da Sra. Piper, de tal sorte que, falando pela boca e escrevendo pela mão dessa médium, George Pelham reaparece psicologicamente por inteiro, tendo conservado a lembrança do que disse, do que fez, do que ouviu e viu durante a sua vida terrestre.

Não hesito em afirmar que esta explicação é a mais simples e que todas as outras empalidecem ao lado dela." (Richet — *La Grande Espérance*, 1933, Ed. Montaigne, pág. 259.)

É bom salientar que assim falava um metapsiquista, nome que quase sempre vem à baila quando se quer refutar a teoria espírita da intervenção dos mortos.

Outro metapsiquista é J. Maxwell, membro da Academia de Medicina, professor da Faculdade de Medicina de Paris, escritor acatadíssimo, além de jurista.

Declara ele:

> Não sou espírita, nem teósofo, nem ocultista. Não creio no sobrenatural, não creio em milagres. Creio que sabemos pouco do mundo em que vivemos e que tudo ainda temos que aprender.

E acrescenta:

> Há entre os homens mais esclarecidos, qualquer que seja a época em que vivam, uma inconsciente tendência para

imaginar que os fatos incompatíveis com as noções que possuem são sobrenaturais ou falsos.

Mais modestos, porém mais cruéis também, nossos antepassados, teólogos e jurisconsultos, queimaram os feiticeiros e magos sem os acusar de fraude; hoje, a maior parte dos nossos sábios, mais afirmativos e menos rigorosos, acusam os médiuns e os taumaturgos de charlatães, sem os condenar à fogueira.

(*Il y a chez les hommes les plus éclairés, quelle que soit l'époque où ils vivent, une inconsciente tendance à s'imaginer que les faits incompatibles avec leurs notions sont surnaturels ou faux. Plus modestes, mais plus cruels aussi, nos aieux, théologiens et jurisconsultes, ont brulé les sorciers et les magiciens sans les accuser de fraude; aujourd'hui, la plupart de nos savants, plus afirmatifs et moins rigoureux, accusent de surpecherie des médiuns et les thaumaturges sans les condamner au bucher.*) — (J. Maxwell — *Les Phénomènes Psychiques*, 1920, pág. 57.)

Apesar do seu esforço em explicar o fenômeno, segundo o ritual acadêmico, Maxwell critica o professor Grasset, nestes termos:

> Credes que ele analisará o conteúdo das mensagens automáticas, nas experiências da Sra. Piper? Que ele se dará ao trabalho de discutir os enormes relatórios de Hodgson? Não. Ele se limitará a citar Mangin... Este exemplo nos mostra como se fazer as encarnações poligonais no médium em transe. Mas nem uma palavra das pacientes observações de Hodgson e Hyslop. Pode-se combater as conclusões desses sábios, mas parecer ignorar-lhes a obra, quando se fala dela, é fácil processo de discussão quando se tem o valor de Grasset. Hodgson e Hyslop citam fatos; eles estão resumidos muito claramente num

livro de Sage. Tendem a demonstrar que o médium tem conhecimento de fatos que só o defunto sabia. *Eis o problema.* (Obra cit., pág. 227.)

O Dr. Eugênio Osty, diretor do Instituto Metapsíquico, neurologista de grande cerebração, acentuou na sua obra *O conhecimento supranormal*: "O sábio digno desse nome não é doutrinário; ele é sábio por seu espírito científico, só aceitando o que é demonstrado, o que está disciplinado à pesquisa e à crítica".

É por este princípio que se norteiam psiquistas e espiritistas.

Num período, o notável médico estabelece, em termos de ciência, a fenomenologia psíquica ou a extranormal, de que o médium é dotado:

> Impõe-se a evidência de que estamos diante de um foco dínamo-psíquico, donde emanam manifestações de ilimitado poder (*d'une puissance illimitable*). Além do consciente, encontra-se a propriedade de transformar a matéria viva, de torná-la amorfa, de exteriorizá-la, e de fazer dela novas formas vivas (ectoplasmas). Além do consciente, encontra-se a propriedade de perceber o imperceptível, de conhecer o ignorado. (*Au delà du conscient on trouve la propriété de percevoir l'imperceptible, de connaître l'inconnaissable*). Descobrem-se, ainda, limitadamente, no fundo do ser humano, os atributos de que os filósofos ornaram o conceito divino — *potência criadora, fora do espaço e do tempo*. E ninguém está autorizado a presumir o que a investigação precisa, metódica, progressiva, poderá ainda descobrir. (Dr. E. Osty — *La Connaissance Supranormale*, Paris, Felix Alcan, 1923, págs. 8, 224.)

Para chegar a esse resultado seguro, a essa convicção irrefragável, o cientista muniu-se de custosa aparelhagem, muitos de cujos instrumentos foram por ele mesmo inventados, e entre os quais se encontravam os de luzes e raios artificiais.

E assim, por processos de laboratório, o Dr. Osty ia surpreender a formação ectoplásmica, *ab ovo*, a substância na sua fase ainda invisível, aquilo a que já Crawford, o professor de Mecânica de Belfast, dava o nome de alavanca psíquica, isto é, o aparelhamento fluídico de que os invisíveis se serviam para a produção do fenômeno físico.

Osty conclui:

> Nós encontramos um processo que revela, com tal nitidez e tal segurança, a existência, os deslocamentos e a direção psíquica dessa substância invisível, que a demonstração de tais fatos é tão probante como se fora a mais pura e a mais simples experiência de Física.
> A *segurança absoluta* — afirma aquele experimentador —, quanto à causa que agia sobre o infravermelho, foi garantida pela fiscalização corpórea direta do médium, assegurada por duas pessoas, por fotografias tiradas automaticamente logo que sobrevinha um fenômeno, pelas fotografias tiradas de improviso pelos experimentadores, e também pela iluminação em boa luz encarnada, de todo o espaço atravessado pelo infravermelho, e de todos os assistentes, aí compreendido o médium.

Com os maquinismos, de um lado, para as experiências dos fenômenos objetivos, com os metágnomos (sensitivos, médiuns) do outro, para a observação dos subjetivos, o afamado neurologista chegou àquela conclusão, a de que existe no paciente dotado de faculdades extranormais o poder criador e o conhecimento fora do espaço e do tempo.

• • •

Outro metapsiquista, historiador, laureado pela Academia de Ciências de Paris, o professor César de Vesme, assim se exprime, depois de uma longa exposição, como consequência a tirar dos dados colhidos pelas escolas antropológica, etnográfica, sociológica, folclorista e outras:

> Não há nenhuma razão para pensar que a crença em seres espirituais, na existência e na sobrevivência da alma, tire a sua origem da interpretação errônea de fenômenos naturais...
> Ora, a interpretação espiritualista dos fenômenos supranormais não é, presentemente, ilegítima, porque não está provado que alguns desses fenômenos, que parecem devidos à intervenção de seres espirituais, tenham, na realidade, origem diferente.
> Com efeito, a origem espiritualista pode ser falsa, mas é ela precisa; ela é fundada nos fatos que, sem ter valor absoluto, possuem, entretanto, elementos suficientemente probatórios para arrastar à convicção e mesmo à conversão grande número de homens eminentes. (C. de Vesme — *Histoire du Spiritualisme Expérimental*, Paris, 1928, pág. 215.)

Paul Gibier, interno dos hospitais de Paris, naturalista no Museu de História Natural, convidado especialmente, pela América do Norte, para fazer parte da plêiade de seus cientistas, era inteiramente cético e como tal principou suas experiências:

Declaramos abertamente que, no começo dessas pesquisas, tínhamos a convicção íntima de que nos achávamos em face de colossal mistificação, que era preciso desmascarar. E foi preciso tempo para que nos desfizéssemos dessa ideia.

(*Nous le declarons hautement, en commençant ces recherches, nous avions l'intime conviction que nous nous trouvions en face d'une colossale mystification, qu'il fallait dévoiler, et nous avons mis du temps à nous défaire de cette idée.*)

E o antigo cético conclui, entretanto:

> À obra, pois! Não é mais permitido a zombaria e o motejo fácil em tão grave assunto. *Há fatos positivos*. A Metafísica nada pode contra eles, e, quando ouvimos dizer que eles não são possíveis, isto nos traz à memória a reflexão de Pascal sobre a condenação de Galileu, por causa do movimento da Terra: "Não será aquilo que provará que ela esteja em repouso. Todos os homens juntos não a impediriam de girar, nem se furtariam a girar com ela". (P. Gibier — *Le Spiritisme, Fakirisme Occidental*, Paris, 1896, págs. XXI e 387.)

O livro de Sage — *A senhora Piper* — é a descrição dos fenômenos de incorporação e identidade verificados por essa médium, e que deixaram perplexos tantos cientistas e intelectuais.

A obra do escritor é desapaixonada, e sem o menor vislumbre de sectarismo. Trata-se de uma exposição simples e imparcial. Entretanto, diz ele em suas últimas páginas:

> Modificando ligeiramente a famosa alegoria de Platão, pode-se facilmente compreender o que é a Humanidade

na hora atual. Imaginai seres imperfeitos, pouco evolvidos, mas com uma infinidade de poderes latentes; imaginai que, nascendo em sombria caverna, passem o melhor do tempo a se entredevorarem. A todo instante retiram dali certo número e os transportam à luz do dia para que eles gozem das belezas da Natureza.

Os que ficam na caverna choram os parentes que se foram, e os consideram desaparecidos para sempre. Entretanto, na abóbada da furna, há umas fendas por onde se filtram os raios do dia. Certo número de estudiosos mais adiantados chegam até essas aberturas; creem ter visto que, de fora, lhes fazem sinais. Aqueles — dizem eles — são os nossos, que daqui levam todos os dias e a todo o instante. Mas, então, não seriam mortos; continuariam a viver lá em cima. E eles chamam os irmãos da caverna: — Vinde ver; parece que os nossos, que todos os dias vão lá para cima, nos fazem sinais. Não estamos, ainda, bem certos, mas, unindo nossos esforços e nossa inteligência, acabaremos, talvez, por adquirir a certeza.

Pensais que a multidão dos que formigam no solo da caverna corre ao apelo? Ela tem outras coisas a fazer! Não chega a lapidar esses pesquisadores importunos, mas os encaram com má vista e os acabrunham de desgostos. (M. Sage — *Madame Piper*, Paris, 1902, pág. 261.)

O autor deixou a alegoria aos que tivessem ouvidos de ouvir e olhos de ver. Logo se compreenderá o a que ele se refere, que é aos estudos dos fatos psíquicos, à probabilidade de se demonstrar a sobrevivência, e a indiferença com que a encara a multidão humana, miseravelmente chumbada à caverna em que vivemos.

• • •

30. Ouçamos, agora, um dos maiores psiquistas, assim considerado por tantos quantos estudam o problema dos fenômenos paranormais e suas consequências. É ele o Dr. Gustave Geley, ex-diretor do Instituto Metapsíquico de Paris, médico em Nanci, falecido num desastre de avião, quando trazia, de Varsóvia para Paris, valiosíssimos documentos.

O pranteado experimentador, comentando um caso mediúnico apresentado pelo professor Santoliquido, dizia, referindo-se à entidade invisível, autora do caso:

> Uma vontade intervém, prepara, prevê, realiza... Em resumo, tudo se passa como se os fenômenos fossem devidos a uma personalidade muito caracterizada e como se essa personalidade, como afirma ela, tivesse uma existência autônoma, distinta da do médium e aos experimentadores. (Geley — *Revue Métapsychique*, 1922, pág. 85.)

Examinando a doutrina que dá o subconsciente como o causador do fenômeno, interroga:

> O chamado subconsciente se diz a personalidade de um morto. Esta complicação é verdadeiramente desconcertante e pouco verossímil. Pois quê! O subconsciente é capaz das maravilhosas capacidades que acabamos de expor. Ele pode tudo e sabe tudo. *Mas, num ponto ele se engana e nos engana,* é sobre sua verdadeira natureza. Por que essa mistificação grosseira e constante? Por que essa mentira inexplicável? (*Revue Métapsychique*, 1922, pág. 87.)

E o douto mestre conclui: "Quando a Inteligência que se manifesta afirma solenemente sua existência autônoma, torna-se difícil negar sistematicamente essa existência". (Idem)

Enfim, Geley assegura: "É preciso confessar que os espiritistas dispõem de argumentos convincentes". (*Il faut avouer que les spirites disposent d'argumenents redoutables.*) — (Idem, pág. 29.)

Na sua obra *Do inconsciente ao consciente*, Geley — declara Jean Meyer — afirma a sobrevivência, numa largueza de vistas e numa elevação de espírito, que sua autoridade, na qualidade de experimentador, torna singularmente impressionante.

As palavras de Geley foram estas:

> Para o homem suficientemente evolvido, a morte faz romper o círculo restrito no qual a vida material tinha encerrado uma consciência que transbordava: círculo da profissão, círculo da família, da pátria. O ser se encontra transportado além das lembranças habituais, dos amores e dos ódios, das paixões e dos hábitos...
> Na cadeia das existências, uma vida terrestre não tem mais importância relativa que um dia no curso desta existência.
> — (*De l'Inconscient au Conscient*, Paris, 1920, pág. 321.)

Colhamos, ainda, alguns dos seus ensinos no *Ensaio de Revista Geral*. Principia ele declarando no *avant propos*:

> Quando, pela primeira vez, se estuda seriamente a questão, experimenta-se verdadeira estupefação; percebe-se que os fenômenos espíritas, ou assim chamados, reduzem-se, em suma, a alguns tipos principais, muito fixos e muito nítidos; que estão solidamente estabelecidos pelo

testemunho concordante de milhares e milhares de pesquisadores; que foram fiscalizados, com todo o rigor dos métodos experimentais, por sábios ilustres de todos os países; *que sua negação pura e simples equivale hoje a uma declaração de ignorância.*

E mais: "O Espiritismo só admite fatos experimentais com as deduções que eles comportam". (*Il n'admet que des faits expérimentaux avec les déductions qu'ils comportent.*)

Geley explica, em sentido espiritual, mas em termos de ciência, o que são os processos de morte e vida:

> A desencarnação é um processo de síntese, síntese orgânica e síntese psíquica.
>
> A encarnação é um processo de análise. E a subdivisão da consciência em faculdades diversas, e do sentido único em sentidos múltiplos, para facilitar seu exercício e conduzir seu desenvolvimento.

Diz, quanto aos fatos:

> Notemos imediatamente que não há exemplo de um único sábio que tenha negado a realidade dos fenômenos depois de estudo um tanto aprofundado. Ao contrário, numerosos são aqueles que, partindo de completo ceticismo, chegam à afirmação entusiástica.

E nos apresenta uma resenha dos principais experimentadores nos Estados Unidos, na Rússia, na Inglaterra, na Alemanha, na Áustria, na Suíça, na Suécia, na Itália, na França...

Agora, quanto à parte teórica, vale mencionar o seguinte trecho:

> Não é possível conceber uma função que, não somente possa ser isolada do seu órgão, mas ainda, como acontece com o fenômeno, em condições antifisiológicas, possa adquirir mil vezes mais potência e extensão.
> Não seria demais insistir nesse raciocínio: a interpretação dos fenômenos do Espiritualismo experimental pela Doutrina Espírita, abraçando, bem entendido, a teoria anímica, é a mais simples, a mais racional, *a mais natural*. (Grifo do autor.)
> Não é possível repeli-la sem cairmos num abismo de contradições...
> Hartmann, que pretende dar uma explicação natural do Espiritismo pela força nervosa, a alucinação e a clarividência, chega a essa afirmação: "A alma individual possui o dom do poder absoluto". Sua espantosa argumentação o acantoa, assim, no supremo recurso de proclamar onisciente a consciência sonambúlica do médium, a qual, simplesmente, se poria em relação com o Absoluto, isto é, com Deus. É a isso que o Sr. Hartmann chama uma explicação natural!
> Sem cair nesse misticismo metafísico, muitos sábios não pecam menos contra a lógica, repelindo de *parti-pris* a hipótese espírita, sem procurar o sentido íntimo dos fatos que eles verificam. Contentam-se, por toda explicação, em falar de desdobramento físico, de subconsciência, de leitura de pensamentos, de clarividência, o que não passa de um jogo de palavras. (G. Geley — *Essai de Revue Générale et d'Interpretation Synthetique du Spiritisme*, 1925, Ed. B. P. S., págs. 2, 3, 22, 26, 60 e seguintes.)

Tais são as palavras, as ideias, do mais acatado, do mais respeitado experimentador francês, que dedicara toda a sua atividade, toda a sua inteligência — e essa era extraordinária — à observação e à experiência no terreno psíquico.

• • •

31. De um grande experimentador passemos a um grande astrônomo, a princípio cético, depois vacilante, finalmente convicto, assim da fenomenologia como da sua gênese espiritual: Camille Flammarion.

Já dizia ele na sua obra — *As forças naturais desconhecidas*: "Estamos rodeados de forças desconhecidas e nada nos prova que não o estejamos, também, de seres invisíveis". (*Nous sommes entourés de forces inconnues et rien ne nous prouve que nous ne soyons pas entourés aussi d'êtres invisibles.*)

Na citada obra, o autor procurava deixar evidente a autenticidade do fenômeno, e assim explicava: "Só nos ocupamos, aqui, do fato; espero convencer o leitor de que eles existem, realmente, e não são ilusões, nem farsas, nem exercícios de prestidigitação". (*Les Forces Naturelles Inconnues*, 1921, t. I, pág. 19.)

E mais adiante: "A negação dos céticos nada prova, senão que os negadores não observaram os fenômenos". (Ob. cit., pág. 41.)

Num discurso pronunciado no túmulo de Allan Kardec, proclamava: "É pelo estudo positivo dos efeitos que remontamos à apreciação das causas. Na ordem dos estudos reunidos, sob a denominação genérica de Espiritismo, *os fatos existem*". (*Discours Prononcé sur la Tombe de Allan Kardec*, Libr. Didier, 1869, pág. 22.)

Onde as suas convicções aparecem, porém, sem vacilação, nem sombra de dúvida, é na obra — *A morte e o seu mistério* — trabalho que escreveu depois de prolongado inquérito, após lhe chegarem às mãos para mais de onze mil cartas.

No último volume desse importante estudo — *Depois da morte* — declara:

> A menos que tenhamos de recusar todo o testemunho humano, não é possível duvidar das narrações devidamente fiscalizadas. Ora, não há muitos fatos, históricos ou científicos, que sejam afirmados por tão grande número de testemunhas. Supor que todas essas pessoas tenham sido enganadas, alucinadas ou vítimas da imaginação é uma hipótese absolutamente insustentável. (C. Flammarion — *Après la Mort*, Flam. ed., pág. 403.)

Justifica e explica ele as razões de sua certeza:

> As deduções da existência da Alma além do túmulo e a sua ação, para mim, são tanto mais certas quanto mais tempo pus eu a examiná-las, a verificá-las, a adotá-las. Isso foi entre os anos de 1861 a 1922, há mais de sessenta anos. (*De l'année 1861 à l'année 1922, il y a plus de soixante ans.*) — (Ob. cit., pág. 395.)

Como se vê, depois de sessenta anos de pacientes estudos, depois de um dos mais vastos inquéritos a que chegou um experimentador, pôde o sábio estabelecer, no terreno do Psiquismo, umas tantas leis, com a mesma segurança com que as firmava no domínio dos astros que giram na amplidão do Infinito. São elas:

1 — A alma existe como 'ser' real, independente do corpo.
2 — Ela é dotada de faculdades ainda desconhecidas pela Ciência.
3 — Ela pode agir a distância, telepaticamente, sem a intervenção dos sentidos.
4 — Existe na Natureza um elemento psíquico em atividade, cuja essência ainda nos é desconhecida.
5 — *A alma sobrevive ao organismo físico e pode manifestar-se depois da morte.* (Ob. cit., pág. 387.)

E no final da obra:

Quaisquer que sejam os complementos que possam ser acrescentados às observações precedentes, *possuímos dora em diante a certeza científica da sobrevivência* da alma além do último suspiro terrestre. A alma é independente do organismo material e continua a viver depois da morte. (Ob. cit., pág. 442.)

32. Teodoro Flournoy, professor de Psicologia da Universidade de Genebra, escreveu um dos mais interessantes livros em matéria de literatura psíquica, intitulado — *Das Índias ao planeta Marte*. Teve ele longa oportunidade de estudar uma sensitiva, de nome Helena Smith. Vejamos alguns, entre os inúmeros e curiosos episódios relatados:

A médium dizia-se a reencarnação da princesa Simandini, que vivera na Índia, no século XV, e fora casada com o príncipe Sivrouka Nayaka. O príncipe vivera na província de Kanara, fizera a fortaleza de Tchandraghiri. Depois de sua morte, Simandini fora queimada viva.

As pesquisas de Flournoy sobre esse passado longínquo eram infrutíferas. Demos a palavra ao autor:

Quanto a Sivrouka e a seu círculo *(et son entourage)* nem dicionários nem enciclopédias me forneceram o menor indício sobre o caso. Os historiadores ou orientalistas vivos, aos quais me dirigi, foram de desoladora unanimidade em responder que não conheciam esses nomes, cuja exatidão histórica lhes parecia duvidosa, e que eles não se lembravam, além disso, de os haver encontrado em obras de imaginação. (Th. Flournoy — *Des Indes à la Planete Mars*, 4ª ed., pág. 276.)

Entretanto, o professor Flournoy, que vivia enfurnado nas bibliotecas, procurando verificar a exatidão dos "casos subliminais", descobriu, por acaso, uma antiga história da Índia, de Marlès (*Histoire Générale de l'Inde Ancienne*, Paris, 1828), e deu com o seguinte passo:

> O Kanara e as províncias limítrofes do lado de Delhi podem ser encarados como a Geórgia do Indostão; é lá, diz-se, que se encontram as mais belas mulheres, de que os maridos são muito ciumentos...
> Tchandraghiri, cujo nome significa Montanha da Lua, foi uma vasta fortaleza, construída em 1401 pelo rajá Sivrouka Nayaca... (Idem, pág. 277.)

A história confirmava o relato.

Apesar de absolutamente incrédulo quanto à reencarnação da princesa na médium Helena, o psicólogo não podia esconder a sua admiração diante das cenas muito vivas que a ex-princesa representava. Assim é que, descrevendo um desses quadros impressionantes, termina por essa forma:

> O modo por que *Simandini* se assenta, com as pernas cruzadas, meio recostada, indolentemente reclinada ao

braço de Sivrouka; a religiosa e solene gravidade de suas prosternações; a suavidade melancólica de seus cantos, extensas e lânguidas melopeias; a elegância de seus movimentos ágeis, ondulantes, serpentinos, quando se diverte com um macaco imaginário, e o acaricia, e o excita, e o abraça, e ralha com ele, rindo, e lhe faz repetir as momices; toda essa mímica diversa e esse falar exótico têm tal cunho de originalidade, de naturalidade, de realidade, que perguntaríamos, com assombro, donde vem a essa jovem das margens do Lemano, sem educação nem conhecimentos especiais do Oriente, tal perfeição de cena, a que não atingiria a melhor atriz senão à custa de longa estada nas bordas do Ganges? (Idem, pág. 272.)

• • •

Abreviemos as nossas citações:

Chevreuil abre um dos capítulos do seu trabalho — *O Espiritismo incompreendido*, com estas palavras de Lodge: "Lanço um desafio a meus adversários: sustento que há provas da sobrevivência e que as há perfeitamente boas".

Desse autor recolhemos o seguinte trecho sobre o desprendimento do Espírito, por ocasião da morte, como uma das provas mais palpáveis da sobrevivência, assunto, aliás, já muito bem tratado por vários outros psiquistas.

Mas leiamos Chevreuil:

> Entre os fatos que dizem de perto com a solução de nosso problema, é preciso conceder valor especial aos que se observam no momento da morte. A concordância admirável das descrições que nos fazem, por essa ocasião, sonâmbulos, videntes, testemunhas ocasionais, são uma

prova da veracidade do processo de desencarnação. É, a princípio, a exteriorização fluídica que se desprende do moribundo e flutua acima do seu corpo, sob a aparência de pequena nuvem, de forma indecisa, vagamente humana. Em breve, o fantasma, a princípio inerte, parece animar-se, encher-se de vida, compreender seu estado. Nesse instante, lança um olhar ao seu leito, depois à sua família, depois aos que o rodeiam; enfim, decide separar-se do cadáver, no que é ajudado por Espíritos caritativos (*par des Esprits secourables*) que o vêm assistir em seus últimos momentos.

Esses fatos são vistos e contados, de maneira idêntica, por pessoas inteiramente ignorantes do Espiritismo e de sua literatura, desconhecidos uns dos outros, e até mesmo por declarados materialistas. Isso tem sido visto em todas as épocas, por todos os povos, confirmado por inquéritos sérios, de que os psiquistas de nossos dias vêm constituindo uma gigantesca documentação (*un formidable dossier*). Seria preciso, se o caso não fosse real, que todo o mundo desse para mentir. (Léon Chevreuil — *Le Spiritisme Incompris*, 1931, pág. 156.)

• • •

"Ninguém morre, a não ser na aparência, assim como ninguém nasce, a não ser em aparência. Com efeito, a passagem da essência à substância, eis o que se chama nascer, e o a que se chama morrer é, ao contrário, a passagem da substância à essência. Nada nasce, nada morre na realidade." Isto dizia Apolônio de Tiana, conforme cita Dupouy.

Esse autor, nas conclusões que tira de um longo estudo de psicologia filosófica, assegura:

Do exame das diversas doutrinas filosóficas, a datar dos tempos pré-históricos, temos o direito de afirmar que todos os povos, desde que chegaram a certo grau de civilização, admitiram a existência de um Deus, apoiando-se em numerosas provas.

A sobrevivência da alma humana, do seu invólucro fluídico (o perispírito) e a realidade das reencarnações estão estabelecidas tão bem como a existência de Deus:

1º — Pela crença universal dos homens, os testemunhos, as afirmações dos seus filósofos e dos Espíritos superiores, vindos em missão para ensinar as altas verdades sobre a Natureza e os destinos da raça humana.

2º — Pelas sanções necessárias das ações reconhecidas pela consciência. Elas não se encontram na vida presente; a alma deve viver num mundo futuro, para conhecer o progresso que fez, e o que tem que fazer para chegar à perfeição em encarnações novas.

3º — Pelas aspirações à felicidade suprema.

4º — Pela lembrança de parentes e amigos, pelas honras que prestamos à sua memória, pela ideia inata de os encontrar no Além.

5º — Pela reminiscência inconsciente dos conhecimentos precedentemente adquiridos em existências anteriores.

6º — Pela intuição que tiveram da corporeidade da alma os filósofos de ontem e de hoje.

7º — Pelo objetivo das almas inteligentes — de se instruírem, progredirem para o bem; de desejarem conhecer Deus; de pensarem e agirem segundo a própria consciência, por amor dos seres da Terra e do Além.

O autor passa a tratar da psicologia experimental, e, depois de longa e documentada exposição, formula as conclusões que abreviamos:

1 — Verificação de uma força supraterrestre que se manifesta a nossos sentidos, pelos médiuns.
2 — Desdobramento do corpo humano e aparições dos fantasmas dos vivos.
3 — Aparições de formas materializadas, as quais reúnem todas as condições físicas da vida normal, exprimindo seus pensamentos, evocando lembranças, manifestando sentimentos, desvendando-nos certos mistérios do Além, e, particularmente, dando-nos a certeza da sobrevivência e da reencarnação.
4 — Comunicações escritas de desencarnados, cuja identidade é, muitas vezes, evidente. (Ed. Dupouy — *L'Au-delà de la Vie d'après la Psychologie Philosophique et Expérimentale*, Paris, 1917, págs. 259 e 361.)

Dupouy, filósofo, cientista, escritor, é nome muito conhecido pelos seus inúmeros trabalhos científicos, entre os quais destacaremos: — *La Folie et les Névroses Diathésiques*; *Les Attaques Épileptiformes*; *Médicine et Mœurs de la Rome Antique*; *La Prostitution dans l'Antiquité*; *Le Moyen-âge Médical*; *Les Sciences Occultes et la Physiologie Psychique Expérimentale*; *Psychologie Morbide*; *Le Moniteur de L'hygiène Publique*.

• • •

33. O engenheiro conde Alberto de Rochas d'Aiglun foi um investigador meticuloso e afamado. Celebrizou-se nos trabalhos de hipnotismo; foi diretor da Escola Politécnica de Paris, de onde o afastaram, em vista do interesse que tomava pelos assuntos psíquicos.

Seus livros sucediam-se e esgotavam-se. Tornou conhecidas as experiências de Reichenbach e tratou do fenômeno da exteriorização da sensibilidade, muito antes da observação de outros cientistas.

Nas suas experiências magnéticas, De Rochas fazia, por meio de passes longitudinais, que o paciente regredisse a fases do seu passado, e então, em profunda hipnose, se recordasse de todos os pormenores desse passado. Aumentando os passes, viu o experimentador que o paciente descrevia a infância, passava a referir-se a uma vida no Espaço e depois a uma existência anterior: é o chamado fenômeno da regressão da memória, também observado por outros magnetizadores como Colavida, E. Marata, o Dr. Bouvier, o Dr. Tartaruga, o Dr. Bertrand, o engenheiro Lacoste, o neurologista Dr. Karl Happich, além de outros.

Tais experiências são muito conhecidas pelos estudiosos. Não é propriamente a elas que nos queremos referir, mas deixar firmada a opinião do antigo diretor da Politécnica de Paris.

Comentando o caso da Sra. J., que, em transe hipnótico, descreve dez vidas anteriores, cheias de episódios históricos, o Dr. Bouvier apresenta quatro hipóteses para explicar tão estranho fenômeno.

A quarta seria aquela pela qual o paciente teria vivido no passado, em épocas determinadas, e participado dos acontecimentos descritos, narrando-os como o faz qualquer pessoa, com relação à sua vida presente.

Essa última hipótese é a da reencarnação. A paciente descreve, sob a ação dos passes magnéticos, lances de uma existência anterior.

"A quarta hipótese desenvolvida é a nossa" — diz De Rochas. (*Les Vies Successives. Documents pour l'Étude de cette Question*, 1911, págs. 206 a 209.)

O eminente engenheiro afirmava a realidade das manifestações psíquicas e declarava que a hipótese espírita se apoiava em bases sólidas, sendo a mais bem formulada. (A. de Rochas, ob. cit., págs. 457 e ss.)

Uma das importantes obras do experimentador é *La Levitation*, na qual acumula copiosíssima documentação para demonstrar o aludido fenômeno, ou seja, o soerguimento e transporte de pessoas e coisas, contrariamente à lei de gravidade. (Há uma tradução da obra em português.)

• • •

Thiebault escreveu interessante obra de fundo científico, sob o título — *O amigo desaparecido*. Nela, explica ele os fins do livro:

> Acordar a curiosidade dos indiferentes, sem fé nem Deus, aos quais ainda não impressionou a iminência da grande viagem ao país desconhecido; criar um guia seguro para essa prova de turismo extraterrestre, à qual ninguém se pode subtrair; provar o erro do adágio popular: do *outro mundo ninguém voltou*, mostrando, por fatos materiais, que, em nosso mundo, na Europa, na América, os desaparecidos voltam todos os dias; facilitar, enfim, a comunhão entre vivos e mortos. (Jules Thiebault — *L'Ami Disparu*, 1917, pág. XIV.)

Esse princípio filosófico, procura o autor demonstrá-lo no transcurso da obra cuja tese é de que a morte não é o termo do indivíduo, senão um simples marco na sua carreira evolutiva. *"La mort n'est pas la fin de l'être; c'est une crise de croissance."*

• • •

Jacolliot, o famoso orientalista, celebrizado por suas inúmeras obras sobre a Antiguidade e o Oriente, demonstra a existência do fenômeno psíquico, a contar dos povos mais remotos, e dos mais antigos monumentos.

O autor tinha o seu trabalho escondido numa gaveta, quando o vieram surpreender as experiências de Crookes. Declara ele:

> Qual não foi o meu espanto ao ver o ilustre químico inglês, depois de experiências quase semelhantes às que presenciei na Índia, concluir, formalmente, pela existência dessa força nova do organismo, que eu antevira, timidamente, muitos anos antes.

Reporta-se aos modernos trabalhos experimentais, e, relacionando as teorias explicativas, apresenta-nos as "Ações dos defuntos", como a teoria espiritual por excelência.

A obra de Jacolliot, muito anterior à dos nossos modernos psiquistas, já ia apanhar as raízes do fenômeno supranormal nas mais recônditas e mais velhas camadas da sociedade humana. (Louis Jacolliot — *Le Spiritisme dans le Monde*; *L'Initiation et les Sciences Occultes dans l'Inde et Chez Tous les Peuples de l'Antiquite*, Paris, Ed. Flammarion.)

• • •

O Dr. Albert Coste, num livro, com tradução portuguesa prefaciada por Medeiros e Albuquerque, trata dos fenômenos psíquicos ocultos, cuja existência procura demonstrar. (Dr. A. Coste — *Fenômenos psíquicos ocultos*, 1903.)

• • •

Ageorges, escritor católico, especializa-se nas previsões; é ainda um extremado defensor do *fato psíquico*. Releva notar o seguinte período:

> Os anglo-saxônios fizeram o êxito do Espiritismo, e foram eles também que melhor estudaram o fenômeno psíquico, e isso porque não têm o sentido nem o medo do ridículo, o que lhes dá uma força particular, mesmo no terreno de certos problemas filosóficos. Outros povos, ao contrário, se veem manietados por essa desconfiança instintiva, que pode ser uma fraqueza. Nós somos assim. (*Nous en sommes.*) Nossa exigência lógica diminui nossa capacidade de credulidade. Para apreciar, com equilíbrio, as questões de Metapsíquica, conviria, sem dúvida, não ser, nem excessivamente inglês, nem bastante francês, e não ter medo de averiguar fenômenos fisiológicos esquisitos (*de n'avoir pas peur de constater des phènomenes physiologiques saugrenus*) e de não nos recearmos, por pusilanimidade, de buscar, para o Espiritualismo, bases mais sólidas que os passes de ilusionistas. Nesse ponto de vista, está de acordo a norma católica. Ela não nos impede de admitir que as ciências psíquicas podem trazer certo concurso às ciências religiosas, nas pesquisas de detalhe. (Joseph Ageorges — *La Métapsychique et La Préconnaissance de L'Avenir*, Paris, 1923, pág. 204.)

• • •

Gabriel Delanne, cientista, notável homem de letras, é um dos mais conhecidos vultos do Psiquismo, e um dos mais destemerosos propugnadores da sobrevivência e da comunicabilidade dos mortos, que tinha como absolutamente certas. Afirmava ele:

> A Inteligência que se manifesta não emana dos operadores; ela declara ser aquele cujo nome declina. Não vemos por que se obstinaria em negar sua existência. Vamos, agora, acumular as provas da existência dos Espíritos, e elas se irão revestindo de um caráter cada vez mais forte, por forma que nenhuma denegação será capaz de combater a evidência da intervenção dos Espíritos nessas novas manifestações. (Delanne — *Le Phénomène Spirite*, Paris, 1909, pág. 90.)

De fato, o grande escritor, nessa como nas suas demais obras, verdadeiros monumentos literário-psíquicos, nada mais fez que ir acumulando e robustecendo a prova de que, pelo fenômeno psíquico, os mortos se comunicam com os vivos.

• • •

Curiosa de notar e referir foi a oportunidade que tiveram importantes personalidades, em França, de atestar, coletivamente, a realidade do fenômeno supranormal.

Mais de oitenta pessoas foram testemunhas, no Instituto Metapsíquico Internacional, dos fatos extraordinários realizados por intermédio de Guzik, o qual se prestara a várias experiências mediúnicas, a começar de novembro de 1922.

Finalmente, um grupo de observadores de grande nomeada, nos meios culturais franceses, firmou um abaixo-assinado, em que, depois de descrever a fiscalização exercida, os métodos empregados nas experiências e os nomes dos peritos presentes aos trabalhos, assim concluía:

"Afirmamos a nossa convicção de que os fenômenos obtidos com Jean Guzik não são explicáveis, quer por ilusões ou alucinações individuais, ou coletivas, quer por um embuste".

Esse atestado fez grande ruído na França e no estrangeiro, pelos nomes que os subscreviam. Eram eles:

Joseph Ageorges, homem de letras.

Dr. Bayle, chefe do Serviço de Identidade Judiciária.

Dr. Benjamim Bord, antigo interno dos hospitais de Paris.

Dr. Bour, diretor da Casa de Saúde de Malmaison.

Dr. Bourbon.

Dr. Stephen Chauvet, antigo interno, laureado, medalha de ouro, dos hospitais de Paris.

Dr. Cunéo, professor da Faculdade de Medicina, cirurgião dos hospitais.

Capitão Desprês, antigo aluno da Escola Politécnica.

Camille Flammarion.

Dr. Fontoynon, antigo interno dos hospitais de Paris, diretor da Escola de Medicina de Madagáscar.

Pascal Forthuny, literato.

Dr. Gustave Geley, antigo interno dos hospitais de Lyon, laureado (1º prêmio) da Faculdade de Medicina.

A. de Gramont, doutor em Ciências, membro do Instituto de França.

Paul Ginisty, literato, redator do *Petit Parisien*.

Georges, doutor em Ciências, engenheiro.

Jacques Haverna, diretor do Serviço Fotográfico e das Cifras do Ministério do Interior.

Dr. Héricourt.

Huc, diretor do *Dépêche de Toulouse*.

Dr. Humbert, diretor da Seção de Higiene da Liga das Sociedades da Cruz Vermelha.

Com. Reller, do Estado Maior do General Fayolle.

Dr. Laemmer.

Dr. Lassablière, diretor do Laboratório da Faculdade de Medicina.

Prof. Leclainche, membro do Instituto de França, Inspetor Geral, chefe dos Serviços Sanitários do Ministério da Agricultura.

Sir Oliver Lodge.

Mestre, professor da Faculdade de Direito.

Michaux, Inspetor Geral de Pontes e Estradas, antigo conselheiro de Estado, diretor das Estradas de Ferro.

Dr. Montier, antigo interno dos hospitais de Paris.

Dr. Osty.

Marcel Prevost, literato, membro da Academia Francesa.

Dr. Rehm, literato.

Dr. Jean Charles Roux, antigo interno dos hospitais de Paris.

René Sudre.

Prof. Santoliquido, representante da Cruz Vermelha na Sociedade das Nações.

Prof. Vallée, diretor do Laboratório Nacional. — (*Revue Métapsychique*, 1923, pág. 133.)

Finalizaremos esse rápido lance de olhos pela literatura psíquica na França, com estas judiciosas ponderações de Léon Denis, em *O problema do ser, do destino e da dor*:

> O Espiritismo não dogmatiza. Não é nem uma seita, nem uma ortodoxia, mas uma filosofia viva, aberta a todos os espíritos livres, filosofia que evolve, que progride.
> Não impõe nada; propõe. O que propõe apoia em fatos de experiência e em provas morais. Não exclui qualquer

outra crença, antes a todas abraça numa fórmula mais vasta, numa expressão mais elevada e extensa da verdade. (Paris, 14ª ed., pág. 57.)

34. Como já vai longa esta jornada, limitar-nos-emos a apontar, entre os estudiosos do Psiquismo, em Portugal, o engenheiro Lobo Vilela, que nos aponta alguns dos muitos sábios que se preocuparam com a fenomenologia extranormal. Diz ele:

> Citaremos alguns daqueles que mais se celebrizaram nos diversos ramos do saber e apoiam na experiência as suas opiniões, não se limitando a proferir palavras vazias de sentido, como os nossos contraditores. Foram físicos como W. Crookes, Oliver Lodge, W. Barrett, Varley, Fechner, Edison, Tyndall, Gabriel Delanne; químicos como Humphry Davy, Robert Hare, Boutlerow; naturalistas como Wallace, Barkas, Wagner, Richardson; antropologistas como Lombroso, Morselli, Ferri; astrônomos como Zöellner, Flammarion, Challis, Schiaparelli; políticos eminentes como Aksakof, Lincoln, Gladstone, Pilzudski; professores ilustres como Gibier, Richet, Myers, Hodgson, Hyslop, A. de Morgan, W. James, Bozzano, Gurney, Carl du Prel, conde De Rochas d'Aiglun, Dr. Geley, Maxwell, Dr. Rocco Santoliquido, Ribot, Dr. Charles Roux, Ulrici, Flournoy, Ochorowicz, Brofferio etc. — (Vilela — *O problema da sobrevivência*, 1941, pág. 73.)

Na revista *Estudos Psíquicos*, que se edita em Lisboa, apontaríamos uma plêiade notável de estudiosos, entre os quais se destacam Isidoro Duarte Santos, o coronel Faure da Rosa, F. Noronha, Gonçalves Losa, o Dr. A. Pratas, Ramos Pereira, o Dr. Antônio J. Freire e muitos outros.

Entre os nomes citados por L. Vilela, alguns escaparam à nossa resenha, escrita à pressa, nas encóspias de um prazo limitadíssimo para a magnitude do assunto.

Não poderíamos olvidar, entre os psiquistas ingleses, Cromwell Fleetwood Varley, notabilíssimo engenheiro, descobridor do condensador elétrico, técnico a quem coube estabelecer o cabo submarino entre os dois continentes, consultor da "Atlantic Telegraph Company" e da "Electric and International Company".

Esse eminente profissional descobriu que sua mulher costumava cair em transe mediúnico, que tinha visões e produzia fenômenos psíquicos. Com grande espanto, notou em si próprio poderes supranormais, entre os quais os de cura, e por eles conseguiu curar a esposa de várias doenças que haviam resistido à terapêutica oficial.

Eletricista que era, ele supunha que os fenômenos seriam devidos à ação da eletricidade. Mas, por fim, declarava na Sociedade Dialética, em 1869: "Certa vez, indo para casa, uma circunstância ocorreu que desanuviou todas as minhas dúvidas (*a circumstance occurred which got rid of the element of doubt*).

Estando só no quarto, pensando intensamente nos fenômenos que tinha observado, ouvi muitos *raps*. Na manhã seguinte, recebi uma carta de Home, em que este dizia: — Estando só em seu quarto, o senhor ouviu sons. Estou satisfeito.

Ele declarava lhe terem dito os Espíritos que me haviam seguido e podido produzir sons. (*He stated the spirits had told him they followed me, and were enabled to produce sounds.*)".

Datam daí os primeiros passos de Varley na senda do Psiquismo.

Foi ele quem preparou a complicada aparelhagem elétrica de que se serviu Crookes nas suas experiências com os médiuns Florence e Home, o que lhes permitiu ter a segurança da realidade do fenômeno.

• • •

Vale citar, ainda, o Dr. W. Crawford, professor de Mecânica aplicada na Universidade de Belfast.

Por processos ligados à sua ciência, provou que os fenômenos físicos eram devidos a uma espécie de alavanca psíquica, ou seja, feixes fluídicos emanados do corpo do médium, e produzidos provavelmente pela ação dos desencarnados. (*The Reality of Psychic Phenomena* [*A realidade dos fenômenos psíquicos*], 1916.) Os seus estudos e conclusões vêm enunciados em mais dois trabalhos: — *Experiments in Psychic Science* e *The Psychic Structures in the Goligher Circle*. (Experiências em ciência psíquica; A estrutura psíquica no Centro Goligher.)

• • •

Entre os alemães, mereceriam destacados o astrônomo Zöellner e o filósofo Barão Carl du Prel.

O primeiro, autor do livro *A natureza dos cometas*, que atraiu, por suas ideias adiantadas, a atenção do mundo inteiro, dedicou-se às investigações psíquicas e publicou o resultado delas no livro intitulado *Física Transcendental*. Foram seus companheiros de estudo, e colaboradores nas experiências, William Weber e Teodoro Fechner, professores de Física; Scheibner, professor de Matemática. "Todos eles", diz o astrônomo, "tornaram-se perfeitamente convencidos da realidade dos fatos observados." (Ob. cit.)

• • •

O segundo, também depois de várias observações, afirmava a sua convicção na existência de seres transcendentais (*Filosofia do Misticismo*).

• • •

Na lista dos homens eminentes da Itália, teremos que intercalar o Dr. Rocco Santoliquido, professor da Universidade, diretor-geral da Saúde Pública da Itália, conselheiro de Estado, consultor, técnico e primeiro Presidente do Instituto Metapsíquico.

Ele foi obrigado a dedicar-se ao Psiquismo, pelos interessantes fenômenos de incorporação mediúnica que se deram em sua própria casa, sendo médium uma sua sobrinha.

Os fatos e os consequentes comentários, nos quais ele opina pela manifestação dos Espíritos, foram publicados em francês, num livro sob o título — *Observations d'un Cas de Mediumnité Intellectuelle*.

Emílio Servadio, num trabalho que mereceu um prefácio de Charles Richet, apresenta um estudo sobre pesquisas psíquicas.

Na bibliografia, que apõe ao livro, há a citação de 235 obras. (E. Servadio — *La Ricerca Psichica*, Roma, Paolo Cremonese, 1930.)

• • •

35. Na Rússia, destaca-se um gigante das letras psíquicas, com tal projeção que sua obra é conhecida no mundo inteiro. Trata-se do conselheiro Alexandre Aksakof, com seu grandioso trabalho *Animismo e Espiritismo* (*Animismus und Spiritismus* — original em alemão). Há uma edição russa de 1893.

Aksakof, no seu trabalho, responde às objeções de Von Hartmann. Esta resposta é ainda um repositório inesgotável de fatos e uma argumentação inexpugnável em prol da teoria espírita das comunicações.

• • •

Para terminar, lembraremos que, nos países escandinavos, apesar dos preconceitos em que tais estudos esbarram por toda a parte, muito adiantadas se acham ou se achavam as pesquisas.

Foi na Noruega que se realizaram alguns dos mais notáveis fenômenos de materialização.

Pela médium Sra. d'Esperance, materializava-se um Espírito que se dizia chamar Népenthès e se declarava contemporâneo da época grega, na sua fase heroica. Para demonstrá-lo, escrevia, de seu próprio punho, mensagens em grego antigo, idioma que, nem a médium, nem nenhum dos presentes conhecia.

As sessões se realizaram em Cristiânia (hoje Oslo), em sala previamente escolhida pelos experimentadores.

Eles foram os mais eminentes homens da Noruega; contavam-se, no grupo, os professores da Universidade, homens de letras, médicos, magistrados, pastores luteranos.

Népenthès era um Espírito feminino, de admirável beleza; mostrava-se, em plena luz, juntamente com a médium. Materializava-se à vista dos assistentes, no meio do círculo; deixava-se fotografar e examinar à vontade, e escrevia com a própria mão, da qual tirava o molde, mergulhando-o na parafina. (E. Bozzano — *À Propos de l'Introduction à la Métapsychique Humaine*, 1926, pág. 183 e seguintes.)

Fenômenos mais ou menos idênticos se processaram na Islândia.

O professor Gudmundur Hannesson é quem os descreve em estilo cheio de "humor", numa obra publicada em inglês.

Em suas reuniões tomaram parte notáveis membros da Universidade de Reykjavik.

Fora ele arrastado às sessões pelas quais não tinha nenhum interesse. (*I was by no means interested.*)

Supusera, a princípio, tratar-se de fraude, e usou, em vão, de todos os meios possíveis para apanhá-la. Foram absolutamente infrutíferos todos os seus meios.

Por fim, levou o médium para a própria casa. Escolheu a assistência, composta de sábios e céticos como ele. "No meu quarto, eu sei tudo como se passa" — dizia aos íntimos (*I know all about my room*). Redobrou a vigilância, reforçou a pesquisa, extremou-se em minúcias, multiplicou os selos; revestiu tudo de fitas fosforescentes. O médium estava preso de mãos e pernas. Ele mesmo o vigiava.

As sessões se prolongaram durante todo o inverno. Nenhuma fraude se descobriu. Se ele tinha uma dúvida em alguma sessão, na subsequente buscava elucidar o ponto para o qual aplicava uma vigilância especial. Procurava, fora das sessões, com o auxílio de técnicos, imitar normalmente o que vira, e não o conseguia. Chegou à conclusão de que os fenômenos se produziam por meios incompreensíveis. A fraudulência era inacreditável, era impossível!... *This seemed to be a miracle!*

"Parecia um milagre! Em certas ocasiões via os objetos andarem de um lado para outro, em plena claridade. Nenhuma dúvida, absolutamente nenhuma!" (Prof. Gudmundur Hannesson — *Remarkable Phenomena in Iceland*, 1929.)

• • •

Restaria, ao termo desta exposição, que conseguimos reduzir ao que aqui se acha, num extraordinário esforço de síntese, referirmo-nos aos escritores e experimentadores brasileiros. Na impossibilidade de tratar de todos, e com o receio de praticar injustas exceções, deixamos a página em branco.

• • •

Cremos que, diante da opinião dos sábios, em vista dos relatos que expendemos, e, ainda mais, com o insofismável testemunho da História, ficam iniludivelmente demonstradas: a existência do fenômeno supranormal, ou seja, o fato espírita; a sobrevivência; a comunicabilidade dos mortos.

• • •

LITERATURA DE ALÉM-TÚMULO

36. Tratamos, embora *per summa capita*, dos mestres e principais autores que cuidaram do psiquismo e afirmaram a sua autenticidade. Diremos agora, embora por alto, de fenômenos que falam mais de perto com a mediunidade de Francisco Cândido Xavier, ou seja, os conhecidos sob

a denominação genérica de "Literatura de além-túmulo". Ela enfeixa mensagens, contos, histórias, crônicas, novelas, poesias, tudo enfim que, sob um aspecto literário, nos é transmitido do Além, por intermédio de um sensitivo.

Vejamos.

Toda a gente conhece a célebre obra — *A cabana de Pai Tomás*, principalmente depois que foi exibida por várias vezes, e durante muito tempo, nos cinemas de toda a parte. O que poucos sabem, porém, é que se trata de uma obra mediúnica. Ela foi escrita pela Sra. Beecher-Stowe, que a recebeu dos Espíritos superiores que tinham a missão divina, talvez, de abolir o cativeiro; e, de fato, muito contribuiu a obra para a extinção, nos Estados Unidos, da dolorosa mancha da escravatura.

A autora declara a uma amiga que não foi ela a escritora ou a inventora do drama. Não fizera mais do que tomar nota dos quadros fluídicos que lhe apresentavam mãos invisíveis. Muitas das personagens do romance tiveram um fim que ela não previa e até lamentara. (Veja-se Bozzano — *Littérature d'Outre-Tombe*.)

• • •

Era diretor da Academia de Belas-Artes, de Parmo, o Prof. Francisco Scaramuzza, que nunca se dedicara à literatura e pouco entendia de letras.

Em idade bem madura, pois que contava já 64 anos, começaram a manifestar-se nele os dons mediúnicos. E destarte, durante três anos recebeu, por processos extranormais, várias obras, o que executava com espantosa rapidez.

Entre elas, destaca-se um grande poema intitulado "Poema Sacro", assim como duas brilhantes comédias em verso, estas de autoria do Espírito que disse chamar-se Carlos Goldoni. No "Poema", ditado pelo Espírito de Ludovico Ariosto, o que havia de notável eram as ideias, parecendo que a forma se ressentia das deficiências do médium. A linguagem era pobre, o que contrastava com a beleza e grandiosidade das imagens e dos conceitos.

Ariosto, por várias vezes, lamenta que o autor terreno revista tão mal os pensamentos que expende e as lições que ministra.

Outros Espíritos ditam obras diversas, formando uma produção literária colossal. (Bozzano — *Littérature d'Outre-Tombe*.)

• • •

O filósofo e escritor Ernesto Bozzano, de quem houvemos os casos precedentes, refere que em um grupo, na Lombardia, manifestou-se o Espírito de um escritor, morto na flor da idade, autor, em vida, de novelas, onde havia a inspiração do gênio.

Publicadas as mensagens, foi o trabalho enviado a Bozzano, "que ficou inteiramente surpreendido com a semelhança incontestável da técnica literária e da imaginação criadora existente entre os escritos do vivo e os ditados pela entidade comunicante".

• • •

Em 1890, apareceram na Inglaterra uns trabalhos literários em prosa e em verso, assinados por Fiona Macleod.

"Embora" — diz o narrador — "fosse esse nome inteiramente desconhecido, era evidente que se tratava de uma estrela de primeira grandeza que surgia no horizonte das letras. Durante dez anos, ela brilhou com um esplendor incomparável, fazendo as delícias dos amadores de uma literatura que se inspirava nas origens célticas."

Quinze anos depois falece William Sharp e se soube que era ele o autor dos escritos. A viúva resolveu, então, explicar a razão do mistério e publicou um volume de *Memórias*. O marido fora *vidente e sensitivo*. Os trabalhos eram mediúnicos; ditava-os um Espírito que se dizia a "Fada dos Bosques" e se assinava Fiona Macleod.

Na biblioteca de Sharp encontraram-se vários volumes com a dedicatória: "A William Sharp, sua colaboradora e amiga Fiona Macleod".

A um amigo ele confessou por que conservava o sigilo: — Fiona desaparecerá se descobrirem o segredo de sua existência. (F. E. Leaning — Revista *Light*, 1926, pág. 218; *Light*, 1910, pág. 598; *Proceedings — Journal of the Society for Psychical Research*, volume XXV, pág. 57.)

• • •

É universalmente conhecido o autor de *Salomé* — Oscar Wilde — poeta e dramaturgo inglês, célebre, assim pelas suas obras como por sua vida acidentada.

Morto, começara a manifestar-se pela médium Esther Dowen. Vale a pena mencionar o que disse a receptora num livro que publicou sob o título *Mensagens de Oscar Wilde* (*Psychic Messages from Oscar Wilde*):

> Wilde era um comunicante indeciso, difícil, autoritário, por vezes de um humor muito desagradável. Durante as primeiras sessões, discutiu comigo a respeito das

condições mediúnicas; informou-me que havia concebido o cenário de uma comédia inteira. Fi-lo ver que as modalidades dos cenários tinham sofrido grandes mudanças. Ele revidava que eu não era autora dramática, e, como já tinha planejado o entrecho, não poderia modificá-lo.

A diligência de Wilde era extraordinária e excedia minhas forças de trabalho. Ele refazia, aperfeiçoava, intercalava períodos com cuidados meticulosos, de sorte que eu experimentava um sentimento de monotonia, que se transformava em sonolência, e tinha que parar.

Explicou-me que o último ato iria desenrolar-se no mundo espiritual; voltou-me, então, o desânimo, sabendo eu que nada é tão árduo em literatura como inserir cenas do Além numa comédia.

David Gow, diretor da *Light*, que assistira ao ditado mediúnico, dizia:

> Tudo se desenrolou como se o autor invisível, mas absolutamente real, se metesse febrilmente ao trabalho, desenvolvendo, alternativamente, um temperamento irritável, choramingador, brilhante, cínico, e, algumas vezes, dócil e simpático. A comédia, que veio assim à luz, parece uma obra de arte extraordinária, mas é preciso notar a este respeito que um diretor de teatro a quem ela foi oferecida para ser representada, depois de a ter lido, relido e pesado, declarou que a não poria em cena, não porque deixasse de ser de Oscar Wilde, mas por ser dele mesmo. Queria fazer alusão ao assunto e à técnica das comédias de Wilde, que estavam fora da época. (*Light*, 1928, pág. 18.)

Ernesto Bozzano, estudando o interessante e memorável caso, conclui:

> O defunto dera todas as provas cumulativas que se teria o direito de exigir nestas circunstâncias. Apresentei já numerosas provas pelas quais se verifica a autenticidade do caso; a prova memorável da identidade da escrita, seguida, de modo impecável, no decorrer de várias centenas de páginas; a prova mais importante, ainda, da identidade do estilo, que caracterizava a personalidade do morto; enfim, a mais concludente, ainda, da emergência da personalidade intelectual e moral de Oscar Wilde, com todas as variedades do seu caráter: personalidade complexa, original, inimitável.
>
> Prometeu, por fim, acrescentar às provas fornecidas a de uma comédia póstuma com o auxílio da médium. Manteve a palavra. (Ernesto Bozzano — *Le Retour de Oscar Wilde. Revue Spirite*, 1926, págs. 104 e 111. Do mesmo autor — *Littérature d'Outre-Tombe*, 1929.)

Um dos casos que espantaram o mundo literário foi o do romance que o grande escritor Charles Dickens deixara inacabado, pois falecera antes de terminar o seu trabalho. Calcule-se a admiração dos literatos quando um mecânico, sem nenhuma cultura, se apresentou, declarando que tinha recebido do Espírito de Dickens a parte final da obra.

A respeito, escreve Aksakof, em *Animismo e Espiritismo*:

> Quero falar do romance de Dickens, *Edwin Drood*, deixado incompleto por seu ilustre autor e completado pelo médium James, um jovem sem instrução. Diversas

testemunhas presenciaram o modo de produção da obra, e juízes competentes apreciaram o seu valor literário.

Daremos ligeiro resumo do que escreve Aksakof sobre o fenômeno. Vários jornais e revistas científicas enviaram seus colaboradores para investigar o caso. Soube-se que o médium nascera em Boston, fora colocado como aprendiz em casa de um mecânico, ofício que exercia ao tempo do recebimento do romance.

Não era analfabeto, mas não manifestava nenhum gosto ou atração pela literatura. E ainda mais: sempre zombara dos milagres espíritas, considerando-os pura fraude.

Indo, com essas ideias, a uma sessão, caiu em transe. Iniciaram-se, assim, os seus trabalhos mediúnicos.

O *Springfield Daily Union*, pág. 323, declara

> que a narração do romance é recomeçada no ponto preciso em que a morte do autor a tinha deixado, e isso com uma concordância tão perfeita que o mais consumado crítico, que não tivesse conhecimento do lugar da interrupção, não podia dizer em que momento Dickens deixou de escrever a sua obra.
>
> As personagens do livro continuam tão vivas, tão típicas, tão bem caracterizadas na segunda parte como na primeira. Não é tudo. Apresentam-se novas personagens, conforme o hábito do escritor. Não são bonecos, porém caracteres tomados ao vivo, verdadeiras criações. Criadas por quem?

O correspondente prossegue, notando as semelhanças entre os trabalhos do escritor vivo e os do escritor morto, com as suas peculiaridades ortográficas, o seu modo de dizer inconfundível, o conhecimento topográfico de Londres, que estava fora do alcance do aprendiz de mecânica da

América do Norte. Há ainda as particularidades gramaticais usadas por Dickens, como a mudança súbita do tempo dos verbos, e outras.

O articulista declara que estava certo, a princípio, de que a tal obra póstuma não passaria de uma bolha de sabão, e terminou nesta alternativa: "ou um homem de gênio se utilizou do médium para apresentar uma obra extraordinária, de maneira extraordinária, ou o livro foi mesmo escrito pelo defunto Dickens". O autor afirma, porém, sob sua palavra de honra, que não viu o menor sinal de embuste. (Pág. 326.)

O Sr. Harrison, no *Spiritualist* do ano 1873, declara, entre outras considerações:

> É difícil admitir que o gênio e o senso artístico com que esse escrito está marcado, e que tem tanta semelhança com o gênio e o senso artístico de Dickens, tenham induzido o seu autor, qualquer que seja, a apresentar-se ao mundo como um hábil falsificador. (A. Aksakof — *Animismo e Espiritismo*. Na tradução, conforme os direitos concedidos à FEB, 1903, página 347.)

Em outro período, acrescenta Aksakof:

> No § 4º do cap. III, citei um caso dessa natureza — a conclusão do romance de Charles Dickens, deixado por acabar, e concluído depois de sua morte pela mão de um jovem médium iletrado. O romance completo está impresso, e quem quiser pode julgar se a segunda parte não é digna da primeira. Não só todo o enredo do romance é seguido, como a ação é levada ao êxito com mão de mestre, por forma que a crítica mais severa não pode dizer onde termina o manuscrito original e onde começa a

parte mediúnica. Além disso, particularidades de estilo e de ortografia dão testemunho da identidade do autor. (Ob. cit., pág. 593.)

Refere, ainda, o conselheiro Aksakof, o caso interessante das produções mediúnicas de Hudson Tuttle.

Na idade de 18 anos, esse moço, sem cultura, escreveu um livro intitulado — *Arcana of Nature* (Arcanos da Natureza). O 1º volume da obra foi publicado na Alemanha com o título *História e leis da Criação*, como da autoria do Dr. Acker, 1860. "Dele, Büchner extraiu muitas passagens, sem suspeitar que era obra inconsciente de um pastor, sem educação científica de espécie alguma, que o havia escrito nas solidões de Erie, no estado de Ohio." (Veja-se Aksakof, ob. cit., pág. 347; *Psic. Studien*, 1874, pág. 93.)

(Entrevista do Dr. Büchner com Tuttle, na América, 1874.)

Num livro intitulado — *Essays from the Unseen*, Londres, 1885, encontrar-se-á uma série de comunicações atribuídas a várias personagens históricas, filósofos, teólogos etc., feitas também por um operário, que não tinha saído de sua terra natal, com a instrução comum das pessoas de sua classe, e que recebia as mensagens com tal rapidez que mal as podia escrever.

• • •

O notável psiquista Walter Prince teve a felicidade de observar a médium americana, Sra. Curran, cujos fenômenos principais eram os da mencionada literatura de além-túmulo.

O Dr. Prince descreve minuciosamente o fato num livro intitulado — *O caso de Patience Worth*. Patience é a personalidade que se manifesta.

Examinando, preliminarmente, a capacidade intelectual da sensitiva, verificou W. Prince que ela era comum, vulgar: a capacidade de uma pessoa inculta. Entretanto, a entidade revela um conhecimento histórico, literário e filosófico rara e dificilmente verificável.

Patience, o Espírito, a entidade comunicante, conversa num dialeto falado há três séculos; escreve romances e poemas em velhos idiomas e no patoá do tempo e do lugar em que disse ter existido no nosso triste planeta.

O curioso é que não se engana jamais. Num dos seus romances — *Telka* — constituído por 70.000 palavras, escritas em inglês arcaico, não se encontra um único vocábulo posterior ao ano 1600. Isto é tanto mais de admirar, diz o prof. Schiller, da Universidade de Oxford, que na primeira tradução da *Bíblia* há somente 77% de vocábulos anglo-saxônios, e é preciso recuar até Layamon, no ano 1205, para atingir-se a porcentagem dos termos anglo-saxônios empregados por Patience Worth. Toda a análise do assunto, pelo prof. Schiller, encontra-se nos *Proceedings* da "*Society Psychical Research*", vol. 36, pág. 574.

Gaspar Yost acrescentava:

> *Telka é inigualável* no que toca à pureza da língua anglo-saxônia. A exemplo de Shakespeare, ela emprega, por vezes, um advérbio em vez de um verbo, ou de um nome, ou de um adjetivo, o que se explica pelo estado transitório da língua inglesa nessa época. (Cit. por Prince, em sua obra, pág. 363.)

Parece, ainda, de mais valor, de maior vulto, a admirável obra recebida mediunicamente pela mesma senhora e intitulada — *The Sorry Tale* (*A história triste*), cuja ação se desenvolve na Palestina, ao tempo do Cristo.

Na opinião de Bozzano, as cenas aí são representadas de modo impressionante, geográfica e historicamente irrepreensíveis, e os fatos que a princípio se consideravam errados, verificou-se mais tarde que eram de impecável exatidão.

O caso vem extensamente narrado na obra de Walter Prince — *The Case of Patience Worth*, 1930.

• • •

Em matéria de literatura psíquica, ecoou profundamente, entre os meios literários franceses, a série de produções recebidas por Victor Hugo e devidas, em grande parte, à mediunidade de seu filho Charles. Não é de admirar que nas sessões espíritas do poeta o ambiente se enchesse de beletristas do outro mundo. Na impossibilidade de referir todo o ágape literário das reuniões, citaremos algumas passagens.

Ésquilo, falando da liberdade, pela mesinha de três pés, apresenta diversas estrofes; lembremos a primeira:

> *Non, l'homme ne sera jamais libre sur terre:*
> *C'est le triste captif du bien, du mal, du beau,*
> *Il ne peut devenir — c'est la loi du mystère —*
> *Libre qu'en devenant prisonnier du tombeau.*

Seguem-se outras quadras tão impecáveis como a presente na forma, e tão belas igualmente no fundo.

Victor Hugo consulta Molière. Responde a mesa. Em vez de Molière, porém, apresenta-se uma entidade que se denomina a "Sombra do Sepulcro", e dá ao poeta a seguinte resposta, que o desaponta um pouco:

> *Esprit qui veux savoir le secret des ténèbres,*
> *Et qui, tenant en main le terrestre flambeau,*

Viens, furtif, à tâtons, dans nos ombres funèbres,
Crocheter l'immense tombeau!

Rentre dans ton silence, et souffle tes chandelles,
Rentre dans cette nuit dont quelquefois tu sors,
L'oeil vivant ne lit pas les choses éternelles
Par — dessus l'épaule des morts.

Em certa ocasião, não se achando presente Victor Hugo, Charles invoca, pela mesinha de três pés, o Espírito de Byron. Cumpre acrescentar que Charles não sabia absolutamente nada de inglês. A mesa acode ao chamamento, e, pelas pancadas usuais, dá a resposta de Byron:

"*Vex not the bard, his lyre is broken,*
His last song sung, his last word spoken".

(Não importune o bardo; está quebrada a sua lira, está cantada sua última canção, está falada a sua última palavra.) — (Jules Bois — *Le Mirage Moderne*, Paris, Allendorf, 1907.)

Tais fatos é que converteram Victor Hugo ao Espiritismo, e ele dizia, na obra *Shakespeare*: "*La table tournante, ou parlante, a été fort raillée. Parlons net. Cette raillerie est sans portée... Un savant qui rit du possible est bien près d'être un idiot. L'inattendu doit toujours être attendu par la Science*".

• • •

Pela Srta. Cummins foram recebidas, em 1925, várias mensagens relativas à história do primeiro século da Igreja Cristã, com o título "Escritos de Cleofas". A entidade assinava-se — *O mensageiro* — e sua escrita se processava com intensa rapidez.

Essa rapidez é característica nos escritos mediúnicos, e merece anotada, porque são recebidos dessa maneira os trabalhos que vêm por intermédio de Francisco Cândido Xavier.

As sessões se realizavam em presença de médicos, padres, pastores, teólogos, historiadores, jornalistas, membros da Sociedade de Pesquisas Psíquicas de Londres e de Nova Iorque.

A respeito desse Evangelho suplementar, escrevia o Rev. John Lamond:

> Quem quer que seja o autor destas *crônicas sacras*, não são elas o produto da mentalidade subconsciente da Srta. Cummins. O material das crônicas não podia, absolutamente, provir da médium. Nota-se nelas uma surpreendente familiaridade com os vocábulos em uso no período apostólico da era cristã, um conhecimento perfeito das cidades e dos países dessa época recuada. Os acontecimentos históricos são descritos com tal vivacidade de cor local que só se poderia atribuir a narração deles a uma testemunha ocular. A impressão experimentada pelos que assistiram a essas experiências é que as *crônicas* são inspiradas por um autor invisível.
>
> O trabalho da senhorita já lhe granjeou o reconhecimento de grande número de leitores, entre os quais teólogos, ao corrente da história dos tempos apostólicos e da literatura dos evangelhos apócrifos da época. (*Psychic Science*, 1929, pág. 337.)

Outro parecer, este do Rev. Ottley:

...Eu tinha começado as pesquisas com um preconceito apriorístico, que me tornava cético, visto que, desde a infância, havia aprendido a considerar, como vedado, o domínio das comunicações espíritas com a vida que sucede à morte. Ora, tenho o dever de reconhecer que os *Escritos de Cleofas* trazem à apologética cristã uma contribuição de importância suprema. (*Journal of the S. P. R.*, 1929, pág. 21.)

A Srta. Gibbes escreveu:

Os *Escritos* contêm numerosos incidentes que, se se considerar o grau de cultura daquela que os recebeu, são literalmente inexplicáveis, no sentido de que tenham origem humana. Pode-se dizer o mesmo das citações geográficas e históricas, de que se verificou a veracidade, assim como da frequente terminologia dos tempos apostólicos. (*Light*, 1928, pág. 473.)

Diz a Sra. Bárbara Mackenzie:

Nos *Escritos de Cleofas* li o episódio de Barnabé, o descobridor das fontes na planície árida que cerca a cidade de Icônio. Eu encontrei um oficial, prisioneiro dos turcos nessa região. Pedi-lhe informes e ele me declarou ser exata a descrição dos *Escritos*, e que, em torno de Icônio, há uma planície inteiramente desprovida d'água. (*Light*, 1928, pág. 233.)

Conviria, para exemplificar, dar aqui um pequeno trecho da obra mediúnica, senão pelo seu valor probante, ao menos, ou principalmente, pelo seu valor moral:

Nossa intenção é de semear, no coração dos homens, o gérmen da fé no Divino Mestre. Entre eles, alguns há que julgam que o Cristo é morto. Não é verdade. Ele vive mais do que nunca e reviverá nos corações e nos espíritos das gerações futuras com mais esplendor do que dantes. (*Light*, 1928, 1929. Veja-se ainda Bozzano — *Littérature d'Outre-Tombe.*)

• • •

Obra mais ou menos idêntica a que acabamos de citar são *Os quatro Evangelhos,* recebidos pela Sra. Collignon e editados sob a direção de João Batista Roustaing. É a interpretação do texto dos Quatro Evangelhos, trazendo muita luz a pontos obscuros. Há quem discorde da interpretação, mas no que concordam todos é que a obra não poderia provir dos pobres recursos da médium.

• • •

Mais notável, mais espantoso, ainda, que todos os casos até agora apresentados, é a da velha linguagem egípcia, que ressurge depois de 3 mil anos, na sua forma, na sua sonoridade, trazendo à luz vários problemas linguísticos, desvendando mistérios que pareciam impenetráveis, visto que jaziam soterrados pelo tempo, pelo pó, em companhia dos sarcófagos dos velhos faraós. Tudo surgiu a lume. O passado se fez presente, instantaneamente, assombrosamente.

Trabalhava, com o Dr. Wood, notável médium que se escondia sob o pseudônimo de Rosemary. Por ela se manifestava um Espírito que dava o nome de Lady Nona, dizia ter vivido no Egito, havia longos séculos. Fornecia, a princípio, recordações pessoais, uma exata descrição de instrumentos musicais da época, pormenores sobre Mênfis, os faraós, as cerimônias religiosas, a Esfinge, e pitorescas descrições sobre a vida do povo egípcio.

Inopinadamente, Nona, o Espírito, que falava o inglês, entrou a discorrer em egípcio. A médium ouvia sons, falados numa língua desconhecida.

O Dr. Wood fizera conhecimento com um egiptólogo, o Sr. Howard Hulme, de Brighton, familiarizado com o idioma dos faraós. Nunca dantes, aliás, se conheceram.

Centenas de frases foram ditadas pela individualidade espiritual, e o Dr. Hulme reconheceu que se tratava de uma linguagem esquecida há muitos séculos, pois que se falava no Antigo Egito, na 18ª dinastia, 1.576 anos antes da era cristã.

O Dr. Wood apanhava o ditado conforme o som; remetia-o ao Dr. Hulme. Este, mais tarde, devolvia o trabalho traduzido em hieróglifos egípcios, acompanhados da tradução em inglês. O mais interessante — acrescentava Wood — é que as respostas correspondiam sempre, de maneira espantosa, às nossas perguntas à Entidade, e ao assunto de que tratávamos. Tal é, num rápido escorço, o que nos refere desenvolvidamente o Dr. Wood, no periódico *Two Worlds*, em 14 de outubro de 1932.

O Dr. Wood publica um estudo do caso num livro intitulado — *The Rosemary Records*, Manchester, 1932.

A respeito, escreve o general Peter, numa revista científica alemã, *Zeitschrift für Seelenleben*, pág. 57:

> Há três anos Rosemary é "controlada" por Lady Nona, princesa que esposou, há 3 mil anos, o faraó Amenhotep III, o qual a fez afogar no Nilo.
> Tomado de remorsos, o uxoricida quis suicidar-se; ela, porém, o impediu.
> História fantástica, certo, mas o Dr. Wood procurou provas. A descrição dos instrumentos de música do tempo de

Amenhotep foi verificada, depois de inquérito e pesquisa. O retrato do monarca, feito pelo Espírito, coincidia com o do existente no British Museum. As indicações históricas eram perfeitas, conforme se descobriu.

A *faraona* fala em seu idioma, e o Sr. Hulme, distinto especialista em dialetos do antigo e moderno Egito, pôde verificar e fiscalizar radicalmente esse maravilhoso caso de xenoglossia.

J. J. Prudhon, referindo-se a outro trabalho de Wood, sobre o caso, explica: "Trata-se da história de Lady Nona; concubina do faraó Amenhotep III. Nona procurou estabelecer sua identidade por mais de trezentas provas linguísticas, em puro egípcio antigo, falado, foneticamente registrado pelo autor, e traduzido em inglês pelo Sr. Howard Hulme". (*Revue Spirite*, 1935, pág. 399.)

Foram a mais de oitocentas as mensagens egípcias. Delas trata amplamente e mais circunstanciadamente o Dr. Wood, no seu último livro — *Ancient Egypt Speaks*, e, em português, o Sr. F. V. Lorenz, em seu livro — *A voz do antigo Egito*.

• • •

Obra mediúnica idêntica à de Francisco Cândido Xavier é a intitulada *No país da Luz*, de Fernando de Lacerda, por quem se comunicaram os literatos portugueses mortos.

Muito haveria ainda que citar, se não fora o receio de exaurir o honrado julgador.

• • •

37. Sobre as conclusões a que chegaram esses sábios, depois de longas, meditadas e repetidas experiências, não

se poderia, com aligeirados raciocínios, contrapor uma simples negativa.

Tudo isso indica a necessidade de estudar e de examinar profunda e demoradamente esses fenômenos. E somente ao cabo de grande esforço, excluídas todas as hipóteses que a própria experimentação afastou, adotar aquelas que a razão e a lógica podem admitir como certas ou, pelo menos, prováveis.

Mau vezo é, sem dúvida, encarar essas questões de Ciência com irritante prevenção, com inominável intolerância, que se transformam quase sempre em apodos e diatribes contra o sábio que ousou erigir um princípio ou testemunhar um fato.

O fenômeno perde a sua significação. Para fazê-lo desaparecer, tentam abalar a reputação do investigador, por maior que seja a sua autoridade e por mais respeitável que possa ser a sua ciência. Entra em ação o *argumentum baculinum*: ou a destruição impiedosa de um passado de glórias e de vitórias, ou a retratação incondicional da ousadia científica.

William Crookes, o grande sábio inglês, deveria sofrer, portanto, como sofreu, as furiosas investidas do dogmatismo ferrenho. Ele, que foi sempre meticuloso e seguro nas suas observações, passou a ser pobre vítima de sensacional mistificação...

É o que se repete constantemente, sempre que surge qualquer referência ao seu nome, com a falsa afirmação adicional de que emudeceu por muito tempo, perdendo o seu entusiasmo e sentindo-se acabrunhado.

Entretanto, Lapponi, médico dos papas Leão XIII e Pio X, no seu estudo médico-crítico sobre o Espiritismo (ob. cit.) desfez todas essas ridículas agressões em relação a Crookes, declarando:

Físico igual aos maiores do mundo inteiro; que, aos vinte anos de idade, já havia apresentado importantes trabalhos sobre a polarização da luz; que, mais tarde, publicou trabalhos magníficos sobre os espectros luminosos dos corpos celestes; que inventou o fotômetro de polarização e o microspectroscópio; que escreveu obras notáveis sobre a Química, especialmente um trabalho de análise que se tornou clássico; que fez descobertas preciosas em Astronomia e que contribuiu grandemente para os progressos da fotografia celeste; que foi enviado pelo governo inglês a Oran para estudar um eclipse do Sol; que se distinguiu nos estudos da Medicina, da Higiene Pública e das Ciências Naturais; que inventou um processo de amalgamação metálica por meio do sódio, processo empregado comumente hoje para a extração do ouro; que descobriu um corpo novo, o *tálio*; e que, enfim, revelando à Ciência o estado radiante da matéria, abriu caminho para a descoberta dos raios Rœntgen que se empregam agora para fotografar o que se chama o invisível. Esse homem, de inteligência tão alta e de ciência tão vasta, que passou sua vida a interrogar com vigor extremo os segredos mais árduos da Natureza, foi quem submeteu a exame minucioso os fenômenos espíritas sob a crítica severa da experimentação moderna, assistido, nessas pesquisas, por dois outros físicos de valor, William Huggins e E. W. Cox.

Com o auxílio de instrumentos de precisão e de registradores automáticos, Crookes examinou no seu mínimo detalhe, até às menores particularidades, fenômenos produzidos sob seus olhos. Ele experimentou, alternativamente, nas trevas e em pleno dia, fora e dentro das salas por ele escolhidas, à luz elétrica e à luz fosfórica. Sempre assistia a todos os preparativos dos médiuns, inclusive os referentes ao seu vestuário, para assegurar-se de que nada aí se ocultava. Por meio de tela metálica envolvia certos aparelhos que deviam receber a influência dos médiuns. Ele mesmo comprava, examinava e dispunha as mesas destinadas às experiências. Ora, depois de ter estudado os fenômenos espíritas, por meio de todo esse aparelhamento de precauções e com o maior ceticismo científico, Crookes se viu obrigado a repetir, lealmente, o que, antes dele, Alfred Russel Wallace, o inventor da célebre hipótese da seleção natural, já havia dito: "Adquiri a prova certa da realidade dos fenômenos espíritas".

E para afastar definitivamente a leviandade dos que põem à margem o fato científico, o fenômeno na sua realidade indiscutível, e preferem a agressão irreverente às pessoas, Lapponi acrescenta:

> Nem se creia que, naquele período de tempo, as ilustres personagens que constituíram a Comissão da Sociedade Dialética e William Crookes começassem a sofrer alguma alteração das funções cerebrais, pois que, ao mesmo tempo, os diversos sábios, acima referidos, tinham em mãos outras obras admiráveis, posteriormente publicadas; e, depois dessa época, cada um deles deu provas não duvidosas da conservação do poder intelectual. Quanto a Crookes, em particular, lembremos, a propósito, que os seus trabalhos sobre o estado radiante da Natureza remontam a 1878, e que suas últimas demonstrações sobre tal ponto foram feitas em 1879, no Congresso da Associação Britânica para os progressos da Ciência, e, em 1880, na Escola de Medicina e no Observatório de Paris, em presença de vários homens de ciência, entre os

quais o químico Wurtz e o almirante Monckez. Os estudos sobre o Espiritismo, entretanto, foram realizados por Crookes em 1871, ou seja, cerca de oito anos antes dessa sua última descoberta.

Quando não se atiram contra a pessoa do sábio, os contumazes contraditores agem diretamente contra os médiuns, para desses fazer o instrumento da sua vingança ou do seu ódio. E surgem, então, veladamente a princípio, e, depois, escancaradamente, as mais inverossímeis e fantásticas acusações, às quais dão forma e corpo como se fossem decisões passadas em julgado.

No propósito de nada alegarmos com as nossas próprias palavras, sempre que temos a necessidade de documentar as nossas assertivas, somos obrigados a repetidas transcrições, valendo-nos da autoridade dos testemunhos invocados.

Sobre o capítulo das fraudes e das trapaças dos médiuns e a sua influência sobre a legitimidade dos fenômenos espíritas, invoquemos, de preferência, a opinião de Lapponi, insuspeita por todos os títulos.

Diz ele:

> Depois, é preciso observar que todas as relações publicadas sobre as famosas descobertas das fraudes de certos médiuns não concernem nunca senão a algumas das numerosas experiências desses médiuns; de todo o restante, as referências não adiantam uma só palavra. Ainda não é tudo: as explicações que nos dão dessas fraudes são, as mais das vezes, muito insuficientes, indicando-nos, como causa dos fenômenos espíritas, toda a sorte de processos absolutamente incapazes de produzirem esses fenômenos. Assim, para citar um só exemplo, nenhum dos

relatórios publicados nos permite compreender como Eusapia Palladino, sem nenhum aparelho, e enquanto era segura pelas mãos e pelos pés, estendida sobre um divã, pôde, em presença da Sociedade Inglesa de Pesquisas Psíquicas, fazer tocar diversos instrumentos, beliscar as pessoas na outra extremidade de uma sala, sacudir as cortinas das janelas ou erguer móveis muito pesados, fenômenos todos que foram atestados pelos escritores ingleses, negadores do Espiritismo. Esses escritores disseram somente que Eusapia, por uma rápida contorsão de uma de suas mãos e de um dos seus pés, conseguia fazer crer às pessoas que a seguravam que tinha as duas mãos e os dois pés presos, quando, na realidade, essas pessoas não lhe seguravam senão uma das mãos e um dos pés. Não é verossímil, em verdade, que ela tenha feito cair em tão grosseira cilada pessoas assaz prudentes e avisadas como as que se achavam presentes; admitindo-se mesmo que ela o tivesse conseguido, tendo à sua disposição apenas uma das mãos e um dos pés, é impossível, para produzir as coisas surpreendentes que produziu, que a liberdade de uma das mãos e de um dos pés lhe fosse suficiente. Para produzir esses prodígios, por si só, teria sido necessário que ela dispusesse dos cem braços de Briareu, ou que, pelo menos, seus membros pudessem, alternativamente, alongar-se e encolher-se como os tentáculos do polvo. Que confiança podemos depositar, nessas condições, em certas demonstrações de descobertas de fraudes?

De resto, há fenômenos espíritas devidamente verificados e que não poderiam ser reproduzidos por nenhum artifício de prestidigitação ou por nenhuma fraude. Um prestidigitador francês dos mais hábeis, M. J., declarou formalmente que lhe era impossível conceber que a destreza, a habilidade e o engenho, mesmo levados aos seus últimos limites, pudessem realizar vários dos efeitos maravilhosos do Espiritismo. E M. Bellachini, prestidigitador da Corte de Berlim, por sua vez declara que é absolutamente insensato sustentar que a arte de prestidigitação pode realizar, com êxito, grande parte dos fenômenos espíritas.

Acrescentemos, ainda, que, embora muito se tenha falado da possibilidade de reproduzir, por meio dos artifícios da prestidigitação, os fenômenos espíritas, ninguém jamais indicou quais possam ser esses artifícios. Mas, por outro lado, é crível que, entre tantas pessoas iniciadas nos mistérios do Espiritismo, nenhuma tenha sentido um desgosto por tantas trapaças e jamais tenha tido a tentação de tudo revelar ao público? É crível que nenhum desses numerosos iniciados não tenha imaginado que tais revelações poderiam proporcionar-lhe boa fonte de rendas, ou, se isso pensou, é crível que tenha afastado a tentação de ganhar assim, honestamente, dinheiro, em lugar de continuar a ganhá-lo vergonhosamente pela fraude? Recentemente, personagens como Léo Taxil, Margiotta e outros, para ganhar dinheiro, não tiveram temor de praticar enormes trapaças, oferecendo, ao público paciente, pretendidas revelações sobre os mistérios da franco-maçonaria. Como nenhum desses que estão ao corrente dos segredos e das fraudes espíritas não pensou, de modo algum, em fazer revelações sinceras que lhe teriam valido infalivelmente, não somente o renome e o dinheiro, mas a aprovação de todas as pessoas honestas? E depois, enfim, é crível que as numerosas pessoas que se entregam às práticas espíritas na intimidade, em família, queiram enganar-se a si mesmas, recorrendo a mecanismos e artifícios para obter efeitos que elas atribuem aos Espíritos, embora saibam que esses efeitos são o produto da sua vontade, obtidos por meio de expedientes que não têm nada de misteriosos e nem de sobrenatural? É crível que essas pessoas, quando desejam interrogar, respeitosamente, o Espírito de um parente ou de um amigo, consintam em zombar delas mesmas com essas respostas confusas, estúpidas, grosseiras, obscenas e fora de propósito, que, segundo a afirmação de todos os espíritas, se misturam, muitas vezes, com as respostas sérias dos pretensos Espíritos? Isso me parece tão absurdo que essa única consideração me bastaria para afirmar que não é absolutamente possível obter todos os fenômenos do Espiritismo pelo simples produto da trapaça, das fraudes dos médiuns e dos seus comparsas.

As objeções sensatas, as dúvidas honestas e as críticas que visam a elucidar constituem um bem, porque aguçam o espírito de investigação e análise. Mas a condenação *a priori* dos que se julgam detentores de toda a sabedoria e que "não admitem que fora deles haja mundo, haja cérebro, haja luz", revela apenas a vaidade inconsciente, senão profunda ignorância.

38. Por último, em face do protesto da A. por exame gráfico e de escrita, os R. R. declaram a inanidade desse exame pelas mesmas razões já apontadas quando explicaram as falhas e lacunas das mensagens.

Nem sempre é possível obter-se uma grafia igual ou semelhante. Esses casos são raríssimos e excepcionais.

Na escrita direta, em que o comunicante não faz uso do aparelho neuromuscular do médium (não é o caso de Francisco Cândido Xavier), a grafia e a assinatura podem resultar perfeitas e exatas.

Tratando-se, porém, de escrita mecânica, só excepcionalmente seria possível a verificação de semelhança, porque já aí a comunicação se faz por intermédio de um corpo somático, que nem sempre se afina com o comunicante, e que sofre a influência do psiquismo do médium e de outros fatores.

Diz o Dr. Paulo Joire que a principal razão desse caráter reside, sem dúvida, no instrumento do fenômeno — no organismo humano dotado de sensibilidade fisiológica, instrumento por essência variável, e mais delicado que nenhum outro.

Mas não seria mesmo preciso, afirma Sousa Couto, que a lição dos experimentadores nos viesse avisar desses obstáculos às comunicações. Uma análise, embora superficial, do processo fisiológico do automatismo gráfico leva-nos logicamente às mesmas conclusões, e, assim, a teoria vem confirmar a prática habitual.

O exame, pois, sobre ser oneroso, resultaria infrutífero.

39. Resulta de tudo isso que vem exposto, que procede, à evidência, a preliminar levantada de que ao Poder Judiciário não cabe pronunciar-se em contendas que visam a discutir os fundamentos das religiões, as razões de crença, as questões de foro íntimo, os princípios filosóficos e científicos.

O prestígio da Justiça brasileira há de ser mantido no conceito dos povos cultos do mundo com o encerramento deste processo pela absolvição dos R. R. da instância.

É óbvia a razão. Qualquer que fosse o pronunciamento judicial sobre o mérito da causa, nos termos em que foi feito o pedido, declarando um fato positivo ou negativo, estaria a Justiça comprometida a julgar para o futuro todas as questões dessa natureza, violentando a liberdade de consciência e tornando-se instrumento odioso de lutas e disputas religiosas, e fonte perene de tormentosas descrenças.

Basta de dissensões, de litígios e desarmonias! Basta de sofrimentos e de horrores!

O mundo geme ainda sob os destroços e as ruínas de uma guerra gigantesca.

A Humanidade, angustiada, anseia pela pacificação dos espíritos, farta de tantos desequilíbrios e de tantas injustiças.

Que no Brasil cada cidadão, tranquilo e seguro no aconchego de seu lar, possa adorar a Deus a seu modo, segundo a sua fé e a sua crença, cooperando para a grandeza da sua pátria e para a paz da Humanidade, no exercício honesto do seu labor cotidiano.

"Nos dias de provação, como nas horas de venturas, estejamos irmanados numa doce aliança de fraternidade e paz indestrutível, dentro da qual deveremos esperar as claridades do futuro... Não nos compete estacionar, em nenhuma circunstância, e sim marchar sempre, com a educação e com a fé realizadora ao encontro do Brasil, na sua admirável espiritualidade e na sua grandeza imperecível!..."

Sursun corda!

40. Nessas condições,

EM RESUMO

Pedem os R. R., preliminarmente, a absolvição de instância sob o tríplice fundamento:

a) o petitório é ilícito e juridicamente impossível (art. 201, nº III do Cód. de Proc. Civil);
b) a petição inicial é inepta (arts. 160 e 201, nº VI do Cód. de Proc. Civil);
c) a ação declaratória é imprópria (art. 2º § único do Cód. de Proc. Civil).

Caso, entretanto, na sua alta sabedoria, assim não houver por bem o ilustrado julgador, pedem, então, os R. R. que seja julgada improcedente a ação (se a condicionalidade do pedido o permitir...) para:

Na hipótese afirmativa do item 6º da petição inicial, ser declarado:

a) que, perante a lei civil, o autor da produção mediúnica é o único capaz de autorizar a sua divulgação;
b) que os herdeiros somente poderão exercer direitos autorais sobre as obras, publicadas ou inéditas, que constituíam o patrimônio de Humberto de Campos ao tempo de sua morte;
c) que os R. R., consequentemente, não estão sujeitos às sanções legais relativas à ofensa aos direitos autorais.

Na hipótese negativa (trata-se meramente da consulta da petição inicial), ser declarado:

a) que os R. R. não são passíveis da sanção prevista nos arts. 185 e 196 do Código Penal;
b) que a designação "ESPÍRITO DE HUMBERTO DE CAMPOS", nas obras mediúnicas, não é defeso por lei, eis que não compromete o nome do escritor e não prejudica o patrimônio dos seus herdeiros;
c) que, em conclusão, não tendo os R. R. causado dano, a nenhuma reparação estão sujeitos.

P. C. e R. de

JUSTIÇA.

Protestam os R. R. por todo gênero de provas admitidas nas leis civis e comerciais, especialmente cartas precatórias, depoimento pessoal da Autora, documentos e testemunhas.

OS DOIS HUMBERTOS

★

UM SÓ ESTILO

UMA SÓ ALMA

UM SÓ SENTIMENTO

OBRAS COMPARADAS

De Humberto de Campos, homem:
- *Sombras que sofrem* .... *4ª edição*
- *Lagartas e libélulas* .... *4ª edição*
- *Um sonho de pobre* .... *2ª edição*

De Humberto de Campos, Espírito:
- *Crônicas de Além-túmulo* .... *3ª edição*
- *Boa Nova* .... *1ª edição*
- *Brasil, coração do mundo, pátria do Evangelho* . *3ª edição*
- *Novas Mensagens* .... *2ª edição*

(Ver indicação numérica na pág. 246.)

(1) Rezam as lendas bíblicas que o Senhor, após os seis dias de grandes atividades da Criação do mundo, arrancado do caos pela sua sabedoria, descansou no sétimo para apreciar a sua obra.

(2) E o Criador via os portentos da Criação, maravilhado de paternal alegria. Sobre os mares imensos voejavam as aves alegres; nas florestas espessas desabrochavam flores radiantes de perfumes, enquanto as luzes, na imensidade, clarificavam as apoteoses da Natureza, resplandecendo no Infinito para louvar-lhe a glória e exaltar-lhe a grandeza.

(3) Quando, após o sétimo dia da Criação, Deus despertou do seu sono de operário e viu que tudo que havia feito era bom, ficou de tal modo contente que se atirou a fabricar, para pequeninos enfeites do mundo, as pedras preciosas. A ametista, fizera-a Ele de uma violeta esmagada; o topázio, de um raio de Sol; a turquesa, de um reflexo da Lua; o ônix, de um pedaço da noite; a esmeralda, de uma folha de roseira; o berilo, de um pouco de mel; a safira, de um pingo da tinta do céu; a opala, com a água do mar; quando Eva, no Éden, feriu o dedo no primeiro espinho brotado na terra, fez ele, com a gota de sangue, o primeiro rubi; e da primeira lágrima alegre dos seus olhos, o diamante. E espalhou tudo isso pela face da Terra, para encanto dos dois únicos habitantes do Paraíso.

(4) Jeová, porém, logo após a queda de Adão e depois de expulsá-lo do Paraíso, a fim de que ele procurasse na Terra o pão de cada dia com o suor do trabalho, recolheu-se entristecido aos seus imensos impérios celestiais, repartindo a sua obra terrena em departamentos diversos, que confiou às potências angélicas. O Paraíso fechou-se, então, para a Terra, que se viu isolada no seio do Infinito. Adão ficou sobre o mundo, com a sua descendência amaldiçoada, longe das belezas do Éden perdido e no lugar onde se encontravam as grandiosidades divinas não se viu mais que o vácuo levemente azulado da atmosfera. E o Senhor, junto dos Serafins, dos Arcanjos e dos Tronos, na sagrada curul da sua misericórdia, esperou que o tempo passasse. Escoavam-se os anos, até que um dia o Criador convocou os Anjos a que confiara a gestão dos negócios terrestres, os quais lhe deviam apresentar relatórios precisos acerca dos vários departamentos de suas responsabilidades individuais. Prepararam-se no Céu festas maravilhosas e alegrias surpreendentes para esse movimento de confraternização das forças divinas, e, no dia aprazado, ao som de músicas gloriosas, chegavam ao Paraíso os Poderes angélicos encarregados da missão de velar pelo orbe terreno. O Senhor recebeu-os com a sua bênção, do alto do seu trono bordado de lírios e de estrelas e, diante da atenção respeitosa de todos os circunstantes, falou o Anjo das Luzes:

— Senhor, todas as claridades que criastes para a Terra continuam refletindo as bênçãos da vossa misericórdia. O Sol ilumina os dias terrenos com os resplendores divinos, vitalizando todas as coisas da Natureza e repartindo com elas o seu calor e a sua energia. Nos crepúsculos, o firmamento recita os seus poemas de estrelas, e as noites são ali clarificadas pelos raios tênues e puros dos plenilúnios divinos. Nas paisagens terrestres, todas as luzes evocam o vosso poder e a vossa misericórdia, enchendo a vida das criaturas de claridades benditas!

Deus abençoou o Anjo das Luzes, concedendo-lhe a faculdade de multiplicá-las na face do mundo.

Depois, veio o Anjo da Terra e das Águas, exclamando com alegria:

— Senhor, sobre o mundo que criastes, a Terra continua alimentando fartamente todas as criaturas; todos os reinos da Natureza retiram dela os tesouros sagrados da vida, e as águas, que parecem constituir o sangue bendito da vossa obra terrena, circulam no seu seio imenso, cantando as vossas glórias incomensuráveis. Os mares falam com violência, afirmando o vosso poder soberano, e os regatos macios dizem, nos silvados, da vossa piedade e brandura. As terras e as águas do mundo são plenas afirmações da vossa magnífica complacência!...

E o Criador agradeceu as palavras do seu servidor fiel, abençoando-lhe os trabalhos.

Em seguida, falou, radiante, o Anjo das Árvores e das Flores:

— Senhor, a missão que concedestes aos vegetais da Terra vem sendo cumprida com sublime dedicação. As árvores oferecem sua sombra, seus frutos e utilidades a todas as criaturas como braços misericordiosos do vosso amor paternal, estendido sobre o solo do planeta. Quando maltratadas, sabem ocultar suas angústias, prestando sempre, com abnegação e nobreza, o concurso da sua bondade à existência dos homens. Algumas, como o sândalo, quando diaceradas, deixam extravasar de suas feridas o ambiente em que nasceram... E as flores, meu Pai, são piedosas demonstrações das belezas celestiais nos tapetes verdoengos da terra inteira. Seus perfumes falam, a todos os momentos, da vossa magnanimidade e sabedoria...

E o Senhor, das culminâncias do seu trono radioso, abençoou o seu servo fiel, facultando-lhe o poder de multiplicar a beleza e as utilidades das árvores e das flores terrestres.

Logo após, falou o Anjo dos Animais, apresentando a Deus um relato sincero a respeito da vida dos seus subordinados:

— Os animais terrestres, Senhor, sabem respeitar as vossas leis, acatar a vossa vontade. Todos vivem em harmonia com as disposições naturais da existência que a vossa sabedoria lhes traçou. Não abusam de suas faculdades procriadoras e têm uma época própria para o desempenho dessas funções, consoante os vossos desejos. Todos têm a sua missão a cumprir e alguns deles se colocaram, abnegadamente, ao lado do homem, para substituí-lo nos mais penosos misteres, ajudando-o a conservar a saúde e a buscar no trabalho o pão de cada dia. As aves, Senhor, são turíbulos alados, incensando, do altar da Natureza terrestre, o vosso trono celestial, cantando as vossas grandezas ilimitadas. Elas se revezam constantemente para vos prestar essa homenagem de submissão e de amor, e enquanto algumas cantam durante as horas do dia, outras se reservam para as horas da noite, de modo a glorificarem incessantemente as belezas admiráveis da Criação, louvando-se a sabedoria do seu Autor Inimitável...

E Deus, com um sorriso de júbilo paternal, derramou sobre o seu dedicado mensageiro as vibrações do seu divino agradecimento.

Foi quando, então, chegou a vez da palavra do Anjo dos Homens. Taciturno e entre angústias, provocando a admiração dos demais pela sua consternação e pela sua tristeza, exclamou compungidamente:

— Senhor... ai de mim! enquanto meus companheiros vos podem falar da grandeza com que são executados os vossos decretos na face do mundo, pelos outros elementos da Criação, não posso afirmar o mesmo dos homens... A descendência de Adão se perde num labirinto de lutas, criado por ela mesma. Dentro das possibilidades do seu livre-arbítrio, é engenhosa e sutil a inventar todos os motivos para a sua perdição. Os homens já criaram toda sorte de dificuldades, desvios e confusões para a sua vida na Terra. Inventaram, ali, a chamada propriedade sobre os bens que vos pertencem inteiramente, e dão curso a uma vida abominável de egoísmo e ambição pelo domínio e pela posse; toda a Terra está dividida indebitamente, e as criaturas humanas se entregam à tarefa absurda da destruição das vossas leis grandiosas e eternas. Segundo o que observo no mundo, não tardará que surjam os movimentos homicidas entre as criaturas, tal a extensão das ânsias incontidas de conquistar e possuir...

O Anjo dos Homens, todavia, não conseguiu continuar. Convulsivos soluços embargaram-lhe a voz; mas o Senhor, embora amargurado e entristecido, desceu generosamente do sólio de magnificências divinas e, tomando-lhe as mãos, exclamou com bondade:

— A descendência de Adão ainda se lembra de mim?

— Não, Senhor!... Desgraçadamente, os homens vos esqueceram... — murmurou o Anjo com amargura.

— Pois bem — replicou o Senhor, paternalmente —, essa situação será remediada!...

(5) E chamando um dos anjos:

— Vai, Alael! Desce à Terra e leva, transformados em pão, os gritos de desespero dos órfãos e dos desamparados.

Chamou outro:

— Parte, Heliel! Toma os suspiros que subiram da Terra, partidos dos corações solitários, e transforma-os em flores de laranjeiras. Que encontrem o seu noivo, todas as virgens de coração puro que punham na misericórdia a sua esperança.

Chamou o terceiro:

— E tu, Eriel: vai. Recolhe as preces de todos os tristes e transforma-as em consolação. Que tenha, cada um, a sua esmola de alegria!

Chamou outro:

— Chegou a tua vez, Elir! Abre as tuas asas e vai! Procura os aflitos, que enviam aos Céus os grandes brados de angústia, e dá-lhes, de novo, a sua aflição, os seus próprios gritos, transformados em rosas vermelhas.

(6) E, alçando as mãos generosas, fez nascer ali mesmo, no Céu, um curso de águas cristalinas e, enchendo um cântaro com essas pérolas liquefeitas, entregou-o ao seu último servidor, exclamando:

(7) — Volta à Terra e derrama no coração de seus filhos este licor celeste, a que chamarás água das lágrimas... Seu gosto tem ressaibos de fel, mas esse elemento terá a propriedade de fazer que os homens me recordem, lembrando-se da minha misericórdia paternal... Se eles sofrem e se desesperam pela posse efêmera das coisas atinentes à vida terrestre, é porque me esqueceram, olvidando a sua origem divina.

E desde esse dia o Anjo dos Homens derrama na alma atormentada e aflita da Humanidade a água bendita das lágrimas remissoras; e desde essa hora, cada criatura humana, no momento dos seus prantos e das suas amarguras, nas dificuldades e nos espinhos do mundo, recorda, instintivamente, a paternidade de Deus e as alvoradas divinas.

• • •

(8) Nazaré, com a sua paisagem, das mais belas de toda a Galileia, é talvez o mais formoso recanto da Palestina. Suas ruas humildes e pedregosas, suas casas pequeninas, suas lojas singulares se agrupam numa ampla concavidade em cima das montanhas, ao norte de Esdrelon. Seus horizontes são estreitos e sem interesse; contudo, os que subam um pouco além, até onde se localizam as casinholas mais elevadas, encontrarão para o olhar assombrado as mais formosas perspectivas. O céu parece alongar-se, cobrindo o conjunto maravilhoso, numa dilatação infinita.

(9) Aquela tarde, escolhera-a Jesus para a designação dos Apóstolos. De toda parte da Galileia chegavam, desde a véspera, centenas de peregrinos. De Síchen, de Samaria, de Cafarnaum, tinham descido multidões. Até os mercadores de Tiro e de Jafá, desviando-se das estradas que iam ter a Damasco, haviam parado, naquele dia, à entrada de Genesaré. Um tumulto de homens, de crianças, de mulheres enchia a cidade, onde todos procuravam passar, com a sua riqueza ou com a sua humildade, sob os olhos do Rabino.

(10) Depois de uma das suas pregações do novo reino, chamou os doze companheiros que, desde então, seriam os intérpretes de sua ação e de seus ensinos. Eram eles os homens mais humildes e simples do lago de Genesaré. Pedro, André e Filipe eram filhos de Betsaida, de onde vinham igualmente Tiago e João, descendentes de Zebedeu. Levi, Tadeu e Tiago, filhos de Alfeu e de sua esposa Cleofas, parenta de Maria, eram nazarenos e amavam a Jesus desde a infância, sendo muitas vezes chamados "os irmãos do Senhor", à vista de suas profundas afinidades afetivas. Tomé descendia de um antigo pescador de Dalmanuta, e

Bartolomeu nascera de uma família laboriosa de Caná da Galileia. Simão, mais tarde denominado "o Zelota", deixara a sua terra de Canaan para dedicar-se à pescaria e somente um deles, Judas, destoava um pouco desse concerto, pois nascera em Iscariote e se consagrara ao pequeno comércio em Cafarnaum, onde vendia peixes e quinquilharias.

(11) O Sol já se recolhia, fatigado, às últimas cordilheiras cinzentadas do país dos moabitas, quando o Nazareno chegou à beira do lago. Em torno, comprimindo-se entre a água e os outeiros, as mulheres sussurravam, como abelhas em susto, disputando-se um lugar nas proximidades do Mestre. Pescadores de rosto áspero e grenha revolta, impeliam para trás, com doçura, o rebanho humano, que molhava o pé nas espumas. Escanchados em camelos cobertos de púrpura, mercadores ricos eram como estátuas oscilantes, sobrenadando naquele dilúvio de cabeças aflitas.

Pálido, o olhar doce, o Nazareno chamou um dos pescadores e ordenou:

— Simão Pedro, traze a tua barca.

Uma embarcação frágil aproximou-se, cortando suavemente as águas silenciosas. Arrepanhando a túnica, Jesus penetrou no lago alguns passos, tomou-a sozinho e, sentado no banco ainda úmido, falou à multidão, que se aglomerava na margem:

(12) — Devo Eu escolher, entre vós, hoje, os que têm de semear por toda a Galileia, entre humilhações e torturas, a palavra de meu Pai. Aquele que for escolhido, deve desligar-se de toda a vaidade, de todos os bens que lhe retenham os passos na Terra. Nas suas viagens, deve levar, apenas, um cajado de peregrino. Se à entrada de uma casa alguém o repelir, limpe ele com o manto a poeira das suas

sandálias. Seja cauteloso como a serpente e manso como o cordeiro. Quem injuriar aquele que vai em meu nome, é a mim que injuria; quem o desprezar, é a mim que despreza; quem o receber, é a mim que recebe; e quem me recebe a mim, recebe aquele que me enviou. Quais serão, porém, de vós os que abandonarão, em verdade, por amor de meu Pai, as precárias riquezas do mundo? Qual de vós não me negará, no primeiro momento, deslumbrado pelos tesouros terrenos?

Um coro imenso, confuso, levantou-se da margem:
— Eu, Senhor!
— Eu, Mestre!
— Eu, Rabi!
As vozes multiplicavam-se indefinidamente.

(13) — Amados — entrou Jesus a dizer-lhes, com mansidão extrema —, não tomareis o caminho largo por onde anda toda a gente, levada pelos interesses fáceis e inferiores; buscareis a estrada escabrosa e estreita dos sacrifícios pelo bem de todos. Também não penetrareis nos centros das discussões estéreis, à moda dos samaritanos, nos das contendas que nada aproveitam às edificações do verdadeiro reino nos corações com sincero esforço.

Ide, antes, em busca das ovelhas perdidas da casa de nosso Pai, que se encontram em aflição e voluntariamente desterradas de seu divino amor. Reuni convosco todos os que se encontram de coração angustiado e dizei-lhes, de minha parte, que é chegado o Reino de Deus.

Trabalhai em curar os enfermos, limpar os leprosos, ressuscitar os que estão mortos nas sombras do crime ou das desilusões ingratas do mundo, esclarecei todos os Espíritos que se encontram em trevas, dando de graça o que de graça vos é concedido.

Não exibais ouro ou prata em vossas vestimentas, porque o Reino do Céu reserva os mais belos tesouros para os simples.

Não ajunteis o supérfluo em alforjes, túnicas ou alpercatas para o caminho, porque digno é o operário do seu sustento.

Em qualquer cidade ou aldeia onde entrardes, buscai saber quem deseja aí os bens do Céu, com sinceridade e devotamento a Deus, e reparti as bênçãos do Evangelho com os que sejam dignos, até que vos retireis.

Quando penetrardes nalguma casa, saudai-a com amor.

Se essa casa merecer as bênçãos de vossa dedicação, desça sobre ela a vossa paz; se, porém, não for digna, torne essa mesma paz aos vossos corações.

Se ninguém vos receber, nem desejar ouvir as vossas instruções, retirai-vos sacudindo o pó de vossos pés, isto é, sem conservardes nenhum rancor e sem vos contaminardes da alheia iniquidade.

Em verdade vos digo que dia virá em que menos rigor haverá para os grandes pecadores do que para quantos procuram a Deus com os lábios da falsa crença, sem a sinceridade do coração.

É por essa razão que vos envio como ovelhas ao antro dos lobos, recomendando-vos a simplicidade das pombas e a prudência das serpentes.

Acautelai-vos, pois, dos homens, nossos irmãos, porque sereis entregues aos seus tribunais e sereis açoitados nos seus templos suntuosos, de onde está exilada a ideia de Deus.

Sereis conduzidos, como réus, à presença de governadores e reis, de tiranos e descrentes, a fim de testemunhardes a minha causa.

Mas, nos dias dolorosos da humilhação, não vos dê cuidado como haveis de falar, porque minha palavra estará convosco e sereis inspirados quanto ao que houverdes de dizer.

(14) Foi quando Judas Iscariotes, como que despertando, antes de todos os companheiros, daquelas profundas emoções de encantamento, se adiantou para o Messias, declarando em termos respeitosos e resolutos:
— Senhor, os vossos planos são justos e preciosos; entretanto, é razoável considerarmos que nada podemos edificar sem a contribuição de algum dinheiro.
Jesus contemplou-o serenamente e redarguiu:
— No entanto, Judas, embora Eu não tenha qualquer moeda do mundo, não posso desprezar o primeiro alvitre dos que contribuirão comigo para a edificação do Reino de meu Pai, no espírito das criaturas. Põe em prática a tua lembrança, mas tem cuidado com a tentação das posses materiais. Organiza a tua bolsa de cooperação e guarda-a contigo; nunca, porém, procures o que ultrapasse o necessário.
Ali mesmo, pretextando a necessidade de incentivar os movimentos iniciais da grande causa, o filho de Iscariotes fez a primeira coleta entre os discípulos. Todas as possibilidades eram mínimas, mas alguns pobres denários foram recolhidos com interesse. O Mestre observava a execução daquela primeira providência, com um sorriso cheio de apreensões, enquanto Judas guardava cuidadosamente o fruto modesto de sua lembrança material. Em seguida, apresentando a Jesus a bolsa minúscula, que se perdia nas dobras de sua túnica, exclamou, satisfeito:
— Senhor, a bolsa é pequenina, mas constitui o primeiro passo para que se possa realizar alguma coisa...
Jesus fitou-o, serenamente, e retrucou em tom profético:

— Sim, Judas, a bolsa é pequenina; contudo, permita Deus que nunca sucumbas ao seu peso!

• • •

(15) Sr. Prefeito do Distrito Federal. Dirijo-me a V. Exa. para ponderar um dos últimos atos de sua administração na velha cidade de São Sebastião do Rio de Janeiro. Não lhe venho falar dos inquéritos administrativos nos departamentos públicos, afetos à sua autoridade, e sim dizer-lhe do seu ato pessoal, opondo veto à subvenção de cinquenta contos concedida a uma venerável instituição de caridade. Cinquenta contos, Sr. Prefeito, como subvenção a uma instituição dessa natureza, que já conseguiu afastar dos antros viciosos algumas centenas de criaturas, infundindo-lhes a noção do dever social, cívico e humano, modelando heróis para os combates com as adversidades, representa uma percentagem muito mesquinha em face das verbas despendidas com as obras suntuárias dos serviços públicos.

(16) Sabe o senhor doutor, pelas notícias dos jornais e pelos galhardetes que enchem os caminhões da municipalidade, que se acha de viagem para o Rio de Janeiro o Presidente da nação mais rica e melhor organizada da América Meridional. Quem não ignora, como o senhor doutor e eu, que o país de que é chefe esse eminente viajante possui apenas doze milhões de almas, e exportou em 1932 produtos num total de 830 milhões de dólares, quando o nosso, com quarenta milhões de habitantes, exportou, no mesmo ano, unicamente 180 milhões de dólares, isto é, quase a quinta parte, compreende, sem dúvida, o respeito de que deve ser cercado o hóspede que vai chegar. E

é nessa parte que temos de entrar, o senhor doutor e eu, com a nossa colaboração. A minha primeira ideia consistiu em nos ocuparmos, os dois, em esconder, durante a permanência do general Agustin Justo nesta capital, as dezenas de crianças esfarrapadas, degradante documento da nossa inferioridade física, e, principalmente, da nossa inferioridade moral, que se exibem, de manhã à noite, nas ruas principais da cidade, e, sobretudo, no largo da Carioca. Aos meus olhos, senhor doutor, e aos de qualquer homem de cultura mediana como eu, de nada valem os palanques e as bandeirolas quando um povo que se diz rico e civilizado, apresente espetáculos confrangedores como aquele que ali se contempla. Ali estão, aos olhos do viajante estrangeiro, repuxando a calça aos homens e amarrotando o vestido às senhoras, dezenas de mãozinhas sujas, quase esqueléticas, pedindo, pelo amor de Deus, um pedaço de pão! Ali correm, acima e abaixo, molequinhos que parecem macacos abandonados, a choramingar um níquel aos transeuntes, mostrando os molambos da roupa, as feridas das pernas, a carência orgânica, patente a todos os olhos! Ali estão, sentadas nos portais, raparigas quase meninas, tendo nos braços murchos recém-nascidos que parecem fetos, o corpo queimado pela febre, o rosto incendiado pela vergonha! São os frutos da prostituição, que a miséria recolhe. São os dejetos da cidade faminta.

(17) Veja, pois, Excelência, a necessidade de se subvencionarem, e largamente, todas as iniciativas sociais que se organizem para proteger a criança desamparada, que virá a ser o homem de amanhã.

(18) Representante do meu Estado, com dois notáveis homens de Ciência, ao Congresso de Assistência à Infância,

nenhuma atuação exerci, nesse concílio de especialistas e de espíritos abnegados. Não foi que eu temesse a confirmação do provérbio malicioso, o qual nos avisa que tem de mudar de roupa todo aquele que se mete com gente miúda. Mas porque eu considero a criança brinquedo delicado demais para a rusticidade inábil das minhas mãos.

(19) Todavia, declinando essas circunstâncias, devo confessar, em defesa do meu gesto, que minha palavra humilde não visa a nenhum instituto político ou social do Brasil, para fixar-se somente na questão de humanidade.

(20) Um homem ou uma instituição podem crescer no conceito das coletividades pelas suas conquistas, pelos seus poderes transitórios, pela sua fortuna, mas serão sempre assinalados pela ilusão, se lhes faltarem os princípios humanos da caridade.

(21) Seu coração de administrador possui uma vasta experiência desses assuntos, sendo desnecessário que a minha palavra lhe encareça a inoportunidade do seu veto pessoal a esse auxílio financeiro à instituição referida, que é um admirável núcleo cultural do Rio de Janeiro, onde se criam as células sadias do organismo coletivo de amanhã. V. Exa. não ignora que todas as questões transcendentes, apresentadas como insolúveis às vistas dos sociólogos modernos, complicando o mecanismo da vida dos povos, são de natureza educativa. Os problemas brasileiros são quase todos dessa ordem. Bem sabe que, mesmo em nossa História, existem páginas que implicam em si a veracidade do que afirmo. Não se lembra da luta armada de Canudos, onde pereceram tantas energias da mocidade brasileira? O resultado dessa campanha seria outro se em vez da primeira

expedição militar mandássemos para ali uma dúzia de professores. As armas a serem detonadas naquele ambiente sertanejo deveriam ser as do alfabeto, como asseverava o nosso Euclides. O banditismo do Nordeste, as falanges de Lampião, as multidões místicas e delinquentes que, de vez em quando, surgem no quadro mesológico da nossa evolução coletiva, são problemas do livro e mais nada. Desejaria, pois, o Sr. Prefeito do Distrito Federal absorver-se no partido político, nas intrigas de gabinete, nas homenagens dos louvaminheiros da autoridade pública, esquecendo-se da parte mais importante de suas atribuições junto às coletividades do seu país?

(22) Aproveite a oportunidade e reconsidere o seu ato, reparando-o. Sua memória será, então, abençoada pela infância brasileira, votada ao desamparo pelos nossos políticos, que cuidam durante a vida inteira dos seus interesses e dos seus eleitorados.

(23) Tive ensejo de afirmar que, se algum dia conseguisse liquidar todo o meu débito para com a terra maranhense e o Senhor (24) me perguntasse em que parte do Brasil, excluído o Maranhão, tão mal-servido por mim, eu queria tornar aos tormentos da vida, a minha resposta seria pronta: — Senhor, faze-me nascer, agora, paulista ou baiano!
Eu tenho, na verdade, com esses dois estados, uma dívida tão grande que só lhes poderia pagar consagrando-lhes uma nova existência... (25) São Paulo e Bahia foram os dois braços fortes que me ampararam na provação. Minha dívida para com ambos é sagrada. É do seio afetuoso da Bahia, terra mãe do Brasil, que me (26) vêm as melhores vozes de coragem. É de São Paulo, primeiro mercado dos meus livros, que vem o maior pedaço do meu pão.

(27) Em seu território vivem os meus melhores amigos e do santuário do seu afeto (28) é que sobem, na palavra alta dos homens, nas orações sussurradas das mulheres, nas preces inocentes das crianças que me escrevem, os votos (29) em favor do escritor humilde e enfermo, (30) pelo soerguimento de um combatente ferido. (31) Minha excessiva vigilância trouxe-me a insônia que arruinou a tranquilidade dos meus dias. Perseguido pela surdez, já meus olhos se apagam como as derradeiras luzes de um navio soçobrado em mar encapelado, no silêncio da noite. Sem esmorecimento, atirei-me ao combate, não para repelir mouros na costa, mas para erguer muito alto o coração, retalhado nas pedras do caminho, como um livro de experiências para os que venham depois dos meus passos, ou como a réstia luminosa que os faroleiros desabotoam na superfície das águas, prevenindo os incautos do perigo das sirtes traiçoeiras do oceano. (32) O escritor em favor do qual se opera o movimento generoso vive doente, e trabalhando muito. Mas é um homem válido em condições de conquistar bravamente o necessário à sua subsistência. A enfermidade, que lhe vai tirando a luz dos olhos, ainda não lhe tirou a coragem.

(33) Muitos me supuseram corroído de lepra e de vermina, como se eu fosse Bento de Labre, raspando-se com a escudela de Jó. Eu, porém, estou apenas refletindo a claridade das estrelas do meu imenso crepúsculo. (34) Sou um homem doente, mas não estou leproso. Sou um homem pobre, mas não estou leproso. Assediado por um conjunto de males que me bloquearam dentro da vida, imito a planta, que transforma em fruto o estrume que lhe põem aos pés.

• • •

(35) No antigo Paço da Boa Vista, nas audiências dos sábados, quando recebia toda gente, atendeu D. Pedro II a um negro muito velho, de carapinha branca e em cujo rosto, enrugado pelo frio de muitos invernos, se descobria o sinal de muitas penas e muitos maus-tratos.

— Ah! meu senhor grande — exclamou o infeliz — como é duro ser escravo!...

O magnânimo imperador encarou suas mãos cansadas no leme da direção do povo e aquelas outras, engelhadas nas excrescências dos calos adquiridos na rude tarefa das senzalas, tranquilizando-o, comovido:

— Oh! meu filho, tem paciência! Também eu sou escravo dos meus deveres e eles são bem pesados... Teus infortúnios vão diminuir...

E mandou libertar o preto.

Mais tarde, nos primeiros tempos do seu desterro; o bondoso monarca, a bordo do "Alagoas", recebeu a visita do seu ex-ministro; às primeiras interpelações de Ouro Preto, respondeu-lhe o grande exilado:

— Em suma, estou satisfeito e tranquilo — e, aludindo à sua expatriação —; é a minha carta de alforria, agora posso ir aonde quero.

A coroa era pesada demais para a cabeça do monarca republicano.

• • •

(36) Votava-se no Senado a Lei do Ventre Livre, a 28 de setembro de 1878. Nas tribunas repletas apareciam as figuras mais expressivas do mundo diplomático, e, entre estas, o ministro dos Estados Unidos. A discussão do projeto desenrola-se brilhante e vigorosa, sob a presidência de Abaeté. E quando, pela votação, se verifica a vitória de Rio

Branco, o povo, que enche as galerias, rompe em ruidosa manifestação ao estadista benemérito, lançando-lhe sobre a cabeça braçadas de flores. Terminada a sessão, o ministro norte-americano desce ao recinto para cumprimentar o presidente do Conselho e os senadores que se haviam batido pela ideia generosa. E, colhendo com as próprias mãos algumas rosas, das que o povo atirara a Rio Branco, declara:

— Vou mandar estas flores para o meu país, a fim de mostrar como aqui se faz deste modo, uma lei que nos custou tanto sangue!

(37) O negro americano é, sem dúvida, hostilizado, combatido, perseguido, e vive afastado, ali, da comunhão social organizada do branco. O negro brasileiro tem, pelo contrário, desde que se torne notável, abertas as portas das escolas superiores, da política, da sociedade. Não há, aqui, nem perseguições clamorosas, nem linchamentos selvagens. Mas o filho do antigo escravo brasileiro, com todas essas vantagens, será mais feliz, acaso, do que o descendente do escravo americano?

(38) Com as suas abnegações santificantes e os seus prantos abençoados, os negros do Brasil fizeram brotar as alvoradas do trabalho, depois das noites primitivas. Todos os grandes sentimentos que nobilitam as almas humanas eles os demonstraram e foi ainda o coração deles, dedicado ao ideal da solidariedade humana, que ensinou aos europeus a lição do trabalho e da obediência, na comuna fraterna dos Palmares, onde não existia nem ricos nem pobres, e onde resistiram com o seu esforço e a sua perseverança, por mais de setenta anos, escrevendo, com a morte pela liberdade, o mais belo poema dos seus martírios nas terras americanas. Por toda parte, no país, há um ensinamento caricioso do

seu resignado heroísmo e foi por essa razão que a terra brasileira soube reconhecer-lhes as abnegações santificadas, incorporando-os definitivamente à grande família, de cuja direção muitas vezes participam, sem jamais se esquecer o Brasil de que os seus maiores filhos se criaram para a grandeza da pátria, no generoso seio africano.

(39) Os filhos da África foram humilhados e abatidos. Sobre os seus ombros flagelados carrearam-se quase todos os elementos materiais para a organização física do Brasil e, do manancial de humildade de seus corações resignados e tristes, nasceram lições comovedoras, imunizando todos os espíritos contra os excessos do imperialismo e do orgulho injustificáveis das outras nações do planeta, dotando-se a alma brasileira dos mais belos sentimentos de fraternidade, de ternura e de perdão.

• • •

(40) O que nos vem do céu dá-nos sempre a doce impressão de coisa boa. Mesmo quando se trata de um balão encolhido e amassado. O que desce do firmamento, é Deus quem manda. E era com esse pensamento que passava em revista os gomos de papel cortados, em losango, e ligados uns aos outros, quando, no lugar em que devia ter funcionado a bucha, meus dedos tateantes encontraram, preso por fio estreito, um pedaço de papel, dobrado em quatro, como os bilhetes de namoro. Desdobrei o papel, e vi que se tratava, realmente, de um bilhete, escrito a máquina, e que dizia, simplesmente, isto: "No dia em que apanhares este balão, deita-te antes da hora do costume. Dorme, sonha, e, no teu sonho, vem até cá". E, por baixo, a assinatura: "Pedro".

O conselho era convidativo e original. Não trazia endereço, é verdade. Mas devia ser para mim. Eu sou um sujeito excessivamente modesto. Se, ao amanhecer, encontrasse, na minha correspondência, um envelope sem sobrescrito, mas com o timbre do Catete, convidando para escolher uma das pastas ministeriais, eu iria, pé ante pé, metê-lo por baixo da porta do apartamento vizinho. Mas, em se tratando de comunicações com o Paraíso, eu me sinto perfeitamente à vontade. (41) Com essa convicção, deitei-me, naquela noite, pouco depois das onze horas. Deitei-me, e, para facilitar a viagem, tomei uma pastilha de bromural. Os santos, quando prometem o sono à gente, fazem o milagre. Mas sempre é conveniente facilitar o milagre com um pouco de narcótico. E eis por que adormeci imediatamente, e sonhei, e, no meu sonho, fui ter, naquela noite, aos caminhos e às portas do Céu.

(42) Como um menino que vai pela primeira vez a uma feira de amostras, imaginava o conhecido chaveiro dos grandes palácios celestiais. Via São Pedro de mãos enclavinhadas debaixo do queixo, óculos de tartaruga, como os de Nilo Peçanha, assestados no nariz, percorrendo com as suas vistas sonolentas e cansadas os estudos técnicos, os relatórios, os mapas e livros imensos, enunciadores do movimento das almas que regressavam da Terra, como um amanuense destacado de secretaria. Presumia-o um velhote bem conservado, igual aos senadores do tempo da Monarquia no Brasil, cofiando os longos bigodes e os fios grisalhos da barba respeitável. Talvez que o bom do apóstolo, desentulhando o baú de suas memórias, me contasse algo de novo: algumas anedotas a respeito de sua vida, segundo a versão popular; fatos do seu tempo de pescarias, certamente cheios das estroinices de rapazola. As jovens

de Séforis e de Cafarnaum, na Galileia, eram criaturas tentadoras com os seus lábios de romã amadurecida. São Pedro, por certo, diria algo de suas aventuras ocorridas, está claro, antes da sua conversão à doutrina do Nazareno. Não encontrei, porém, o chaveiro do Céu. Nessa decepção, cheguei a supor que a região dos bem-aventurados deveria ficar encravada em alguma cordilheira de nuvens inacessíveis. Tratava-se, certamente, de um recanto de maravilhas, onde todos os lugares tomariam denominações religiosas, na sua mais alta expressão simbólica: Praça das Almas Benditas, Avenida das Potências Angélicas. No coração da cidade prodigiosa, em paços resplandecentes, Santa Cecília deveria tanger a sua harpa acompanhando o coro das onze mil virgens, cantando ao som de harmonias deliciosas para acalentar o sono das filhas do Aqueronte e da Noite, a fim de que não viessem com as suas achas incandescentes e víboras malditas perturbar a paz dos que ali esqueciam os sofrimentos, em repouso beatífico. De vez em quando, se organizariam, nessa região maravilhosa, solenidades e festas comemorativas dos mais importantes acontecimentos da Igreja.

(43) Enquanto as empresas de turismo organizam na Terra os grandes cruzeiros intercontinentais, realizando um dos mais belos esforços de socialização do século XX, organizam-se caravanas de fraternidade nos planos do intermúndio. Na região do estômago, o privilégio pertence aos sujeitos felizes, bem fichados nos círculos bancários, mas, nos planos do coração, os livros de cheque são desnecessários.

(44) A descrição de viagens, desde o princípio deste século, é uma das modalidades mais interessantes da

literatura mundial; todavia, o homem que vá do Rio de Janeiro a Tóquio, de avião, sem escalas de qualquer natureza, não pode descrever o caminho, com os seus detalhes mais interessantes. Transmitirá aos seus leitores a emoção da imensidade, mas não conseguirá pintar uma nuvem.

(45) Encarcerado no ponto convencional de sua existência, o homem é aquela coruja incapaz de enfrentar a luz da montanha, em pleno dia, suportando apenas a sombra espessa e triste de sua noite. Como Ájax, filho de Cileu, contempla, às vezes, o tridente irado dos deuses, mas, embora a sua desesperação e o seu orgulho, não vai além da ilha, onde a maré alta o atirou, nos caprichosos movimentos do oceano da Vida.

(46) Em uma das estrelas da Via Láctea, apenas visível, no hemisfério austral, por trás da constelação da Régua, está situada uma das numerosas aglomerações da raça humana, existentes no Universo. É um mundo como a Terra, em que o Espírito, na sua viagem através do tempo e do espaço, retoma a feição que tem, em nosso planeta. É lá que vão ter, por mais próxima, vestindo uma forma palpável, os antigos habitantes de Antares e da constelação do Lobo, recebendo aí o prêmio, ou o castigo, dos seus atos nas existências anteriores.

Camille Flammarion não incluiu, parece, essa estrela na galeria dos seus mundos habitados. A vida nesse astro é, entretanto, a que mais se assemelha à que se desenvolve na Terra, embora se trate de um corpo celeste cerca de 900 bilhões vezes maior que aquele em que nos encontramos. Milhares de fenômenos que ainda aqui nos preocupam já lhes foram revelados, de modo que os Espíritos, chegados ali, se sentem mais ou menos consolados e satisfeitos, fazendo o possível para não serem transferidos novamente. Daí o nome que tem essa estrela: Ptschalstockiora, que, na língua universal, ou estelar, ali adotada, significa, singelamente — País das Sombras Felizes.

Segundo é corrente ali, o mundo é dirigido por um ser que tem a figura humana, e que governa os seus imensos domínios celestes de uma estrela enorme, situada no hemisfério boreal. Capital do Universo, essa estrela é habitada unicamente por entidades superiores, que atingiram, pelo sofrimento e pela cristalização da inteligência, a imortalidade. Esses habitantes formam o corpo de auxiliares do Onipotente, cumprindo as suas ordens, de modo a estabelecer o ritmo da vida em toda a imensidade celeste. São eles que promovem, por meio de guerras, epidemias e outras calamidades, a remoção, em massa, de Espíritos de uns para outros mundos, e, mesmo, as convocações individuais, com as mortes isoladas. (47) A morte não é uma fonte miraculosa de virtude e sabedoria. É, porém, uma asa luminosa de liberdade para os que pagaram os mais pesados tributos de dor e de esperança, nas esteiras do tempo. (48) Em virtude de circunstâncias especiais, e que têm a sua causa no aperfeiçoamento dos Espíritos que ali chegam, os habitantes de Ptschalstockiora conhecem, mais ou menos, o seu passado e o seu futuro. Há, mesmo, no ensino, uma cadeira em que se ministra o conhecimento dos mundos percorridos pelo Espírito na sua marcha para a perfeição, e da existência nos mundos que ainda pode percorrer.

Ptschalstockiora, não é, todavia, uma estância de onde se não regresse a mundos inferiores, em virtude, pode-se dizer, de revisão de processo, ou, mesmo, por simples deliberação do Onipotente, para equilíbrio da vida universal. Espíritos há que, já nas proximidades da perfeição e, consequentemente, da paz e da felicidade eternas, recebem ordem para retroceder, e voltam a Saturno, a Urano, a Marte, às estrelas da constelação do Lagarto ou do Dragão, e, mesmo, à Terra. O Onipotente tem direitos cujos limites são traçados, unicamente, pela extensão do seu nome.

Eu havia passado alguns milênios, encarnando-me e reencarnando-me, em uma das estrelas da constelação da Girafa, quando senti, na debilidade da matéria que me envolvia, haver chegado a ocasião de desencarnar-me ainda uma vez. A desencarnação, ali, é feita sem sofrimento nenhum. Na constelação da Girafa, em suma, o Espírito abandona a carne e os ossos como quem abandona o roupão à margem do rio, e nele mergulha com volúpia e sofreguidão. E fui reaparecer, pouco depois, como recompensa dos meus padecimentos e, sobretudo, da minha resignação, em Ptschalstockiora.

Achava-me eu, lá, há 227 anos do calendário terrestre, quando se verificou ali a maior revolução, ou melhor, a única revolução de que há memória naquela estrela:

Viviam as sombras felizes na mais absoluta e angélica tranquilidade, quando chegou, proveniente da estrela do hemisfério boreal em que reside o Onipotente, a ordem que havia emanado da sua vontade poderosa.

"Não é possível! Há engano! Há engano!" — bradavam as sombras felizes atingidas pela determinação.

"Não iremos! Não iremos!" — exclamavam outras, como se ignorassem a sua fragilidade ante a vontade inflexível do Senhor.

Tratava-se da transferência, dentro do mais breve prazo, de alguns milhões de Espíritos felizes para o presídio longínquo da Terra, no qual existiam vagas incontáveis, em consequência da remoção, por meio de guerras, de outros tantos Espíritos para outras estrelas e planetas. Um édito do Onipotente havia motivado aquelas catástrofes.

A remoção de uma estrela de primeira grandeza para um planeta de terceira constituía, na verdade, uma espécie de castigo, de punição. Milhões de Espíritos desencarnaram em Ptschalstockiora, vindo reencarnar na Terra. É a essa resolução do Onipotente que se deve a agitação observada atualmente no planeta terreno. Trazidas de um mundo melhor, rebaixadas na sua condição, afastadas do seu caminho na marcha para a imortalidade, as sombras felizes, hoje prisioneiras na Terra, têm a reminiscência vaga do que já foram. A Terra é um degredo, um presídio, uma penitenciária a que os Espíritos não desejam regressar.

(49) Mas, nesse instante, havíamos chegado a um belo cômodo atapetado de verdura florida. Ante os meus olhos atônitos, rasgavam-se avenidas extensas e amplas, onde as construções eram fundamente análogas às da Terra. Tive, então, ensejo de contemplar os habitantes do nosso vizinho, cuja organização física difere um tanto do arcabouço típico com que realizamos as nossas experiências terrestres. Notei, igualmente, que os homens não apresentam as expressões psicológicas de inquietação em que se mergulham os nossos irmãos das grandes metrópoles terrenas. Uma aura de profunda tranquilidade os envolve. É que já solucionaram os problemas do solo e já passaram pelas experimentações da vida animal, em suas fases mais grosseiras. Não conhecem os fenômenos da guerra e qualquer flagelo social seria, entre eles, um acontecimento inacreditável. Evolveram sem as expiações coletivas, amarguradas e terríveis, com que são atormentados os povos insubmissos da Terra. As pátrias, ali, não recebem o tributo do sangue ou da morte de seus filhos, mas são departamentos econômicos e órgãos educativos, administrados por instituições justas e sábias.

(50) Todos os grandes centros desse planeta sentem-se incomodados pelas influências nocivas da Terra, o único orbe de aura infeliz, nas suas vizinhanças mais próximas, e, desde muitos anos, enviam mensagens ao globo terráqueo, por meio das ondas luminosas, as quais se confundem com os raios cósmicos, cuja presença, na Terra, é registrada pela generalidade dos aparelhos radiofônicos. Ainda há pouco tempo, o Instituto Tecnológico da Califórnia inaugurou um vasto período de experimentações para averiguar a procedência dessas mensagens, misteriosas para o homem da Terra, anotadas com mais violência pelos balões estratosféricos, conforme as demonstrações obtidas pelo Dr. Roberto Millikan, nas suas experiências científicas.

• • •

(51) Às portas do Céu bateram um dia, um Político, um Soldado e um Operário. Mas Gabriel, o anjo que na ocasião velava pela tranquilidade do Paraíso, não quis atender-lhes às rogativas, sem previamente consultar o Senhor sobre aquelas três criaturas recém-chegadas da Terra.

Depois de inquiri-las quanto às suas atividades na superfície do mundo, procurou o Mestre, a quem falou humildemente:

— Senhor, um Político, um Soldado e um Operário, vindos da Terra longínqua, desejam receber vossas divinas graças, ansiosos de gozar das felicidades celestes.

— Gabriel — disse o Salvador —, que habilitações trazem do mundo essas almas para viverem na paz da Casa de Deus? Bem sabes que cada homem edifica, com a sua vida, o seu inferno, ou o seu paraíso... Mas vamos ao que nos interessa: Que fez o Político lá na Terra?

O anjo, bem impressionado com a figura do diplomata que impetrara os seus bons ofícios, exclamou com algum entusiasmo:

— Trata-se de um homem de elevado nível cultural. Suas informações revelaram-me um espírito de gosto refinado no trato da civilização e das leis. Foi um preclaro estadista, cuja existência decorreu nos bastidores da administração pública e nos torneios eleitorais, onde consumiu todas as suas energias. Em troca de seus labores, os homens lhe tributaram as mais subidas honras nas suas exéquias. Seu cadáver, embalsamado, num ataúde de vidro, percorreu duzentas léguas para ficar guardado nos mármores preciosos do Panteão Nacional.

— Mas... — objetou, entristecido, o Mestre — esse homem teria cumprido as leis que ditava para os outros? Teria observado a prática do Bem, a única condição para entrar no Paraíso, absorvido como se achava na enganosa volúpia das grandezas terrenas?

— A luta política, Senhor, tomava-lhe todo o tempo — respondeu, solícito, o anjo —: os tratados jurídicos, as tabelas orçamentárias, as fontes históricas, as questões diplomáticas, os compêndios de ciências sociais não davam lugar a que ele se integrasse no conhecimento da vossa palavra...

— Entretanto, o meu Evangelho, deveria ser a bússola de quantos se colocam na direção da Humanidade...

E, como se intimamente lastimasse a situação do infeliz, o Mestre rematou:

— Aqui não há lugar para ele. Não se conquistam as venturas celestes com a riqueza de teorias da Terra. Dir-lhe-ás que retorne ao mundo a fim de voltar mais tarde ao Paraíso, pela porta do Bem, da Caridade e do Amor. E o Soldado, que serviços apresenta em favor da sua pretensão?

— Esse — replicou Gabriel — foi um herói na terra em que nasceu. Seus atos de valor e de bravura deram causa a que fosse promovido pelos superiores hierárquicos à posição de chefe das forças militares em operações, na última guerra. Tem o peito coberto de medalhas e de insígnias valiosas, das ordens patrióticas e das legiões de honra; seu nome é lembrado no mundo, com carinhoso respeito. Aos seus funerais compareceram representações de vários países do mundo e inúmeras coletividades acompanharam-lhe as cinzas ilustres, que, envolvidas na bandeira da sua pátria, foram guardadas num monumento majestoso de soberbo carrara.

— Infelizmente — exclamou amargurado o Senhor —, o Céu está fechado para os homens dessa natureza. É inacreditável que sejam glorificados no orbe terrestre aqueles que matam a pretexto de patriotismo. Nunca pus no verbo dos meus enviados, no planeta, outra lei que não fosse aquela do — "amai a Deus sobre todas as coisas e ao próximo como a vós mesmos".

(52) — És bom advogado; mas achas que a hora da morte possa redimir todos os erros de uma vida?

— O teu filho perdoou o bom ladrão, porque dele se aproximou no seu último instante.

— E onde está o bom ladrão? Encontraste o seu nome alguma vez entre os dos santos?

— Não, Senhor; não o encontrei.

(53) Nunca houve determinação divina para que os homens se separassem entre pátrias e bandeiras. Os homens que semeiam a ruína e a destruição não podem participar da tranquilidade do Paraíso. (54) Porque, em verdade, Eu te digo, que a Justiça do Céu não se pode afeiçoar à justiça

dos homens. O Paraíso não é dos que semeiam sofrimentos em nome das pátrias, mas dos que consolam em nome de Deus. O Céu não foi instituído para os que passaram na Terra cobertos de glória, admirados e festejados, mas para os que a atravessaram incompreendidos e humildes. Mais vale aos meus olhos quem dá um pão a um faminto do que quem dá uma cidade a um império.

(55) — E o Operário, que fatos lhe justificam a presença nas portas do Céu?

— Esse — elucidou Gabriel — quase nada tem a contar dos seus amargurados dias terrestres. Os sopros frios da adversidade, em toda a existência, perseguiram-no através das estradas do destino, e a fé em vossa complacência e misericórdia lhe foi sempre a única âncora de salvação, no oceano de suas lágrimas por onde passava o barco miserável da sua vida. Trabalhou com o esforço poderoso das máquinas e foi colaborador desconhecido do bem-estar dos afortunados da Terra. Nunca recebeu compensação digna do seu trabalho e consumiu-se no holocausto à coletividade e à família... Entretanto, Senhor, ninguém conheceu as tempestades de lágrimas do seu coração afetuoso e sensível, nem as dificuldades dolorosas dos seus dias atormentados no mundo. Viveu com a fé, morreu com a esperança e o seu corpo foi recolhido pela caridade de mãos piedosas e compassivas, que o abrigaram na sepultura anônima dos desgraçados...

— O Céu pertence a esse herói, Gabriel — disse o Mestre alegremente. — Suas esperanças colocadas no meu amor são sementes benditas que frutificarão na percentagem de mil por um. Se os homens o ignoram, o Céu deve conhecer os seus heroísmos obscuros e os seus sacrifícios nobilitantes. Enquanto o Político organizava leis que não cumpria, ele se imolava no desempenho dos deveres santificadores. Enquanto o Soldado destruía irmãos, seus braços faziam o milagre do progresso e do bem-estar da Humanidade. Enquanto os despojos dos primeiros foram encerrados nos mármores frios e imponentes das falsas homenagens da Terra, seu corpo de lutador se dissolveu no solo, acentuando os perfumes da Natureza e enriquecendo o grão que alimenta as aves alegres, na mesma harmonia eterna e doce que regeu os sentimentos do seu coração e os atos do seu Espírito. Esse, Gabriel, faz parte dos heróis do Céu, que a Terra nunca quis conhecer.

INDICAÇÃO NUMÉRICA

Pág.

1 — *Sombras* 108
2 — *Crônicas* 142
3 — *Sombras* 108
4 — *Crônicas* .... 142 a 146
5 — *Sombras* .... 41 e 42
6 — *Crônicas* 148
7 — *Crônicas* 148
8 — *Boa Nova* 17
9 — *Lagartas* 127
10 — *Boa Nova* 30
11 — *Lagartas* 127
12 — *Lagartas* 128
13 — *Boa Nova* .... 32 e 33
14 — *Boa Nova* .... 35 e 36
15 — *Crônicas* 149
16 — *Sombras* .... 194 e 195
17 — *Crônicas* 151
18 — *Sombras* 193

19 — *Crônicas* 149
20 — *Crônicas* 153
21 — *Crônicas* .... 151 e 152
22 — *Crônicas* .... 154 e 155
23 — *Crônicas* 66
24 — *Sombras* 231
25 — *Crônicas* 66
26 — *Sombras* 232
27 — *Crônicas* 66
28 — *Sombras* 231
29 — *Crônicas* 66
30 — *Sombras* .... 231 e 232
31 — *Crônicas* 22
32 — *Sombras* 232
33 — *Crônicas* 22
34 — *Sombras* 235
35 — *Crônicas* .... 20 e 21
36 — *Sonho* 72
37 — *Sonho* 73
38 — *Brasil* .... 51 e 52
39 — *Brasil* 39
40 — *Sonho* .... 181 e 182
41 — *Sonho* 183
42 — *Crônicas* .... 13 e 14
43 — *Novas* 57
44 — *Novas* 59
45 — *Novas* 58
46 — *Sombras* .... 112 e 113
47 — *Novas* 58
48 — *Sombras* .... 113 a 116
49 — *Novas* .... 61 e 62
50 — *Novas* 63
51 — *Crônicas* .... 204 a 207

52 — *Lagartas* 68
53 — *Crônicas* 207
54 — *Lagartas* .... 68 e 69
55 — *Crônicas* .... 207 e 208

DESPACHO SANEADOR

DO EXMO. SR. DR. JOÃO FREDERICO MOURÃO RUSSELL, JUIZ DE DIREITO EM EXERCÍCIO NA 8ᵃ VARA CÍVEL DO DISTRITO FEDERAL[5]

"D. Catharina Vergolino de Campos, na qualidade de viúva de Humberto de Campos, propôs a presente ação declaratória contra a Federação Espírita Brasileira, a Livraria Editora da referida Federação, ambas com sede nesta capital, à Avenida Passos nº 30, e, também, contra Francisco Cândido Xavier, brasileiro, solteiro, funcionário público federal, residente em Pedro Leopoldo, no estado de Minas Gerais, para que se declare, por sentença, *se são ou não* do 'espírito' de Humberto de Campos as obras literárias, referidas na inicial, que começaram a surgir posteriormente à morte do grande escritor, atribuídas ao seu 'espírito' e 'psicografadas' pelo 'médium' Francisco Cândido Xavier, segundo versão e técnica espíritas, obras essas reunidas em volumes e editadas pela Livraria Editora da Federação Espírita Brasileira, as quais são vendidas livremente, à inteira revelia da suplicante e de seus filhos, condôminos dos direitos autorais da produção literária do *de cujus*. Pergunta a suplicante se, no caso negativo, além da apreensão dos exemplares em circulação, estão os responsáveis

---

[5] Atualmente, Estado da Guanabara.

pela sua publicação: passíveis da sanção penal prevista nos artigos 185 e 196 do respectivo Código; proibidos de usar o nome de Humberto de Campos em qualquer publicação literária; sujeitos ao pagamento de perdas e danos, nos termos da lei civil; e, no caso afirmativo, isto é, se puder ficar provado que a produção literária em apreço é do 'espírito' de Humberto de Campos, pede a suplicante que se declare: se os direitos autorais pertencerão exclusivamente à família de Humberto de Campos, ou ao mundo espírita; se, reconhecidos os direitos autorais, poderão os titulares desses direitos dispor livremente dessa bagagem, sem quaisquer restrições; se a Federação Espírita e a Livraria Editora estão passíveis das sanções previstas na lei, pela publicação das obras mencionadas, sem prévia permissão da família do escritor.

Contestando a ação, alegam os suplicados, preliminarmente — que o petitório é ilícito e juridicamente impossível (art. 201, nº III, do Cód. Proc. Civ.); — que a petição inicial é inepta (art. 160 e 201, nº VI, do Cód. Proc. Civ.); e que a ação declaratória é imprópria (art. 2º § único, do Cód. Proc. Civ.) e sustentam, quanto ao mérito da questão, com grande abundância de argumentos e citações, a improcedência da ação.

Selados e preparados vieram os autos conclusos para o despacho saneador, de acordo com o disposto no artigo 293 do Código de Processo Civil.

Segundo a opinião de Pedro Batista Martins, nos *Comentários ao Código de Processo Civil*, volume III, nº 213, pág. 420, 'o que há de novidade, na estruturação do despacho saneador, é a salutar amplitude que se lhe dá, peculiarizando-o como fase essencial do procedimento, em que se examina não só a concorrência dos pressupostos processuais, mas, igualmente, a convergência das condições da ação'.

De fato, o nº III do artigo 294, do Código de Processo, tal como foi redigido definitivamente, pelo decreto-lei nº 4.565, de 11 de agosto de 1942, dispõe — no despacho saneador, Juiz: I, ...; II, ...; III, examinará se concorre o requisito do legítimo interesse econômico ou moral. O legítimo interesse juridicamente protegido com a garantia da ação judicial, quer dizer: um direito subjetivo consagrado pela lei (direito objetivo), é que, corretamente, ensina, no citado *Comentários ao Código do Processo Civil*, volume I, nº 14, página 29, Pedro Batista Martins, nas seguintes palavras, comentando o artigo 2º do mencionado Código — 'Nesse ponto basta que se advirta que não se legitima o interesse quando não o tutele o direito objetivo.' — O mesmo pensamento se traduz na lição de Carvalho Santos, no comentário ao mesmo artigo 2º, quando diz: 'essa é a realidade que melhor se acentua se se tiver em vista que o interesse, quando desacompanhado do direito, não dá lugar a nenhuma ação, nem faculta a ninguém o ingresso em Juízo.' (*Código de Processo Civil Interpretado*, vol. I, págs. 44 e 45.) Ora, nos termos do artigo 10 do Código Civil 'a existência da pessoa natural termina com a morte'; por conseguinte, com a morte se extinguem todos os direitos, e, bem assim, a capacidade jurídica de os adquirir. No nosso direito é absoluto o alcance da máxima *mors omnia solvit*. Assim, o grande escritor Humberto de Campos, depois de sua morte, não poderia ter adquirido direito de espécie alguma e, consequentemente, nenhum direito autoral poderá da pessoa dele ser transmitido para seus herdeiros e sucessores.

Nossa legislação protege a propriedade intelectual em favor dos herdeiros, até certo limite de tempo, após a morte, mas, o que considera, para esse fim, como propriedade intelectual, são as obras produzidas pelo *de cujus* em vida. O direito a estas é que se transmite aos herdeiros. Não pode, portanto, a suplicante pretender direitos autorais sobre supostas produções literárias atribuídas ao 'espírito' do autor.

Como aparente proteção jurídica ao nome, reputação ou aos despojos de pessoa falecida, só se encontra, em nossa legislação penal, a incriminação da calúnia contra os mortos (art. 138 § 2º do Cód. Penal) e dos fatos que envolvem desrespeitos aos mortos, definidos nos artigos 209 a 212 do mencionado Código. A razão da incriminação não está, entretanto, na proteção de quaisquer direitos acaso reconhecidos aos mortos, e sim por serem tais fatos violação de direitos de próximos parentes ou da ordem e tranquilidade pública, como bem explicam Eduardo Espínola e Eduardo Espínola Filho, no *Tratado de Direito Civil Brasileiro*, volume X, nº 99, pág. 617.

Do exposto se conclui que, no caso vertente, não há nenhum interesse legítimo que dê lugar à ação proposta. Além disso, a ora intentada (ação declaratória) não tem por fim a simples declaração de existência ou inexistência de uma relação jurídica, nos termos do § único do artigo 2º do Código de Processo, e sim a declaração de existência ou não de um fato (se são ou não do 'espírito' de Humberto de Campos as obras referidas na inicial), do qual hipoteticamente, *caso ocorra ou não*, possam resultar relações jurídicas que a suplicante enuncia de modo alternativo. Assim formulada, a inicial constitui mera consulta; não contém nenhum pedido positivo, certo e determinado, sobre o qual a Justiça se deva manifestar. O Poder Judiciário não é órgão de consulta. Para que se provoque a sua jurisdição, o litigante, mesmo na ação declaratória, há de afirmar um fato que se propõe a provar e pedir que o Juiz declare a relação jurídica que desse fato se origina. A não ser que se peça a declaração de autenticidade ou falsidade de algum documento (caso em que o autor deve afirmar inicialmente, para provar, depois, se é falso ou verdadeiro o documento), o objeto da ação declaratória há de ser necessariamente a existência ou inexistência de uma certa relação jurídica e não do fato de que ela possa ou não se originar. Só afirmando um fato e a relação jurídica que dele deriva, poderá o autor vencer a ação ou dela decair.

Como observa, com razão, a contestação, a presente ação declaratória, tal como está formulada a conclusão inicial, jamais poderia ser julgada improcedente, se fosse admissível.

Isto posto, julgo a suplicante carecedora da ação proposta e a condeno nas custas. P. R.

(*ass.*) JOÃO FREDERICO MOURÃO RUSSELL"
Rio de Janeiro, 23 de agosto de 1944.

CONTRAMINUTA DOS AGRAVADOS

FEDERAÇÃO ESPÍRITA BRASILEIRA
E
FRANCISCO CÂNDIDO XAVIER

EGRÉGIA CÂMARA!

A Federação Espírita Brasileira, sociedade civil, cuja sede é nesta cidade, à Avenida Passos, nº 30, e Francisco Cândido Xavier, brasileiro, solteiro, funcionário público federal, residente e domiciliado em Pedro Leopoldo, estado de Minas Gerais, contraminutam o agravo do respeitável despacho saneador de fl. 264 v. *usque* fl. 267, interposto pela Exma. Sra. D. Catharina Vergolino de Campos, viúva, brasileira, proprietária, e o fazem nos seguintes termos:

1. É caso de apelação e não de agravo.

A respeitável decisão recorrida acolheu as três preliminares arguidas pelos R. R., ora agravados: a) a inexistência de um interesse juridicamente tutelado, a que tanto vale um interesse ilícito ou juridicamente impossível (art. 201, nº III do Cód. de Proc. Civil); b) a petição inicial inepta (art. 160 e 201, nº VI do Cód. de Proc. Civil); c) a impropriedade da ação declaratória (art. 2º § único do Cód. de Proc. Civil).

Não vemos como se possa levantar qualquer confusão ou estabelecer um sentido ambíguo em torno do despacho recorrido. As suas palavras são claras, precisas e concisas.

Os fundamentos legais de que se socorre a decisão agravada são os mesmos invocados pelos agravados em sua contestação.

Caberia agravo de petição se o despacho saneador tivesse acolhido tão somente as preliminares contidas nas letras "b" e "c" da contestação, porque a absolvição da instância, nesses casos, não obstaria a propositura de outra ação sobre o mesmo objeto, depois de pagas ou consignadas as custas.

Com fundamento, porém, no art. 201, nº III do Cód. de Proc. Civil, expressamente invocado, vedado será à agravante a propositura de outra ação, consoante o que prescreve o art. 203 do citado Código.

Logo, é forçoso concluir que a sentença, assim proferida, é definitiva. E das decisões definitivas cabe sempre apelação, salvo quando outro recurso for expressamente indicado.

O ilustrado patrono da agravante percebeu nitidamente que o recurso de sua preferência, o presente agravo, não encontra fundamento legal. E daí o ingente esforço em pretender demonstrar que a primeira parte do despacho agravado se ressente de clareza.

A primeira parte do despacho recorrido, a que se refere a agravante, é aquela em que o seu íntegro prolator assevera, com apoio em Pedro Batista Martins, que

"o legítimo interesse econômico ou moral, de que trata a lei, é o interesse juridicamente protegido com a garantia da ação judicial".

Não ressalta dessas expressões nenhuma dúvida. Tudo muito claro, muito positivo e muito certo.

Efetivamente, diz Pedro Batista Martins (*Comentários ao Código de Processo Civil*, vol. II, nº 227, pág. 353).

> O direito de ação supõe um interesse legítimo, isto é, tutelado pela lei (Cód. de Proc. Civil, art. 2º, e Cód. Civil, art. 76). A legitimidade do interesse foi elevada, portanto, à categoria de pressuposto processual ou de condição de ação. O interesse imoral ou ilícito, *a contrario sensu*, não autoriza o exercício da ação.

Resulta, consequentemente, que a decisão se fundou, nesse particular, como não poderia deixar de se fundar, no art. 201, nº III do Cod. de Proc. Civil.

O Tribunal de Apelação do Rio Grande do Sul (*Revista Forense*, vol. 96, pág. 365) já teve oportunidade de se pronunciar sobre a matéria:

> Agravo de petição, a lei só o permite de decisões que impliquem na terminação do processo principal, sem lhe resolver o mérito. Ora, julgar alguém carecedor de direito e ação ou julgar improcedente a ação é decidir sobre a substância do pedido do autor sobre a essência do direito deste. Tal decisão tem, portanto, o caráter de definitiva. E quando dúvida houvesse a respeito, bastaria para dissipá-la atentar-se para o disposto no art. 203 da lei processual. Segundo esse dispositivo, a absolvição de instância, em qualquer dos casos previstos no art. 201, nºs I, II, IV, V e VI não obstará a propositura de outra ação sobre o mesmo objeto, desde que o autor pague ou consigne as custas em que houver sido condenado. Entretanto, para o caso do inciso III, que é exatamente o dos autos, abre a lei expressamente exceção, o que quer dizer que considera, em tal hipótese, morta em definitivo a questão,

por isto que veda terminantemente nova discussão sobre o seu objeto. Portanto, desde que a sentença recorrida, com absolver o réu da instância, implicou na terminação do processo principal, por decidir definitivamente sobre o seu objeto, por lhe resolver o mérito — o recurso contra ela cabível é o de apelação, e não o de agravo de petição previsto no art. 846 do Cód. de Processo.

Confirma Pedro Batista Martins (Ob. cit., vol. 3º, pág. 423, nº 313), que reproduz o art. 294 já com a nova redação determinada pelo art. 22 do decreto-lei nº 4.565, de 11 de agosto de 1942, que alterou e retificou algumas das disposições do Código de Processo Civil:

> O despacho saneador não tem vida autônoma e a sua eficácia depende da natureza da questão resolvida.
> Já se disse que nele se podem examinar não só os pressupostos processuais, senão igualmente as condições da ação. Quando o juiz, por exemplo, no despacho saneador, absolve o réu da instância, ou por carecer o autor do direito alegado, ou por lhe faltar qualidade para alegá-lo (*legitimatio ad causam*), ou por ilegitimidade do interesse, o despacho saneador tem força de sentença definitiva. Neste caso opera a coisa julgada, porque estatui sobre as condições da ação, sendo cabível o recurso de apelação.

Nesse sentido, igualmente, decidiu a Egrégia 4ª Câmara do Tribunal de Apelação do Distrito Federal, no Agravo de Petição nº 6.889 (*Diário da Justiça* de 28 de agosto p. passado):

"A sentença que julga o mérito da questão é apelável. Na hipótese, nem se conhece do agravo, por ser recurso inidôneo".

Em hipótese idêntica à dos presentes autos, em que o autor foi julgado carecedor da ação proposta pelos mesmos fundamentos, decidiu ainda a mencionada 4ª Câmara (*Diário da Justiça* de 16 de junho de 1944, pág. 2.451):

> Cabe recurso de apelação da sentença que concluiu pela falta de interesse do autor em propor ação, julgando-o carecedor de ação, visto tratar-se de uma questão de *legitimatio ad causam*.

Por outro lado, é a própria agravante, que, desconsoladamente, afirma que o respeitável despacho saneador conheceu do mérito da causa — "julgando-a, em parte, procedente..." Proclama, nessas condições, a existência de uma decisão definitiva sobre o mérito, de que, como reconhece, com o citar o inciso legal, cabe apelação e não agravo.

Há manifesta incongruência da agravante, a não ser que se conclua que a crítica ao despacho saneador não se funda numa convicção sincera, como acreditamos, mas revela tão somente as consequências inevitáveis de um fenômeno natural, de ordem psicológica, que sói perseguir os litigantes contrariados e inconformados.

Por isso, não nos adiantamos em opor qualquer reparo a essas manifestações de desagrado...

2. Afirma-se que a "decisão é absurda, lacunosa e nula — pela preterição de formalidades legais imprescindíveis, entre outras, a da realização de audiência de instrução para a prévia comprovação da autenticidade da obra literária, dita psicografada". Assegura-se, ainda, que houve "pressa de julgar o feito, possivelmente para poupar trabalho ao juiz efetivo da Vara, prestes a reassumir o exercício do cargo".

Infeliz e improcedente é a increpação.

Vá dito, em primeiro lugar, que tanto o honrado prolator do despacho agravado como o íntegro titular efetivo da Vara são magistrados cultos e respeitáveis, que, conscientes da sua responsabilidade, não se afastariam jamais do cumprimento rigoroso do seu dever.

O interesse em bem decidir um feito desta natureza, já se disse, passa a ser menos das partes litigantes do que da própria magistratura, que se veria, assim, envolvida nesse *mare magnum*, de altas e transcendentes controvérsias, acompanhada do séquito indomável das paixões humanas, submetida eternamente às críticas irreverentes que a majestade do seu ministério não deve permitir, jungida à exacerbação e à exaltação das consciências violentadas e feridas.

Em segundo lugar, em obediência ao disposto no artigo 293 do Cód. de Proc. Civil, que manda o juiz proferir o despacho saneador dentro de dez dias, após o transcurso do prazo da contestação, não havia como afastar-se o juiz do imperativo legal.

É uma questão de datas. A contestação foi oferecida em 8 de agosto. Preparados e selados foram os autos conclusos em 18 do mesmo mês. Proferir o despacho no primeiro, no quinto ou no último dia do prazo é assunto em que ninguém pode interferir e que diz respeito, exclusivamente, ao trabalho do magistrado e à sua economia de tempo. No caso, o despacho foi proferido com a data de 25, mas tendo baixado os autos a cartório no dia seguinte, 26 de agosto.

Mesmo, porém, que, por uma conveniência do serviço, tivesse esgotado integralmente o prazo de dez dias; o despacho deveria ser proferido fatalmente no dia 28 de agosto. Ora, o titular da Vara reassumiu o exercício das suas funções no dia 30 de agosto, data em que terminou as suas férias forenses, e, portanto, dois dias após o transcurso do prazo legal para proferir o despacho saneador.

Por último, é inatacável a decisão recorrida. O seu honrado prolator agiu com proficiente descortino e não pecou, como se alega, pela preterição de formalidades legais, ao encerrar definitivamente o processo. Interpretou com segurança o texto legal, consoante a jurisprudência firmada, POR UNANIMIDADE DE VOTOS, pelas Câmaras Cíveis Reunidas do Tribunal de Apelação do Distrito Federal, nos autos da Apelação Cível, número 9.790, em grau de embargos, de que foi relator o eminente desembargador Frederico Sussekind:

> Como escreveu o ilustre Ministro Francisco Campos, na Exposição de Motivos que precedeu ao novo Código, é, hoje, o juiz o Estado administrando a justiça: — 'não é mais um registro passivo e mecânico de fatos, em relação aos quais não o anima nenhum interesse de natureza vital. Não lhe pode ser indiferente o interesse da justiça. Este é o interesse da comunidade, do povo, do Estado, e é no juiz que tal interesse representa e personifica'. Daí a sua função, no momento, em qualquer processo, dirigindo-o, não apenas para zelar pela observância de regras processuais, por parte dos litigantes, mas também nele *intervindo*, de modo a examinar a capacidade das partes, o seu interesse na demanda e, pelos meios adequados, a descoberta da verdade. E é por isso que os arts. 115 e 201, nº III, conferem ao juiz os poderes de fazer *cessar o processo*: a) — quando encontrar ato de simulação ou intuito de obter um fim proibido por lei; b) — quando apurar que o pedido resulta de um interesse ilícito ou imoral. A mesma razão ainda justifica a providência do art. 294, nº I, quanto à ilegitimidade das

partes. É o sistema processual em vigor, que não quer o prosseguimento inútil de uma demanda, quando, preliminarmente, o juiz encontra elementos que impedem o exercício dessa mesma demanda. Para examinar a relação jurídica substancial, que é o pedido da ação, há necessidade prévia de se apurar se concorrem, no caso, as condições que possam autorizar o exercício da mesma ação. É que, sem um interesse legítimo, ou autorizado por lei, não se pode exercitar uma ação (art. 76 do Código Civil; art. 2º do Código de Processo Civil).

Quando, portanto, verifica o juiz que esse interesse não é legítimo, não é moral, não é lícito, há de aplicar o disposto no art. 201, nº III, do Código Processual, evitando-se o prosseguimento de uma demanda que, afinal, chegará ao mesmo resultado, sem as delongas processuais, e sem o pagamento de despesas judiciais. Em acórdão de 7 de maio de 1940, pouco depois de entrar em vigor o novo Código, fixou a 5ª Câmara deste Tribunal que salutar era a finalidade do despacho saneador, ao permitir que, após a contestação, pudesse o juiz, por uma "prejudicial", decidir a matéria que, afinal, teria de proferir na sentença, com delongas e despesas supérfluas. "Se assim não fosse, o despacho saneador perderia todo o seu valor, a sua razão de ser, o fundamento da utilidade que contém, que outra coisa não é senão o salutar princípio da economia processual." (*Arquivo Judiciário*, vol. 54, págs. 291 a 294.)

3. A agravante insiste em afirmar a propriedade da ação declaratória, mas não se arrisca a esboçar sequer um ligeiro reparo à sua aplicação ao caso vertente, em que pediu a declaração de um fato.

Passa em revista os autores, tratadistas e a nossa jurisprudência, em que se diz e rediz que o seu objetivo é a declaração da existência ou inexistência de uma relação jurídica, porém, não se defende da alegação de ter demandado uma declaração de fato.

Torquato de Castro (*Ação Declaratória*, pág. 62), depois de observar que a expressão *relações jurídicas* tem o mérito de excluir do objeto das declaratórias AS QUESTÕES DE MERO FATO, ainda mesmo de fato juridicamente relevante, acrescenta:

> E por isso os escritores e várias leis processuais, entre as quais a nossa, referem-se a relações jurídicas como o objeto normal das declaratórias, no sentido de que tal expressão melhor define e delimita a matéria que é suscetível de proteção jurídica, nessa figura particular de ação.

Antes, Torquato de Castro cita a opinião de Kisch sobre as declaratórias, positivas ou negativas, em que esse escritor ensina:

> Em ambos os casos — o objeto da demanda é uma relação jurídica.
> Não é possível demandar a declaração de que um fato é verdadeiro ou falso, nem mesmo no caso em que ele seja juridicamente relevante, isto é, que acarrete consigo consequências jurídicas para a parte. Ninguém pode pedir a declaração de que é maior de idade; ou de que se acha em juízo são; de que a mercadoria entregue é da mesma classe da amostra; ou de que o trabalho realizado foi executado de acordo com as regras da arte; ou de que tal ato tenha sido por ele praticado. Unicamente para um fato relevante permite a lei uma exceção — para a declaração da autenticidade dos documentos: posso dizer a declaração da autenticidade ou falsidade de um recibo, um

testamento ou uma letra de câmbio, embora estas qualidades dos documentos não sejam relações jurídicas.

Nada há que acrescentar sobre a matéria, senão somente acentuar que o despacho agravado aceitou a tese, que é legal, e que a agravante silenciou.

4. É indisfarçável a gravidade da situação criada pela petição inicial. Indisfarçável e mesmo irremediável se a ação pudesse seguir o seu ritmo ordinário para ser decidida dentro do âmbito que lhe traçou irrevogavelmente o petitório da agravante.

Nem se diga que o articulado foi firmado por um bacharel bisonho, mal-acomodado dentro do ambiente forense, ingênuo e inseguro.

O ilustrado patrono da agravante é possuidor de uma inteligência de escol e já tem firmada a sua reputação como profissional hábil e perspicaz.

Não se lhe poderia imputar um erro grosseiro, uma desídia ou negligência na orientação que houve por bem dar à demanda intentada.

Não seria capaz de formular um pedido extravagante e esdrúxulo, de lançar um articulado inepto e de expor-se a uma aventura judicial, afastando-se dos princípios mais elementares da lei processual.

Como se poderia explicar, dessarte, a propositura da presente ação, cujo objetivo predominantemente metafísico escapa à investigação e à análise do Poder Judiciário?

Como seria possível conciliar os conhecimentos técnicos com um articulado que foge às regras do direito constituído?

Examine-se, no entanto, com cuidado e atenção, a exposição dos fatos e a conclusão do pedido inicial, e ver-se-á a surpreendente habilidade com que tudo havia sido pacientemente elaborado... Não, porém, para receber a consagração de um decreto judicial.

Mistificação? Mistério?

Não.

O inteligente advogado sabia, de antemão, o destino que estaria reservado ao seu libelo e que na balança de Têmis não se pesa o impossível jurídico. E sabia, por igual, que o tema da sua demanda, que tão profundamente agita as consciências e exacerba as paixões humanas, estava fadado à ampla discussão de um tribunal especializado, o tribunal da opinião pública, cuja pujança e cuja flexibilidade não se dominam nem se limitam.

Dilatadíssimos eram os horizontes dos seus objetivos. Dir-se-ia dominado por uma impulsão idealista, e que somente um drama judicial poderia, com os seus fluxos e refluxos, manter o fogo sagrado da controvérsia, crepitante e avassalador.

Esse mérito pertence integralmente ao inteligente advogado, que provocou um dos maiores movimentos de opinião de que há memória no Brasil.

O pleito judicial seria apenas um ponto de partida, um mero pretexto, um incidente de relevo, um motivo central.

Nada mais.

Não poderíamos e não poderemos compreender de outro modo este pleito judicial, singular e inconsequente, senão como uma convocação sugestiva para o debate público.

De outro modo, não se poderia acreditar que o ilustre advogado se entregasse à aventura de ingressar em juízo com uma petição falha de lógica, falha de técnica e eivada de vícios insanáveis.

Jamais lhe faríamos tão grave injustiça.

E para demonstrarmos desde logo os ocultos desígnios do hábil advogado, bastaria o confronto deste trecho da inicial:

> Sem querer entrar no exame do mérito literário dessas produções — obtidas, segundo versão espírita, por métodos "mediúnicos" — deseja a Suplicante que V. Exa., submetendo a hipótese — para a sua elucidação — a todas as provas científicas possíveis, se digne de declarar, por sentença, se essa obra literária É OU NÃO DO ESPÍRITO DE HUMBERTO DE CAMPOS,

e deste outro:

> tem mantido, até agora, discreta atitude — de pura expectativa — aguardando que críticos literários ou cientistas proferissem a última palavra a respeito do fenômeno,

com as afirmações da minuta de agravo:

> ...procurou a suplicante — com a colaboração de seus filhos — examinar de perto as produções ditas "psicografadas", a fim de lhes aferir o valor literário. E o resultado foi o mais lastimável possível. A obra é profundamente inferior. E não só está eivada de imperdoáveis vícios de linguagem e profundo mau gosto literário, como é paupérrima de imaginação e desprovida de qualquer originalidade. Além disso, o que é aproveitável não passa de grosseiro plágio, não só de ideias existentes na obra publicada em vida do escritor, como de trechos inteiros, o que é de fácil verificação.

Logo, quando a A. ingressou em juízo — alegando que estava aguardando a última palavra dos críticos literários e dos cientistas, já tinha uma opinião formada sobre o valor da obra, "PROFUNDAMENTE INFERIOR", "EIVADA DE IMPERDOÁVEIS VÍCIOS DE LINGUAGEM E PROFUNDO MAU GOSTO LITERÁRIO", "PAUPÉRRIMA DE IMAGINAÇÃO E DESPROVIDA DE QUALQUER ORIGINALIDADE", além de constituir, a parte aproveitável, um "GROSSEIRO PLÁGIO".

Logo, ao propor a ação, e segundo o "RESULTADO LASTIMÁVEL" daquele malsinado exame, já sabia a A. que essa literatura profundamente inferior não poderia ser atribuída ao ESPÍRITO DE HUMBERTO DE CAMPOS.

Logo, não havia necessidade, em face de tão grosseira mistificação, de requerer, como requereu, que fosse declarado por sentença, depois de todos os exames possíveis, se a produção mediúnica era do ESPÍRITO DE HUMBERTO DE CAMPOS.

Logo, essa indagação era meramente especulativa, eis que julgava possuir os elementos seguros, positivos, absolutos, incontrastáveis, de um plágio, que ora procura provar por meio de três curtos trechos dentro de centenas e centenas de páginas que enfeixam os cinco volumes das obras mediúnicas.

Logo, a A. possuía, segundo juízo seu e dos seus filhos, todos os elementos necessários para formular em juízo um pedido certo ou determinado, por via de uma ação declaratória ou de uma ação petitória.

E quando o culto magistrado, observador e perspicaz, isso mesmo reconheceu no despacho saneador, surge uma nova e inesperada argumentação da agravante, que, se não aturde, assombra e desaponta:

> Mas a Autora estaria, lealmente, em condições de poder acusar Francisco Cândido Xavier, o médium de Pedro

Leopoldo, de vulgar e audacioso mistificador? Ou, ao contrário, estaria em condições de aceitar como legítima a origem da estranha obra literária que a Livraria da Federação Espírita havia editado e que traz o nome de Humberto de Campos?
Exigir uma atitude positiva de negação ou de reconhecimento seria exigir-lhe o impossível. Seria obrigá-la a uma atitude desonesta ou simulada. E a lei poderia impor-lhe tal procedimento?

Não saberíamos como comentar tão estranhas e sucessivas incoerências. Basta, pois, apontá-las, completando-as, porém, com esse arremate: "Levar o caso, de início, para o Foro Criminal, seria, por certo, criar para o 'Espiritismo' uma situação vexatória e de constrangimento".

Para evitar essa situação incômoda, a A. resolveu chamar o "Espiritismo" para o juízo do cível, para que aí se declarasse, entre outras coisas, se os agravados deveriam ser levados para o juízo criminal, a despeito daquela "situação vexatória e de constrangimento", como incursos nas sanções da lei penal...

Em suma, a A., que alega fatos objetivos, preferiu convocar o "Espiritismo" para que este, mediante demonstrações positivas, claras e incontestes, provasse o subjetivo.

Os fatos objetivos devem ser encarados objetivamente e não subjetivamente. Essa é a verdadeira doutrina do venerando acórdão da Egrégia 1ª Câmara do Tribunal de Apelação do Distrito Federal, proferido na Apelação Criminal, nº 4.934.

Inadmissível é a pretensão de, sob o pretexto de discutir um fato concreto, levar a investigação ao terreno metafísico, como o exigiu a A., por meio da presente ação declaratória.

É legítima e procedente, portanto, a suposição de que a presente ação declaratória era um mero pretexto ou motivo para o sensacional movimento de opinião que se estendeu por todo o Brasil.

Esse objetivo foi incontestavelmente alcançado.

Em verdade, nada mais sensacional e emocionante do que, sob a aparência de reclamar o reconhecimento de um direito, requerer o chamamento do "Espiritismo" em juízo, na pessoa dos R. R., ora agravados, e exigir-lhe a demonstração da sua tese e as razões da sua convicção.

Assim como requereu a investigação e o pronunciamento da sobrevivência do Espírito no juízo cível, assim também, com a mesma suposta legitimidade, com o mesmo objetivo e com as mesmas tendências, poderia ter requerido a abertura de um inquérito policial...

É o ridículo sob a aparência de uma falsa legalidade, que urge repelir com decisão e energia, como o fez o respeitável despacho agravado.

5. Afirmamos na contestação a inutilidade de um exame gráfico para apurar a legitimidade ou a semelhança da firma dos comunicantes nos ditados mediúnicos e que essa semelhança não era comum em virtude de múltiplas causas apontadas pelos investigadores, *nemine discrepante.*

A minuta de agravo, entretanto, pretendeu insinuar o *contrário* (!), valendo-se de uma entrevista publicada na *Revista da Semana* e concedida por Fred Figner, que este

> afirmara possuir a Federação Espírita os autógrafos dos trabalhos atribuídos ao *espírito* de Humberto de Campos, regularmente assinados pelo *autor*, com os mesmos característicos gráficos que lhe eram peculiares em vida,

tendo até o semanário em apreço chegado a reproduzir, fotograficamente, tal assinatura.

Há um lamentável engano da agravante, que parece não ter lido ou prestado maior atenção à aludida entrevista, embora tenha feito juntar aos autos (fls. 294 a 296) um exemplar da *Revista da Semana*.

Referiu-se Fred Figner a um outro médium e não a Francisco Cândido Xavier, em termos inequívocos:

> Há dias, fui procurado por um SENHOR MARANHENSE que me mostrou um pacote de manuscritos a lápis, mensagens recebidas mediunicamente, dos Espíritos, com a letra e assinatura dos mesmos, conferidas com documentos por eles deixados. Entre esses havia um de Humberto de Campos.
> O médium é o Sr. ALARICO CUNHA, de Parnaíba, alto funcionário da Companhia de Vapores Booth, muito conceituado e respeitado pela sua integridade.
> A mediunidade dele consiste, como já se disse acima, em escrever as mensagens com a letra e assinatura dos próprios autores.

Como se vê, trata-se de um outro médium. E esclarecendo melhor, abaixo da assinatura Humberto de Campos, cuja clichê publica, a *Revista da Semana* inseriu esta legenda:

"É ESTA A REPRODUZIDA PELO MÉDIUM, À QUAL SE REFERE FREDERICO FIGNER EM NOSSA REPORTAGEM".

De resto, o Sr. Fred Figner não é diretor da Federação e sempre timbrou em afirmar, com a sua conhecida franqueza e lealdade, que as suas declarações são pessoais e delas assume integral responsabilidade.

É inexplicável, portanto, o equívoco em que incorreu a agravante, atribuindo a Francisco Cândido Xavier a assinatura Humberto de Campos recebida por um outro médium, o Sr. Alarico Cunha.

Seria inútil repetir as razões de ordem científica que tornam o exame inoperante para o fim de provar a identidade da escrita.

6. Os vícios de linguagem a que se refere a Autora devem ser os "cacófatos" constantes do anexo nº 1 (fl. 297), visto como outros vícios não foram mencionados.

Mas das 24 citações, não se vê nenhuma na qual se possam encontrar os imperdoáveis erros de linguagem. Notam-se, por vezes, ligeiras consonâncias, paraquemas, ecos, homoteleutos ou coisa parecida, que não repugnariam ao mais apurado dos ouvidos.

Em muitos exemplos, por mais telhudo que seja o inquiridor, não percebe nada que possa atingir a linguagem: — *nossa ação, vossa ação, tolher-lhes aí, abriga-se aí, amargas tocam, larga ação, toda uma ação, tua ação, dessa ação...* Uma ação nunca mais se deveria dizer; a ação não poderá mais ser uma.

Há um *fala assim, for por ti, expôs ele, marco divino*, onde por mais jeitos que se dê ao som e trejeitos à boca não se percebe o imperdoável vício.

Longos anos — di-lo toda a gente; *nunca atravessou* é frase encontradiça a cada passo.

Jamais essas reuniões de palavras formariam um cacófato. Um dos nossos maiores filólogos assim o definia — "Cacofonia ou cacófato consiste na junção de duas palavras de modo tal que se forme uma outra de sentido torpe ou ridículo." (Carlos Pereira — *Gramática Expositiva*, 1942, nº 490.)

Ainda mesmo tais palavras, as torpes ou ridículas, se notavam nos melhores escritores do nosso idioma. Basta que vejamos a farta messe de exemplos, que, entre outros, nos oferece Rui Barbosa (*Réplica*, nos 73 a 92, 388 a 418, 1ª edição).

UMA AÇÃO...

> Mas quem é que o não diz? Quem será que o não escreva? E onde a *cacofonia*, a *fonia* revessa ao ouvido, ou desprezível ao gosto, à polidez, à moral? De certo o censor tinha a noção de outra coisa quando esta afirmou. Era o hiato, que o crítico sentia, ao escrever *cacófato*. Que há nesse lugar um hiato isso não direi que não. Mas é um desses, a que a velha orelha vernácula se afez por gerações e gerações, por séculos e séculos, de modo que entrou no cabedal comum da língua, e já não pode estar exposto a reparo, senão dos que não a sabem falar. — Mas, enfim, lá nos diz o provérbio que "a boa ou *má ação* é de quem a faz". — Ou será que do *má ação* compusesse a orelha do crítico algum *mação*? *Mação*, hoje em dia *maçon*, nome do pedreiro livre, do filiado à Maçonaria, não me consta que seja vocábulo risível, faceto, áspero, pudendo ou indelicado. E se o for, por evitar os encontros de termos que o reproduzem, teremos de vedar à boa linguagem o ousio da adversativa *mas* antes do verbo ser no plural do indicativo presente, primeiro e terceira pessoa: *mas somos, mas são*. (Rui Barbosa — *Réplica*, nº 401.)

Os lances apontados pela A. são empregados por todo o mundo. Não há escritor que se furte a eles e, por isso, dizia outro grande filólogo: "Cacofonia é um vício resultante do encontro de vocábulos que no conjunto se prestam à formação de termo inconveniente ou desagradável".

E acrescentava: "Muitos são os pedantes que esmiúçam nos autores cacofonias inevitáveis ou sem importância". (João Ribeiro — *Gramática Portuguesa*, 1933, pág. 363.)

Ora, os "cacófatos" das mensagens de Humberto são empregados, a cada passo, pelos melhores manejadores da pena. Por que não os empregaria Humberto?

Fino ironista, apreciado cronista, interessante escritor, nunca se fez passar, entretanto, por filólogo, e nem se intitulou purista da nossa linguagem.

Pescar cacófatos... Enérgico foi Cândido de Figueiredo ao declarar que todos os grandes escritores se ririam certamente dessa pretensão desassisada, sempre que se não trate de expressões *escandalosamente* dissonantes.

Nenhum dos mais notáveis mestres da literatura escaparia a uma condenação. Eis alguns exemplos extraídos dos expoentes máximos da língua:

De CAMÕES:

> "Al*ma mi*nha gentil..."
> "Sofrer não pode ali, o Ga*ma ma*is..."
> "Entrava a formosíssi*ma Ma*ria..."

De VIEIRA:

> "Que se cha*ma Ma*ria..."
> "Se *as não* tem feito."

De FREI LUÍS DE SOUSA:

> "Sem outra ca*ma mais* que uma tábua."
> "De nenhu*ma ma*neira podia acabar consigo."

De Manuel Bernardes:

"...para que *as não* sacrificasse aos ídolos."

De Camilo:

" ...peça-lhe que *a não* vendas,
com a condição de *a não* vender."

De Castilho:

"Se *a não* procuram."

Repugnaria aos agravados repassar, página por página, as obras de Humberto, em busca desses "pecadinhos" para apontá-los em triunfo. Com eles ou sem eles, Humberto de Campos continuaria a ser o mesmo glorioso escritor, digno da nossa admiração e do nosso amor.

Os escritores, em regra, não são gramáticos. Mais apreço dão ao seu pensamento e à música dos sons; à substância e não à monotonia da linguagem castiça, medida, policiada...

Humberto, como cronista operoso, não dispunha de tempo para esmerilar nequícias. Havia de cometer, por isso, as mesmas faltas que os demais, em cujo número se encontram os maiores beletristas indígenas e alienígenas.

Assim, poderíamos citar, em todas as suas obras, insignificâncias iguais às que foram apontadas nas produções mediúnicas e mesmo de outra natureza:

"Cuidassem dele como *ela* cuidara."
(Sombras que sofrem — 4ª edição,
pág. 46, linha 21.)

"E deixo-*as não* como lisonja..."
(Idem; pág. 71, linha 4.)

"...a mulher *como ela é*;"
(Lagartas e libélulas — 4ª edição,
pág. 28, linha 1.)

"...de u*ma mo*déstia..."
(Memórias — 6ª edição, pág. 182, linha 3.)

"m*as não* interromperam."
(Contrastes, pág. 102.)

"um cron*ista* carioca."
(Idem, pág. 113.)

E Humberto não se preocupava com esses mínimos de linguagem para traduzir o seu pensamento nas suas apreciadas crônicas.

Di-lo em *Contrastes* (pág. 18):

> Espírito temperado na chama suave dessas reflexões, como é o meu, já alguém imaginou o sorriso interior com que assisto hoje às lutas dos gramáticos em torno de um pronome e as discussões dos políticos em torno de uma cadeira?

Quem assim erra quanto à linguagem de Humberto, quem mostra tal desconhecimento dos seus livros, estaria, realmente, em condições de julgar da identidade dos estilos?

Em relação aos "vícios de linguagem", a A., como se vê, catalogou, em supremo esforço, uma série de "cacófatos", que não são cacófatos...

7. Em relação, porém, ao que chama "profundo mau gosto", "imaginação paupérrima" das obras mediúnicas, deixou-se a A. ficar na alegação.

Entretanto, há milhares de opiniões contrárias, mesmo entre aqueles que não creem no fenômeno. A identidade de estilo entre Humberto "morto" e Humberto "vivo" é que provocou, precisamente, toda a celeuma.

A A., porém, não está vendo nada, não leu nada, não percebeu nada, embora estivesse aguardando a opinião dos literatos e dos cientistas. Ficou restrita ao seu parecer.

Outra falha verificada é ter Humberto repetido ideias e modos de ver que já expendera em vida. Parece à A. que, morrendo, o indivíduo nunca mais poderá ter as mesmas ideias, os mesmos juízos, ou, pelo menos, reeditá-los. Aquilo que a vida lhe consentiria, não o pode consentir a morte.

Da obra de Humberto, obra que, pelo seu vulto, como confessa a A., fez a família mudar a sua atitude de mera expectativa, três pontos foram citados, em que o Espírito recorda páginas de sua literatura, quando vivo. E esses pontos, convém lembrar, referem-se a episódios históricos, cuja alteração, por amor à fidelidade, não seria possível. Isso bastou para se proclamar que o aproveitável não passa de grosseiro plágio. E com esse grosseiro plágio de reprodução de ideias e mais os "cacófatos" que se encontram em todos os literatos, no Humberto vivo inclusive, cifra-se a "inferioridade profunda" da obra mediúnica.

Plagiar é, segundo os dicionaristas, apresentar, como seu, trabalho alheio; ou imitar servilmente, isto é, seguindo rigorosamente o modelo.

Plágio ou plagiato (furto literário) consiste no fato de publicar, como próprio, obras ou partes de obras produzidas por outrem. (Bento de Faria — *Código Penal Brasileiro*, vol. 4º, pág. 295.)

Segundo a A., ora agravante, Francisco Cândido Xavier teria plagiado Humberto de Campos, eis que três trechos históricos, que, reunidos, se encerrariam em menos de uma página impressa, foram extraídos de *O Brasil anedótico* e mais ou menos reproduzidos, sendo dois em *Brasil, coração do mundo, pátria do Evangelho* e, um, em *Novas Mensagens*.

Alega-se mais, sem qualquer outra indicação, que a obra psicografada está cheia de "plágios de ideias e plágios de imagens".

Isso posto, tudo estaria resolvido segundo dois raciocínios.

O raciocínio dos crentes:

— acreditamos que Francisco Cândido Xavier recebe, mediunicamente, as mensagens do ESPÍRITO DE HUMBERTO DE CAMPOS;
— existem semelhança de estilo, de imagens e ideias, afirmando-se mesmo a reprodução de três episódios históricos relatados por maneira idêntica numa das obras produzidas em vida pelo escritor;
— logo, está feita a identidade do comunicante.

E acrescentariam que o plágio de si mesmo não se concebe.

O raciocínio dos incrédulos:

— não acreditamos que as mensagens ditas psicografadas sejam do Espírito de Humberto de Campos;
— Existem mesmo plágios de ideias, plágios de imagens e plágios de simples frases, sendo que três trechos de *O Brasil anedótico* foram reproduzidos nos ditados mediúnicos;
— logo, é evidente que se trata de plágio.

Qual dos dois raciocínios é o verdadeiro?

Mais uma vez somos obrigados a concluir que os crentes são os mais lógicos.

Como quer que seja, não é possível uma conciliação entre dois pontos de vista tão profundamente opostos.

Tudo fica na mesma e... *"il mondo resta tale e quale"*.

Entretanto, devemos assinalar que, serenamente considerado o fato, fora de qualquer cogitação preconceituosa, todo escritor, ao relatar em nova obra o que já dissera em outra, repete quase sempre as mesmas expressões.

Vejamos, em todo caso, em que consistiu o alegado plágio. Tomemos um deles, para exame: "O escravo coroado" (*O Brasil anedótico*, pág. 16):

> Em uma das suas audiências dos sábados, em que atendia a toda gente, recebeu D. Pedro II, no Paço da Boa Vista, um preto velho, que se queixava dos maus-tratos de que era vítima.
>
> — Ah, meu Senhor grande — lamentava-se o mísero —, como é duro ser escravo!
>
> O Imperador encarou-o, comovido:
>
> — Tem paciência, filho — tranquilizou-o. — Eu também sou escravo... das minhas obrigações e elas são muito pesadas! As tuas desgraças vão minorar...
>
> E mandou alforriar o preto.

Verifica-se, num súbito de vista, que não há nada de extraordinário no trecho transcrito, a não ser a passagem histórica em si mesma, uma singela narrativa de um fato em termos comuns de que não havia mister plagiar as palavras.

De resto, não se trata de uma criação de Humberto. Taunay, em *Reminiscências*, vol. 1º, pág. 107, dá-nos notícia do episódio.

Todavia, verifiquemos como surge a mesma passagem na produção mediúnica de Francisco Cândido Xavier, em *Crônicas de Além-túmulo*:

> No antigo Paço da Boa Vista, nas audiências dos sábados, quando recebia toda gente, atendeu D. Pedro II a um negro velho, de carapinha branca, e, em cujo rosto, enrugado pelo frio de muitos invernos, se descobria o sinal de muitas penas e muitos maus-tratos.
> — Ah! meu senhor grande — exclamou o infeliz —, como é duro ser escravo!...
> O magnânimo imperador encarou suas mãos cansadas da direção do povo e aquelas outras, engelhadas nas excrescências dos calos adquiridos na rude tarefa das senzalas, e tranquilizou-o, comovido:
> — Oh! meu filho, tem paciência! Também eu sou escravo dos meus deveres e eles são bem pesados... Teus infortúnios vão diminuir...
> E mandou libertar o preto...

Atente-se bem nos dois trechos em que se relata o mesmo episódio. Do confronto, uma única conclusão seria admissível e é a mesma a que chegou o brilhante e culto beletrista mineiro, Sr. desembargador Mário Matos — o estilo de Humberto-morto é "mais vivo" do que o de Humberto-homem.

O que se deve notar é apenas a deliberação do Espírito comunicante em identificar-se.

Em relação à passagem psicografada — "A única República: o Império" — releva notar que essa não é de autoria de Humberto de Campos, mas constante de documento público, relatada por historiadores.

Assim, por exemplo, encontra-se esse mesmo texto, que se diz plagiado na obra — *Brasil, coração do mundo, pátria do Evangelho* — na qual está traduzido para o português e "entre aspas", em vários livros, como no volume publicado em 1917, pelo nosso ex-cônsul, em Caracas, Múcio Teixeira, à página 192 da obra — *O Imperador visto de perto*, com a seguinte redação, em castelhano:

"Señor Cônsul General del Brasil, pida á Dios que su patria, que ha sido gobernada durante medio siglo por un sabio, no sea de hoy por delante llevada por el tacón del primer tiranuelo que el Ejército le presente".

E abraçando-o comovido:

— *Se ha acabado la unica Republica que existia en America: el Imperio del Brasil*.

Finalmente, em relação, também, ao outro texto citado — "A lei das aposentadorias" — é igualmente uma passagem histórica, tanto assim que, na obra psicografada, Humberto citou a fonte donde a tirara — Moreira de Azevedo (o que deixara de fazer em sua obra literária terrena), talvez para documentar a sua sinceridade e lisura como escritor, provando, por outro lado, que não a retirara do livro a que a A. se referiu. E, ao fazê-lo, como em todos os textos citados pela A., teve o cuidado de colocar os períodos "entre aspas", como se vê na obra psicografada.

É conhecido o notável artigo de Rui Barbosa, em resposta a Patrocínio, sob o título "Difamação".

Batista Pereira, em nota a esse artigo (Rui Barbosa — *Coletânea Literária*, pág. 177), observou:

> O guia de Rui nesse artigo foi um trabalho do grande dantólogo e escritor italiano Sanctis sobre Aretino. A crítica indígena, no afã de demolir Rui Barbosa, acusou-o de plágio. A inanidade da acusação é patente. Fatos históricos e

biográficos não se plagiam. De contrário, quem disser que Napoleão nasceu em Ajáccio e morreu em Santa Helena estará plagiando. O que vale nesse artigo é a forma, o sopro, o estilo, o calor. Sanctis deu a Rui o bronze; este fundiu-o com a sua chama e esculpiu-o com o seu gênio.

8. "Humberto" — diz a A. — "fora bom; seu ceticismo fora desprovido de asperezas. Sempre tinha palavra boa e de simpatia para os que sofriam. Mas descria do Espiritismo."

Para provar, transcreve trechos.

Lendo-se os trechos, não se nota onde possa estar ali a prova de que ele descresse do Espiritismo. Cita Edison e Marconi que inventaram máquinas para falar com os Espíritos e não o conseguiram. E não comentou...

Os trechos provam, apenas, que Marconi e Edison entendiam pouco de Espiritismo, porque não é com máquinas que se fala com Espíritos, mas com médiuns.

Finalmente, há uma "3ª joia literária" na qual Humberto fala do Cristo. Por mais que lêssemos e relêssemos a crônica, não vimos onde ali se demonstrava o antiespiritismo de Humberto. Será porque fala do diabo? Também dele falou nas *Crônicas de Além-túmulo*. Mera ficção literária.

Mas suponhamos que Humberto não fosse espírita. Seria interessante que, morto, vendo-se Espírito, desprendido da carne, rodeado de outros Espíritos, comunicando-se conosco, percebendo a exatidão do Espiritismo, continuasse antiespírita, porque fora antiespírita na Terra!

As provas não lhe valeriam de nada, uma vez que fora antiespírita. Já seria um excesso de teimosia!...

9. A agravante pergunta que diria o MM. juiz *a quo* se em vez do nome de Humberto de Campos figurasse, nas obras psicografadas, o do seu ilustre pai.

Culto, criterioso, ponderado como é, notando o mesmo estilo, as mesmas sábias lições do seu honrado genitor, percebendo o intuito moral ou científico com que eram ditadas as obras, só poderia dizer que talvez fossem de seu pai, ou mesmo afirmar que o fossem, tal a identificação do morto. O que não se compreende é o que haverá de desonroso ou de injurioso no aparecimento ou manifestação de um Espírito, quem quer que ele seja.

Mas se, por qualquer motivo, discordasse da publicação do nome do seu ilustre pai, reclamaria incontinente, para ser, também, atendido incontinente. Não aguardaria sete anos...

Acha que outros mortos poderiam produzir obras; "teriam êxito, todos as adquiririam, os editores canalizariam as moedas para os seus bolsos".

Ainda que tal sucedesse, que mal adviria daí? Com esse receio da canalização das moedas, nunca mais o morto poderá escrever, e a Humanidade ficará privada de uma das mais brilhantes provas da sobrevivência.

10. Por várias vezes, fala a A. de lucros, como aqui insiste nas moedas canalizadas. É preciso que se diga — o que se provará se for preciso — que ninguém, a não serem os desvalidos e os operários, lucra algo com as obras de Humberto. A importância da venda é aplicada em obras de caridade. A afirmativa em contrário já entra na ordem das aleivosias.

11. A A. protesta contra uma frase de Humberto: *Eu que era tão perverso.*

Tais frases já eram do seu feitio em vida. Cita-as a própria Autora, reproduzindo na minuta do agravo:

"E eu, miserável pecador... eu, o último filho de um século que bebeu veneno no berço". (fl. 288.)

São frases comuníssimas nas letras. Ditas pelo próprio, são tidas à conta de modéstia. Há outras idênticas nos seus trabalhos, que o tempo não nos permite restolhar.

12. A Livraria edita as obras que trazem o nome do Espírito de Humberto de Campos. Para a A., a palavra *Espírito*, ali, é uma redundância, visto que uma criação literária nunca poderia sair do coração ou do fígado.

A palavra Espírito está a indicar que se trata da obra de Humberto, só em Espírito. Se não tivera ali o *Espírito*, que significa o Humberto desencarnado, aí é que se poderia tachar de fraudulentas as tais obras, porque Humberto-homem nunca as escrevera.

13. A quem caberia provar a autenticidade? A um corpo científico, por certo. Ninguém se lembraria de confiar um caso técnico a uma decisão judiciária; casos técnicos, só por técnicos podem ser resolvidos, e nas condições exigidas pela técnica.

> Encastelaram-se no preceito constitucional que assegura a liberdade de culto religioso e apegam-se à falange de espíritas do mundo inteiro para demonstrarem nada poderem provar, por ser impossível invocar a único Espírito capaz de dirimir a questão.

Há várias e flagrantes inverdades. O processo é um longo arrazoado, e o preceito constitucional só foi invocado nas ocasiões em que era invocável. O que competia à parte contrária era dizer por que motivo não cabia, *no caso*, o preceito constitucional. E isto não se viu.

Ninguém se apegou à falange de *espíritas*, mas à falange de *sábios,* e, se eram do mundo inteiro, tanto melhor para o que se buscava demonstrar. Há, ali, os maiores vultos da Ciência, entre os quais os Crookes, os Lombrosos, os Wallaces, os Varleys, os Flammarions, os Geleys, os Zöellners...

Não sabemos a quem a A. chama espíritas. Muitos opinaram que a causa do fenômeno eram os Espíritos. Esta foi a conclusão a que chegaram pelos seus estudos; outros não inquiriam das causas; outros nem aceitavam a hipótese dos Espíritos, apelando para uma causa X, *mas todos apresentavam, testemunhavam e asseguravam* a existência dos fatos supranormais, como aqueles que se reproduziam pela mão de Chico Xavier, e que são inquinados de embuste.

O que se queria provar é que o fenômeno existia, e, portanto, nenhuma coisa impossível seria a mediunidade de Francisco Cândido Xavier. Que também ele é médium, aí estão as várias comprovantes, aí estão os atestados de repórteres, cientistas, visitantes, que todos presenciaram os surtos da sua mediunidade e a maneira por que era produzida.

Que o fenômeno não pode ser produzido à vontade, nem apresentar-se contra determinadas leis, sabem-no, não só os psiquistas como qualquer cientista no ramo de sua ciência.

Os fatos de observação só são observáveis quando se apresentam, ou se podem apresentar, e quanto à experimentação, dizia aquele que pode ser considerado o pai desse método:

"Vemos que todos os fenômenos, de qualquer ordem que sejam, existem, virtualmente, nas leis imutáveis da Natureza, e que só se manifestam quando se realizam suas condições de existência". (Claude Bernard — *La Science Expérimentale*, 5ª ed., J. B. Baillière, 1911.)

Ninguém procurou esconder o fenômeno, que tem sido presenciado por toda a gente que tem querido e podido presenciá-lo. O que se diz é que ninguém pode afirmar que ele se produza a bel-prazer, em hora, dia e lugar prefixados. Ele obedece a leis, e só dentro dessas leis poderá ser exigível e observável.

Quanto ao médium, cansado, exausto, tendo suas horas de trabalho e obrigações, a que não pode fugir, não lhe seria possível ficar os dias inteiros à mercê dos curiosos, isto quando o reclamo do seu nome levou inúmeras pessoas a Pedro Leopoldo, e o esfalfaram.

14. Os conceitos da peça judiciária, transcritos à fl. 292, nada dizem contra obras psicografadas ou contra o Espiritismo, antes se declara que, como religião, filosofia e ciência, encontra ele amparo no texto constitucional. O que se condena são abusos, excessos, desvirtuamentos. Nunca se pleiteou, e muito menos pleiteariam os réus a absolvição de desvirtuamentos, excessos e abusos. O que os espíritas fazem ver é que, sob tais capas, se procura obstar à prática religiosa, ao estudo filosófico e ao conhecimento científico, no campo do Psiquismo.

Trata-se, ali, *do estado de transe simulado*, o que ninguém jamais provou se desse com Francisco Cândido Xavier. Os que o observaram e notaram o fenômeno viram que sua escrita é rápida, fluente, sem intermitências, no estilo do morto, tendo o médium a mão sobre os olhos; destarte, logo se lhe nota o estado de transe.

Ali se fala no curandeirismo, que é assunto à parte e ponto a estudar.

O notável jurista, na citada peça, refere-se ainda a práticas inconstitucionais e contrárias ao Código Civil, como se praticam alhures. Que terá isso com as lições evangélicas e os preceitos de moral recebidos por Francisco Cândido Xavier?

Em suma, no passo transcrito pela A., o que se condena é a fraude, o abuso da credulidade pública, e isto de forma nenhuma se provou neste processo pudesse existir contra os que buscam demonstrar aos seus semelhantes a existência de uma outra vida, para que eles na atual pautem os seus atos de acordo com o bem, com a justiça, com a moral.

15. Repete-se a todo passo que o nome de Humberto de Campos abriu caminho ao êxito da literatura mediúnica, aliás de *"profundo mau gosto literário, como paupérrima de imaginação e desprovida de qualquer originalidade"*.

É evidente a incongruência. Por mais respeitável que fosse o escritor, não realizaria o milagre de transformar uma obra tão grosseira em *"sucesso de livraria"*.

Além disso, a própria A. põe em relevo que — *"um dos volumes em causa já foi até traduzido paro o castelhano, a fim de ser lançado no mercado hispano-americano por uma editora argentina"*.

Muito bem.

Se, como diz a agravante, grande é o prestígio literário que Humberto "desfruta no meio intelectual do Brasil e de toda a América do Sul", curial seria que fosse traduzida para o castelhano uma das obras produzidas em vida.

Como, pois, poder-se-ia explicar que o nome de Humberto de Campos leva a "sucesso de livraria", fora das fronteiras da sua pátria, uma produção mediúnica lastimável, que compromete o seu nome aureolado, e não conduz a esse mesmo "sucesso de livraria" um dos seus magníficos volumes das obras produzidas em sua vida terrena?

A explicação, portanto, não é essa. Facilmente encontraria a A. a verdadeira explicação desse enigma, se se dispusesse a bem examinar a realidade da situação.

16. Humberto de Campos revelou sempre, por meio de suas crônicas, um grande interesse pela solução do problema de assistência e amparo aos pobres, aos desvalidos e aos náufragos da vida.

Em *Sepultando os meus mortos*, deparam-se-nos crônicas que talvez sejam um argumento decisivo contra a sua incredulidade.

O bom é sempre um crente.

Uma delas se intitula:

"A ESMOLA E A CARIDADE

Fazer o bem sobre a Terra
É a grandeza suprema;
Tem mais luz do que um poema,
Vale mais do que um troféu!
Por uma dádiva ao pobre
— Que é de Deus o grande eleito —
Podeis comprar o direito
De que ele goza no Céu!

São versos de Tobias Barreto. Versos bem feitos, harmoniosos, mas vazios de pensamentos, quase de sentido. E, por isso mesmo, perfeitamente brasileiros, refletindo, de modo admirável, tudo o que pensamos da esmola quando a damos na rua ao pobre que nos estende a mão.

A nossa caridade, no Brasil todo, reveste-se, na verdade, de todos os característicos da anarquia. Assim como, na administração, o governo se sente desobrigado perante o país com a simples instituição de um serviço novo, nós nos sentimos em paz com a nossa consciência ao dar um níquel a quem no-lo pede na via pública, sem indagar da aplicação que vai dar a essa moeda aquele que a recebeu. Esse níquel pode ser para comprar um pão; mas pode ser, também, para aumentar o pé-de-meia de um avarento, ou satisfazer o vício a um ébrio ou a um cocainômano. O que nos dá prazer, parece, não é encher o estômago alheio, mas esvaziar o nosso bolso. E, assim procedendo, é como se ignorássemos que a caridade praticada por esse processo não é um serviço a Deus, nem um benefício à sociedade. Exercida dessa maneira, o seu rendimento é nulo, e às vezes negativo, pois que, dada sem exame, a esmola pode deixar vazia a mão de quem precisa, e encher demais aquela de quem já tem.

— Eu acabo de praticar u*ma ação* má — diz Bergeret à filha, após haver dado *dois* "sous" ao mendigo Clopinel. — A esmola avilta aquele que a recebe e aquele que a dá.

(...*Surge aqui, inesperadamente, Humberto-vivo para protestar contra a proibição do uso de* — uma ação, do dois...)

E acrescenta:

— O hábito de dar esmola é contrário à beneficência e é uma afronta à caridade.

Paradoxais na aparência, essas duas frases contêm, entretanto, uma das verdades mais profundas e evidentes. A esmola estabelece a desigualdade entre os mendigos, e, também, entre os doadores. Um indigente necessitado pode morrer de fome, na mesma rua em que outro, de estômago cheio, enche o saco superfluamente. O destino de um e outro depende unicamente da esquina em que se colocam. E o mesmo se verifica entre os que contribuem. Enquanto uma viúva pobre, ao passar por um cego, dá um tostão, um banqueiro faz o mesmo, dando-lhe um níquel igual, sentindo-se, com isso, desobrigado perante a sociedade a sua consciência. Dar, dessa maneira, é, pois, um vício tão nocivo como pedir. E, assim como a esmola é um erro, a caridade deve constituir um dever.

São essas as reflexões que me vêm ao espírito, e se fixam no papel com o auxílio do tambor da máquina, ao ter notícia da obra social, altamente humana, prudente e sábia, que se está realizando em São Paulo, por iniciativa das mais ilustres senhoras da aristocracia bandeirante. Traçando um plano admirável de assistência ao pobre, começaram elas pelo combate à esmola direta. Uma comissão receberá os donativos, e, em hospitais, em asilos, em orfanatos, em maternidades, dará o pão, o remédio, o conforto, o ensino, o apoio material ou moral a quem dele carecer. A sociedade tem o dever de amparar aqueles que tombam no caminho. E não é preciso que o vencido se exiba em público para mostrar o seu infortúnio. Aquele que tombar não tem que procurar o alimento estendendo a mão num canto da rua: já deve encontrá-lo à mesa, posto lá pelos triunfadores, pelos felizes, com a mão generosa, e gentil, dos anjos da caridade social.

O Rio de Janeiro está na obrigação moral de seguir, quanto antes, o exemplo das ilustres senhoras paulistas que tomaram essa iniciativa. É preciso que se organize, quanto antes, a caridade, suprimindo a esmola, e, com esta, o mendigo da via pública. Há, à rua do Estácio de Sá, um prédio enorme, e não concluído ainda, iniciado na administração policial do Dr. Carlos Costa, e que se destinava a um asilo. Esse edifício deve ser terminado. A ele devem ser recolhidos todos os indivíduos que estendem as mãos no Distrito Federal. Para isso, não se faz mister nenhum milagre. Basta que o Sr. Prefeito, que é médico e compreende a extensão da miséria pública, convide trinta ou quarenta senhoras da sociedade carioca, e, fazendo-lhes um apelo, lhes confie a organização dos serviços de caridade na capital da República, sob a proteção do governo municipal. Com a metade do que a população dá, mensalmente, a três mil indigentes espalhados na rua, poder-se-á fornecer: pão, roupa, teto e tratamento a seis mil, convenientemente asilados. 'Onde um coração desgraçado poderá encontrar melhor ocupação do que no exercício da caridade?' — perguntava Dumas Filho. 'Socorrer os infelizes é o melhor modo que têm os venturosos de pagar a Deus a sua felicidade', pregava Massillon. Votem-se, pois, à solução desse problema urbano as senhoras do Rio de Janeiro: as felizes, pagando a Deus a graça da sua felicidade. As infelizes, para esquecerem o seu infortúnio, minorando os alheios.

O meu interesse pelo desaparecimento dessa chaga horrível que sangra no coração da primeira cidade do Brasil não data de hoje. Quando deputado, soube que havia na Câmara um projeto do qual dependia a conclusão do Asilo Afonso Pena. Tratando-se, porém, de assunto que devia ser encaminhado por um representante do Distrito Federal, lembrei o caso ao Sr. Adolfo Bergamini.

— É inútil — disse-me o deputado carioca. — Nenhum projeto pelo qual se interessem os membros da oposição terá andamento.

— E se eu apresentar um requerimento sobre o assunto, você o assina comigo?

— Assino. Pois não!

Era, porém, em agosto de 1930, quando era irresistível, já, a agitação nos espíritos. Semanas depois vinha a Revolução. E nada se fez então, e até hoje, nem dentro, nem fora da lei.

É chegado, todavia, o momento de enfrentar corajosamente o mal chegando a essa ferida urbana a ponta de fogo que a cicatrize. E é a vós, senhoras ilustres do Rio de Janeiro, é a vós que compete esse caridoso papel de cirurgiões e enfermeiras. Imitai as vossas irmãs paulistas. Fazei recolher aos hospitais e aos asilos, fundados pela vossa inteligência, os aleijados, os cegos, os cancerosos, as crianças tuberculosas, as mães esquálidas, que encontrais a cada esquina de rua, em cada parada de bonde, em cada batente de porta.

Senhoras do Rio de Janeiro: em nome desta linda cidade que é vossa! E em nome de Deus! Combatei a esmola direta! E estabelecei; para glória da vossa terra, e vossa, o perfeito regime da Caridade!"

17. Há uma outra vazada nos mesmos sentimentos e que tem um título sugestivo — *Caridade, flor dos mortos!*, na qual nos conta Humberto a sugestão que lhe fez um cavalheiro de Uberaba para que patrocinasse aqui o hábito daquela cidade mineira, o qual se resume em dar às flores unicamente uma função: "a de símbolo da alegria dos vivos, abolindo-as, inteiramente, das coroas mortuárias; onde há flor, há festa, há contentamento; onde se chora, não há rosas nem lírios".

— E como demonstram os senhores, por lá, aos mortos, a saudade dos vivos?
— Pela caridade. Quando morre uma pessoa altamente estimada, os amigos que vão ao enterro se cotizam, contribuindo com a importância das coroas que iam adquirir, e cujo produto é destinado às associações de beneficência. E é graças a isso que temos, em Uberaba, instituições caridosas como não as possui nenhuma outra cidade mineira. O hábito está, mesmo, enraizando-se de tal modo que, hoje, não morre um homem de fortuna sem deixar, no testamento, um legado aos hospitais da cidade, e de fora...

Caridade, flor dos mortos!, bela frase que, gratamente, soa ainda aos nossos ouvidos!

Essa é a caridade do Espírito de Humberto de Campos!

Essa é a caridade que para este mundo envia por meio de suas mensagens!

Essa é a caridade que se converte nas moedas que socorrem a pobreza, que alimentam os famintos, que aliviam os enfermos, que mitigam as dores, que enxugam as lágrimas do desespero, que alentam os que "tombam no caminho" e que lembram Deus!

Caridade, flor dos mortos!, havia assim, de ficar perpetuada com a sua memória!

É a "saudade dos vivos", a nossa saudade, a saudade dos pobres do Rio de Janeiro!

18. Nessas condições, reportando-nos, como nos reportamos à nossa contestação, "que se derrama, preguiçosamente, nos autos, de fls. 29 a 232", esperamos que a Egrégia Câmara: — preliminarmente, não tome conhecimento do recurso por inidôneo, pois a agravante foi, em tempo hábil, advertida pelo respeitável despacho de fl. 300; e, *de meritis*, negue provimento ao recurso para confirmar a decisão agravada, que nenhum direito "conspurcou", mas que, serenamente, cumpriu a lei.

JUSTIÇA!

TRIBUNAL DE APELAÇÃO DO DISTRITO FEDERAL

AGRAVO DE PETIÇÃO Nº 7.361

Relator: *Sr. Desemb. Álvaro Moutinho Ribeiro da Costa.*

Agravante: *Catarina Vergolino de Campos*, viúva de Humberto de Campos.

Agravados: *Federação Espírita Brasileira e Francisco Cândido Xavier.*

ACÓRDÃO DA QUARTA CÂMARA

Ação declaratória — Carência de ação. Interesse legítimo e impropriedade do meio judicial visado. Despacho saneador; sua amplitude: art. 294 do Cód. Processo Civil. A jurisprudência — Recurso de agravo de petição da decisão, que, embora julgando o autor carecedor de ação, não lhe resolveu o mérito do pedido, acolhendo preliminares suscitadas na contestação. A ilegitimidade *ad causam*; quando se verifica. A impropriedade da ação declaratória; seus pressupostos. A função do Poder Judiciário.

Vistos, relatados e discutidos estes autos de agravo de petição nº 7.361, em que é agravante dona Catarina Vergolino de Campos, viúva de Humberto de Campos e agravados a Federação Espírita Brasileira e Francisco

Cândido Xavier: Acordam os juízes da 4º Câmara do Tribunal de Apelação do Distrito Federal, pela conformidade de votos, conhecer, preliminarmente, do recurso e, *de meritis*, negar-lhe provimento a fim de confirmar, por seus jurídicos fundamentos, a sentença agravada. Custas *ex-lege*. I — Incumbe ao Juiz, no despacho saneador, segundo o disposto no artigo 294, nº III do Código Processo Civil, examinar se concorre, em relação ao pedido do autor, o legítimo interesse econômico ou moral. Dispõe, por seu turno, o art. 2º do mesmo Código: Para propor ou contestar a ação é necessário legítimo interesse, econômico ou moral. Parágrafo único — O interesse do autor poderá limitar-se à declaração da existência ou inexistência de relação jurídica ou à declaração da autenticidade ou falsidade de documento. A decisão recorrida, adstrita, como ficou, segundo a razão lógica do seu desenvolvimento, às questões preliminares suscitadas pelos réus, enfrentou-as, discutiu-as, esclareceu-as, dando a cada uma delas a necessária conclusão, para isso abordando o mérito da ação nos seus vários objetivos, tanto assim que, julgando a autora carecedora de ação, decidiu, preliminarmente: "No caso vertente não há nenhum interesse legítimo que dê lugar à ação proposta". Salientou, a seguir, que o pedido inicial não tinha por fim a simples declaração de existência ou inexistência de uma relação jurídica nos termos do parágrafo único do art. 2º do Cód. Proc. Civil, e sim a declaração de existência ou não de um fato (se são ou não do "espírito" de Humberto de Campos as obras referidas na inicial), do qual hipoteticamente, *caso ocorra* ou *não*, possam resultar lesões jurídicas que a suplicante enuncia de modo alternativo. Afastou, nesse caso, o despacho saneador, a configuração dos pressupostos da ação declaratória, incabível, na espécie, acentuando, de início — o Poder Judiciário não é órgão de consulta e, desenvolvendo o seu pensamento: "Para que se provoque a sua jurisdição o litigante, mesmo na ação declaratória, há de afirmar um fato que se propõe a provar e pedir que o Juiz declare a relação jurídica que desse fato se origina. Como se vê, assim decidindo, o despacho recorrido examinou a questão de fundo, objeto da ação, acolhendo, afinal, as três preliminares arguidas na contestação, das quais a primeira envolve necessariamente a finalização do processo, ou seja, a preliminar relativa à inexistência de um interesse juridicamente tutelado, o que tanto vale dizer um interesse ilícito ou juridicamente impossível (artigo 201, nº III do Cód. Proc. Civil). Com efeito, a decisão, sob esse aspecto, se torna definitiva, porquanto, pelo disposto no art. 201, nº III, expressamente invocado, vedado será à agravante a propositura de outra ação, consoante o preceito inscrito no art. 203 do citado Código. Trata-se, portanto, de decisão definitiva e é certo que, para decidir, como decidiu, houve mister o Juiz de enfrentar, em atenção a alguns aspectos, a questão de fundo que se desdobra no interesse ilegítimo, razão pela qual fora o recurso cabível o de apelação, nos termos do art. 821 do Código. A decisão que decreta a absolvição de instância, julgando o autor carecedor de ação, é, em tese, apelável, pois que se torna definitiva, constitui coisa julgada, não a podendo renovar o autor, com o mesmo objetivo, como permitido lhe será fazer nos demais casos previstos no art. 201 citado. Dúvida não se alimenta de que, realmente, a lição de Pedro Baptista Martins, invocada pelo brilhante acórdão da lavra do eminente desembargador Sussekind (*Arquivos Judiciários*, vol. 54, págs. 291 a 294), reforça e autoriza essa convicção e assim os julgados desta Câmara (agravo de petição nº 6.889, *Diário da Justiça* de 23 de agosto de 1944 idem, idem, de 16 de junho de 1944). Mas não só por isso. Cabe indagar se, de fato, a sentença, pondo termo ao processo, importando, como a de que ora se cogita, a terminação do processo principal, teria resolvido o mérito da causa. Afigura-se-nos que não. E assim porque o art. 846 do Cód. Proc. Civil admite o recurso de agravo de petição das decisões que impliquem a terminação do processo principal, sem lhe resolverem o mérito. Na hipótese *sub judice* a decisão recorrida não resolveu o mérito, não solucionou a *causa petendi*, esta ficou inabordada. Acolhendo as preliminares arguidas pelos réus, na contestação, e por elas julgando a autora carecedora de ação, é bem de ver que assim o fez o Juiz, sem decidir o mérito, embora o aflorando em certos pontos essenciais, como de indispensável investigação para o estudo das preliminares, cuja relevância foi avultada na análise procedida pelo ilustre Juiz *a quo*. Não se vê, no rigor técnico da nossa lei processual, razão que assista em não admitir, em tal caso, o agravo de petição com fundamento no artigo 846, por isso que só se não legitima esse recurso quando a decisão, pondo termo ao processo principal, haja resolvido o mérito. Ora, o mérito da causa, no caso em tela, de toda complexidade, está subdividido em várias questões, partindo de um problema transcendente para seccionar-se em outros de suma relevância. E o que a decisão agravada concluiu, em síntese, foi justamente que não caberia, na espécie, o exame de tais questões por faltar à autora legítimo interesse, além de que a ação não se apresentava enquadrada nos pressupostos jurídicos da declaratória. Força é convir que a sentença, sem resolver o mérito, e pondo termo ao processo, se afigurou suscetível do recurso de agravo de petição com fundamento no art. 846 do Cód. Proc. Civil. Usando desse recurso, a agravante estribou-se na lei. Além disso, é de ter em atenção as hipóteses em que a jurisprudência atesta a oscilação dos Juízes e tribunais, no modo

por que se conceitua a pertinência de recursos, tornando-
-se, em alguns casos, questão opinativa, de sorte a levar os
próprios litigantes à perplexidade em face dessas incertezas, todas elas contingentes pela adaptação do sistema processual vigente. Desde que a decisão se mostra recorrível,
seja agravo ou apelação, o recurso típico, o critério mais
seguro é o de facultar o seu ingresso ao Tribunal, sem prejuízo da economia processual, não sendo manifesto o erro
grosseiro ou a má-fé da parte (art. 810 do C. P. C.). II —
Decidindo as questões preliminares suscitadas pelos réus,
na contestação, o despacho saneador as acolheu, julgando
a autora carecedora da ação. Tem essa decisão todas as características de legalidade, em face do disposto no Código
de Processo, através dos artigos 2º, 115, 201, nº III e 294, nº
III, amparando-a, demais disso, os foros da mais salutar
jurisprudência que, em inúmeros casos, consagra a observância prática e econômica do exame prévio, pelo Juiz, no
saneador, de todas as questões que devam ser, de antemão,
sanadas ou expungidas. Salienta-se, nesse sentido, o acórdão das Câmaras Cíveis Reunidas deste Tribunal nos autos
de apelação cível nº 9.790, (*Arquivos Judiciários*, vol. 54,
págs. 291 a 294): "Para examinar a relação jurídica substancial, que é o pedido da ação, há necessidade prévia de se
apurar se concorrem, no caso, as condições que possam autorizar o exercício da mesma ação. É que, sem um interesse
legítimo, ou autorizado por lei, não se pode exercitar uma
ação (art. 76 do Código Civil, artigo 2º do Código do Processo
Civil). Quando, portanto, verifica o Juiz que esse interesse
não é legítimo, não é moral, não é lícito, há de aplicar o
disposto no art. 201, nº III, do Código Processual, evitando-se o prosseguimento de uma demanda que, afinal, chegará ao mesmo resultado, sem as delongas processuais, e
sem o pagamento de despesas judiciais. Em acórdão

de 7 de maio de 1940, pouco depois de entrar em vigor o novo Código, fixou a 5ª Câmara deste Tribunal que salutar era a finalidade do despacho saneador, ao permitir que, após a contestação, pudesse o Juiz, por uma 'pré-judicial', decidir a matéria que, afinal, teria de proferir na sentença, com delongas e despesas supérfluas. "Se assim não fosse, o despacho saneador perderia todo o seu valor, a sua razão de ser, o fundamento da utilidade que contém, que outra coisa não é senão o salutar princípio da economia processual." Com efeito, a autora, propondo a presente ação declaratória, na qualidade de viúva do escritor Humberto de Campos, sendo titular, em condomínio com seus filhos Lourdes, Henrique e Humberto, dos direitos autorais oriundos da obra literária produzida por seu falecido marido, ao mesmo passo que relata e denuncia a aparição de inúmeras produções literárias atribuídas ao "espírito" de Humberto de Campos, diz que sem querer entrar no exame do mérito literário dessas produções, obtidas, segundo versão espírita, por métodos "mediúnicos" — deseja que o juiz, submetendo a hipótese — para sua elucidação — a todas as provas científicas possíveis, declare, por sentença, *se essa obra literária é ou não do "espírito" de Humberto de Campos*. No caso negativo, se — além da apreensão dos exemplares em circulação — estão os responsáveis pela sua publicação: a) passíveis da sanção penal prevista em os arts. 185 e 196 do respectivo Código; b) proibidos de usar o nome de Humberto de Campos, em qualquer publicação literária; c) sujeitos ao pagamento de perdas e danos, nos termos da lei civil. No caso afirmativo, isto é, se puder ficar provado que a produção literária em apreço é do "espírito" de Humberto de Campos, deverá V. Exa., *data venia*, declarar: a) se os direitos autorais pertencerão exclusivamente à família de Humberto de Campos ou ao mundo Espírita, representado, entre nós, pela Federação Espírita Brasileira, devendo, outrossim, ficar definidas não só o caráter da intervenção do "médium", como os limites — sob o ponto de vista literário e econômico — da sua participação; b) se, reconhecidos os direitos da família de Humberto de Campos, poderão os titulares desse direito dispor livremente dessa bagagem literária, sem quaisquer restrições, como dispõem da obra produzida ao tempo do desaparecimento do escritor; c) se a Federação Espírita Brasileira e Livraria Editora da mesma Federação estão passíveis das sanções previstas na Lei, pela publicação das obras referidas nos itens 2 e 3, sem a prévia permissão da família do escritor. O Juiz, advertido da complexidade do problema, a que a inicial visava atingir, antes de chegar o processo à fase da instrução probatória, teria de examinar, como se lhe impunha, em face do disposto no art. 294 do Código do Processo Civil, as questões preliminares arguidas, na contestação, notadamente no que respeita, não só aos pressupostos legais da ação em via do procedimento, como, ainda, no que se relaciona com o legítimo interesse ou a legitimidade *ad causam* da autora. Fê-lo pelo despacho agravado, enfrentando seguramente as objeções das partes, dando-lhes remate adstrito aos imperativos da ordem legal e jurídica. Bem se acentua o caráter precípuo da ação declaratória cujo objetivo é o reconhecimento da existência ou inexistência de uma relação jurídica, da autenticidade ou falsidade de um documento. No seu desdobramento, segundo a *causa petendi*, se ela não se destina à verificação da falsidade ou autenticidade de documentos, cabe a ação declaratória apenas à eliminação da incerteza objetiva que se possa verificar relativamente a certas relações de direito, nunca, porém, a declaração de *simples fatos* ou de fatos juridicamente irrelevantes. O seu exercício supõe a existência de controvérsias concretas, não sendo possível, por meio dela, resolver-se, abstratamente, qualquer dúvida ou indagação que possa suscitar o ordenamento jurídico. Se assim não fosse, o Poder Judiciário se transformaria em órgão consultivo, com a função de resolver questões puramente acadêmicas (*moot cases*) e a dar pareceres (*advisory opinions*) — (Pedro Baptista Martins, *Com. ao Código Proc. Civil*, vol. 3º, pág. 388, nº 229). Teve o relator deste acórdão, como Juiz de primeira instância, no julgamento da ação declaratória intentada por Vasco Ortigão & Cia. contra a Ordem Terceira de São Francisco de Paula, oportunidade de sustentar, desprezando a arguição de impropriedade da ação: trata-se de reconhecer ou negar um direito ou relação jurídica e a ação declaratória *só não cabe em relação a fatos puros e simples*; cogita-se de prevenir um litígio reconhecendo de antemão um direito, e esse é o papel específico da ação declaratória. Em grau de recurso, o Tribunal reformou a sentença, no mérito, proclamando, contudo, que a ação declaratória era hábil. (*Da ação declaratória no Direito brasileiro* — Guilherme Estellita, págs. 38 e 39, número 47.) Afigura-se indiscutível a juridicidade do despacho recorrido quando distingue entre o *interesse de agir* e o *direito de agir* para concluir com Pedro Baptista Martins: "O legítimo interesse econômico ou moral, de que trata a lei (art. 294, nº III, C. P. C.), é o interesse juridicamente protegido com a garantia da ação judicial, quer dizer, um direito subjetivo consagrado pela lei (direito objetivo). Nesse ponto basta que se advirta que não será legítimo o interesse quando não o tutele o direito objetivo". Do mesmo modo Carvalho Santos, cujo pensamento se traduz no comentário ao art. 2º do Código Proc. Civil, com essas palavras: "Essa é a realidade que melhor se acentua se se tiver em vista que o *interesse*, quando desacompanhado do *direito*, não dá lugar a nenhuma ação, nem faculta a ninguém o ingresso em Juízo". Justifica o despacho saneador, de um lado, a inexistência de legítimo interesse que autorize a ação proposta e, de outro modo, a impropriedade da ação declaratória, cujos pressupostos a inicial não caracteriza, conforme se deduz de sua fundamentação: "Ora, nos termos do art. 10 do Código Civil, 'a existência da pessoa natural termina com a morte'; por conseguinte, com a morte se extinguem todos os direitos, e, bem assim, a capacidade jurídica de os adquirir. No nosso Direito é absoluto o alcance da máxima: *'Mors omnia solvit'*. Assim o grande escritor Humberto de Campos, depois da sua morte, não poderia ter adquirido direito de espécie alguma, e, consequentemente, nenhum direito autoral poderá da pessoa dele ser transmitido para seus herdeiros e sucessores. 'Nossa Legislação protege a propriedade intelectual em favor dos herdeiros até certo limite de tempo, após a morte, mas o que considera, para esse fim, como propriedade intelectual são as obras produzidas pelo *de cujus* em vida, o direito a estas é que se transmite aos herdeiros. Não pode, portanto, a suplicante pretender direitos autorais sobre supostas produções literárias atribuídas ao 'espírito' do autor'. E concluindo: 'Do exposto se conclui que, no caso vertente, não há nenhum interesse legítimo que dê lugar à ação proposta'. Além disso, a ora intentada (ação declaratória) não tem por fim a simples declaração de existência ou inexistência de uma relação jurídica, nos termos do parágrafo único do art. 2º do Código do Processo Civil, e sim a declaração de existência ou não de um fato (se são ou não do 'espírito' de Humberto de Campos as obras referidas na inicial), do qual hipoteticamente, *caso ocorra ou não*, possam resultar relações jurídicas, que a suplicante anuncia de modo alternativo. Assim formulada, a inicial constitui mera consulta; não contém nenhum pedido positivo, certo e determinado, sobre o qual a Justiça se deva manifestar. O Poder Judiciário não é órgão de consulta. Para que se provoque a sua jurisdição, o litigante, mesmo na ação declaratória, há de afirmar um fato que se propõe a provar e pedir que o Juiz declare a relação jurídica que desse fato se origina. A não ser que se peça a declaração da autenticidade ou falsidade de algum documento (caso em que o autor deve afirmar inicialmente, para provar depois, se é falso ou verdadeiro o documento), o objeto da ação declaratória há de ser necessariamente a existência ou inexistência de uma certa relação jurídica, não do fato de que ela possa ou não se originar. 'Só afirmando um fato e a relação jurídica que dele deriva, poderá o autor vencer a ação ou dela decair. Como observa, com razão, a contestação, a presente ação declaratória, tal como está formulada a conclusão da inicial, jamais poderia ser julgada improcedente, se fosse admissível.' Não fora preciso dizer mais, nem melhor. Os argumentos dessa decisão, vazados em linguagem lógica e sintética, desenvolvem a tese do interesse legítimo peculiar à ação judicial, eis que o grande escritor Humberto de Campos, já falecido, não poderia, depois de sua morte, transferir aos seus herdeiros e sucessores nenhum direito autoral, por isso que, com a morte, extinguindo-se todos os direitos e, bem assim, a capacidade de os adquirir, não poderia ele, logicamente, ter adquirido direito de espécie alguma, segundo o conceito expresso no art. 10 do Código Civil. Invocando, portanto, a autora um direito autoral inerente às obras produzidas por Humberto de Campos, qualquer lesão ou ofensa ao conteúdo dessa produção literária deve ficar circunscrita e visar exclusivamente ao direito que sobre elas lhe assegura a lei, não se legitimando, conseguintemente, nenhum interesse fundado em fato estranho àquelas obras, como seja, no caso concreto, pretender a autora o reconhecimento de direitos autorais sobre supostas produções literárias atribuídas ao 'espírito' de Humberto de Campos. Ilegítimo, sem dúvida, o interesse alegado pela autora, com aquele fundamento, demonstrada está, *ipso facto*, a ilegitimidade *ad causam* para estar em Juízo. Essa conclusão resulta do próprio postulado da autora, nos termos da inicial, pela razão mesma de ser ilícito o objeto da causa ou a *causa petendi*, eis que o petitório não estabelece nenhuma relação de direito apreciável, posto que não tem apoio na lei. Não se trata de capacidade para estar em juízo (*legitimatio ad processum*) e que dá lugar à exceção de ilegitimidade de parte (Pereira e Souza — Prim. Linh. §§ 225 e 226; Morais Carvalho — Praxe For. §§ 249 e 251; Pimenta Bueno — appo. sobre as Fórm. do Proc. Civil nº 47); não se confunde a qualidade para agir, isto é, a legitimidade para reclamar uma relação de direito (legitimidade *ad causam*) tal como é determinada pela *causa proxima actionis*, ou, em outras palavras, pelo título jurídico ajuizado e que dá lugar à exceção de ilegitimidade de parte, mas à carência de ação (Garsonet — *Traité de Procéd. Civ.*, 2ª ed., v. I, § 300; João Monteiro — vol. I, § 21; *Revista Direito*, vol. 9, pág. 381; idem, vol. 13, pág. 356). Assim porque, em se tratando de uma *legitimatio ad causam* (legitimazione da agire), importa no exame de questão de fundo, da própria substância do direito, ou dos elementos geradores da relação de direito demandada, *verdadeira nulidade*, por isso que "*la mancanza della legitimatio ad causam assume nella pratica il nome speciale di carenza di azione*" (Chiovenda — *Princip. de Proc. Civ.*, pág. 106). Inatacável, portanto, a conclusão admitida no despacho saneador de que no caso vertente não há nenhum interesse legítimo que dê lugar à ação proposta. Ainda mais: examinando o objeto da presente ação declaratória, acentua a decisão recorrida que a mesma não tem por fim a simples declaração de existência ou inexistência de uma relação jurídica, nos termos do parágrafo único do art. 2º do C. P. C., mas objetiva, segundo os itens formulados na inicial, a proposição de mera consulta, eis que a autora não afirma um fato e a relação jurídica que dele deriva, mas, ao contrário, pretende que a Justiça, submetendo a hipótese, isto é, a investigação sobre a produção de obras supostamente literárias atribuídas ao 'espírito' de Humberto de Campos — para sua elucidação — a todas as provas científicas possíveis, e, assim, declare a existência ou não de um fato do qual, num terreno hipotético, possam resultar relações jurídicas alternativamente enunciadas pela autora. De fato, a inicial, objetivando semelhante investigação, constitui mera consulta; não contém nenhum pedido positivo, certo e determinado a que a Justiça se deva cingir e sobre o qual se possa manifestar. Razão assiste, ainda, sob esse aspecto, ao ilustre Juiz, prolator da decisão recorrida, atentos os pressupostos, já ressaltados, da ação declaratória, a cujo ingresso em juízo se impõe a arguição de interesse legítimo inerente à existência ou inexistência de uma relação jurídica ou à declaração da autenticidade ou falsidade de documento. Ora, basta considerar o que vem exposto na inicial, visando o debate na tela do Poder Judiciário de questão cuja transcendência científica permanece envolta nas sombras de dúvidas até aqui intransponíveis ao conhecimento humano, como o incognoscível, nitidamente com o caráter de consulta, investigação e positivação, para o fim de ser admitida a existência ou não de determinado fato, de que resultaria a demonstração de ser ou não do 'espírito' de um grande escritor, falecido, incriminada publicação, para, desde logo, se concluir pela ilicitude do pedido da autora e, sobre ser assim, que esta não logrou enquadrar semelhante pedido nos pressupostos legais da ação declaratória a ponto de impor se conclua, inarredavelmente, pela impropriedade do meio judicial visado. Vem a propósito citar, nesse passo, a lição expendida por Torquato de Castro (Ação Declaratória), invocada pelos agravados, a folha 334: 'E por isso os escritores e várias leis processuais, entre as quais a nossa, referem-se a relações jurídicas como o objeto normal das declaratórias, no sentido de que tal expressão melhor define e delimita a matéria que é suscetível de proteção jurídica, nessa figura particular de ação'. E, mais adequadamente, a opinião de Kisch que aquele escritor cita sobre as declaratórias positivas ou negativas: 'Em ambos os casos, o objeto da demanda é uma relação jurídica. Não é possível demandar a declaração de que um fato é verdadeiro ou falso, nem mesmo no caso em que ele seja juridicamente relevante, isto é, que acarrete consigo consequências jurídicas para a parte. Ninguém pode pedir a declaração de que é maior de idade; ou de que se acha em juízo são; de que a mercadoria entregue é da mesma classe da amostra; ou de que o trabalho realizado foi executado de acordo com as regras da arte; ou de que tal ato tenha sido por ele praticado. Unicamente para um fato relevante permite a lei uma exceção — para a declaração da autenticidade dos documentos: posso dizer a declaração da autenticidade ou falsidade de um recibo, um testamento, ou uma letra de câmbio, embora estas qualidades dos documentos não sejam relações jurídicas'. E em face do que fica exposto, é de ser confirmada a jurídica sentença agravada. Rio, 3 de novembro de 1944. — *Edmundo de Oliveira Figueiredo*, Presidente com voto. — *A. M. Ribeiro da Costa*, Relator".[6]

---

[6] A Contraminuta dos Agravados e o Acórdão da 4ª Câmara aqui foram incluídos após a publicação da 1ª edição deste livro.

APÊNDICE

Reunimos neste apêndice algumas das reportagens, crônicas e entrevistas publicadas na imprensa desta cidade e do interior do país, as quais trouxeram para o debate público valiosos esclarecimentos.

Lamentamos não nos ter sido possível transcrevê-las todas, tal o interesse histórico que encerram, pois tornariam demasiado extenso este volume.

PALAVRAS DE HUMBERTO DE CAMPOS

CRÔNICA PUBLICADA EM VIDA, PELO ESCRITOR, EM 1933, NO *DIÁRIO CARIOCA*

Uma das últimas publicações que fiz nesta folha, antes que a gripe me pusesse *knock-out*, constou apenas da transcrição de alguns trechos do meu "diário", relativos a dois meses de 1931, e teve, mesmo, como título, *Diário de um enterrado vivo*. Gritos de alma, gestos surdos de um coração no fundo de uma existência calada. Agonia ignorada de todo o mundo. Pedidos de socorro... levantados num subterrâneo deserto. Gemidos, enfim, de um homem que se habituou a gemer com os lençóis na boca, afogando-se a si próprio, para não perturbar o sono do seu vizinho.

A denúncia imprudente desse sofrimento, agora, encontrou, todavia, repercussão em algumas almas caridosas. Dez ou doze cartas me vieram às mãos, trazendo, cada qual, uma palavra de solidariedade e de conforto. Pessoas que jamais vi, corações que jamais palpitaram nas proximidades do meu, deixaram os seus cuidados cotidianos, gastaram o níquel do seu pão ou do seu cigarro no selo da franquia postal, e enviaram ao trabalhador ferido e pobre o remédio que lhe podiam dar.

"Estou às suas ordens", dizem alguns dos missivistas, "estou pronto para, sem nenhuma retribuição, ser o seu datilógrafo e fixar o seu pensamento quando lhe faltar de todo a luz dos olhos!"

"Continue essa admirável lição de coragem, recebendo de cabeça erguida a sentença do destino!" — incentivam-me outros.

E outros, ainda:

"Volte-se para Deus; prepare a sua morte com a sabedoria cristã que a Misericórdia Divina lhe forneceu e que não soube utilizar na edificação da sua vida. Aproveite a luz que bruxuleia no fundo do seu espírito e peça à Igreja o consolo que o mundo lhe nega".

Três desses missivistas, compadecidos, me apontam, porém, para chegar à presença de Deus, e obter aqui mesmo na Terra as suas graças, outro caminho: são almas caridosas que me desejam ver, não livre dos tormentos do inferno na outra vida, mas da cegueira completa, que continua a processar-se, aqui mesmo, neste mundo. E os signatários, que se revelam todos, além de bondade de coração, de cultura de espírito, me dizem, com insistência afetuosa:

"Por que não tenta o Espiritismo? Por quê, se a Ciência dos homens lhe tirou a esperança, não tenta o sobrenatural? Não precisa crer; ninguém exige a sua adesão; mande consultar um 'médium', siga as prescrições que ele lhe der, e espere. Não precisa fé. A bondade de Deus é para todos os seus filhos. O senhor pode receber a parte do Filho Pródigo".

Ante essas manifestações de interesse pela sorte de um humilde escritor doente, é natural que esse escritor demonstre a esses amigos generosos e desconhecidos que não é por orgulho, ou por intolerância filosófica ou religiosa, que ainda não se curou. Não foi o enfermo que recusou os recursos da medicina sobrenatural: foi a farmácia prodigiosa e invisível que se fechou diante dele. E como todos os acontecimentos da minha vida constam do "diário" que ainda agora determina esta explicação pública, limito-me, para este esclarecimento, à cópia de duas páginas desse livro íntimo. Ei-las:

Domingo, 14 de agosto, 1932 — Há um mês, mais ou menos, Mme. F., proprietária da pensão em que atualmente resido, perguntou-me se acreditava no Espiritismo. Respondi-lhe com um gesto vago, mas em que havia mais negativa do que afirmação.
— Eu também não creio — respondeu-me —, mas tais são as coisas que tenho visto, e tantas as curas por Espiritismo, que fico na dúvida, sem saber o que pense a respeito.
E conta-me o seu caso, e o caso de amigas e conhecidas suas, cujas enfermidades foram diagnosticadas, e curadas com receitas fornecidas pelos "médiuns", os quais chegaram a corrigir, algumas vezes, médicos ilustres anteriormente consultados. E conclui:
— Por que o senhor não experimenta o Espiritismo? Se o senhor quiser, ponha o seu nome, a sua idade e a sua residência em um papelzinho, que eu dou a meu marido e ele faz a consulta.
Dou-lhe a papeleta, com essas informações pessoais. E esgota-se a primeira semana. Decorre a segunda. Termina a terceira. E não me lembrava mais do caso, quando, esta manhã, Mme. F., empurrando levemente a porta do gabinete, onde eu escrevia tranquilamente, pediu licença e, entrando, encostou-se à mesa.
— O senhor deve estar aborrecido comigo e com F. — começa, ao mesmo tempo que calça as luvas, pois que vai sair para a reunião dominical da sua igreja protestante —, mas meu marido não se esqueceu do negócio do Espiritismo... Ele está é embaraçado para lhe dar a

resposta... O senhor é, porém, um homem superior, e não ignora a gravidade da sua doença. De modo que eu achei melhor vir lhe dizer logo a verdade.
Toma fôlego. Desabotoa as luvas. Abotoa-as novamente. Continua:
— F... (o marido) foi a duas sessões de Espiritismo, e tanto numa como na outra, com dois "médiuns", que não conheciam um a resposta do outro, o resultado foi o mesmo: isto é, que o senhor está muito doente e pode morrer de um momento para outro; de modo que nem vale a pena receitar... Os Espíritos acrescentam que o senhor abusa muito da sua saúde, mas que o médico que o senhor tem é muito bom...
E notando, parece, em mim, o efeito da notícia:
— É possível, porém, que isso não seja verdade... No meu caso ele acertou... No de S... também, e em todos os outros... Mas no do senhor pode não dar certo... De qualquer modo, o senhor é um espírito forte, e é melhor estar prevenido...
Um frio irresistível me corre pela espinha. Agradeço a informação, simulando serenidade, e Mme. F... retira-se. O coração bate-me, descompassado. Tenho a impressão de que vou desfalecer. Ponho-me de pé, buscando respirar com força. Deito-me. Levanto-me. Passeio pelas duas salas desertas, atônito, o pensamento em desgoverno, como quem acaba de receber uma violenta pancada no crânio. Afinal, eu creio ou não creio?

Aí está uma explicação, sincera, leal, aos espíritas que me escrevem, interessando-se pela minha saúde. Bati, embora sem fé, ou mandei bater por mão alheia, à porta em que todos recebem esperanças e consolação. E o que de lá me veio, foi, ainda, como veem, a desilusão e a dor...

PATRIMÔNIO DA COLETIVIDADE O NOME DE HUMBERTO DE CAMPOS

Bem poucos assuntos têm chamado tanto a atenção do público como esse que agora estamos debatendo a propósito da ação que pretendem propor os vigias da glória de Humberto de Campos, como disse pelas nossas colunas o ilustre causídico Alcides Gentil, contra a Federação Espírita Brasileira, que vem editando obras daquele popular escritor patrício, psicografadas pelo já famoso Chico Xavier.

Atendendo a esse interesse do público, *Folha Carioca* continua com as suas colunas abertas para o debate do assunto, reportando-se a opiniões que vai recolhendo entre figuras de destaque nos meios mais intimamente ligados à matéria, quer jurídicos, quer espíritas ou culturais, de forma a colocar os seus leitores ao corrente de um julgamento mais amplo, por fim, mais esclarecido.

Hoje, temos o prazer de apresentar a opinião de um outro causídico de elevada reputação no seio da magistratura nacional, pela sua atuação nos meios jurídicos — o Sr. Augusto Pinto Lima, presidente da Ordem dos Advogados do Brasil e presidente-honorário do Instituto dos Advogados.

DECLARAÇÕES

O Dr. Augusto Pinto Lima recebeu-nos com aquela sua conhecida distinção e franqueza com que sempre recebe a todos, preocupado em falar o que sente e o que pensa, à vontade. Oferecendo-nos um lugar ao lado de sua mesa de trabalho, e, conhecendo pela leitura das outras reportagens o assunto que nos levou até a sua presença, que era o do caso da família de Humberto de Campos com a Federação Espírita Brasileira, declarou-nos:

— O caso é sugestivo, embora, até hoje, essa hipótese não tenha sido objeto de cogitação dos estudiosos do Direito.

O Direito só apreende o que é concreto e que cai sob as vistas da lei. O que é metafísico pertence a outra ordem de ideias e, incontestavelmente, o Espiritismo ainda não pertence à esfera prática das leis humanas.

Sabemos das manifestações psíquicas, mas, até hoje, não há quem as tenha podido explicar satisfatoriamente.

A PUBLICAÇÃO NÃO OFENDE O DIREITO

— Publicando, pois, o "médium" ou o jornalista as comunicações de "além-túmulo", feitas por Humberto de Campos, não ofende o direito da família, nem do editor de suas obras. Quanto ao respeito devido à memória do grande escritor, julgando-se ser uma profanação o uso do seu nome nessa espécie de divulgação da Federação Espírita Brasileira, é uma outra face do problema jurídico.

O nome de Humberto de Campos pertence hoje ao patrimônio público. Desde que os livros publicados pela Federação não são tendenciosos nem obscenos, e só têm por fim fazer crer na existência do Espiritismo, procurando convencer os infiéis, não vê o jurista como possa a ilustre família do morto impedir essa divulgação, cuja bandeira é o nome por todos os títulos festejado.

SÃO TIDAS COMO VERDADEIRAS

— As manifestações — prossegue o Dr. Pinto Lima — do Além, por intermédio de pessoas que recebem as comunicações extramundo, são, por muitos, tidas como verdadeiras. Há até "médiuns" de reputação mundial, sob o nome de videntes, desvendando o futuro, e, por coincidência, muitas vezes acertando.

RESPEITA A OPINIÃO

— Não me filio, como jurista, embora obscuro, à corrente dos que aplaudem essa forma de prever os acontecimentos. Como respeito a opinião dos outros, abstenho-me de dizer sobre o valor do Espiritismo como doutrina ou como credo. Penso que não é nem uma e nem outra coisa, mas predisposição do subconsciente, que a Ciência ainda não penetrou.

Nessa ordem de ideias o problema jurídico, que ora é apresentado aos cultores do Direito pela *Folha Carioca*, tem um aspecto completamente inédito.

Não será mesmo possível, numa ligeira entrevista, como procura a simpática *Folha Carioca* agitar, para conhecimento dos profanos, a tese dos direitos autorais garantidos à família de Humberto de Campos, o grande estilista morto.

A QUESTÃO SOB O ASPECTO JURÍDICO

Após uma pequena pausa, o Dr. Pinto Lima prosseguiu:
— O Código Civil, tratando da propriedade literária, científica e artística, dá ao autor o direito exclusivo de reproduzir a obra que lhe pertence, estendendo aos herdeiros e sucessores, pelo espaço de sessenta anos, a contar do dia do falecimento do autor, esse mesmo direito. Se o autor morrer sem deixar herdeiro ou sucessor, a obra cai no domínio comum. Até aí, o direito só se exerce sobre propriedade

literária, científica e artística, de pessoa física, dona desse direito.

Humberto de Campos morreu. Pergunta-se: — Integra-se nele o direito de propriedade, autoral, de manifestações espíritas, mesmo publicadas em livros? Neste passo, indaga-se: — Quem colaborou para essa publicação? Certamente uma pessoa viva. O "médium"? O jornalista? Esta questão foge do terreno do Direito porque, se Humberto de Campos não escreveu o livro, evidentemente não podem os seus herdeiros e sucessores invocar o benefício da lei.

(*Folha Carioca*, julho, 1944.)

A QUESTÃO JUDICIAL QUE PROPUSERAM CONTRA A FEDERAÇÃO ESPÍRITA

Ouvindo, sobre o assunto, o
Dr. Jônatas Otávio Fernandes, Meritíssimo
Juiz de Direito desta comarca

Como se sabe, algum tempo depois de falecido Humberto de Campos, foram dadas à luz algumas obras sobre Espiritismo, cuja autoria foi atribuída ao grande escritor maranhense.

Segundo se diz, esses livros eram "ditados" pelo Espírito de Humberto de Campos e psicografados por Francisco Cândido Xavier, conhecido "médium", residente em Pedro Leopoldo, estado de Minas Gerais. Entre outros livros há as *Crônicas de Além-túmulo*; *Brasil, coração do mundo, pátria do Evangelho*; *Novas Mensagens*; *Boa Nova*.

Diante dessas publicações, a viúva e os herdeiros de Humberto de Campos resolveram acionar a Federação Espírita Brasileira e o "médium" Francisco Cândido Xavier, a fim de que ficasse judicialmente declarada a autenticidade ou falsidade daquela afirmação que dava os livros acima como tendo sido "ditados" pelo Espírito de Humberto de Campos.

E como a ação proposta pela família do publicista de Miritiba teve uma grande repercussão na imprensa do país, *Correio de Lins* deliberou ouvir, sobre o assunto, o Dr. Jônatas Otávio Fernandes que, sobre ser juiz competente e culto, é profundo conhecedor do Espiritismo, de sua doutrina e dos fenômenos a ele relacionados.

Procurado, pois, por este diário e posto a par do que nos levava à sua presença, assim se manifestou o Dr. Jônatas Otávio Fernandes:

"Como o senhor sabe, eu sou Juiz de Direito e sou espírita convicto.

Quando surgiu a notícia de que tinha sido proposta uma ação declaratória no Rio de Janeiro contra a Federação Espírita Brasileira e o *médium* Francisco Cândido Xavier, a propósito de umas comunicações do Espírito de Humberto de Campos, eu esperei ter conhecimento da petição da viúva para ver do que se tratava, e só agora, por intermédio de um jornal, é que eu vi os termos dessa petição.

Satisfazendo o seu pedido, eu lhe respondo como juiz e como espírita. Como juiz, se fosse eu que tivesse de tomar conhecimento dessa questão, teria indeferido *in limine* a pretensão da autora.

Haveria para isso, pelo menos, três motivos.

Em primeiro lugar, a petição é inepta, tendo seu fundamento no art. 2º, § único, do Código de Processo Civil Brasileiro. O disposto nesse artigo é o seguinte:

> 'Art. 2º — Para propor ou contestar ação é necessário legítimo interesse econômico ou moral.
>
> § único — O interesse do autor poderá limitar-se à declaração da existência ou inexistência de relação jurídica ou à declaração da autenticidade ou falsidade de documentos'.

Como se vê do Código, é atribuição obrigatória da parte interessada que esta declare se existe ou não uma relação jurídica ou se um documento é falso ou verdadeiro a fim de justificar a ação. Entretanto, pelos termos da petição, a viúva pede ao Juiz que este declare se as comunicações de Humberto de Campos são verdadeiras ou não, aplicando, depois, as sanções legais. Dessa forma a viúva quer transferir essa obrigação legal, que é atribuição da parte, para a pessoa do Juiz, invertendo dessa maneira a ordem processual. Evidentemente a petição é inepta.

Em segundo lugar, a viúva é parte ilegítima para requerer. Pelo art. 315, nº 1, do Código Civil, a sociedade conjugal termina pela morte de um dos cônjuges. Desse modo, tudo quanto Humberto de Campos deixou, sobre a face da Terra, pertence, de direito, aos seus herdeiros e sucessores. Porém, depois de dissolvido o casamento, depois da sua morte, tudo quanto produz o seu Espírito está fora da sociedade conjugal já dissolvida. Não se concebe, portanto, que a viúva queira pedir direitos autorais de obras literárias produzidas depois do rompimento do vínculo matrimonial. Aliás, o art. 649 do Código Civil só dá direito exclusivo aos herdeiros e sucessores do autor de reproduzir suas obras escritas até o momento de sua morte, tanto que o prazo para os herdeiros começa a correr do dia do falecimento do autor. Por conseguinte, a ilegitimidade de parte está patente para requerer a referida ação declaratória.

Em terceiro lugar, conforme se vê dos próprios termos da petição, a Federação Espírita Brasileira, ao publicar as obras, apenas colocou na capa estes dizeres: *Ditado pelo Espírito de Humberto de Campos*. Não existe nenhuma referência especial ao escritor e publicista, que foi membro da Academia Brasileira de Letras e do qual a requerente é viúva. Os livros dizem apenas que o Espírito que deu as comunicações declarou chamar-se Humberto de Campos. Para que a viúva tivesse o direito de vir, por isso, pedir os direitos autorais, seria necessário que ela fizesse a exibição de uma prova pré-constituída de que o uso do nome de Humberto de Campos é exclusivamente privilégio de uma só família sobre a face da Terra. Se não fosse assim, qualquer comunicação de um Espírito que desse um nome vago, tal como Manoel da Silva, Joaquim Ferreira ou José da Costa, daria lugar a que todas as viúvas, de indivíduos com esses nomes, também quisessem pleitear direitos autorais sobre essas comunicações. Isso é o que lhe posso dizer ligeiramente sobre as preliminares do processo, adiantando, contudo, que a questão dos direitos autorais é complexa e a pretensão da autora vai esbarrar no artigo 649 do Código Civil.

Como espírita, eu lhe digo que essa campanha não prejudica em coisa alguma o renome do Espiritismo. E, até, chego a pensar que isso talvez esteja sendo inspirado pelos invisíveis, para que se dê no Brasil um caso de tanta repercussão como aquele que se deu no tempo de Allan Kardec, com o escândalo do Auto de Fé lavrado em Barcelona. No ano de 1861, Allan Kardec remeteu para Barcelona uma encomenda de trezentos volumes de *O Livro dos Espíritos*, *O Livro dos Médiuns* e exemplares da *Revista Espírita*. Quando a encomenda chegou a Barcelona, a polícia das livrarias era feita pelo Bispado e, então, apesar da encomenda estar toda em forma legal e com os direitos alfandegários pagos, o Bispo mandou apreender todos os livros, organizou uma procissão e levou tudo para uma colina, onde foi feita uma grande fogueira e lavrado solenemente um auto de Fé. O próprio Allan Kardec não compreendeu na ocasião como era que os Espíritos permitiam que o resultado de tanto esforço para a divulgação das obras fosse prejudicado daquela maneira. Porém, os Espíritos explicaram que aquele auto de Fé tinha sido inspirado por eles próprios, porque, diziam os Espíritos, não bastava escrever livros e colocá-los na livraria à espera de compradores: era preciso agitar a ideia e provocar o acontecimento para que a imprensa falasse de qualquer forma e a propaganda se fizesse.

O resultado é que, depois daquele escândalo, a população do país ficou curiosa de ver e de ler aqueles livros e de procurar saber que obras eram aquelas que a Igreja mandava queimar publicamente. A ideia do Espiritismo alastrou-se, e Barcelona tornou-se um dos maiores redutos do Espiritismo na Espanha.

O senhor vai ver que esta campanha contra a Federação Espírita Brasileira e contra o médium Francisco Cândido Xavier terá uma larga repercussão e acabará provocando comentários e concorrendo para a propaganda do Espiritismo no Brasil — concluiu o Dr. Jônatas Otávio Fernandes".

(*Correio de Lins*, São Paulo, 19-7-1944.)

VIDA FORENSE

Noticiaram os jornais que a família de Humberto de Campos propôs ou vai propor uma demanda judicial para cobrança de direitos autorais contra um "médium", por ter publicado, em livro, artigos, que afirmava lhe terem sido ditados, do outro mundo, pelo saudoso escritor. Honrou-me o *Diário da Noite* com um pedido de entrevista sobre esse episódio forense. O assunto pareceu-me tão interessante que resolvi dedicar-lhe, nestas colunas, novos comentários.

Desconheço os termos da inicial com que a família de Humberto de Campos levou a questão aos tribunais. Pelo que li, em diferentes periódicos, pareceu-me que ela, de fato, reclama do "médium" direitos autorais.

Colocado o litígio nestes termos, tenho para mim que será difícil a pretensão dos autores obter solução favorável. A nossa legislação sobre direitos autorais só cogitou das obras escritas pelo autor quando vivo. Não cogitou, absolutamente, de obras escritas, por eles, de além-túmulo. O legislador estava convencido de que as coisas de além-túmulo os escritores costumam escrevê-las antes de as conhecer. Era essa, pelo menos, a lição que Chateaubriand nos deixou: as suas *Memórias d'Além-túmulo* foram traçadas enquanto ele gozava da melhor saúde e tinha forças de lê-las com todos os requintes do seu romantismo, ao pé da linda Madame de Récamier...

Submetida a pendência à apreciação nos tribunais, estes teriam que tomar um destes dois caminhos: ou julgar inadmissível o pedido em face do nosso direito positivo, ou ordenar que se fizesse a prova de que, realmente, os artigos foram ditados ao "médium" por Humberto de Campos.

Nesta última hipótese, deveriam tomar como ponto de partida a certeza de que, com a morte, não cessa a comunicação entre os que se foram e os que ficaram e que o mundo dos mortos é um simples prolongamento do mundo dos vivos, havendo, entre ambos, intercâmbio permanente.

Mas essa afirmação creio que nenhum juiz a faria sem grandes vacilações, porque, na realidade, pelo menos para os juízes, a comunicação dos mortos com os vivos não é uma questão pacífica tanto em face do Direito como da Ciência propriamente dita. É verdade que vivemos cercados de mistério, o que aconselha a maior prudência no exame de assuntos dessa natureza, mas também o é que ainda não se pode assegurar que haja relações entre os mortos e os vivos como não se pode assegurar o contrário. O mais que se pode fazer, neste particular, é respeitar a crença dos que estão convencidos de que os mortos podem comunicar-se com os vivos e pensar em outra coisa.

Todavia não é impossível que os tribunais aceitem, em princípio, a hipótese de que existe comunicação entre a gente de além-túmulo e a gente de cá. Isso, porém, ainda não resolveria a pendência que se travou ou vai travar-se. Surgiria, então, outra questão, que é a seguinte: se um escritor pode ditar do outro mundo artigos para serem divulgados neste, deve ser considerado, juridicamente, um ente que deixou de viver? Essa atividade de além-túmulo não lhe implica a sobrevivência, ou melhor, a permanência da sua vida, a qual se transferiu, apenas, de um plano para outro — do plano da matéria para o plano do espírito?

Se a resposta for afirmativa, os herdeiros nada poderão reclamar pela publicação dos seus artigos porque, nesse caso, não haverá sucessão! A herança só existe depois de morto o seu titular. Se, apesar de enterrado, este continua vivo, ainda que despido de atributos materiais, só ele poderá comparecer em juízo para reclamar direitos.

Mesmo, porém, que se concedesse à sua família a faculdade de reclamar os direitos autorais, ainda não estaria resolvido o pleito, pois que esta outra questão poderia ser suscitada: a família teria direito a reclamar a totalidade da importância apurada, uma vez que, para a redação e publicação dos artigos, concorreu também o "médium"? Não se daria, nessa conjuntura, uma verdadeira colaboração entre o escritor de além-túmulo e o "médium" deste mundo?

Mais ainda: o "médium" não teria o direito de invocar, novamente, o Espírito do escritor para saber se ele estava de acordo com a atitude da família? Essa invocação, para valer em juízo, devia, ou não, ser feita na presença do magistrado, das partes, dos advogados? Seria necessária a nomeação de peritos e de assistentes técnicos para dizerem da regularidade com que se fez a invocação do Espírito e da honestidade com que foram reproduzidas as suas palavras? Como processar-se, em suma, a citação pessoal do Espírito para depor em juízo? Onde e como efetuar-se a diligência?

A discussão da causa, nesses termos, e nesse terreno, graves problemas levaria a juízo, dos quais a maior parte escapa à competência ordinária dos magistrados, e, até mesmo, à dos advogados, não obstante a universalidade de conhecimentos desses profissionais e a sua indiscutível capacidade para destrinçar todas as coisas complicadas desta e da outra vida...

• • •

O que, em face do direito positivo, os herdeiros de Humberto de Campos poderiam reclamar do "médium" era, simplesmente, suponho eu, uma indenização pela venda ou exposição à venda, ou à leitura pública e remunerada da obra, por ter sido impressa com fraude, isto é, sem permissão do autor, ou seu representante. O Código Civil reconhece-lhes, expressamente, esse direito. Poderiam também processá-lo pelo crime definido no art. 185 do Código Penal, isto é, pelo crime de atribuir falsamente a alguém, mediante o uso do nome, pseudônimo ou sinal por ele adotado para designar seus trabalhos, a autoria de obra literária, científica ou artística.

Mas aí outra questão poderia ser levantada — a da admissibilidade da prova, por parte do réu, de que não atribuiu falsamente ao morto a autoria da obra que publicou, pois que do próprio morto recebeu licença para publicá-la. Viria à cena, então, de novo, aquilo que me parece a dificuldade maior para o pronunciamento dos juízes, a saber, a aceitação pelos tribunais da doutrina de que os mortos podem comunicar-se com os vivos e, em consequência, a participação direta daqueles na marcha do processo. Se os juízes não esposarem essa doutrina, negarão ao réu a prova que ele requer. Mas, se assim procederem, dar-lhe-ão o direito de protestar contra o cerceamento da defesa, e esse protesto pesará, tolhendo-lhes a liberdade de julgamento, na consciência dos magistrados. Nova muralha erguer-se-á, então, diante dos tribunais, muralha que nenhum juiz será capaz de escalar.

Dir-se-á que o juiz não é obrigado a respeitar as crenças do "médium", podendo, por isso, considerar sem valor o que ele disser a respeito das suas relações com o morto. Mas isso será escarnecer publicamente do "médium" por motivo de suas crenças, ou vilipendiar, publicamente, os seus atos religiosos. Ora, tal não o poderá o juiz fazer, porque cometeria um crime — o crime que vem definido no art.

208 do Código Penal: "Escarnecer de alguém publicamente por motivo de crença ou função religiosa; impedir ou perturbar cerimônia ou prática de culto religioso, vilipendiar publicamente ato ou objeto de culto religioso".

O Espiritismo possui adeptos em toda a parte. Creem nele, piamente, até pessoas de cultura intelectual e de indiscutível probidade moral. É uma religião que, absurda, ou não, extravagante, ou não, tem, por isso, que ser respeitada como qualquer outra. O embaraço do juiz, diante do pedido de prova formulado pelo réu com fundamento nesse credo, será, portanto, dos mais pungentes, pois que não poderá ele, sob pretexto de lacuna ou obscuridade da lei, eximir-se de proferir despachos ou sentenças. Replicar-se-á que o seu embaraço não terá razão de ser, uma vez que somente são admissíveis em juízo as espécies de provas reconhecidas nas leis civis e comerciais; e em nenhuma dessas leis se encontra referência à prova feita por meio do testemunho de mortos. Mas a isso se poderá objetar, por seu turno, que se as leis civis e comerciais jamais cogitaram de ações fundadas em comunicações de além-túmulo foi porque, até então, não haviam aparecido em juízo ações com este fundamento. Todavia, se alguém se basear nessas comunicações para acionar outrem, ou para defender-se da ação de terceiros, invocando a sua qualidade de espírita, qualidade que o juiz não pode desprezar, não se terá que abrir uma exceção a essa regra e admitir uma prova de que não se ocuparam, nem as leis civis, nem as leis comerciais, mas sem a qual o litígio não poderá ser julgado regularmente?

Não estou dizendo que deva ser assim. Estou, apenas, indicando uma série de questões que podem ser levadas a juízo se os tribunais entrarem a julgar demandas oriundas de comunicações de além-túmulo. A prova de fraude, em tais litígios, dado o acatamento que o juiz é obrigado a dispensar às crenças alheias, pode criar situações para as quais não existe, no direito positivo, solução adequada. Decidir, pura e simplesmente, que todas as publicações atribuídas aos Espíritos desencarnados são produto da fraude não o pode o juiz fazer sem quebra do respeito que deve aos sentimentos religiosos dos outros e sem o risco de proclamar com injustiça a desonestidade dos "médiuns".

O debate no terreno jurídico oferece, como estão vendo, dificuldade de toda a ordem. Não podem os juízes, como o "homem da rua", excusar-se ao conhecimento da questão, mesmo que se achem convencidos de que o mais acertado, em tal assunto, como em todos aqueles em que a incerteza domina, é proceder de acordo com o conselho do filósofo: "Na dúvida, abstém-te".

• • •

É o que faço, abstendo-me de chegar a qualquer conclusão. Expus os fatos e as questões, que eles suscitam, porque me pareceram interessantes. Creio que é a primeira vez que, no foro brasileiro, surge um litígio dessa natureza. Têm aparecido alguns relativos ao direito de propriedade e a posse de sepulturas. Em nenhum, porém, já se discutiu a ação extraterrestre dos que se acham recolhidos a elas. Dos mortos disputaram-se, até agora (e com que ferocidade!), os bens materiais que deixaram. É a primeira vez que, também, se discutem os frutos espirituais produzidos depois do trânsito definitivo.

Essa novidade autoriza a supor-se que a vida não se encerra com um ponto final, mas interrompe-se, apenas, com um ponto e vírgula. Autoriza, igualmente, a acreditar-se que, apesar de todos os seus males, a Terra não é o paraíso perdido de que falam as Escrituras. O contato com ela, ao que se infere da frequência com que os Espíritos se entendem com os vivos, não é, ao menos para os mortos, desprovido de encantos. Para mantê-lo, arriscam-se eles a tudo — até (quando dados às letras ou às ciências) a cair no inferno das demandas jurídicas, que só têm atrativos para os que trouxeram do ventre materno o gosto das aflições e a vocação do martírio.

É preciso, realmente, que a Terra disponha de um poder de sedução extraordinário para que, apesar do Nazismo, da vaidade e estupidez dos homens, e de outros flagelos menores, os mortos se interessem pelo que vai nela e baixem das alturas por onde adejam a confabular com os pobres dos vivos...

PLÍNIO BARRETO

(*Diário de S. Paulo*, 3-6-1944.)

A QUESTÃO SUSCITADA PELA FAMÍLIA DO ESCRITOR HUMBERTO DE CAMPOS

Como resolveria a contenda o advogado Aníbal Vaz de Melo — "A nova ordem terrestre virá mais uma vez do Alto"

O *Estado de Minas* noticiou, há dias, que a família de Humberto de Campos, residente na capital do país, ia reclamar, perante a Justiça, os direitos autorais das obras daquele escritor, que teriam sido ditadas, do além-túmulo, ao médium Chico Xavier.

Como é sabido, o médium de Pedro Leopoldo já fez editar algumas obras póstumas do grande escritor patrício e que se acham, principalmente, nas livrarias espíritas do país.

Pode a família do morto reivindicar um direito para quem já atravessou as fronteiras da vida?

OUVINDO O DR. ANÍBAL VAZ DE MELO

A propósito da celeuma que ora se levanta em torno do assunto, fomos ouvir o advogado e escritor Aníbal Vaz de Melo.

Estudioso dessas questões e acompanhando de perto os trabalhos mediúnicos de Chico Xavier, o nosso entrevistado de hoje poderia dizer-nos coisas interessantes a respeito.

Acedendo, disse-nos o Dr. Aníbal Vaz de Melo:

— Começarei a minha entrevista fazendo várias ponderações preliminares. Estamos em face de uma sensacional novidade jurídica, pelo menos no Brasil.

1º — Morto o corpo físico, dão-se os seus despojos à terra; logo, é evidente, sobrevive a este corpo uma parte inteligente que nele habitava e agia. O corpo físico é um veículo provisório para a peregrinação do Espírito pela Terra.

2º — Se de fato existe esse princípio inteligente, inegável é haver pluralidade de mundos e, portanto, de existências.

3º — Todas as religiões humanas não negam a sobrevivência desse princípio — alma, espírito — chegando mesmo a Ciência oficial a afirmar com Flammarion a existência de planetas habitados.

Pergunta-se:

A entidade civil, concebida por todo direito, compõe-se de corpo e espírito. Mas o corpo não tem expressão sem o espírito. Logo, a personalidade civil é do Espírito. Entretanto, a expressão civil — indica o cidadão, objetar-se-á. Mas esse cidadão, se é que o corpo nada é sem o Espírito, deve ser o próprio Espírito. Se deve ser o próprio Espírito, este tem personalidade jurídica, decorrente de sua existência *in sé*.

A questão deste planeta e do direito dos homens é esta: — herdeiros de Humberto de Campos podem, dada a sua vocação hereditária, sucederem em seus direitos autorais de obras por aquele Espírito transmitidas *post mortem suam*?

Admitida a hipótese, está admitida, *ipso facto*, a sobrevivência legal da alma, que as religiões não negam, e, portanto, o primado do Espiritismo.

A EFICÁCIA DA LEI CIVIL

— Intercorre, porém, esta outra pergunta interessante: pode o Direito Civil brasileiro, ou outro qualquer, produzir efeitos jurídicos em trabalhos de entidades habitando outros mundos?

Pela negativa, tem-se que admitir a existência de um Direito internacional planetário que ainda não foi criado, ao que nos consta.

Dir-se-á: Humberto de Campos, porém, é brasileiro, escreve nessa língua e as suas comunicações são dadas em território brasileiro, sobre assuntos nacionais, caracterizados.

Então, pergunta-se, como decidir nesse caso?

— Decidir-se-á — parece-nos — aplicando a lei territorial, nacional, porquanto o fato de relação jurídica se passa no Brasil, de onde Humberto era filho, veio do outro mundo dar as suas comunicações, objeto do litígio de sua família. *Mutatis mutandis* é o mesmo que se determinado missionário brasileiro fosse à China, por exemplo, e lá praticasse atos ou fatos de que decorressem direitos, pois deviam estes ser aplicados de acordo com a lei do país referido, já que a sua delegação é das comuns — missionário, propagar o Evangelho, a fé.

Consequência: provado o direito pleiteado, disso resulta, evidentemente, que a existência do Espírito, que as religiões não negam, é uma verdade; e pela lei humana, que ele se comunica, que é também lei de Jesus, e, finalmente, ser inegável a pluralidade dos mundos habitados e o intercâmbio entre eles.

Como dizíamos, pretendem os herdeiros e sucessores de Humberto de Campos pleitear os direitos autorais consequentes a trabalhos mediúnicos psicografados por Francisco Cândido Xavier.

DEPOIS DA MORTE

Mas aqui há uma questão a se decidir, de suma importância: — aberta a sucessão, o domínio e a posse da herança transmitem-se, desde logo, aos herdeiros legítimos e testamentários (art. 1.572 do Código Civil).

Pergunta-se: No caso Humberto, este, tomando nova personalidade psíquica e, portanto, física e, nestas condições, tendo produzido trabalhos, em face do nosso Direito, já que se trata de nova pessoa, devem passar às pessoas que lhe eram parentes neste mundo?

Resposta: — Não, porque pelo mesmo Direito, ele morto, *mors omnia solvit* e, assim, a relação jurídica pelo mesmo Direito está desaparecida. Mesmo até porque, se sustentarmos a transmissão dos direitos sucessórios pleiteados, vamos de encontro ao texto citado da lei, que abrange apenas o patrimônio deixado em vida pelo *de cujus*, seja qual for.

Tanto assim que se pode formular esta hipótese decorrente e correlata: se viúva deixar ele, esta não poderia convolar a novas núpcias, ficando de pé então o vínculo jurídico do matrimônio, o que é contra o dispositivo claro de nossas leis, que permitem à dita viúva a nova convolação matrimonial.

Minha opinião, resumindo: em face da lei, os herdeiros presuntivos atuais de Humberto de Campos nenhuma ação têm, porque se a todo direito corresponde uma ação (art. 75 do Código Civil), inexistindo o direito, inexiste a ação, como se prova com a argumentação em últimas consideranda expendidas.

De maneira que, falar em hipóteses de cessão e de responsabilidade criminal são propriamente hipóteses e nada mais, mesmo porque, como se vê, não podem ter alicerce em lei, salvo *jus constituendo*.

Depende do paladar jurídico de cada um e, assim, já dizia o velho Horácio: *De gustibus non disputandur*.

O ASPECTO ESPIRITUAL DA QUESTÃO

— Sinto-me bem à vontade para falar, porque sou um espectador dos acontecimentos, sou um livre-pensador com formação interior profundamente espiritualista.

Vejo nesse incidente provocado pela família de Humberto de Campos o dedo oculto do mundo invisível. A discussão para mim foi propositadamente provocada com o fito único de chamar a atenção das consciências humanas, dos intelectuais e estadistas, principalmente, para as grandes verdades de uma outra vida além-túmulo, cheia também de belezas, de trabalhos, de lutas e de realizações interiores. Com essa certeza de uma outra existência, os homens na Terra procurarão pautar todos os seus atos diários sob o prisma de moral mais severa e rigorosa, dando-lhes ao mesmo tempo uma noção mais apurada de responsabilidade individual. Serão plenamente responsáveis até pelos seus pensamentos mais íntimos e secretos. Creio firmemente de que há nisso tudo uma intervenção do mundo invisível. Tudo parece indicar também que estamos vivendo o começo da grande hora anunciada por João, no *Apocalipse*. Os sinais dos tempos são bem veementes. Aproxima-se a hora de darmos o testemunho do Cristo. A nova ordem social terrestre virá mais uma vez do Alto, de onde partiram sempre todas as ideias novas. Aí está o exemplo do próprio Cristianismo que, remodelando o mundo, transfigurou a face do planeta.

A VIDA CONTINUA

— Depois dos memoráveis estudos, trabalhos e pesquisas levados a efeito por William Crookes, Charles Richet, Bergson, Freud, Lombroso, Marconi e Einstein no campo das ciências psico-físico-experimentais, não podemos mais negar a existência de forças ocultas, sutis e inteligentes, que vibram em outras dimensões do cosmos.

Assim, por exemplo, no setor da fenomenologia mediúnica, Chico Xavier é um acontecimento impressionante. *Paulo e Estêvão* é um monumento de beleza literária e a mais notável biografia que já li, entre as muitas, sobre a vida do grande convertido da estrada de Damasco. Mesmo a obra de Renan e a de Maritain são bem inferiores à psicografada pelo médium humilde e simples de Pedro Leopoldo.

Eu mesmo tenho presenciado fenômenos metapsíquicos estupendos no plano da quarta dimensão. E a *Bíblia* está repleta desses fatos maravilhosos, muitos já plenamente comprovados e explicados pela Física moderna de Einstein. Sinto-me hoje profundamente convencido desta enorme verdade interior: — o Nada não existe, a vida continua... A sobrevivência do ser humano é um fenômeno de desintegração atômica e celular.

(*Estado de Minas*, 3-6-1944.)

ASPECTOS DA QUESTÃO EM FACE DA LEI BRASILEIRA

A LIBERDADE RELIGIOSA E A FORÇA DO DOGMA

A questão surgida em torno das comunicações espíritas psicografadas por Francisco Cândido Xavier e atribuídas ao Espírito de Humberto de Campos continua a despertar o mais vivo interesse.

Apesar do seu ponto de vista contrário a qualquer religião e malgrado a sua absoluta convicção ateísta, o Sr. Hugo Baldessarini, conhecido advogado desta capital, concedeu ao *Diário da Noite* a entrevista que segue, ressalvando que expendia suas considerações porque o assunto transcende à esfera da Religião, em virtude de aparecer como uma tentativa de restrição à liberdade religiosa.

LIBERDADE RELIGIOSA

Depois de recordar a vida de Humberto de Campos e salientar que seus livros obtiveram ainda maior circulação após a morte do escritor patrício, o Sr. Hugo Baldessarini declara que a sua família não tem razão para haver proposto a ação declaratória contra o médium Chico Xavier e a Livraria Editora da Federação Espírita, com o objetivo de apurar a veracidade das aludidas "manifestações" ou "comunicações" e de declarar, por sentença, o seu direito aos direitos autorais, caso ficasse apurada a autenticidade das "comunicações" em apreço.

E prosseguindo, disse:

— Antes de qualquer coisa, porém, cumpre consignar que orientarei a nossa palestra pela comparação entre as religiões Católica e Espírita e a liberdade que igualmente deve ser assegurada a ambas, por isso que, tanto os princípios ou dogmas católicos como os espíritas estão igualmente protegidos pelos mesmos dispositivos inscritos na Carta Constitucional brasileira.

A única diferença existente, entre os princípios ou dogmas católicos e espíritas, é que os primeiros são ditados e apoiados por uma organização eclesiástica de disciplina universal, erigida em Estado, ao passo que os últimos emanam de uma religião sem organização disciplinar universal e sem a proteção de um Estado. Todavia, isso não tem importância alguma do ponto de vista das liberdades religiosas, de vez que, tanto vale uma religião universal organizada como outra sem organização universal. Não fora assim e o Catolicismo seria a única religião garantida por ampla liberdade, pois é a única universalmente organizada.

Isto posto, entremos no assunto.

A liberdade religiosa e a liberdade que todos têm de professar qualquer religião estão asseguradas pelo art. 122, incisos 1 e 4 da Carta Constitucional de 1937.

Assim, é claro que os dogmas religiosos, desde que não atentem contra as instituições político-sociais, podem ser pregados e praticados com a mais ampla liberdade, podendo ter a mais ampla publicidade.

O ESPIRITISMO NÃO É OBRIGADO A PROVAR A SOBREVIVÊNCIA E COMUNICAÇÃO DOS ESPÍRITOS

— Os autores católicos — continuou — entre os quais podemos citar dois deles que mereceram aplausos do próprio Papa — padre Leonce de Grandmaison, S. J. e padre

W. Devivier, S. J. — definem a Religião como o conjunto de vínculos e ligações morais que unem o homem a Deus, e dos deveres que daí se originam.

Conforme esta definição, não há dúvida de que o Espiritismo é uma religião, pois nele se estabelece a existência de um Deus e um conjunto de regras filosóficas e morais tendentes a ligar o homem à divindade. Essas regras, que existem com algumas diferenças em todas as religiões, chamam-se dogmas.

Assim o Catolicismo inclui entre seus dogmas o da divindade de Jesus Cristo, o da queda dos anjos e o da dualidade estrutural do homem; o Espiritismo sustenta o dogma de que o homem é um todo formado de três partes distintas: corpo, espírito e perispírito. Sustenta mais que, após a morte do corpo, espírito e perispírito sobrevivem, devendo novamente se unirem a outro corpo, para viverem uma nova vida humana.

Não há que cogitar da veracidade ou não deste dogma, porquanto, se a religião é livre, esta liberdade há de ter a amplitude de permitir que a mesma use de qualquer meio para evidenciar e propagar os seus dogmas.

À luz da razão e da experiência não há dogma religioso que resista, uma vez que todos eles são incompreensíveis e fantásticos e não podem ser experimentalmente provados; entretanto, a fé, que sobreleva a razão, segundo o dizer dos religiosos, é o único meio idôneo de evidenciar a veracidade do dogma.

O Catolicismo, religião tão respeitada entre nós, não tem outro meio de provar seus dogmas senão por intermédio da fé.

Vejamos, porém, o que é a fé. Um dos concílios do Vaticano definiu-a como a virtude sobrenatural, pela qual, prevenidos e auxiliados pela graça de Deus, cremos como verdadeiro o conteúdo da revelação, não em virtude de sua verdade intrínseca, vista pela luz natural da razão, mas por causa da autoridade de Deus, que não pode enganar-se ou enganar-nos. (*Psicologia da fé*, padre Leonel Franca, S. J., pág. 13.)

Fé, segundo os católicos, é, pois, a convicção absoluta, sem raciocinar, na interpretação que a Igreja Católica dá aos Evangelhos.

O Estado, neutro em matéria religiosa, concede à Igreja Católica o direito de sustentar o mencionado dogma, logo, deve conceder à religião espírita o mesmíssimo direito, no atinente a dogma semelhante ou a outro qualquer.

Dessa forma, não se poderá cogitar se é verdade ou não que o Espírito seja uma coisa distinta do corpo, se "reencarna" muitas vezes e se se comunica com os homens por meio de "médiuns". Verdade ou não, todos têm o direito de acreditar nesses princípios, e a religião espírita tem o direito de propagar e praticar estes dogmas, por isso que a sua autenticidade religiosa está garantida pelo dogma da fé.

Da mesma maneira que a Igreja Católica tem o direito de pregar e praticar a fé, estabelecendo o dogma de que os Evangelhos por ela interpretados devem merecer o mais absoluto crédito, independente de qualquer raciocínio, a religião espírita tem idêntico direito de pregar e praticar a fé, estabelecendo o dogma de que seus ensinamentos, calcados, aliás, nos mesmos Evangelhos, devem merecer o mais absoluto crédito, de acordo com o que tem sido escrito pelos fundadores e doutrinadores da religião espírita, à frente dos quais colocam Allan Kardec.

ESPÍRITO NÃO TEM HERDEIROS NEM SUCESSORES

— Ora — prosseguiu S. Sa. —, conforme ensinam os doutrinadores e fundadores do Espiritismo, o Espírito é uma coisa distinta do corpo, vive muitas vidas através de muitos corpos e comunica-se com os vivos por meio dos "médiuns". Verdadeiros ou não estes dogmas, repetimos, o Estado tem o dever de proteger a sua publicidade e a sua prática.

Dessa forma, conclui-se facilmente que se o Espiritismo dogmatiza que o espírito é distinto do corpo, é claro que, depois da morte deste, nenhum laço ligará mais o espírito aos restos mortais, tampouco, aos parentes do defunto, que teriam sido parentes do corpo e não do espírito; pois que, estabelecendo, ainda, o Espiritismo um outro dogma referente à "reencarnação" dos mesmos espíritos, estabelece, em consequência, o corolário de que os espíritos não têm parentes, a menos que se considerassem seus parentes todas as pessoas que estiveram ligadas, por laços consanguíneos ou legais, aos muitos corpos de que se revestiu o espírito através de muitas vidas.

Mas, neste último caso, ninguém teria direitos sobre os trabalhos dos espíritos, porque não existe nenhuma lei que regule a sucessão dos mesmos e porque eles não teriam herdeiros nem sucessores, pela simples razão de serem imortais, segundo preceitua outro dogma, comum ao Catolicismo e ao Espiritismo.

O Espírito de Humberto de Campos não seria, portanto, o escritor Humberto de Campos, e este nome, atribuído ao referido Espírito, não implicaria relacioná-lo ao escritor Humberto de Campos, porquanto, assim como o Espírito em apreço se teria chamado, em uma de suas vidas, Humberto de Campos, teria tido, igualmente, uma infinidade de nomes em outras tantas vidas.

No que concerne a essa debatida questão encarada no que se relaciona com a lei civil brasileira, o direito da família do saudoso escritor mostra-se ainda bastante precário. Em face da lei, Espírito não é sujeito de direito.

O Espírito, que segundo o Espiritismo é coisa bem diferente do homem cuja definição encontramos no Código Civil, seria aquele que preexistiria antes do nascimento do homem e subsistiria após sua morte. E esta entidade, esta coisa, não é sujeito de direitos nem obrigações, conforme se deduz da própria lei.

Em conclusão — finalizou o nosso entrevistado —, podemos dizer que a religião espírita tem o direito de pregar a sobrevivência e a comunicação dos Espíritos, sem ser obrigada a oferecer qualquer prova racional ou experimental, ao mesmo tempo que, de acordo com o próprio Código Civil e a definição legítima que lhe dá o Espiritismo, o Espírito de Humberto de Campos não é sujeito de direito e não tem nenhuma relação com o escritor Humberto de Campos nem com sua família.

É, pois, absurda e reacionária a tese que se procura sustentar perante os tribunais, porquanto nela se insinua, com muita habilidade, uma restrição à propaganda da religião espírita.

(*Diário da Noite*, 15-7-1944.)

OPINAM OS PROTESTANTES SOBRE O RUMOROSO CASO

As declarações do presidente do Sínodo Central Presbiteriano

Prosseguimos, hoje, na enquete que vimos realizando sobre o inédito e curioso caso judicial em torno das obras psicografadas pelo "médium" Chico Xavier e ditadas pelo Espírito de Humberto de Campos, com a entrevista que nos concedeu o Rev.mo Dr. Galdino Moreira, que, na qualidade de presidente do Sínodo Central Presbiteriano Brasileiro, é o mais alto dignitário da Igreja Protestante no Distrito Federal. Já se manifestaram a respeito da rumorosa questão vários estudiosos de Espiritismo e hoje damos a palavra da religião protestante, tão bem representada entre nós pelo nosso entrevistado, que fomos encontrar em sua residência, na Tijuca. Atendeu-nos gentilmente, manifestando com entusiasmo sua viva impressão sobre "as atitudes imparciais, honestas e tolerantes deste diário carioca", cuja atuação, diz S. Rev.ma, "é das mais decisivas e brilhantes na formação de uma alta e sadia mentalidade brasileira".

Iniciamos então nossa palestra.

CASO GRAVE E SÉRIO

Fizemos-lhe a primeira pergunta:
— Que acha V. Rev.ma do rumoroso processo ora em agitação em nosso Foro, contra o Espiritismo, em torno do "médium" espírita Francisco Cândido Xavier e da Federação

Espírita Brasileira e as supostas obras por eles editadas, e atribuídas ao Espírito de Humberto de Campos?

— O amigo — respondeu-nos — acaba de empregar, sobre este assunto, a frase — "rumoroso processo". Encaro-o, porém, sobre aspecto bem mais sério e mais grave do que parece. Rumoroso caso, concordo, pelo inédito que o cerca. Curioso será, ainda, pela natureza própria da questão. Quanto ao aspecto puramente jurídico, em face do direito positivo, julgo-o nulo *ab initio*. Quero crer que, em face do atestado de óbito que existe, certo e autêntico, desde 5 de dezembro de 1934, dia saudoso no qual faleceu neste mundo o famoso escritor maranhense Humberto de Campos, encerrou-se para as lides e tribunais humanos a existência objetiva do notável escritor. A sobrevivência ou não de seu espírito no mundo espiritual e o fato ou não fato das possibilidades de agir esse espírito, desta ou daquela maneira, sob tais ou quais condições *sui generis*, já não são mais assunto para exame e foro terrenos, e sim matéria essencialmente metafísica, caso de fé, de doutrina e teoria totalmente sujeita ao critério da livre escolha dos indivíduos. Vê, pois, o meu redator, que, inicialmente, não vejo no processo ora em andamento base alguma para solução jurídica eficaz, convincente e regulamentar. É de si próprio, este assunto, de todo em todo, problema fora da alçada dos tribunais e do direito positivo.

— Em que julga, então, V. Rev.ma, "grave e séria", como acaba de expressar-se, a presente demanda?

O Rev.mo pastor estende a mão, apanha entre alguns livros, que estavam mesmo ao alcance, um volume da Constituição Brasileira, e, solene, responde-nos:

— Processo sério e grave nas suas consequências, se for acolhido e levado a efeito, Sr. redator, por causa deste livrinho precioso — a nossa Carta Magna. Encaro o

Espiritismo exatamente como é, tal como se apresenta e se divulga no país e precisamente como de fato por aí vive e se agita — uma crença religiosa, uma teoria científica e uma doutrina filosófica. Veja este outro livro aqui. É o livro-código, entre outros, do credo espírita — *O Livro dos Espíritos*. Veja estes lugares que há muito sublinhei. Olhe aqui, às págs. 13, 14, 15, 22 a 27 e seguintes, do volume da 18ª edição em português, 110º milheiro, editado e vendido pela Federação Espírita Brasileira. É obra do Codificador e apóstolo pioneiro da crença espírita — Allan Kardec. Logo na abertura se define a natureza, a essência e o campo do Espiritismo. É "doutrina", é "filosofia espiritualista", é "ciência" — contendo os princípios referentes à imortalidade da alma, à natureza dos Espíritos e suas relações com os homens, às leis morais, à vida presente, à vida futura e ao porvir da Humanidade, segundo os ensinos dados por Espíritos superiores, com o concurso de diversos médiuns, recebidos e coordenados por Allan Kardec. Evidentemente, o Espiritismo, por essa "Confissão de fé" e outros livros de divulgação generalizada em toda a parte, é uma religião, um credo, uma doutrina. Não é nova entre nós. Possui organizações, centros de propaganda e de ensino públicos, propriedades, adeptos aos milhares, literatura própria, comércio de obras religiosas, instituições de caridade, exercendo, enfim, no país, livre e ampla existência como credo religioso.

75.600 ESPÍRITAS NO DISTRITO FEDERAL

Faz uma ligeira pausa e prossegue:
— Não sabe o senhor que no próprio censo realizado em 1940, no Brasil todo, foi incluído como religião, e que se apurou mesmo haver, só aqui no Rio de Janeiro, 75.600

espíritas, declarados professos dessa fé e teoria? Embora seja eu crente de outro credo e deseje de coração que minha religião — a Evangélica — consiga a supremacia nas consciências dos brasileiros, não posso ver com bons olhos, senão com pesar, que a liberdade de consciência e de crença, no meu país, possa sofrer o menor detrimento, o mais leve arranhão.

NÃO É POSSÍVEL ADMITIR-SE O EXAME DOS CREDOS RELIGIOSOS

— Ora — continuou S. Rev.ma —, se o Espiritismo é uma crença, uma fé, uma doutrina, está, *ipso facto*, sob a garatia soberana e inviolável da nossa Lei Magna que, neste assunto, como no mais, é digna, nobre e democrática. Veja aqui, na nossa Carta Maior, o art. 122, nº 1: "Todos são iguais perante a lei". Ouça o nº 4: "Todos os indivíduos e confissões religiosas podem exercer pública e livremente o seu culto, associando-se para esse fim e adquirindo bens, observadas as disposições do direito comum, as exigências da ordem pública e dos bons costumes". E atenda ao art. 32, letra "b": "É vedado à União, aos Estados e aos Municípios estabelecer, subvencionar ou embaraçar o exercício de cultos religiosos". Pois bem, se o credo espírita, religião e confissão, com seu culto, seus bens e plenitude de exercício, no país, aí está, sob a garantia desses princípios sagrados de nossa Carta Magna, não posso ver senão como perigoso precedente, e de graves consequências, qualquer decisão judiciária e de foro que implique, se for contra a fé dos espíritas e de sua liberdade de agir no seu credo, como bem desejarem.

(*Diário da Noite*, 29-7-1944.)

CIDADÃO DO OUTRO MUNDO

A jurisprudência dos homens e a
realidade do Além

Prosseguindo na série de reportagens em torno do rumoroso caso judicial originado da ação declaratória proposta pela família do saudoso escritor Humberto de Campos, para resguardar os seus interesses em face da publicação, pela Federação Espírita Brasileira, das obras psicografadas por Francisco Cândido Xavier e atribuídas ao Espírito daquele beletrista, o *Diário da Noite* divulga hoje a entrevista que, a propósito, nos concedeu o advogado F. L. de Azevedo Silva, escritor e estudioso dos fenômenos psíquicos e anímicos.

A *DELENDA CARTHAGO* DE DUAS ESCOLAS

— Interessante essa figura jurídica — disse-nos inicialmente S. Sa. — que, pela primeira vez, ingressa em nossos tribunais como matéria nova, que jamais foi ventilada em tribunal algum, pondo em cheque a *delenda Carthago* das duas escolas — a materialista, em que logicamente se decalcam as leis humanas, e a espiritológica, que será um dia o alicerce da jurisprudência universal, quando a ciência acadêmica deixar de repeli-la *a priori* e de combater o Espiritismo de oitiva, pela simples volúpia de condenar por condenar — de condenar sem conhecer, escravizada que ainda está à escola acadêmica, à sentença draconiana do papa Justiniano, amordaçando as consciências, sob o regime do *credo quia absurdum*.

Já passou esse tempo; o domínio das coisas não pode, hoje em dia, subordinar-se ao conceito das seitas, sejam elas filosóficas, religiosas ou científicas; têm de ceder lugar à razão pura, que esclarece os espíritos emancipados de fascismo de qualquer natureza, porque a época os vem abroquelando nos imperativos do Direito, do que é justo, do que é verdadeiro, sem constrangimento.

Temos então que essa lide forense há de ser dirimida ao influxo das duas filosofias, que na aparência divergem, mas em realidade se completam — Materialismo e Espiritualismo, na certeza de que o Direito não será uma ciência íntegra, a ciência do que é justo e certo, enquanto não perder o medo às almas do outro mundo e não tomar conhecimento do que se passa nos dois ângulos bilaterais — no verso e reverso da existência em que se processa o dinamismo dos seres vivos. Quando não, continuará a justiça dos homens na lamentável ilusão de condenar o justo pelo pecador. Exemplifiquemos o caso de um "médium" em transe que pratique um homicídio. A Justiça indaga: Quem matou? Respondem as testemunhas, apontando para o "médium": — Foi aquele sujeito. — Pois condene-se esse indivíduo — conclui a escolástica materialista, na ignorância de que o verdadeiro autor foi um Espírito obsessor do "médium", que se apoderou do corpo físico deste, para praticar o delito, como o pianista que se utiliza do piano para executar as harmonias que entende. Mas como as cordas do piano não executam harmonias sem que alguém as toque, tampouco o aparelho físico do "médium" executaria o delito se não houvesse uma força ou vontade estranha que nele atuasse, pois é bem certo que, por vezes, a vítima do delito é uma pessoa amada pelo "médium" — aparente autor do delito.

NÃO ESTÃO À DISPOSIÇÃO DO PÚBLICO TERRESTRE

O nosso ex-colega de imprensa faz uma ligeira pausa para acender um cigarro e depois prossegue:

— Daí se conclui que a ciência acadêmica precisa penetrar no estudo do Espiritismo para não tomar o efeito pela causa; se assim fora, não haveria necessidade de desviar-se de suas ocupações o "médium" Francisco Cândido Xavier, a fim de abrir uma sessão espírita e pedir ao Espírito de Humberto de Campos que baixe à Terra e diga se ele é ele mesmo, como se os habitantes do Além estivessem à disposição do público terrestre para satisfazer curiosidades insatisfeitas. Tampouco para colher prova grafológica da letra do "médium", a fim de constatar se a letra é sua ou do Espírito. A semelhança observa-se, entretanto, muitas vezes, mas, segundo o estado nervoso do "médium". É preciso, porém, lembrar que aos Espíritos não impomos a nossa vontade, pelo contrário, nós é que estamos submissos à sua.

HUMBERTO DE CAMPOS ESTÁ SUBMISSO ÀS LEIS DO ALÉM

Em seguida o nosso entrevistado refere-se aos "teólogos" e "cientistas", aos quais compete opinar sobre o assunto, conforme declarou o advogado da família Humberto de Campos. Disse que se os primeiros forem sectaristas, a sua opinião será também imbuída do mesmo sentido e, assim, não podem opinar, porque são inconsequentes, não são lógicos, contrapõem os seus dogmas aos postulados científicos, a fé ao testemunho dos fatos. Quanto aos cientistas — continua — estes sim, podem opinar, com a condição, porém, de que o sejam sem preconceitos, sem *parti pris*, mas cientes e conscientes da verdadeira Ciência, pois que já não mais estamos no tempo do — "creio ou não creio", mas sim do — "eu sei ou não sei".

Não tem, pois, razão — disse-nos — o ilustre professor Austregésilo, que também foi ouvido pelo repórter e declarou — "não acreditar que o Espiritismo venha esclarecer a obra literária de Humberto de Campos", e que "só é verdade o que ele escreveu do próprio punho, tudo mais é imitado, é mistificação". E conclui que — "essa não pode ser levada para o lado jurídico (?!) porque é insustentável. De modo que pode servir para satisfazer a curiosidade pública, mas não se pode aceitar na verdadeira Ciência".

Positivamente, não atino no que queiram dizer esses conceitos do distinto neurologista patrício. Será que é vedado a alguém escrever verdades que outros ditem? — ou que se possa julgar *a priori* matéria que se não conhece? — ou que "não possa ser levado para o lado jurídico" uma reivindicação de direitos autorais? — ou que alguma questão não possa ser aceita (nós traduzimos por discutida) na verdadeira Ciência?

Quisera eu então saber qual é a verdadeira Ciência, a cuja porta deva bater quem tenha direitos a pleitear, senão essa mesma que fica do "lado jurídico", à sombra da qual se procura despistar a atenção das sociedades atuais, presumindo com isso negar a existência da vida metafísica, no esquecimento ou ignorância de que é ela o elemento plasmador da vida física.

Debalde, porque o lado jurídico das questões é precisamente esse que dirime as controvérsias e as dúvidas, e, como tal, há de demonstrar à luz da razão e do fato concreto que, embora não mais existindo neste mundo material em que vivemos, Humberto de Campos existe, mas já despojado dos direitos de obrigações deste mundo, e como tal apenas sujeito às leis do mundo em que atualmente habita. Humberto de Campos já não é mais um homem, é um Espírito, e os Espíritos e seus atributos, como os seus atos, não estão sujeitos às leis da Terra; a jurisprudência dos homens não existe absolutamente para eles.

Para que os herdeiros de Humberto de Campos-homem tivessem direito material sobre o que produz Humberto de Campos-Espírito, isto é, *post mortem*, seria necessário que este o autorizasse pela via normal da mediunidade, que é a forma idônea de que se pode servir um Espírito para se comunicar com os habitantes da Terra. Tal autorização, ao que me consta, não foi dada pelo Espírito que, encarnado, se chamou Humberto de Campos, e era uma pessoa jurídica, mas hoje deixou de o ser e é apenas um "agênere", ou cidadão de outro mundo muito diverso do nosso; a ele não atingem as nossas leis — a menos que se estabeleça, com autorização do Pai Eterno, um tratado de extradição.

Esse é que é o tal "lado jurídico" que há de matar essa interessante questão em que tem de ser chamado, não pode deixar de ser chamado, como fiel da balança, para esclarecer os olhos vendados da peregrina Têmis, porque o materialismo, por si só, seria incapaz de o fazer. Entretanto, para o Direito irmanado ao Espiritismo, isso é canja, como dizem no pitoresco da gíria popular — concluiu o escritor e advogado F. L. de Azevedo Silva.

(*Diário da Noite*, 19-7-1944.)

A IDENTIFICAÇÃO DOS ESPÍRITOS

O Barão de Itararé, o popular e querido humorista, deixou o seu *ridendo castigat mores*, para tratar seriamente da questão.

Fê-lo com galhardia e muito senso:

"Dentro em breve a Justiça terá que se manifestar a respeito da autenticidade ou falsidade das obras atribuídas ao Espírito de Humberto de Campos. O pronunciamento dos nossos tribunais sobre o assunto está sendo provocado pela família do saudoso escritor, que, com isso, deseja fazer cessar essas publicações ou participar de possíveis proventos materiais decorrentes da venda dos livros que circulam como sendo da autoria do estilista de *Roseiras e carvalhos*.

A questão, como se vê, gira em torno da identificação de um Espírito. Mas este é justamente o grande problema, que tem sido objeto de acurados estudos, não apenas de indivíduos isolados, mas também de associações científicas da mais alta reputação em todo o mundo.

A Sociedade de Pesquisas Psíquicas de Londres, por exemplo, já tem realizado famosas experiências, sob a direção de notáveis sábios, que se valeram do controle dos mais aperfeiçoados instrumentos de Física. Esses homens, com a colaboração de um médium, conseguiram não somente a materialização de um Espírito, mas ainda a descrição de todo o mecanismo dessa materialização. Muitas documentações foram colhidas desses trabalhos.

Verificaram que, durante o fenômeno de materialização, o médium perdia uma parte do seu peso, porque cedia uma boa porção de seus fluidos, que eram utilizados pelo Espírito para se tornar fisicamente visível, podendo, portanto, ser também fotografado.

Para a grande maioria da Humanidade, que é como São Tomé, essas demonstrações seriam mais do que suficientes para uma crença inabalável.

Mas os homens de ciência são piores do que São Tomé. Este queria ver para crer, mas os cientistas nem vendo acreditam.

A materialização não basta para uma prova de identidade. A fotografia não é suficiente para se afirmar que se trata deste ou daquele Espírito. Nem as declarações categóricas do Espírito podem constituir por si a expressão da verdade.

Nós vimos no cinema a vida de Pasteur. Acompanhamos, cheios de emoção, os episódios culminantes das suas grandes lutas pelo bem da Humanidade. Naquele filme estava o espírito que animou a existência do apóstolo do bem. Mas aquela figura que nós víamos não era, afinal, a de Pasteur, mas a de Paul Muni.

Mas Paul Muni teve a intenção de nos mistificar?

Ou Paul Muni realizou uma obra sincera, encarnando, como um médium cinematográfico, o Espírito de Pasteur?

Diante destas perguntas, é-nos lícito indagar se a Justiça pode se manifestar de maneira definitiva sobre a identidade do Espírito de Humberto de Campos.

Se tal fizer, provocará a maior revolução espiritual de todos os tempos, porque é atrás da solução dessa questão que de há muito se batem as vanguardas que marcham à frente da evolução.

BARÃO DE ITARARÉ".

(*Diário de Notícias*, 13-7-1944.)

SÃO VERDADEIRAS AS OBRAS DE ALÉM-TÚMULO

No Espiritismo é respeitada a liberdade de discordar

O caso das publicações feitas pela Federação Espírita Brasileira, em livros, das reportagens de além-túmulo, atribuídas a Humberto de Campos e transmitidas por intermédio do "médium" Chico Xavier, continua a prender a atenção pública, através dos depoimentos das pessoas mais autorizadas, quer no setor espírita, quer no setor jurídico.

Folha Carioca, no intuito de esclarecer esse caso *sui generis*, constituído pelo fato de a família daquele escritor reclamar em Juízo direitos autorais das obras ou a sua apreensão, apresenta, hoje, a entrevista do Dr. Sílvio Brito Soares, secretário do Ministro da Fazenda e destacado elemento das organizações espíritas desta capital.

LIBERDADE DE DISCORDAR NO ESPIRITISMO

Ao perguntarmos qual a sua opinião sobre o que pleiteia a família de Humberto de Campos a respeito da ação que vai propor contra a Federação Espírita Brasileira, respondeu-nos o Dr. Sílvio Brito Soares:

— No Espiritismo não existem dogmas que nos cerceiem a liberdade de discordarmos sobre pontos doutrinários e mesmo impugnarmos conceitos veiculados mediunicamente, tanto que Allan Kardec, o Codificador ilustre da Doutrina dos Espíritos, aconselha ser preferível sempre recusarem-se noventa e nove verdades a aceitar-se uma mentira! Daí o não aceitarmos cegamente, como muitos supõem, tudo o que traz o rótulo de espírita. Com referência às obras mediúnicas de Chico Xavier, não tenho dúvida em considerá-las perfeitamente aceitáveis sob qualquer aspecto por que as encaremos.

SÃO VERDADEIRAS AS REPORTAGENS

— Mas, embora sempre depositasse absoluta confiança na mediunidade de Chico Xavier, por se tratar de uma criatura profundamente humilde, sincera, a par de moral comprovada, só adquiri a certeza de que as belas comunicações atribuídas ao Espírito de Humberto de Campos eram verdadeiras após haver lido tudo quanto esse escritor legou ao mundo, pois que até então jamais tivera a curiosidade de lê-las.

E, como eu, um número incalculável de pessoas, em virtude das comunicações desse Espírito tão querido, têm agora adquirido suas obras literárias, a fim de conhecer e sentir a vida terrena desse amigo dos sofredores e infelizes.

PREJUÍZOS PECULIARES AO ASSUNTO

— É preciso esclarecer-lhe — prossegue o nosso entrevistado — que toda obra mediúnica tem de se ressentir dos naturais prejuízos peculiares ao aparelho transmissor. Não é possível exigir-se, em trabalhos dessa natureza, saiam eles escoimados de quaisquer senões perfeitamente desculpáveis.

A moral, meu amigo, é tudo para os verdadeiros profitentes do Espiritismo, e a moral desse médium está acima de qualquer suspeita. Eu o conheço e sei que só possui o curso primário. É inteligente, não há dúvida, e, não fugindo à vulgaridade, tem a esmaltá-la um verniz cultural sobremodo superficial e que jamais lhe possibilitaria produzir os vários e magníficos trabalhos que a Federação Espírita Brasileira vem editando e nos quais são focalizados, com profundeza e sabedoria, assuntos científicos, religiosos, históricos, sociológicos, literários etc. Quem os lê, sem espírito preconcebido, desde logo conclui que somente uma pessoa realmente culta seria capaz de abordar todos esses assuntos com a concisão e clareza como eles são ventilados nesses livros.

PODERIA COMPARAR-SE COM AFRÂNIO PEIXOTO

— Admitindo-se que ele não seja simples veículo dessas admiráveis produções, a conclusão a tirar-se é que tudo quanto até hoje deu à publicidade é fruto exclusivo de seu aprimorado saber. Nestas condições, bem poderia ele, por direito de conquista, ombrear-se com Afrânio Peixoto, uma das poucas exceções dos homens cultos e produtivos da época presente, de tão acentuada preguiça mental. O próprio Humberto de Campos, certa vez, aludindo à pessoa desse notável acadêmico, disse que ele não era apenas um escritor: era uma Academia; era uma legião de escritores; que escrevia com as duas mãos, as quais, assim mesmo, lhe não correspondiam ainda à atividade do espírito.

SIMPLES APARELHO RECEPTOR

O mesmo poder-se-ia dizer de Chico Xavier, não fosse ele médium, simples aparelho receptor de mensagens espíritas. Durante o dia, é escravo de suas obrigações funcionais; nas horas de folga, dedica-se, de coração aberto, à prática da caridade, e não sei como poderia encontrar tempo e resistência física para meditar e escrever com a prodigalidade assombrosa que todos nós, espíritas, conhecemos. Seus parcos vencimentos são, por assim dizer, insuficientes para fazer face às responsabilidades de família que pesam sobre seus ombros e difícil lhe seria desviar qualquer quantia para aquisição de um único livro dos mestres do saber humano. Tudo que conhece é oriundo dos próprios ensinos que os Espíritos cultos transmitem por seu intermédio e pela leitura e meditação dos vários artigos insertos na bem cuidada revista *Reformador*, que a Federação Espírita Brasileira lhe envia. Diga-se de passagem que no ano transcurso essa criatura, com todo o peso do saber que lhe querem emprestar, veio a esta capital submeter-se a um dos mais simples concursos do DASP e, no entanto, foi galardoado com o clássico "inabilitado".

A DISCUSSÃO É PROVEITOSA

Essas dúvidas surgidas sobre as produções mediúnicas não redundarão em desprestígio para a Doutrina dos Espíritos?

— Absolutamente não — respondeu o Dr. Sílvio Brito Soares. — A discussão é sempre proveitosa, e os espíritas estimam-na, pois o que geralmente se vem observando é que, após as campanhas acirradas contra o Espiritismo, mais engrossam as suas fileiras. É, sem dúvida, meu amigo, como muito bem asseverou Antero de Quental, não só uma maneira de propor os grandes problemas: é já um começo de resolução deles, porque é a dúvida que lhes circunscreve o terreno e os define; ora, um problema circunscrito e definido é já uma certa verdade adquirida e uma preciosa indicação para muitas outras verdades possíveis.

PREFERE SILENCIAR

Finalizando a nossa entrevista, perguntamos ao Dr. Sílvio Brito o que achava sobre a pretensão da família de Humberto de Campos, ao que retorquiu prontamente:

— Peço-lhe licença para silenciar, é uma questão de foro íntimo, de consciência, e eu, absolutamente, não me julgo com direito de me intrometer nesse delicado assunto. As sutilezas próprias do sentimentalismo de cada um, quer me parecer, devem ser respeitadas. Uma coisa, porém, posso adiantar-lhe: é que as obras atribuídas ao Espírito de Humberto de Campos só o elevam, só o dignificam e o tornam sempre lembrado e querido, não somente pela já bastante numerosa família espírita brasileira, mas também por todos aqueles que, não comungando, embora, com a nossa doutrina, sentem o despertar de novas esperanças com a simples leitura de suas obras, sempre palpitantes de amor cristão!

BÊNÇÃOS E CONSOLAÇÕES

— Creio, mesmo, que a família de Humberto de Campos, bem pesando a soma de bênçãos e de consolações que o Espírito de seu saudoso chefe vem, com seus escritos, proporcionando a tantas almas sofredoras, sentir-se-á feliz, não impedindo que esses orvalhos espirituais continuem trazendo o nome de seu autor, nome que, aliás, já se tornou um patrimônio de todos os brasileiros e mui especialmente dos simples e humildes! E quantos poderosos e potentados, mal transpõem os umbrais da Eternidade, ficam para sempre esquecidos, sem poder desfrutar a alegria de receber no Espaço as vibrações carinhosas dessas preces que de todos os recantos da Terra de Santa Cruz, num movimento contínuo, envolvem o Espírito de Humberto de Campos numa aura de paz e de ventura!

(*Folha Carioca*, 14-6-1944.)

É UMA REALIDADE O FENÔMENO ESPÍRITA — DECLARA O VELHO PROFESSOR

A questão da letra e da identificação da entidade que ditou as obras atribuídas a Humberto de Campos

O professor M. Tenório d'Albuquerque é o nosso entrevistado de hoje sobre o caso que se vem debatendo, referente às obras psicografadas por Francisco Xavier e atribuídas ao Espírito de Humberto de Campos. Trata-se de uma figura tradicional do magistério, pois conta mais de sessenta anos de atividades e, a despeito dos seus 73 anos, é uma inteligência de lucidez admirável e portador de cultura invejável. Modesto, vive para os seus alunos e faz das aulas o seu meio de viver. Engenheiro militar reformado e estudioso dos fenômenos anímicos e espíritas, o ilustre professor há mais de trinta anos é dedicado estudante de Espiritualismo.

Em palestra com o jornalista, no Hotel Belo Horizonte, à rua do Riachuelo, onde reside, S. Sa. teve oportunidade de referir-se aos seus estudos a respeito, para concluir depois pela aceitação da operosidade do Espírito de Humberto de Campos no além-túmulo.

AS RELAÇÕES ENTRE OS SERES DOS PLANOS FÍSICO E ESPIRITUAL

— Aceito completamente a possibilidade — disse-nos S. Sa. — da comunicação entre os seres humanos ainda no plano físico e os dos outros planos. Durante mais de trinta anos venho estudando esse fenômeno e, se o aceito, não é por simples leitura ou opiniões alheias, pois suponho ter o discernimento preciso para não embalar-me em sugestões, e sim por várias provas pessoais, obtidas quer em reuniões, quer isoladamente. Os homens livres de paixões e aqueles desenvolvidos culturalmente não podem negar a transcendência de fatos diante dos quais só há uma atitude respeitosa, que é a de não negá-los. Encarem-nos como quiserem, eles aí estão a desafiar a inteligência em escala sempre crescente. O *Diário da Noite* já evidenciou nas entrevistas anteriores a existência, com detalhes, de casos assombrosos e inegáveis. O de Francisco Xavier é um deles.

NÃO TEM IMPORTÂNCIA A QUESTÃO DA LETRA

O professor Tenório d'Albuquerque faz uma pausa e, após, tece considerações acerca de casos que põem em evidência a sobrevivência do Espírito e a sua operosidade.

Referindo-se ao Espírito que fez as comunicações psicografadas por Chico Xavier e atribuídas ao de Humberto de Campos, declarou que é levado a crer que se trata realmente da entidade do escritor patrício que esteve presente às reuniões em que foram recebidas as comunicações.

— Nada posso dizer — afirmou-nos — a respeito do estilo e letra das comunicações. Não fiz nenhum estudo comparativo e não tenho elementos para tal. Penso, porém, que a questão da letra não tenha tanta importância, pois um Stradivarius nas mãos de um principiante não produzirá a mesma vibração que com um Borgeth, ou outro mestre no violino. Ademais, segundo dizem, o médium Francisco Cândido Xavier, além de não possuir cultura, é um trabalhador, e sua mão deve ser um tanto pesada para o desenho e para grafar os vocábulos.

NÃO SE TRATA DE MISTIFICAÇÃO

E, finalizando, acrescentou:

— Todas as pessoas que conhecem o médium mineiro são unânimes em afirmar a sua honestidade. Diante disso, não posso deixar de crer que seja realmente a individualidade de Humberto de Campos a entidade que vibra, pois é pouco provável que Francisco Xavier decorasse tudo que psicografou, que tivesse lido todos os trabalhos de Humberto de Campos e decorasse escritos semelhantes, num dia, para reproduzi-los na reunião seguinte, como mistificador e, ainda mais, que perdesse tempo desenhando a grafia, para que a letra fosse, pelo menos, parecida.

Aliás, tenho provas da variação de letras no pouco que tenho escrito, por intuição segundo dizem, tudo dependendo do sistema nervoso e da calma interna.

(*Diário da Noite*, 14-7-1944.)

COMO SE COMPORTOU A ACADEMIA DE CIÊNCIAS DE LISBOA EM FACE DOS ESTRANHOS FENÔMENOS APRESENTADOS PELO MÉDIUM FERNANDO DE LACERDA

Debatem o assunto intelectuais e estudiosos
da interessante questão

Apresentamos, hoje, aos nossos leitores a palestra que o Dr. Saladino de Gusmão manteve com o *Diário da Noite* sobre o sensacional debate em torno das obras psicografadas por Francisco Cândido Xavier e atribuídas ao Espírito de Humberto de Campos, que a Livraria Editora da Federação Espírita Brasileira pôs à venda em cinco volumes. A palavra do nosso ilustre entrevistado é uma das mais autorizadas sobre o assunto, que foi levado, como se sabe, à Justiça, pela viúva de Humberto de Campos, numa ação declaratória, para determinar se as obras são ou não realmente do escritor patrício. Em caso negativo, pergunta a autora se cabe a apreensão das obras e aplicação de sanção penal; e se for confirmada a procedência, pergunta se lhe cabem e aos filhos os direitos autorais sobre elas.

Além de ser engenheiro civil, S. Sa. foi professor de Direito Internacional e é vice-presidente da Academia Carioca de Letras, desempenhando ainda outras atividades, entre as quais a de tesoureiro da Sociedade de Medicina e Espiritismo. Escritor brilhante e possuidor de extensa bagagem literária, conheceu de perto Humberto de Campos e as suas letras.

OS ATOS DOS ESPÍRITOS NÃO GERAM DIREITOS

Depois de referir-se às reportagens anteriores do *Diário da Noite*, S. Sa. declarou:

— Disseram já, outros confrades, criteriosos conceitos sobre direitos autorais de obras ditadas por Espíritos; nada tenho a acrescentar. Entretanto, porque o assunto interessa também às classes de menor cultura, insistirei no bê-a-bá do caso em foco.

Não há na Legislação Brasileira, nem na alienígena, qualquer coisa que se lhe possa ligar; os entrevistados anteriores não abordaram a face jurídica da questão, por isso mesmo.

Não têm, não podem ter razão os herdeiros de pessoas desencarnadas, sobre atos destas *post mortem*. Antes da encarnação no parente que se reclama, o mesmo Espírito ocupou outros corpos, com outros nomes, todos diferentes, pertencentes a outras famílias e até domiciliado em lugares distantes. A encarnação é uma passagem transitória; repete-se uma ou mais vezes, tantas quantas necessárias para purgar as penas de sua missão.

Durante ela, o Espírito está ligado à matéria; mas terminada, um evola-se e vai prestar contas ao Pai Eterno e a outra decompõe-se e espalha-se, aderindo a novas vidas.

O que chamamos "morte" e é, em verdade, "vida", liberta o Espírito; não há, pois, como ter direitos sobre coisas do outro reino. Como disse muito bem Levindo Melo: "A seara do reino espiritual é imensa, maior mesmo que o espaço iluminado pelo Sol e do que tudo o que podemos ver".

POR QUE NÃO SÃO IGUAIS AS DUAS PRODUÇÕES DE HUMBERTO DE CAMPOS

Em seguida disse:

— O médium Francisco Cândido Xavier é absolutamente honesto; suas faculdades psíquicas são sobejamente conhecidas e experimentadas por provas, em presença de cientistas de renome que nunca as negaram.

Não resta dúvida que foi o Espírito do insigne beletrista Humberto de Campos que lhe ditou as belas páginas dos livros reclamados; o estilo o denuncia. Leiamos os escritos da vida terrena e comparemo-los com os da vida espiritual, psicografados pelo médium.

O leitor mais exigente e apurado poderá, porventura, notar mais brilho nos primeiros; é que o fulgurante escritor nunca abriu as portas de sua oficina literária a artigos escritos ao correr da pena. Os impecáveis trabalhos que tanto apreciamos, ele os burilava uma e mais vezes e só depois de muito lustro e polimento atirava-os à publicidade.

Francisco Cândido Xavier é um moço de poucas luzes, modesto, nunca poderia pretender embair a ninguém, porque seu temperamento não aceita expedientes contrários à sua moral impecável.

Por que insistir ainda? Retornado o Espírito para o Espaço, desatam-se todos os laços de parentesco apertados na vida terrena; lá não há consanguinidade, não mais pai, mãe ou irmão.

Instrumento de entidades do Espaço, Xavier mereceu a graça de ser o intermediário com o mundo, por ser puro, honesto e desambicioso. Ainda que médiuns se apresentem, nem todos reúnem qualidades para o bom desempenho de missões como as que lhe têm sido confiadas.

UM CASO SEMELHANTE SOBRE O QUAL A ACADEMIA DE CIÊNCIAS DE LISBOA SILENCIOU

— Para não me alongar mais — disse-nos, finalizando, S. Sa. — citarei um caso a que assisti em Lisboa, quando de volta de uma das minhas viagens à Europa. Fernando de Lacerda, que muitos anos depois veio fixar-se no Rio, apresentava fenômenos invulgares, cumulando mesmo princípios científicos consagrados.

Apresentado em sessão plena da Academia de Ciências, em presença de grande auditório, recebeu e psicografou versos de João de Deus, artigos de Napoleão Bonaparte, de Erasmo, de Heine, e de notáveis cientistas e literatos. Isso fazia conversando e sorrindo, enquanto a mão direita escrevia. Não satisfeito, tomou de um livro, abriu-o e leu páginas inteiras, ao mesmo tempo que a pena corria no papel, recebendo comunicação de além-túmulo, sem se interromper nem perturbar.

Essas comunicações foram publicadas em quatro volumes sob o título *Do país da Luz*, já muito conhecidas.

A Academia de Ciências, talvez receosa das penas católicas, não se manifestou, preferindo o silêncio.

Francisco Cândido Xavier não faz milagres, mesmo porque não há milagres. O petitório apresentado em Juízo é ingênuo. Conhecedora que não fosse a Justiça da Doutrina Espírita, nada poderia fazer, por ausência de legislação própria. Afinal — concluiu o Dr. Saladino de Gusmão — ia eu penetrando na parte jurídica, confiada à sabedoria de eminente juiz. Que Deus me perdoe.

(*Diário da Noite*, 7-7-1944.)

DJALMA ANDRADE E OUTROS INTELECTUAIS VIRAM "COISAS QUE OS ASSOMBRARAM"

"Chico Xavier é um fenômeno real, inegável, absoluto, que cumpre estudar, compreender e, se possível, explicar" — assevera o professor Melo Teixeira

Com as respostas ontem publicadas, cresceu ainda mais o interesse acerca da enquete do *Diário da Tarde* sobre a "psicografia" de Chico Xavier. O palpitante inquérito é o assunto do dia na cidade e, em torno das opiniões que vêm sendo publicadas, os comentários dominam todas as rodas. Há aplausos, discordâncias, atitudes de incredulidade, de sectarismo, de simples ceticismo. Muitos leem e continuam afastando o problema, desejosos de permanecerem alheios ao seu estudo, de não penetrarem no seu âmago. Contudo, todos acompanham com extraordinária curiosidade o movimentado debate, que hoje prossegue com os pontos de vista de Djalma Andrade e J. Melo Teixeira, ambos autorizados e brilhantes.

CHICO XAVIER E OS MORTOS ILUSTRES

Assim nos respondeu Djalma Andrade:
— Há, em Belo Horizonte, pessoas que têm o curso completo de Chico Xavier, como, por exemplo, o Dr. Melo Teixeira, o Dr. César Burnier e outros. De fato, já vi o famoso médium em transe. Por curiosidade, em companhia de

Agrippino Grieco, Hermenegildo Chaves e outros amigos, fui ver e ouvir o discípulo de Kardec. Como sempre, foi Humberto de Campos o fantasma que apareceu solícito. Lembro-me, até, de que Chico Xavier advertiu: — O Espírito se dirige para o lugar em que está o Dr. Grieco. O ilustre crítico, instintivamente, afastou a cadeira para dar passagem à alma de Humberto de Campos...

COISAS ASSOMBROSAS

— Chico Xavier, sem tirar o lápis do papel, escreveu, correntemente, coisas que nos assombraram. Achei tudo aquilo extraordinário e inexplicável. Como não entendo este mundo, também não quis meditar sobre o outro... "Há muita coisa entre o Sol e a Terra fora do alcance da nossa vã filosofia..."

SOBRE A POESIA

— Tenho ouvido muita gente culta dizer que os versos do *Parnaso de Além-túmulo* são inferiores aos poemas escritos pelos seus autores quando vivos. Não penso assim. Também li os versos escritos por Chico Xavier sem a colaboração de Espíritos. Achei-os inferiores e frouxos. Aliás o médium gosta de logogrifos, e sua musa está sempre a serviço de Édipo. Os poemas de Bilac, Raimundo Corrêa, Guerra Junqueiro e Augusto dos Anjos, transmitidos do Além, deixam-nos aturdidos.

POR QUE NÃO VEM A MÚSICA DO ALÉM?

— Mas por que Chico Xavier não faz o mesmo com a música? — continua Djalma Andrade. — Por quê, no piano, arrebatado pelo Espírito de um maestro, não compõe uma sonata? Não seria, parece, exigir muito. Na poesia está aprovado. Acho até, sem ironia, alguns dos sonetos do Além superiores aos dos poetas quando encarnados. Alguns foram meus conhecidos neste mundo. Lendo-os, agora, sou forçado a reconhecer que progrediram muito...

SOLUÇÃO QUE NÃO VIRÁ

— A questão judicial surgida, neste momento, não resolverá o problema. Em Portugal um grande médium fez um livro do mesmo gênero — *Do país da Luz* — e não me consta que as famílias dos defuntos protestassem...

UMA ESPÉCIE DE RECEPTOR RADIOFÔNICO

— Na opinião dos entendidos, Chico Xavier é apenas um instrumento sensível às vozes do Além. Uma espécie de rádio ligado para o Infinito. Pode até perder essa estranha faculdade, o que não é raro. Um filho do ilustre clínico Dr. Ismael Faria, o "menino calendário", dizia, com os olhos fechados, o número dos automóveis que passavam na sua rua; com exatidão, adivinhava o dia da semana de todas as datas do passado. Num só dia, perdeu todos esses dons extraordinários.

E Djalma Andrade termina:
— Também o professor Mozart, famoso, há vinte anos, é hoje um modesto ferroviário; incapaz de fazer qualquer previsão. Ele próprio confessa, com certa melancolia:
— Não adivinho mais nada, nem ao menos o dia do pagamento da Central...

(*Diário da Tarde*, Belo Horizonte, 28-7-1944.)

O DEPOIMENTO DE MELO TEIXEIRA

O professor Dr. J. Melo Teixeira começou assim a resposta à enquete do *Diário da Tarde*:
— A questão, ora em foco, da autoria real das obras de além-túmulo, publicadas sob o nome de Humberto de Campos, no fundo, não passa de uma mera disputa de lucros comerciais, em que o editor dos livros de Humberto-vivo se vê prejudicado pela concorrência que lhe estão fazendo os editores de Humberto de além-túmulo.

Quem deve exultar com o caso é o mundo espírita, pois, se a Justiça terrena reconhecer que à família e ao editor privilegiado cabem os direitos autorais dos trabalhos psicografados por Chico Xavier, implicitamente ficará reconhecida por sentença judiciária — que coisa gozada! — a existência do mundo invisível em atividades tangíveis neste mísero planeta em que habitamos.

ASPECTO CIENTÍFICO E ESPECULATIVO

— Esse aspecto comercial da questão não me interessa — continua o professor Melo Teixeira. — Interessa, sim, e muito, o aspecto científico e especulativo do problema, por dar azo a que possam ser devidamente discutidas a figura singular de Chico Xavier, as suas faculdades supranormais e o mecanismo de produção da sua vultosa e notável bibliografia psicografada.

Sinto-me, pois, à vontade, para depor no debate originado em torno da pretendida autoria das obras póstumas de Humberto de Campos e "psicografadas" por Francisco Cândido Xavier, ou Chico Xavier, como melhor é conhecido entre "crentes" e "profanos".

Não porque me julgue capaz de desvendar o "mistério" ou o "fenômeno". Mas simplesmente "porque conheço, de velha data, o "médium", não só pessoalmente, em sua capacidade mental e cultural e em suas atitudes de homem, como, o que é tudo, tenho examinado, *de visu*, vezes reiteradas, o "modo", o "processo" de realização de muitas das produções literárias por ele "recebidas" ou que melhor expressão convenha.

De leitura atenta e com espírito de crítica lhe conheço toda ou quase toda a bagagem escrita e que já vai por uma vintena de volumes, sobretudo as produções atribuídas a Humberto, um autor muito manuseado em vida, e as de natureza poética.

Na questão, sinto-me bem em opinar, pois não me tolhem preconceitos de ordem religiosa. Sou um espírito liberto, mas sequioso, sempre, da verdade que me penetre pela razão. Acho igualmente respeitáveis todas as crenças e os crentes todos, que o sejam sincera e de boa mente.

Por pura especulação intelectual, desde muito me preocupo com a fenomenologia supranormal ou metapsíquica, como lhe chama o grande Richet.

Sou, pois, um investigador curioso do assunto e não de hoje. Possuo um acervo de observações bem interessantes que me têm feito refletir e julgar tais fatos com a precisa circunspecção intelectual.

O próprio Chico Xavier foi, por certo tempo, objeto de minhas pesquisas.

Posso, pois, depor com certo conhecimento de causa e com isenção plena de espírito.

AUTÊNTICO FENÔMENO

Prossegue o professor Melo Teixeira:
— Chico Xavier é em suas atividades supranormais um "fenômeno"; integralmente um "fenômeno" real, inegável, absoluto, que cumpre estudar, compreender e, se possível, explicar.

Negar, pôr em dúvida, deformar o fato; "sorrir superiormente", desdenhar e concluir de oitiva, pode ser uma atitude muito cômoda, mas que a ninguém convence nem instrui.

O homem de pensamento, de ciência, diante de um fenômeno "novo" ou "anormal", não pode, mais, negá-lo, aprioristicamente. Já vai longe o dogmatismo científico. Deve, sim, observá-lo, e como aconselhava Magendie — *observer comme une bête*. Só então estará em situação de estudá-lo; entendê-lo e explicá-lo.

PASTICHE INADMISSÍVEL

— No caso vertente não se pode admitir, como explicação — o "pastiche" literário; uma maravilhosa capacidade de imitação de estilo. Tampouco sumarizar a interpretação em simples caso de fraude ou mistificação, por prévia elaboração de composições literárias simuladamente escritas de momento como se então recebidas, ou simples reprodução por memória, de trabalhos alheios adrede e meditadamente redigidos.

Tais argumentos são por demais elementares e insubsistentes e só podem ser esposados por quem jamais viu como Chico Xavier os elabora e em que condições os escreve.

São um *pis aller* que só viria complicar e confundir ainda mais a questão, já de si tão intrincada.

Só quem nunca presenciou, em circunstâncias diferentes de observação, Chico Xavier produzir seus trabalhos; só quem nunca, de propósito preconcebido, lhe falou e com ele trocou ideias, para poder seguramente avaliar-lhe as possibilidades intelectuais e o ínfimo acervo de seus conhecimentos; só quem não conhece o meio em que ele vive e os recursos de cultura que oferece; e só quem nunca lhe leu e analisou a multifária obra escrita — é que poderá, ingenuamente, falar em mistificação e, sobretudo, em *pasticherie* e contrafação de estilo e de autores.

Fazer *pastiche*, imitar o estilo de prosadores e poetas — *à la manière de* — depende de pendor e jeito especiais, exige prévia e diuturna leitura dos autores a imitar; paciente esforço de elaboração, de retoques, de policiamento da produção conseguida e isto em tentativas que demandam tempo.

Fazê-lo, como Chico Xavier o costuma, de improviso, numa elaboração e redação instantâneas, sem segundos sequer de meditação para coordenar ideias, passando em sucessão ininterrupta da prosa ao verso, da página de ficção para a de filosofia, ou moral; trasladando a composição para o papel em escrita manual vertiginosa que qualquer não consegue em trabalho de cópia ou quando reproduz um assunto que tenha de cor — é alguma coisa de inexplicável, que não está ao alcance de qualquer imitador de estilos ou amadores de contrafação literária.

NÃO EXISTE CIÊNCIA INFUSA

— Mas vá que tal maravilha seja admissível: imita-se o estilo; a técnica de verso; o rimário preferido; o meneio da frase; a escolha do vocabulário; a feição e natureza das imagens. Mas e as manifestações de cultura, de erudição, nos mais diversos assuntos, que o contexto revela?

Também isso se pode imitar, improvisar?

Como explicar, dentro da imitação do estilo, as citações certas e adequadas de datas e fatos históricos; de acontecimentos e personalidades; os apropósitos elucidativos do tema; as referências, comparações e conceitos científicos, críticos, filosóficos, literários, que somente um lastro de conhecimentos variados, sedimentados e sistematizados no tempo permitem e só dominados por leituras e estudos pregressos, devidamente meditados? Tudo isso é passível de imitação, de improvisação?

Improvisar cultura, erudição, conhecimentos é crer em "ciência infusa"; é admitir sabedoria de "geração espontânea"; é conceber erudição congênita ou hereditária.

Não. O subconsciente recebe, registra, acumula e reproduz, fiel ou deformado, mas somente o que passou pela porta crítica da consciência. Não cria do nada.

Conhecimento não se improvisa; adquire-se.

É precisamente o aspecto da erudição, a evidenciação de conhecimentos, o que mais ressalta, muito acima do estilo, e nos moldes culturais do autor, na obra póstuma do glorioso escritor maranhense, como em outras páginas de prosa e particularmente nas poesias de Junqueira, de Antero de Quental, de Hermes Fontes e mesmo de Augusto dos Anjos e vários outros.

Para tal explicação teríamos de conceber Chico Xavier como uma cerebração incomum, dotado de capacidade de ideação e improvisação fora de todos os cânones da Psicologia normal. Ou, então, admitir que outra cerebração excepcional, anônima, desconhecida, exista em Pedro Leopoldo, capaz de escrever no gabinete essa multivariedade de páginas de ficção, de filosofia, de crítica, de religião e de moral, em prosa e verso, em estilo imitativo perfeito e que, por pilhéria, se ocultasse e impersonalizasse, somente para "embelecar os pacaus" e fazer-nos crer em almas do outro mundo.

Na verdade, seria "*trop fort*".

ONDE RESIDE O FENÔMENO

— Não é preciso julgar-se Chico Xavier um analfabeto, "de pai e mãe", para só então admitir que ele seja incapaz de "pastiches" ou de imitação de estilos.

Disponha ele até de alentada cultura científica e literária, ele ou mesmo algum membro de academias de letras, e, ainda assim, seriam absolutamente incapazes de produzir obra literária, em prosa e verso, na profusão em que o tem feito e sobretudo nas "condições" em que ele perpetra as páginas, que tem divulgado.

O modo, a maneira de produzi-las é que é insólita e refoge a todo mecanismo normal psicológico.

Nisso é que reside o fenômeno que urge elucidar.

Uma ou duas das páginas maravilhosas, atribuídas a Humberto de Campos, eu vi, com meus próprios olhos, à luz forte de lâmpadas elétricas, Chico Xavier escrever em laudas corridas, sem se interromper um segundo para concentrar o pensamento.

Fronte amparada na mão esquerda, em ponto de apoio sobre a mesa, a mão direita célere deslizava no papel, em movimento puramente automático, mecânico, enquanto ele, Chico Xavier, em lucidez perfeita, podia responder a uma ou outra interpelação acidental sem interromper a redação do que elaborava.

Assim, igualmente na produção de dois maravilhosos sonetos: um à Antero de Quental, e outro magnífico de inspiração, de forma e de verdade, à Hermes Fontes, improvisado este em condições tão especiais e singulares, que valeu por uma experiência perfeita.

O PROBLEMA A INVESTIGAR E RESOLVER

— Esses são os fatos reais, que precisam ser vistos e devidamente analisados.

Por que mecanismo se processam eles?

Esse é o problema a investigar e resolver.

Mistificação, grande embuste, no caso, são palavras sem significação que não merecem conjeturas decentes. É a saída fácil dos que não conhecem ou temem enfrentar a questão.

Capacidade intelectual simplesmente dotada de processos psicológicos específicos, individuais? Então é Chico Xavier um supranormal fora dos limites do fisiopsiquismo humano. É portanto uma exceção à regra, que precisa ser estudado.

Será uma organização psíquica capaz de polarizar forças e emanações mentais ambientes e dinamizá-las voluntariamente?

Outro fenômeno de Parapsicologia que cumpre interpretar.

Ou, como o admitem os Espíritas, será ele um mero e passivo agente, sobre o qual, no caso em apreço, teria atuado o Espírito do próprio Humberto de Campos, sobrevivo ao perecimento da matéria corpórea?

Outro angustioso fenômeno a demandar decisivas elucidações, mais complexo e obsidiante ainda, por nos equacionar o misterioso problema do ser ou do não ser.

E assim termina o professor Melo Teixeira:

— O fenômeno aí está: é real. Cumpre estudá-lo e interpretá-lo, dando-lhe uma solução satisfatória.

Poderá ser dada?

Dicant Paduani.

(*Diário da Tarde*, Belo Horizonte, 28-7-1944)

FALA O MM. JUIZ DE PEDRO LEOPOLDO

PEDRO LEOPOLDO, 1 — (De Wagner Cavalcanti, enviado especial de *O Globo*) — A população de Pedro Leopoldo, em todo o município, é de dezenove mil habitantes: e não há aqui — eis uma verdade incontestável — uma só pessoa que ponha em dúvida a pobreza e honestidade de Chico Xavier. O povo admite tudo: que a Federação Espírita Brasileira seja obrigada a indenizar a família de Humberto de Campos, ou que esta, no final das contas, acabe convertendo-se ao Espiritismo. Admite, até, que haja um tremendo estrondo e a Terra desapareça. Mas não suporta duvidar-se, um instante só, da bondade e simplicidade do famoso médium.

— Chico Xavier é incapaz de matar uma mosca! — disse-me, com poderosa convicção, a Sra. Maria Eugênia Braga Melo Viana, sobrinha do ex-vice-presidente da República, Sr. Fernando Melo Viana.

E depois:

— Nasci aqui, sempre morei aqui. E para completar a frase: Deus me dará a suprema graça de morrer e ser enterrada aqui. Pois bem: jamais soube de alguma ação má do Chico. Que coração formidável, o dele!

CHEGOU, NÃO VIU, MAS JÁ SE CONVENCEU

O Sr. Walter Machado é jovem e culto. Tirou vários prêmios na Universidade de Minas Gerais e hoje é o Juiz de

Direito de Pedro Leopoldo. Chegou há poucos meses, ainda não viu Chico Xavier, mas já se convenceu da honestidade e bondade dele.

— Trata-se de uma pessoa benquista de toda a população — disse-nos o ilustre magistrado. — É muito fácil verificar-se o quanto de estima pública envolve o Sr. Francisco Cândido Xavier.

É claro que não me refiro às suas atividades mediúnicas: vejo, apenas, o lado humano da questão.

O ESPÍRITO DE CHOPIN

Um dos leitores desta seção pede-me detalhes, pormenores sobre o caso espírita do pianista a quem o Espírito de Chopin ensina música. Pois, com muito gosto, aqui reproduzo a notícia que há tempos os jornais publicaram.

É o caso que os meios musicais ingleses — segundo uma crônica de René Thymmy — ficaram muito emocionados com o que se considera "a volta de Chopin ao mundo dos vivos". Divulgou-se que o grande músico escolheu um estudante de piano, ao qual seu Espírito ensina, não apenas a virtuosidade do instrumento, mas também a interpretação da obra chopiniana.

Trata-se do jovem pianista Frank Cox, filho do diretor do *British College of Psychic Science*, de South Kensington, Londres. A esse moço é que o Espírito de Chopin dá lições de piano, esclarecendo-o, protegendo-o. Cox referiu fatos inquietantes. Contou, por exemplo, que, desde muito jovem, se sentiu misteriosamente atraído pela música e, em particular, pelo piano. Manifestando-se depois, nele, seus dons de vidente, teve a impressão de que Chopin se interessava por seus estudos, dando-lhe conselhos técnicos. Cox declara:

— Chopin me deu instruções detalhadas sobre a técnica do piano e me indicou, também, exercícios especialmente técnicos. Corrigiu faltas minhas, modificou o ritmo de várias composições, mudando as formas de expressão indicadas em diversas edições de suas obras, facilitando-me um conjunto de conhecimentos concernentes à sua interpretação.

A acreditar-se no mediunismo musical de Cox, Chopin se queixa da forma defeituosa com que interpretam suas obras. Censuraria aos *virtuosi* executá-las muito rapidamente. Cox teria perguntado:

— Mestre, continua tocando piano no Além?

Ao que Chopin teria respondido:

— Como acredita que eu possa viver de outro modo? Se não há harmonia, não existe, para mim, imortalidade possível.

A réplica é digna de Chopin. Nela, parece, de fato, se manifestou o gênio polonês. Mas o virtuose ainda afirma ter visto várias vezes as mãos do compositor dos "Noturnos" deslizando sobre o teclado, mostrando-lhe como deve interpretar este ou aquele trecho... Frank Cox, evidentemente, acredita no que diz. Quanto a nós, não estamos em condições de afirmar com tanta segurança se Chopin, na verdade, pode ou não dar lições de piano ao estudante de South Kensington.

De qualquer forma, o fato serve como esclarecimento a quantos, a propósito do mediunismo de Chico Xavier, acham que os Espíritos apenas escrevem e receitam...

EDMUNDO LYS
(*O Globo*, 1º-8-1944.)

IMPRESSÕES DO
SR. CAMPOS BRINFELD

A grafologia poderá prestar alguma contribuição à Justiça, no caso das obras psicografadas por Chico Xavier e atribuídas ao Espírito de Humberto de Campos? Eis o que o Sr. Campos Brinfeld aborda, na entrevista que nos concedeu, a propósito do rumoroso caso.

A PSICOGRAFIA E A GRAFOLOGIA

— A exteriorização do caráter que, em grafologia, se estuda na letra do indivíduo, está condicionada à atuação de um sistema nervoso físico, o do escrevente — disse-nos inicialmente S. Sa.

O modo de ser do psicógrafo — prosseguiu — está subordinado às suas peculiaridades temperamentais, e, sobretudo, às condições do seu sistema nervoso no momento de psicografar. A psicografia, porém, seria um caso da manifestação de "vida atual", se bem que do além-túmulo, diverso do atavismo, e, portanto, não sujeito às leis da hereditariedade.

Encarada pelo prisma material, a psicografia é um "automatismo", em que entra a personalidade de quem está psicografando. Logo, a escrita desse gênero, embora deva variar de acordo com as emoções de seu autor, e apresentar grandes modalidades de estilo, anomalias, variações de ângulo, de tamanho, de velocidade e outras, não deixa de ser a letra natural, um tanto alterada, da pessoa que a escreveu, mesmo em transe.

FALHA, A PROVA GRAFOLÓGICA?

Depois de ligeira pausa, o nosso entrevistado continuou:

— Os espécimes psicográficos que tenho examinado revelam as qualidades fundamentais do "psicógrafo", com modificações de forma atribuíveis ao estado emotivo. Às vezes, a própria ortografia não é a do manifestante, e ocorrem erros que este não teria praticado em vida.

Penso que a prova grafológica ou grafométrica seria falha para determinar a veracidade das efusões atribuídas ao saudoso Humberto de Campos.

Não me arrogo a suficiência espiritual para afirmar ou negar a sinceridade desse moço mineiro, embora nele reconheça, como todos, uma certa qualidade rara, metafísica e extraordinária, que não se pode explicar pelos princípios usuais da Ciência.

Irreverente seria contestar a tese fundamental do Espiritualismo, nem disso se trata. Trata-se de apurar a verdade de fenômenos recentes, que estão aí às claras, à vista de todos, e sobre os quais cada um deveria expressar-se naquilo que toca à sua especialidade.

EQUIPARAM-SE À PARÓDIA — EIS A SOLUÇÃO

Opinando sobre o aspecto jurídico, disse-nos o Sr. Brinfeld:

— Acho mal situada a contenda do ponto de vista dos direitos autorais, em que foi colocada. O Código Civil foi feito para relações concretas dos homens em sociedade, e não para regular a vida interastral. Em todos os países, as manifestações do gênero em apreço equiparam-se às paródias em literatura, não no sentido pejorativo, mas porque são aquilo que mais se lhes assemelha, pela evidência estilística.

Ora, a paródia é um direito reconhecido, assim como o é a caricatura. Principalmente tratando-se de celebridades, a lei reconhece o direito de imitar, desde que se declare a autoria, e que não haja o que se chama plágio, cópia servil ou reprodução das peças fundamentais do escrito de autor vivo ou morto.

Pondo-se, porém, em dúvida a intenção do psicógrafo, seria o caso de processá-lo no Tribunal do Crime, e não no Cível, já que, pelo suposto excesso, teria ele ofendido o direito moral do autor que parodiou — e não o patrimônio material deste último. Mas, para que houvesse ação penal, imperativo seria provar que houve *fraude*, *deturpação* ou *plágio*. Os trabalhos psicográficos de Chico Xavier são em si o exemplo da honestidade literária, do respeito à verdade, e não reproduzem nenhuma parte da obra vivente de Humberto de Campos, para que se possa considerar um plágio.

TESTAMENTO DE VIVO...

Finalizando, declarou:
— Por mim, quando eu morrer, quero deixá-lo declarado em vida, autorizo a todos quantos se interessarem pelas coisas que me interessam, o perscrutarem o meu Espírito nas regiões sobrenaturais, e, se captarem algumas vibrações póstumas de minha alma, publicarem-nas para a recordação dos meus entes queridos ou para o bem daqueles que, sem eu conhecer, poderiam ser beneficiados pelo pensamento, pela afeição ou pelo simples trato humano.

(*Diário da Noite*, 5-8-1944.)

NAS FRONTEIRAS DE
DOIS MUNDOS

Está despertando vivo sensacionalismo, em nossa imprensa, no momento, o caso da ação declaratória proposta pelos herdeiros de Humberto de Campos contra o conhecido "médium" Francisco Cândido Xavier e a Federação Espírita Brasileira, a propósito da obra "psicografada" daquele cintilante escritor, que a Federação vem publicando, com surpreendente êxito. O que desde logo causa estranheza neste caso é que os autores da ação somente agora, depois do "sucesso de livraria" da obra em apreço, tomaram tal atitude, não obstante saber-se que as aludidas publicações estão sendo feitas há vários anos. Afinal, que pretendem os herdeiros do saudoso escritor maranhense? Simplesmente, o impossível. Como se sabe, o objetivo da medida judiciária é provar a autenticidade da autoria de Humberto de Campos, a fim de garantir aos herdeiros as vantagens inerentes aos direitos autorais. Mas como fazer essa prova? A Ciência, dentro dos seus recursos atuais, ainda não encontrou, infelizmente, meios capazes de explicar a natureza dos fenômenos mediúnicos. Esses fenômenos, que são realmente curiosos, estão acima das nossas possibilidades intelectuais, e tudo quanto se afirma, a seu respeito, não passa de meras hipóteses, concebíveis, mas improváveis. O Metapsiquismo, a que Charles Richet dedicou uma parte de suas experiências científicas, não constitui uma ciência positiva. O conjunto de fenômenos, a que se tem dado aquela moderna denominação, ainda permanece na zona instável da psicologia anormal. Isto não quer dizer que eles não tenham fundamentos sérios e que devam ser negados pela Ciência. O homem ainda não evoluiu bastante para dominar todos os segredos da Natureza. *Felix qui potuit rerum cognoscere causas*, já proclamava Virgílio. O Espiritismo, ainda que, em muitos dos seus aspectos, interesse à Ciência, não pode deixar de ser considerado como doutrina religiosa. E, como religião, o seu exercício está garantido pelo princípio constitucional da liberdade religiosa. Deve-se notar mesmo que são bastante numerosos os seus adeptos no Brasil. Só nesta capital, segundo as recentes verificações censitárias, atingem a quase 80.000. A divulgação de obras psicografadas constitui um dos meios de difundir a Doutrina. Estas obras aparecem, na realidade, com uma suposta autoria, cujos direitos, porém, não podem ser motivos de pleitos judiciários, porque a lei não prevê o seu caso, por não atribuir capacidade jurídica aos mortos. O Código Civil assegura aos herdeiros e sucessores dos autores falecidos o direito de explorar a sua obra, por espaço de sessenta anos, "a contar do dia do seu falecimento".

É evidente, portanto, que os herdeiros e sucessores não podem pretender direitos sobre trabalhos que não se incluem no acervo literário do escritor, por ocasião de sua morte. A simples identidade do nome não legitima tais direitos, porque os nomes podem ser iguais e não constituem patrimônio exclusivo de ninguém. E tanto é assim que o próprio Código condiciona a legitimidade da autoria ao prévio registro na Biblioteca Nacional. Além disso, convém ainda perguntar: os "Espíritos" têm herdeiros? Não, porque estão "vivos" e porque ainda não existe uma Convenção

Interplanetária de Direitos Autorais. Posto de lado o aspecto grave da rumorosa questão judiciária, ainda há lugar para uma solução que, se não é muito razoável, tem, pelo menos, o mérito de ser prática: é procurarem os herdeiros de Humberto de Campos um meio de passar ao outro mundo e entender-se diretamente com o festejado autor de *Sombras que sofrem*, se é que se trata do mesmo autor das *Crônicas de Além-túmulo*. Porque, a não ser assim, parece-nos preferível lembrar o sábio conselho do professor Roger Collard, já há mais de um século, proclamando que cada um devia ser livre para procurar a Verdade como entendesse, mesmo pelos mais extraordinários caminhos.

(*Gazeta Judiciária*, 27-7-1944.)

O ESTILO É O HOMEM?

BRILHANTE OPINIÃO DO DESEMBARGADOR MÁRIO MATOS NA ENQUETE DO *DIÁRIO DA TARDE*

Cinquenta anos é a idade da cataplasma, do mingau e do Espiritismo — O autor das obras de Humberto de Campos é o Diabo — No domínio do Direito, não há defuntos autores, mas autores defuntos

Desde o primeiro dia, não diminuiu um só instante o grande ambiente de interesse que se formou à margem do inquérito do *Diário da Tarde* sobre a autenticidade das obras psicografadas de Humberto de Campos. O curioso e palpitante debate, em que tomam parte, por nossa iniciativa, figuras singularmente expressivas da inteligência mineira, está analisando, por meio de opiniões as mais esclarecidas, um dos casos literários que maior celeuma tem provocado, no Brasil, entre autores e leitores. Ainda hoje, o *Diário da Tarde* insere uma notável resposta. É a de Mário Matos, nome que dispensa apresentação ou encômios, pois, de longa data, todos se acostumaram, no país inteiro, a vê-lo como uma de nossas formações culturais mais robustas. Eis o que nos disse o notável ensaísta de *O último bandeirante*:

— Vocês estão levando este caso em brincadeira, e ele é sério, constitui uma das maiores angústias humanas. O homem brinca com o mistério por não poder resolvê-lo. E assim procede, primeiro porque, entre o trágico e o cômico, há só a diferença de finalidade e, segundo, porque a ironia é atitude de independência. Mas é terrível encará-lo de frente. Terrível. Ele vem de longe a perseguir o homem amedrontado, funda-se na indeclinável necessidade de não nos podermos separar dos mortos queridos, das criaturas a que estamos ligados pelo coração ou pela inteligência. Tal sentimento vai-se intensificando à medida que nos aproximamos da morte. Vamos perdendo tudo, vamo-nos separando de tudo, e o isolamento, a solidão nos dá a sensação de que somos mortos-vivos. Perdidos os amigos, os parentes, os conhecidos, estamos sendo cercados pela Parca. Então, todos os que se veem na mesma situação se reúnem, buscam-se uns aos outros e, como não podem mais conversar, comerciar com os vivos de outra geração, aumenta o desejo de travar uma conversinha mole com os amigos que se foram.

AS OVELHAS COM MEDO DO LOBO

— Funda-se então um Centro Espírita. A ele acorrem todos os solitários de cinquenta anos de idade. É a época das compensações, é a idade da cataplasma, do mingau e do Espiritismo. Cataplasma para amansar inflamações, mingau para ajudar a digestão e Espiritismo para compensar a falta de atmosfera social pela reunião de ovelhas estropiadas com medo do lobo, que é a morte. União solidária. E são todos homens bons, humanitários e aposentados. Espalham pela cidade consolação em forma de homeopatia, caridade e folhetos psicografados. E toda noite, num recanto obscuro, se entretêm com os Espíritos, sabem o sentido do que dizem, enquanto a Via Láctea, como um pálio aberto, cintila nos céus... Eis por que a mocidade não pensa nessas coisas. É alegre, esquece o dia de ontem, não se preocupa com o futuro, julga-se imortal. Está de bem com o mundo, que povoa de ilusão. Ah! mocidade, mocidade.

A ÚNICA CONCEPÇÃO QUE O HOMEM NÃO SUPORTA

— Entretanto, o Além representa a mais profunda intuição humana, a sua polarização indesviável, invertida na ânsia de imortalização através da continuidade espiritual. Temos, no fundo, o sentimento de que, se a matéria não desaparece, mas se transforma, o Espírito, a alma persevera também. A vida dos mortos nos acompanha. A concepção do Nada é a única que o homem não suporta.

QUESTÃO SEMPRE INSOLÚVEL

— Este caso do escritor Humberto de Campos foi trazido aos jornais pelos seus aspectos jurídicos. Pois bem. Esta face da questão já passou para segundo plano. Não se discutem mais direitos autorais da família do morto, mas a imortalidade da alma e seu poder de comunicação com os vivos. Para nós crentes, sem embargo das vacilações naturais da fé e suas questões inevitáveis, o caso está resolvido pela religião revelada. Mas aos que não têm fé nem esperança de alcançá-la, a estes, ao quererem resolvê-lo, apresenta-se a inquietação da loucura. E digo inquietação da loucura porque, mesmo se admitindo a veracidade das comunicações dos mortos com os vivos, a questão permanece insolúvel. Todas as comunicações captadas até hoje são em termos e condições humanas e nada explicam do mundo do Além. Os Espíritos psicografados são iguais a si mesmos, como eram no mundo, essencialmente terrenos

nos defeitos e qualidades, senão até inferiorizados nuns e noutros. São todos precários. Concluímos então que lá é como aqui mesmo, o que encerra deplorável decepção.

UM DIÁLOGO

— Temos uma prova do que vai dito numa passagem da literatura astral de Humberto de Campos. Ele, de fato, soprou aos ouvidos do indefinível Francisco Xavier um diálogo que teve com Emílio de Menezes lá onde estão, nestes termos:

"Encontrei o Emílio radicalmente transformado. Contudo, às vezes, faz questão de aparecer-me de ventre rotundo e rosto bonacheirão, como recebia os amigos na Pascoal, para falar da vida alheia.

"— Ah, filho — exclama sempre —, há momentos nos quais eu desejava descer ao Rio como o homem invisível de Wells e dar muita paulada nos bandidos de nossa terra.

"E, na graça de quem, esvaziando copos, andou enchendo o tonel das Danaides, desfolha o caderno de suas anedotas mais recentes".

Como aí se vê, o boêmio, se mete, na outra vida, dentro do corpo que carregou aqui na Terra, impregna-se dos mesmos rancores, conta as mesmas anedotas picantes. É o Emílio que conhecíamos aqui, carregado dos defeitos que o popularizaram e deformaram moral e intelectualmente.

A SEMELHANÇA DO ESTILO

— Em relação a Humberto, dá-se igual fenômeno. Não há dúvida para mim de que o estilo das *Crônicas de Além-túmulo* é semelhante ao que o autor revelava em vida. Estilo linear, com todas as regras de sintaxe, cheio das mil e uma maneiras técnicas de Humberto de Campos. Estilo que segue todas as normas do bem escrever, segundo o critério ginasial de Albalat. E a semelhança se acusa tanto nas partes externas como nas intrínsecas. Sob este último critério, é admirável o comportamento jovial do prosador, através da escrita, traço característico da mentalidade do morto, quando era vivo. Aparece o gosto que ele tinha, tanto da imagem como da comparação. Há a mesma natureza de cultura e a mesma similaridade de erudição. Citações bíblicas, citações históricas, aplicação de casos e episódios ao assunto de que discorre. Sucedem-se igualmente as frases substantivas. Não sei se foi porque li as *Crônicas* astrais em hora propícia, mas verdade que achei o estilo do morto muito mais vivo.

Entretanto, similaridade de estilo, de cultura e de erudição não é prova "específica" de identidade, de autenticidade. Mas impressiona, de fato.

ONDE ENTRA O DIABO

— O professor Melo Teixeira declarou que assistiu a Francisco Xavier psicografar Humberto e que ele o fez a tratar de coisas diferentes. Isto me parece inexplicável. A atenção não se biparte quando concentrada em qualquer assunto. Quem escreve ou fala não pode pensar em coisa diferente da sobre que escreve ou está falando. Se Xavier psicografa assim, certamente que não é ele quem está atuando mentalmente. É outro. Principalmente, como diz Melo Teixeira, se o faz com vertiginosidade.

Aqui há um fenômeno estranho. Mas eu resolvo a complicação cá ao meu modo. Os espíritas o solucionam pelo deles. Para eles, é o Humberto quem está ditando as ideias. Para mim, é o Diabo. Sempre o Diabo as arma. Sua finalidade diabólica é a de confundir e apoquentar os homens. Para ele se disfarçar em Humberto, em Victor Hugo ou em Antero de Quental, é coisa facílima. E como nunca realiza obra perfeita, a maior parte das imitações é inferior às obras dos autores imitados, já conhecidas por nós. É por isso que faz Junqueiro escrever versos de pés quebrados e estropia de vez em quando sonetos do Quental. Este é o sinal de suas obras. É decalquista de sua própria natureza.

OUTRA COISA ESQUISITA

— O que também acho esquisito na mediunidade é que o psicógrafo nunca escreve, é o que me dizem, com a caligrafia do morto. Por quê? Caligrafia é fotografia do temperamento e da mentalidade do escritor. Basta considerar que um escritor ambidestro, ao mudar de mão no ato de escrever, não modifica a fisionomia da letra. Ainda ontem isto me explicava Godofredo Rangel. Por que será que os mortos perdem então a sua caligrafia, que é o espelho do espírito? E no caso de Humberto de Campos isto é mais grave, porque ele capricha em obedecer ao Decreto do Governo Federal que instituiu a ortografia fonética, decreto baixado depois de seu trespasse.

Como quer que seja, há nessas coisas muitos aspectos obscuros. Nem convém pensar em tais assuntos. É bom deixar sossegados os mortos, porque, mesmo assim, eles já nos incomodam bastante.

UM SUSTO

Por causa deste inquérito, já esta noite levei um susto dos diabos. Estava a ler as *Crônicas* vindas do astral superior, eram duas horas da madrugada. Quando me achava embebido na leitura, um gato joga um livro ao chão e eu dei um pulo rápido. Quando me vi, estava de pé, tremendo, com um sapato na mão. Fui criado por uma preta velha que me contava histórias de almas do outro mundo. Fiquei com essa barafunda no subconsciente.

NÃO DEVIA HAVER DEMANDA

— Assim, o que posso dizer de mais certo ou aproximado da verdade, em resposta a suas perguntas, é sobre o litígio entre a família de Humberto e a Federação Espírita. Penso que não devia haver demanda. Se a família pleiteava, em Juízo, seus direitos autorais, isto pressupõe de sua parte a convicção de que os livros são da autoria de Humberto. Por seu lado, a Federação ou Centro Espírita, por uma questão de fé, por uma questão de honestidade, não tem a menor dúvida quanto à autoria dos livros. Se ambas não divergem, não pode haver litígio.

Não há antagonismo de propósitos. Converta-se, pois, em realidade, a certeza de ambos, dando-se aos herdeiros do "Espírito" a percentagem das vendas. Já li que isto mesmo é o que a Federação vai fazer. O contrário seria desmoralizar o seu credo religioso. No domínio jurídico, a questão, segundo pensamos, não pode ser resolvida. Em matéria de direitos autorais, se há autores defuntos, não existem defuntos autores — terminou Mário Matos.

(*Diário da Tarde*, Belo Horizonte, 2-8-1944.)

TRECHOS DA LONGA ENTREVISTA DO DESEMBARGADOR FLORIANO CAVALCANTI, AO *DIÁRIO*, DE NATAL

Como provar que as obras psicografadas por Francisco Xavier foram na verdade ditadas pelo Espírito de Humberto de Campos?

— Eis o que não é fácil, dado que se põe em dúvida tudo, a começar pela possibilidade da comunicação mediúnica. Mas, pondo de parte a negação radical, decorrente de sistemas intransigentes, ter-se-á que examinar o caso à luz dos elementos disponíveis de constatação que a ele forem aplicáveis, isto é, fazendo-se nas obras escritas durante a vida, e nas recebidas mediunicamente, o estudo comparado da forma literária e da técnica do escritor. Um bom crítico literário não se engana em exames dessa natureza, pois o escritor tem o seu estilo próprio, inconfundível, uma linguagem toda sua, com peculiaridades de expressões, giros de frases, preferências vocabulares, regionalismos etc. Há, assim, um número sem conta de particularidades que o podem perfeitamente identificar. E o conjunto de tudo forma o estilo, que personaliza o escritor, retratando-o na obra, de maneira que a ninguém é dado imitá-lo, sem que deixe os vestígios do artifício, do esforço, da falsificação.

Já que não se quer admitir como verdadeira a declaração do Espírito, e, por outro lado, inexistindo para o caso outros meios de verificação, penso que esse estudo comparado, feito criteriosamente por quem tenha idoneidade para realizá-lo, será bastante para determinar um resultado convincente.

Provada a autenticidade mediúnica das obras discutidas, pode a família de Humberto de Campos pleitear direitos autorais?

— Entendo que não. A personalidade civil do homem, que começa com o nascimento, se extingue com a morte. Dentro do ciclo existencial que ela percorre na Terra, adquire direitos e contrai obrigações. Herda, trabalha, constitui família e, finalmente, transmite aos seus o acervo de bens que conseguiu acumular, formando justamente isso o patrimônio material da família. Deste modo, cessando com a morte a existência da pessoa natural, *ipso facto* também cessa a sua capacidade de adquirir direitos, transmitindo-se, desde logo, aos herdeiros legítimos ou testamentários o domínio e posse dos bens que deixou, os quais serão por eles partilhados no inventário judicial. A herança se compõe, portanto, dos bens que formavam o patrimônio do *de cujus*, ou seja, de tudo quanto existia por ocasião de sua morte, que é o que ele produzira na sua vida e possuía. Morto, não mais poderá enriquecer aquele patrimônio, que é material, uma vez que não mais pertence ao mundo da matéria. Os seus herdeiros terão, assim, direito pleno sobre todos os bens deixados e mais aos frutos produzidos por eles. Serão seus os direitos autorais sobre as obras deixadas, quer já publicadas, quer manuscritas para publicação póstuma, porque é o que na verdade representa o seu trabalho, o seu esforço intelectual na vida terrena, isto é, dentro do ciclo civil, regulado e tutelado pela lei. Tais obras, sim, formam o patrimônio de sua família, a herança deixada, ao morrer, transmissível e partilhável pelos herdeiros. Mas nunca as obras mediúnicas, que, produzidas *post mortem*, com o intuito da caridade e edificação cristã, incorporam-se imediatamente ao patrimônio comum da Humanidade, não podendo mais manchá-las a eiva terrena do interesse material, realizável em pecúnia. Daí, porque, sabiamente, a lei não cogita do caso.

Considero, pois, carecedora de fomento jurídico a pretensão da família de Humberto de Campos, de haver direitos autorais das obras psicografadas pelo médium Francisco Cândido Xavier.

Escapando à esfera regulada no Direito Civil, incidirá o caso, na hipótese de não ser provado, para o Judiciário, que a obra tenha sido realmente ditada pelo Espírito de Humberto de Campos, na sanção do Código Penal?

— Respondo também pela negativa. Não provado que a obra psicografada pelo médium proceda da entidade que assim o declarou, não se pode concluir por isso que aquele seja um mistificador, dês que nesse caso o mistificado foi ele, que acreditou no que o Espírito disse. Ora, se a recebeu nesse pressuposto, se agiu de boa-fé, onde o crime? Como, sem dolo ou culpa, pode incorrer em responsabilidade? Que a mediunidade existe, é fato que não há mais quem tenha a coragem de negar. E que Francisco Xavier é médium, ninguém, lealmente, o contestará, bastando unicamente, sem vê-lo em transe ou ação, considerar a sua já vasta obra, muito acima da sua cultura e possibilidades, produção tão excelente que consagra o seu autor como um dos vultos mais preeminentes e complexos das nossas letras, ao mesmo tempo poeta e prosador, cronista e romancista, sociólogo e filósofo. Mesmo uma só delas dar-lhe-ia direito a um lugar na Academia. Forçoso é, pois, convir que a sua probidade é de tal natureza que ele não se apropria da intelectualidade dos que o servem e nem a explora, auferindo o lucro material da venda dos livros, fatos que convencem em absoluto da sua sinceridade e boa-fé. E o médium, afinal, não pode ter culpa se a entidade B, que com ele se comunica, se diz A. Merece, ao contrário, toda simpatia esse moço modesto, trabalhador afanoso, que não mercadeja com os dons de que se acha investido na sua missão terrena, arrastando uma vida difícil e precária, mas sem as tentações de uma ambição que seria, aliás, fácil satisfazer. Além disso, é isento de pena, até mesmo quem comete crime por erro, quanto ao fato que o constitui, ou que, por erro plenamente justificado pelas circunstâncias, supõe situação de fato que, se existisse, tornaria a ação legítima.

Em conclusão, não se podem aplicar as sanções dos artigos 185 e 196 do Código Penal; aquele, porque não foi atribuída *falsamente* a alguém, mediante o uso de nome, a autoria da obra literária, de vez que houve boa-fé no exercício de uma verdade convicta; e este, porque de modo nenhum pode ser invocada a concorrência desleal, que constitui modalidade não configurada ou ajustável ao caso. E ainda, deixando de parte tudo isso, é preciso não esquecer que o Código Penal não abrange o caso, pois não o regula e nenhuma lei o define, escapando, destarte à sua esfera, do mesmo modo que à Civil.

(Do *Diário*, de Natal, 7-8-1944.)

JANELA ABERTA

NOVAS TRISTEZAS DE ANTÔNIO NOBRE, RIMADAS DO ALÉM-TÚMULO...

Grande celeuma tem despertado a questão Humberto de Campos — Federação Espírita — Francisco Cândido Xavier, aliás Chico Xavier. Contribuímos, em parte, para essa celeuma, com o artiguete "Literatura psicografada", no qual examinamos, como leigos, alguns aspectos da questão judiciária em apreço. E foi sem dúvida em razão disso que a Livraria Editora da Federação Espírita resolveu enviar-me um volume encadernado da quarta edição do *Parnaso de Além-túmulo*, em cuja folha de rosto, com o destaque que cabe aos autores, lê-se o nome do famoso "aparelho" de Pedro Leopoldo, discutido já agora pelos críticos literários de prol, Tristão de Ataíde, Álvaro Lins e outros.

Tratar-se-á de pastiche, de exercícios *à la manière de*...? Tal tem sido a tese mais frequentemente levantada e também mais frequentemente esposada pelos membros da comissão de pesos e medidas da nossa literatura — isto é, pelos críticos. Uma coisa é preciso que se reconheça: — a facilidade com que qualquer um de nós, afeito a escrever, se intoxica com um escritor que tenha certos tiques literários, certas formas favoritas de expressão, certas características facilmente identificáveis — se o lemos durante um determinado período, dia e noite, sem misturar a sua leitura com outras, de diferente estilo ou processo. E isso é tão verdadeiro que certos autores brasileiros, que usualmente traduzem livros estrangeiros, chegam quase a se converterem em camaleões literários, redigindo suas próprias obras *à la manière* do ótimo autor que traduziram, inconscientes, talvez, das influências recebidas.

    Quem leia durante sessenta dias, noite e dia, dia e noite, apenas Euclides da Cunha, escreverá no estilo de Euclides sem notável esforço, sem fazer uma ginástica mental muito dura. A mesma coisa acontece com quem leia Machado de Assis, com quem leia Castro Alves. Quanto mais pessoal for o escritor, tanto mais facilmente ele poderá ser imitado. Mas a imitação exige, sem dúvida, qualidades de inteligência, um bom fundo de cultura, lógica na escolha dos assuntos e na exposição das ideias, em suma, uma certa consciência dos valores literários — e digo isto falando apenas na imitação intencional, que se argui contra o Sr. Francisco Cândido Xavier, aliás Chico Xavier. E por essas mesmas razões declaro que, se Chico Xavier é um embusteiro, é um embusteiro de talento. Para um homem que fez apenas o curso primário, sua riqueza vocabular é surpreendente. Sua facilidade de imitar seria um dom excepcionalíssimo, porque ele não imita apenas Humberto de Campos, mas Antero de Quental, Alphonsus de Guimaraens, Artur Azevedo, Antônio Nobre etc.

    Foram precisamente as quadrinhas atribuídas a Antônio Nobre que mais interessaram à minha curiosidade, no volume que me mandou a Federação Espírita Brasileira. Algumas são simplesmente passáveis, mas outras trazem uma forte marca de identificação, parecendo mesmo sopradas ao ouvido de Chico Xavier pelo Espírito de Anto. Quem conhece a obra do poeta do "Só" não pode deixar de reconhecer como fino lavor, no estilo de Anto, esta quadrinha aos velhos:

> "Ó figuras de velhinhos
> Que andais dormitando ao léu!

Como são belos os linhos
Que vos esperam no Céu!".

E esta outra, não é também extremamente parecida com as tristes quadras do poeta doente e melancólico?

"Um anjo cheio de encanto
Vive sempre com quem chora,
Guardando as gotas de pranto
Numa urna cor de aurora..."

Poeta simples, Antônio Nobre é muito mais difícil de imitar do que Augusto dos Anjos — outro dos poetas psicografados — com suas moneras, protozoários, blastodermas, embriões, placentas, podridões, catalepsias, diatomáceas, criptógamas, cápsulas, ânsias telúricas, frialdades inorgânicas, metempsicoses e macacos catarríneos. E a imitação dessas duas quadras — se é mesmo imitação — é perfeita. Mais perfeita que qualquer dos pastiches de Paul Reboux, no seu livro *À la manière de*.... Quem negar Chico Xavier como médium estará fazendo o seu elogio como pastichador.

R. MAGALHÃES JÚNIOR[7]

(*A Noite*, 14-8-1944.)

---

[7] Membro da Academia Brasileira de Letras. — **Nota da Editora**, em 1961.

ESPIRITISMO E CIÊNCIA

Trechos de um artigo do Sr. Desembargador J. Flósculo da Nóbrega

Confesso não ter dúvidas quanto à autenticidade das obras psicografadas pelo "médium" Francisco Xavier e atribuídas a Humberto de Campos. Estou certo de que um exame pericial, procedido com exação técnica e ânimo imparcial, levaria fatalmente a essa conclusão. É sabido o caso do romance deixado incompleto por Dickens e completado por um "médium", simples ferreiro de aldeia, que se dizia atuado pelo Espírito do escritor; todos os testes, a que foi submetida a obra, confirmaram a sua unidade fundamental de estilo e concepção.

Outra explicação não se alcança para o fato. A ideia de "pastiche" é irrisória e pode bastar apenas aos que se contentam com palavras, ou aos que, por fraqueza, ou preguiça mental, preferem a atitude cômoda do negativismo. Mesmo admitido a contrafação formal, restaria o conteúdo ideológico, que, não podendo ser objeto de "pastiche", tampouco pode ser atribuído ao "médium", homem de cultura limitada, incapaz de tal fluência e riqueza de pensamento.

Em verdade, sente-se naquelas páginas uma plenitude de vida interior, uma pulsação de dor espiritualizada em que bem se adivinha a alma sofredora e errante de Humberto, do Humberto dos últimos tempos. O estilo é o mesmo, a mesma fluidez e luminosidade, a mesma transparência plácida de águas dormentes, tocada de estranhas claridades, que são como o reflexo da chama íntima que o consumia. O mesmo, o pensamento, com o mesmo *páthos* emocional característico das suas últimas criações. Há, nessas páginas psicografadas, algumas que não encontram parelha em nossa literatura; e o homem que as possa ler sem sobressalto na alma, bem se poderia dizer como Shakespeare — *let not such a man be trusted*! Admiti-las como da autoria do "médium" Francisco Cândido Xavier, importa sagrá-lo um dos maiores escritores da língua.

• • •

Quanto à realidade das comunicações espíritas, não creio que qualquer estudioso, medianamente atualizado com o pensamento científico, possa negá-la em boa-fé. Decerto, a grande maioria a contesta; mas por ignorância ou conveniência. Os negativistas impenitentes são de todos os tempos; e nenhuma das grandes verdades científicas deixou de ser combatida a ferro e fogo por essa horda de embrutecedores que enxameia por toda a História. A ciência oficial, que vive de fórmulas feitas e não tolera inovações que lhe perturbem o comodismo, presta-lhes apoio valioso; daí a guerra de morte ao inabitual, ao que, transcendendo a rotina, obriga ao esforço penoso de pensar.

Esse mesmo conluio de reacionários broncos, que outrora quase lançou Galileu à fogueira, que condenou o fonógrafo como uma fraude de Edison e cobriu de ridículo a Pasteur, continua em nossos dias a sua missão negativista, negam a ectoplasmia, a radiestesia, a telepatia, a clarividência, a psicometria, a xenoglossia, a telecinesia, a premonição, com a mesma cega obstinação com que negavam, até há pouco, a biologia transformista, a geometria do hiperespaço, a mecânica einsteiniana, a física dos "quanta", a análise espectral, os ultrassons, a desintegração e transmutação da matéria.

Os fenômenos metapsíquicos, entretanto, são hoje fatos da rotina experimental e a sua verificação se acha ao alcance de todos. Os maiores sábios e inúmeros congressos científicos os têm investigado, com extremo rigor de técnica e crítica. Todos os testes e controles, empregados nos laboratórios, foram utilizados contra a possibilidade de fraudes, nas experiências com "médiuns" de ambos os sexos; nos últimos anos, o controle foi exagerado a ponto de estabelecerem-se barragens de raios infravermelhos consorciados a células fotoelétricas, não só em torno do "médium" e participantes das sessões, como no interior e exterior do compartimento isolado em que elas se realizavam. Os ectoplasmas, as materializações de coisas e pessoas foram pesadas, medidas, fotografadas; Crookes mediu-lhes a resistência elétrica, verificou-lhes a densidade, auscultou-as, contou-lhes as pulsações; Richet tomou-lhes a pressão sanguínea, as impressões digitais, analisou-lhes os excreta respiratórios, verificando que turvavam a água de barita, o que denota uma respiração de todo normal; por último Crawford, Schrenck-Notzing, Varley e outros, procederam ao exame químico, histológico e organoléptico da própria substância ectoplásmica.

• • •

Provada assim, com rigor científico, a realidade dos fenômenos espíritas, resta, entretanto, a perturbadora questão da identidade dos Espíritos. Trata-se, em verdade, de Espíritos de mortos, ou apenas de desdobramento, ou projeção do Espírito do "médium"?

A fotografia à luz actínica permite afirmar que a substância ectoplásmica, ou ao menos seu substratum material, dimana do corpo do "médium". Mas a inteligência que "informa" e anima essa substância jamais poderia ser atribuída ao "médium". O cálculo matemático demonstra que a probabilidade nesse sentido é infinitesimal, insusceptível quase de apreciação numérica. Basta notar que a revelação mediúnica transcende de muito o nível intelectual do "médium", na generalidade dos casos. O grande matemático Zöllner pediu e obteve, por um "médium" escrevente, a equação das formas irregulares de um vaso existente no recinto das sessões; levou, porém, muito tempo para verificar a sua exatidão e concluiu que muito mais tempo seria necessário para formulá-la; no entanto, tudo lhe fora comunicado em poucos minutos e por pessoa sem qualquer cultura científica!

A hipótese espírita é, assim, a única possível, como concluiu Richet, após quarenta anos de árduas investigações. Nos casos George Pelham e Raymond Lodge, a identidade do Espírito comunicante ficou evidenciada de maneira a satisfazer todas as exigências da prova. No primeiro, particularmente, colheram-se quase cem depoimentos confirmativos, entre pessoas da família, amigos íntimos e conhecidos. Para salientar o que isso representa, basta notar que, em juízo, dois ou três depoimentos contestes são suficientes para levar um homem à prisão, privá-lo de todos os seus bens, ou mesmo condená-lo à morte!

• • •

A sobrevivência do Espírito mostra-se, assim, cientificamente estabelecida. Aliás, experiências recentes levam a crer que mesmo a forma das coisas sobrevive à destruição material, ao menos temporariamente; as coisas deixariam sua imagem impressa no espaço, e poderiam, mesmo após destruídas; ser ainda "vistas" pelos clarividentes, ou por detectores radiestésicos (experiências de Bozzano e Mager). Dir-se-ia que as irradiações, emitidas pelas coisas, impregnariam o espaço por elas ocupado, nele imprimindo a sua forma.

Nada disso pode surpreender o espírito cientificamente educado, que sabe que o Universo é apenas vibrações e que as vibrações não morrem. As ondas cósmicas, que nos chegam dos abismos dos céus, varam a Terra com seus raios ultra-penetrantes e prosseguem através dos espaços, em seu eterno ritmo oscilatório. As ondas radioelétricas, emitidas da Terra, são refletidas pelos astros e nos voltam para serem novamente refletidas, e assim seguidamente, pelos séculos adiante. A luz da lâmpada, em que estudo, prosseguirá espraiando-se até os confins do Universo, de onde retornará algum dia pelo espaço einsteiniano, amortecida, mas ainda perceptível a um detector ultrassensível.

Por que então morreria o pensamento, que, ele também, não é senão uma outra forma de atividade vibratória?

(*A União* — Órgão oficial do Estado da Paraíba, 19-8-1944.)

CHICO XAVIER

A Justiça deverá pronunciar-se dentro em breve sobre a questão das reportagens que, por intermédio do médium mineiro Francisco Xavier, o saudoso Humberto de Campos tem feito nos espaços interplanetários desde que nos abandonou. A questão é inédita e fascinante. Afinal o Conselheiro XX continua, e abre com a sua sobrevivência todo um largo horizonte para a nossa esperança, ou não continua e, nesse caso, corre de novo o véu sobre os destinos humanos? Acreditaríamos piamente nas suas palavras se ele nos falasse; mas seria realmente ele quem nos falou? Se resolverem que as produções psicografadas pelo médium são mesmo de autoria de Humberto de Campos, os magistrados, círculo dos mais conspícuos da inteligência brasileira, dão como liquidado que o Espiritismo é que está com a razão; e se resolver-se que o Humberto de Campos das crônicas de "Além-túmulo" não é o Humberto de Campos da *Bacia de Pilatos*, nesse caso o modesto funcionário da Agricultura, que é o Chico Xavier, tem que ser considerado um gênio de primeira grandeza, como não há outro entre os nossos intelectuais. Ou se aceita Humberto subsistindo no outro mundo, ou se aceita Chico Xavier valendo por Humberto e mais meia dúzia de cérebros arqui-privilegiados.

Os cristãos, católicos e protestantes, que não se escandalizem: Cristo reconhecia a existência de bons e maus Espíritos, acreditava na possessão e expulsava demônios pela imposição de mãos. Pessoalmente não tenho dúvidas quanto à sobrevivência. Os estudos e pesquisas de Oliver

Lodge, William Crookes, Charles Richet e César Lombroso não podem ser ignorados pela gente de boa-fé, e verificações pessoais me autorizaram a crer que de fato existe "alguma coisa" inteligente que sobrevive à falência do que os espíritas chamam "invólucro material". Se essa "alguma coisa" não passa de mera "sobrevivência animal", um eco da carne, perecível como a matéria, ou se é um "princípio divino", ignoro-o. Não tenho tido provas categóricas da superioridade dos seres que povoam o Além; pelo contrário, travei até conhecimentos com "sobrevivências" decepcionantes, atrasadas, mentirosas, más, e com elas nada aprendi — a não ser que a única atitude decente a tomar é fazer do fenômeno um tema para estudo e pesquisas. Assuntos do domínio da Física e da Fisiologia, que ganhariam muito, do ponto de vista científico, se tratados por homens que já não sintam necessidade de a tudo explicar com a "molinha" do milagre.

Dei-me ao trabalho de examinar grande número de "mensagens psicografadas" por Chico Xavier e vários outros médiuns; e, francamente, como não posso admitir que um homem, por mais ilustrado que seja, consiga "pastichar" tão magnicamente autores como Humberto de Campos, Antero de Quental, Augusto dos Anjos, Guerra Junqueiro e, se não me engano, Victor Hugo e Napoleão Bonaparte, opto pela explicação do sobrenatural, que não satisfaz à minha consciência, é verdade, mas apazigua a minha humaníssima vaidade de literato. Pode lá um homem avultar tantos palmos, por suas próprias forças, sobre a cabeça dos demais? Pode lá plagiar, velozmente como o faz o Chico, Humberto, Antero e outros do mesmo naipe, a quem não se "pasticha" senão depois de larga experiência literária e trabalhosa noite de insônia? Não, absolutamente. É milagre. Coisas assim não podem ser senão milagre, puro milagre.

Há qualquer intervenção sobre-humana no fato; não porque o diz Chico Xavier, mas porque assim o exige a nossa arrogância. O dedo do Diabo, dir-se-ia nos velhos tempos em que a Inquisição delimitava o conhecimento segundo a própria estupidez; o dedo de Deus, dizemos hoje, mais dispostos a atribuir ao Senhor, e não ao Tinhoso, a responsabilidade pela confusão em que anda o mundo e seu conteúdo. O que, no fundo, revela que a nossa explicação é menos bem intencionada que a dos inquisidores...

Positivamente não aceito a autoria de Chico Xavier, e aceito a de Humberto, como a de Antero, Napoleão, Dumas e qualquer outro que, do lado de lá, tenha o mau gosto de praticar literatura. E creio que essa é a atitude mais humana, a mais condizente com a nossa falta de humildade. É milagre, e o milagre, não explicando nada, explica tudo. Pois se não admitirmos que o caso é milagroso, temos que levar o Chico Xavier à Academia Brasileira de Letras — e, naturalmente, estamos mais dispostos a reconhecer-lhe amizades no Céu que direitos literários ao *Petit Trianon*.

MÁRIO DONATO

(*O Estado de S. Paulo*, 12-8-1944.)

FALA O LÍDER

A Igreja Católica acaba de manifestar-se pela imprensa, por intermédio da voz autorizada do seu prestigioso líder, o Sr. Tristão de Ataíde, declarando, peremptoriamente, que são reais as comunicações dos mortos com os vivos. Aliás, todos os líderes dessa Igreja têm sido acordes nessa afirmação, e muitos, como o Sr. Felício dos Santos, no Brasil, e o Sr. Lapponi, na Itália, têm escrito livros em que nos apresentam uma série desses fenômenos.

Em entrevista concedida ao *O Globo* de 7 do corrente mês, o prestigioso líder e chefe civil do Catolicismo brasileiro, Sr. Tristão de Ataíde, acaba de declarar:

"As manifestações de ordem sobrenatural podem ser explicadas ou como manifestações angélicas ou como manifestações demoníacas, através de meios humanos".

Essa declaração é categórica. Afirma que, por intermédio dos meios humanos, ou seja, através de médiuns, os chamados mortos se comunicam com os vivos. Em duas classes divide o ilustre líder essas manifestações: "angélicas" e "demoníacas". À primeira, segundo o criador dessa classificação, devem pertencer as que são recebidas pelos médiuns católicos, como a atual Teresa Neuman; e, demoníacas, todas as transmitidas por meio de criaturas que não pertençam à Santa Madre Igreja Católica Apostólica Romana.

Muito respeitável é o ponto de vista do distinto líder, visto que a história das religiões nos apresenta outras afirmativas, todas, também, dignas de respeito. Assim, os sacerdotes do Judaísmo só admitiam o que era pregado e ensinado pelos seus maiores e negavam qualquer valor às palavras e ensinamentos do humilde nazareno, chegando, mesmo, com o poder de que dispunham, a condená-lo à morte, como impostor, herege e revolucionário.

Há, todavia, um ponto em que o referido líder está um pouco atrasado, apesar dos seus admiráveis dotes de cultura e de inteligência. Os fenômenos não são sobrenaturais, como afirma. Nada existe de sobrenatural nessas manifestações. Elas aí estão porque fazem parte da obra divina, logo, não são sobrenaturais. E se assim as denominaram os antigos, pela sua tendência ao misticismo e ao milagre, não podem os homens atuais, que já lhes conhecem as leis por que se realizam, chamar-lhes sobrenaturais, mas, naturalíssimas e classificadas cientificamente por centenas de sábios pertencentes àquele grupo que estudou o movimento da Terra, a circulação sanguínea, o para-raios e outros fenômenos que os mesmos líderes da Igreja Católica classificaram, então, como demoníacos.

O Sr. Tristão de Ataíde prestou ao Espiritismo um grande serviço. Os nossos irmãos católicos necessitam, de quando em vez, ouvir a repetição dessa afirmativa da Igreja Católica: "Os fatos são reais". E necessitam porque, constantemente, lemos artigos de figurões que se dizem católicos, nos quais procuram negar a existência desses fatos, apesar de se dizerem católicos e de apresentarem as suas homenagens à Igreja a que estão ligados. É preciso que esses negativistas saibam que a sua Igreja admite o fenômeno e que, negá-lo, é ofensa à infalibilidade do Catolicismo.

Os nossos agradecimentos, pois, ao líder católico.[8]

G. MIRIM

(*Reformador*, agosto de 1944.)

---

[8] O Sr. Alceu de Amoroso Lima (Tristão de Ataíde) é membro da Academia Brasileira de Letras. — **Nota da Editora**, em 1961.

PIPAROTE AO FUTURISMO

Meu amigo:
Há mais de um decênio que não me preocupo com as parvoíces da Terra. Nem presumia a possibilidade de enviar novamente para aí a minha futilíssima correspondência, entregando-me à atividade, sem fadigas, do trabalho que me foi designado, como abelha dócil e paciente, quando alguém me insinuou a ideia de vir ditar-te as minhas sandices.
Quê! Escrever para aí! Toda tentativa que eu fizesse redundaria em rematada loucura. Reafirmar todo o meu asco por essa vida materialona em doses fortes de ironia? Provocar a risibilidade dos estafermos humanos, que copiam fielmente a vida dos patos irracionalíssimos, a refocilarem-se grasnando nos charcos lamacentos?
Empresa inútil; todavia, apesar dos anos que tenho vivido nesta região de aquém, onde se surpreendem inimagináveis imprevistos, ainda não perdi o gosto de rir gostosamente do meu próximo que se acha metido na veste sebosa da carne nojenta; mas uma necessidade se me impunha, imperiosa, tirânica: adaptar-me de novo a expressar as maviosidades aveludadas da língua portuguesa.
Um olhar retrospectivo bastou para que me sentisse apavorado com tantos progressos, tanta reforma, tanta novidade e tanta tolice.
Sempre amei o que é novo, detestando as formas e as medidas que constringem a beleza e a espontaneidade da ideação, adorando a originalidade, abominando, porém, a macaqueação e a estupidez. E a velha sociedade, com os seus costumes desonestos, deteriorando-se, dia a dia, numa

decomposição asquerosa, apresenta-se-me tal qual uma cortesã muito antiga com os seus cabelos brancos, rosto enrugado, olhos escleróticos e dentes podres, cobrindo-se de pós perfumados e rendas de Bruxelas, toucando-se de um ar de mocidade fabricada. Foram, talvez, essas ânsias de apegar-me ao que seja parvoiçadas que, em confusão, provocaram o parto da onda futurista que avassala os cérebros fúteis da atualidade.

Coisas da velhice caduca e incapaz.

Cultua-se somente o que é tolo, adora-se apenas a frivolidade, entronizando-se tudo o que transpire puerilidades ocas e casquilhas.

Que é a literatura hodierna? Um acervo de bagatelas da mentalidade dos palermas. E como se julgam engrandecidos os nossos extraordinários gigantes liliputianos que, atolados até o pescoço na sua ciência, condenam tudo o que é perfeito! O monumento literário da língua portuguesa, modernamente, não é mais do que uma caleça em cacos empoeirados, onde se aboletam os pobres passadistas, enfermados da cabeça.

Os livros nossos, genuinamente nossos, hoje não são mais que repositórios de bolor, de mofo, de sujidades; são letras ordinárias, falhas de beleza, sem a mínima dose de sentimentalidade e poesia e mesmo de patriotismo. Pecam, como arcaicas, por se prenderem a coisas de Portugal e do Brasil. Quem eram Herculano, Camilo, Fialho, Machado de Assis? Nomes que passaram, escrevinhadores de prosa barata para brochuras pífias e reles. Castilho, João de Deus, Antero de Quental? Poetastros e versejadores choramingas, que servem apenas para salientar a beleza imaculada das excelsas produções dos novos príncipes da poesia, imortalizados com os seus altíssimos poemas de cinco palavras. Tudo passou.

Classicismo, estilística, vernaculidade? Só com os senhores puristas da época, iluminados de... idiotia. Esses, sim, com o rótulo de doutores por fora, com a carteira recheada de pergaminhos amarelentos, cheirando a bafio, estigmatizados por dentro com o sinal de patetas, são os grandes literatos futuristas. Transudando superioridade até nas extremidades das unhas, acham-se por aí aos centos, turibulados, incensados, provocando a admiração dos seus contemporâneos, que bem se assemelham àquele pobre quadrúpede resignado e pachorrento, que não sabe senão ornear ruidosamente.

Tantos e tão fortes motivos ordenavam que me afastasse da chatíssima intenção de escrever para aí; encontra-se enfraquecido, profundamente depauperado o meu arsenal de ironia e chocarrices, e já que, somente com essas armas afiadíssimas, se pode enfrentar sem medo a pirâmide imensa e fenomenal das parvoíces da besta humana, era necessário desistir.

Antegozei, contudo, o saboroso prazer de oferecer aos meus semelhantes a minha opinião pessoalíssima, que sempre lhes caiu na alma como pedra de acentuado sarcasmo, e lembrei-me dos bons tempos em que o Fernando[9] transmitia a esse mundo sublunar as minhas asneiras, em cartas sensaboronas, que faziam o prato delicioso da sociedade alfacinha.

Acometeu-me o desejo incoercível de atirar um dos meus petardos de troça ao gênero bípede e estalar uma boa gargalhada, sonora e sã, com o fito de manifestar todas as minhas felicitações à sociedade nova, heroica, futurista, valente, vaidosa, sorridente e atoleimada.

---

[9] O médium Fernando de Lacerda, já desencarnado.

Foi o que fiz. Tentei a prova.

Focalizei no meu pensamento a ideia de vir ter contigo e bastou isso para que as minhas raras faculdades de fantasma alígero me conduzissem a este maravilhoso recanto sertanejo em que vives, esplendor de canto agreste, quase selvagem, trazendo-me reminiscências de uma paisagem minhota, cortada de regatos, aromatizada de frescas verduras, suave e perfumosa, encantadora e alegre, onde apenas faltasse o cheiro caricioso do vinho verde reconfortador. Busquei aproximar-me da tua individualidade.

Vi-te, finalmente. Lá surgias ao fim de uma rua bem cuidada, onde se alinhavam casas brancas e arejadas, brasileiríssimas, abarrotadas de ar, de saúde, de sol; vinhas com o passo cansado, pele suarenta a derreter-se dentro de roupas quase ensebadas, com os pés metidos em legítimos socos do Porto, obrigando-me a evocar o cais de Lisboa, onde pululam esses tipos vulgaríssimos de moços de recado e carregadores, envergando tamancos portuguesíssimos.

Sem que pudesses observar-me, submeti-te a demorado exame. Procurei a tua bagagem de pensamentos, encontrando na tua mocidade tudo quanto a tristeza criou de mais sombrio; em tua alma amargurada, vi apenas porções de sofrimentos, pedaços de angústia esterilizadora, recordações tristonhas, lágrimas cristalizadas, reconhecendo que ambos éramos falhos para o labor a empreender.

Que não te cause estranheza o meu modo particular de apreciação sobre a tua personalidade. Crê. Nisto não vai a mínima parcela de desconsideração. É que eu próprio me surpreendo com os tipos originais que o Espiritualismo moderno apresenta ao mundo. Mãos que se entregam aos rudes trabalhos braçais, fazendo a literatura do além-túmulo, isto é, deste país estranho onde moro folgadamente, como pintassilgo às soltas na Natureza; homens interessantes, que Tartufo, atualmente, mimoseia com os epítetos de bruxos e endemoninhados, e que Esculápio, com toda a sua respeitável autoridade científica, qualifica de basbaques ou mistificadores, ou, ainda, de casos patológicos a estudar.

    Vi-te e ri-me. Não de ti. Ri-me da estultícia do cérebro desequilibrado do asno humano, com o seu volumoso e pesado arquivo de baboseiras. E é com esse riso espantoso, com essa mordacidade que foi sempre o meu característico, que resolvi dirigir-me a esse círculo vicioso de banalidades e formalismos chatos, no qual costumas chorar tolamente. Convence-te de que se comete um ato desarrozoado, uma inqualificável imprudência, em derreter-se inutilmente, porque outrem se estertora voluntariamente no lamaçal onde se repoltreiam os irracionais. Abandona essa exótica preocupação aos mais parvos do que tu. Ri-se o mundo de nós? Riamo-nos dele. Achincalhemos os seus arremedos aos gorilas, ridicularizemos as suas intuições, em que predomina a bandalheira, os seus pulos de cabra-cega; traduzamos a admiração que tudo isto nos desperta com o riso bom, que sempre apavorou os tímidos e os insuficientes.

    Por que há de alguém lamentar-se sobre a grandeza das esperanças, dos entusiasmos e ilusões, pelo motivo de a Humanidade tosca preferir constantemente a mentira à verdade, a escuridão à luz, a guerra à paz, nunca conseguindo desviar-se do pantanal de detritos e porcaria?

    Tens um ideal, que é o ideal do Bem. O mesmo luminoso sonho de quantos têm admirado o maior e único Mestre na Terra, que foi Jesus. Deixa os receios, os temores e vacilações às toupeiras enceguecidas, que não suportam senão a luz coada das suas tocas subterrâneas, e segue sempre, olhos fitos no clarão do teu esplendente idealismo, não reparando nem contando as dores, os tropeços, os obstáculos, recordando-te incessantemente de que só os que buscam a espiritualidade pura, que se banham nas claridades sadias do Sol esplendoroso do sonho de perfeição de Jesus Cristo, poderão receber as grandiosidades do seu amor.

Toda a minha capacidade descritiva é impotente para pintar a ventura suprema dessas almas que aí viveram em contubérnio com as úlceras da alma, com os padecimentos superlativos, com os cancros morais. Aqui aportam cobertas de chagas vivas e sanguinolentas, que são transformadas em focos radiosos. Cada gilvaz de dor é uma flor de luz. São esses os gozadores dos benefícios de Deus.

Nunca consegui haver-me com quem se entregasse a lamentações estéreis e improfícuas.

Conhecendo todo o martirológio dos santos, fui sempre avesso aos cilícios, às penitências, à lágrima e a contas de rosário. É que considerava improdutiva toda oração sem trabalho, toda queixa sem luta, toda lamúria sem um esforço sério, no eterno combate da perfectibilidade.

Os que lutam, os que lutam e sofrem, batendo-se corajosamente, são os que possuem as alegrias daqui, que constituem o *notre argent* com que adquirimos a felicidade sem mescla.

E são prazeres radiosíssimos, belos. Nem podem comparar-se ligeiramente ao gozo instintivo do bicho humano, ao contemplar a *belle femme*, às sensações báquicas que se experimentam num café londrino e nem mesmo à alegria louca do artista que se vê, de uma hora para outra, coroado de glórias, no clássico *salon* de Paris.

São emoções divinizadas, só apreendidas pelos lutadores, pelos que sonharam na esperança linda de concretização das doutrinas da fraternidade, da luz, do amor, da paz e do perdão.

Segue, pois, o teu grande e luminoso ideal.

E perdoa-me, se nada mais sei dizer, que te incite à prática do Bem. É que nunca me pesaram muito na alma essas questões de virtudes e bem-aventuranças; jamais pude esconder o meu amor, *enragé*, por tudo quanto é singularmente profano. Soube rir, rir apenas. Talvez seja esse o motivo por que se enferrujaram as fibras mais delicadas da minha sensibilidade de ironista, faltando-lhes, por certo, para que se mantivessem normais, o lubrificante das lágrimas, que detestei em todos os minutos da minha vida boçal de palhaço.

Adeus. E não olvides do riso são, às investidas dos patifes que se refestelam no brejo lodacento das misérias deste mundo de esclarecidíssima ciência ateia, de grandes sábios pigmeus e de portentosas nulidades.

(Recebida pelo médium Francisco Cândido Xavier. Extraída do livro *Eça de Queirós, Póstumo*.)

JULGANDO OPINIÕES

Após a publicação do teu e nosso livro, abundaram as opiniões com respeito à tua personalidade. Embora tão já conhecidas as questões espíritas, não faltou quem te considerasse um sujeito anormalíssimo, apesar de constituir o teu caso de mediunidade um fato vulgaríssimo, portas adentro da Psicologia, definido pelos psiquiatras, entendidos na matéria, que classificam, sem admitir contestação, o problema mediúnico dentro do subconsciente como um quisto metido em álcool, para estudo.

Alguns se abalançaram a crer que somos nós que escrevemos através dos teus dedos; outros, porém, honraram a tua cabeça com uma privilegiada massa encefálica; outros, ainda, concedendo-te um extraordinário poder de assimilação e uma esquisita multiplicidade de característicos individuais, viram na tua faculdade uma questão simplíssima de inteligência, não obstante a acusação de outrem, de que conseguiste apenas nos desfigurar e empobrecer. Tudo está bem.

Subconsciência, mediunismo, psicopatia, loucura, simulação, anormalidade, fenômeno, estupidez, espiritomania. O que é certo é que apreciaste os nossos desarrazoados e nós nos comprazemos na janelinha, através da qual gesticulamos e falamos para o mundo; e se almas caridosas têm vindo para espicaçar-lhe o desejo de uma beatitude celestial para cá da morte, aplicando sedativos às suas chagas purulentas, não me animam semelhantes objetivos. Não lhe darei consolações nem conselhos. Grande soma de desprezo pude acumular, felizmente, pela sua vida detestável onde a púrpura disfarça a gangrena. Deus não me deu ainda a funda de Davi para vencer esse eterno Golias da iniquidade. Não é porque eu tenha sido aí um santo, que não o fui. Ambientes existem que revoltam certas individualidades, sem amoldá-las ao seu modo, e, fora do abismo, experimenta-se o receio de uma nova queda.

CRISE DE GÊNIOS

Os meus escritos póstumos são apenas sinônimos de amistosas visitas. E, como há quem te assevera serem as nossas produções expressões da tua genialidade, quiçá da tua fertilidade imaginativa, resolvi prevenir-te para que não te amofinasses de orgulho como abóbora seca, a chocalhar-lhe as suas pevides, porque os gênios hoje constituem raridade. Há crises deles atualmente. Crise oriunda do excesso, como todas as crises hodiernas. O ouro desaparece, permanecendo somente a moeda fiduciária, em muitos países, por inflações de crédito ou por exuberância de produção. As nacionalidades estão depauperadas porque possuem demasiadamente; são vítimas da sua abundância e do descontrole.

A crise de gênios tem a origem na superabundância deles. As Academias fabricam-nos às dúzias e a concorrência intensifica a vulgaridade.

GÊNIOS PÓSTUMOS

Acompanhemo-los desde os seus pródromos. São crianças nervosas irritadas. À mãe dá-lhes tabefes. Mas os amigos da família pontificam. Aquelas traquinadas são os prenúncios de uma genialidade sem precedentes e citam os casos de inteligência precoce de que são sabedores. Os fedelhos são como quaisquer outros. Mais tarde os rapazes cursam uma Academia que faz anualmente uma desova de celebridades. Aprendem lexicologia, esmerilhando clássicos; algo de geografia física, política, histórica, econômica e de matemática; algumas noções gerais; e os alfaiates ou o adelo rematam a obra. Inflados de sapiência, de estudos especializados, são Spinosa em Filosofia, Harvey em Medicina, e expoentes máximos do Direito em ciências jurídicas. Não andam, porém, polindo lentes para viver ou perseguidos por colegas. Vivem com o estômago reconfortado, numa quase homogeneidade pasmosa, aos magotes, exibindo títulos, à cata de comezainas, apadrinhados, tutelados, pois geralmente são saídos do ventre rotundo e inchado da politicalha de ocasião. De posse dos seus diplomas, os nossos heróis se sacrificam com denodo, freneticamente. Por idealismo? Não. Buscam pouso na burocracia. E o conseguem. Abdicam, então, das suas faculdades de raciocínio e reclamam o azorrague de um político que os comande. Transformam-se em azêmolas indiferentes, passivas. Temos, aí, quase a totalidade dos gênios da época. À sombra da acolhedora máquina do Estado engordam e apodrecem, pensando pela cavidade abdominal; gastrônomos e artistas têm o cérebro curto e o ventre dilatado, enorme.

NÃO BUSQUES SER O GÊNIO, SÊ O APÓSTOLO

São inteligências enciclopédicas que apenas sofrem de dispepsias, e que daqui se nos afiguram como feiras de aptidões e consciências. Correm, aí, atrás de tudo que signifique o seu mundaníssimo interesse, e vivem segundo as oportunidades.

Idiotas, abandonam-se à vida material, quais suínos. E é de se verem os esgares e trejeitos desses patifes, quando acordam na vida real.

Desejaria que houvesse um local isolado, circunscrito, conforme os tratados de Teologia católica, onde Lúcifer, com os seus sequazes, lhes destilasse, a fogo ardente, as gorduras envenenadas.

De qualquer forma, porém, temos aqui o serviço ativo de saneamento espiritual, sem infernos nem purgatórios espirituais. Graças a Deus.

E, como a vida desse mundo é repleta de coisas transitórias, esperamos que o reconheças, desempenhando todos os teus deveres cristãos. Que outros se enriqueçam e se locupletem. Procura as riquezas da alma, os tesouros psíquicos que te servirão na Imortalidade.

Não busques ser o gênio. Sê o apóstolo.

EÇA DE QUEIRÓS

(Recebida pelo médium Francisco Cândido Xavier, em 6 de dezembro de 1934. — Extraída do livro *Eça de Queirós, Póstumo*.)

PARTE DO INTERESSANTE INQUÉRITO PROMOVIDO POR *O GLOBO*, EM 1935

MENSAGENS DE ALÉM-TÚMULO

Grande sensação produzida por uma estranha mensagem

"O CONHECIMENTO DOS HOMENS É NULO DIANTE DA MORTE"

PEDRO LEOPOLDO, 17 (Especial para *O Globo*, por Clementino de Alencar) — Em correspondência anterior, já apresentamos cópia de duas mensagens, uma em inglês e outra em italiano, psicografadas por Chico Xavier, de forma tal que os originais só podem ser lidos com o auxílio de um espelho ou contra a luz.

Não pudéramos, conforme dissemos, obter esses originais que se encontram em mãos de pessoa atualmente fora de Pedro Leopoldo. As cópias, todavia, nos foram entregues por pessoa idônea, o que nos fez desde logo confiar na veracidade do que nos era afirmado a respeito. Isso, entretanto, não impedia que mantivéssemos acesa a curiosidade de ver Chico Xavier num desses rasgos de virtuosismo gráfico.

Pois nossa curiosidade, sem que se manifestasse por palavras, foi satisfeita na sessão do dia 15, da qual já nos ocupamos nas duas últimas correspondências.

Teriam os amigos do Espaço lido, em nossa aura, aquele desejo, como querem os espíritas?

Dispensamo-nos de responder à nossa própria pergunta. Não no saberíamos fazer...

A ESTRANHA MENSAGEM

Foi quase ao fim da sessão, quando já grafara as respostas às indagações do repórter e os versos, que o "médium" entrou a escrever a estranha mensagem que alguns dos assistentes estavam já a admitir como árabe, quando foi ela decifrada...

UMA OBSERVAÇÃO

A propósito, queremos deixar aqui consignado o seguinte: em geral, as mensagens em idiomas estrangeiros são psicografados por Chico Xavier por esse processo inverso usado na grafia da página de Emmanuel que hoje enviamos.

"AQUI ESTÁ A NOSSA GRANDE MENSAGEM"

Quinze linhas grafou o médium da direita para a esquerda e a gravura que ilustra esta reportagem mostra a página tal qual foi ela composta.

Lendo-se a mensagem, com o auxílio de um espelho, tem-se:

My dear spiritualist friends.
Men's learning is nothing over against of the death: let you support your cross with patience and courage. The pain and faith are the greater earthly treasure and the work is the gold of the life.
But for all you, believing either not, here is the our great message: God is our Father. We are brothers. Let us love one another. — EMMANUEL.

AINDA O ARTIGO *THE*

Os que leram nossa correspondência de 12 do corrente inteiraram-se já do que ocorreu com a outra mensagem em inglês psicografada por Chico Xavier, na sessão de 23 de novembro de 1933.

Um dos presentes à citada reunião, conhecedor do idioma, observou, nas linhas então escritas, um erro no uso do artigo *the* antes do possessivo.

Emmanuel respondera a esse reparo do assistente, com outra mensagem também em inglês, desculpando-se do erro com a justificativa — onde há até um certo humor "terreno" — de não ser ele, o Espírito, um professor de línguas, um mestre do idioma em apreço, mas um fraco discípulo.

Na mensagem que hoje enviamos, Emmanuel, aliás coerente com a alegação da outra vez, confirma-a de certo modo insistindo no uso do *the* antes do possessivo. Parece-nos, também, que ficaria mais elegante a expressão *the gold of the life*, sem o segundo *the*.

Quanto ao mais, apesar desses senões e outros que os conhecedores do inglês observem na mensagem — e atribuídos, dentro da própria Doutrina, à deficiência do aparelho, o "médium", que nada sabe daquele idioma — é ela clara e simples. Traduzindo-a, teríamos:

"Meus caros amigos espiritualistas.
O conhecimento dos homens é nulo em face da morte; suportai a vossa cruz com paciência e coragem. A dor e a fé são os maiores tesouros terrenos e o trabalho é o ouro da vida.
Para todos vós, entretanto, crentes ou não, aqui está a nossa grande mensagem: Deus é nosso Pai. Nós somos irmãos. Amemo-nos uns aos outros. — EMMANUEL".

Grande foi, como dizíamos, a sensação causada entre os assistentes, por essa mensagem, não só pela maneira como foi ela grafada como pelo fato de estar naquele idioma: em Pedro Leopoldo todos sabem que Chico Xavier nunca teve mestre de inglês, nem consta, a quem quer que seja, se ter ele iniciado, de qualquer forma, no estudo dessa língua.

OS VERSOS

Damos, a seguir, os dois sonetos que o "médium" psicografou com a assinatura de Bilac. Intitulam-se eles "Aos descrentes" e "Ideal".

Observam-se, desde logo, nesses versos, as rimas parelhas, tão usadas na *Tarde*, e, no primeiro dos sonetos citados, a troca da colocação das mesmas rimas, nos quartetos, também um hábito de Bilac para obter delas maior variedade e tornar menos monótona a sua sucessão.

Quanto ao ritmo, encontra-se, em verdade, no "Aos descrentes" aquela cadência forte e inconfundível, por exemplo, dos "Matuyús":

"De pés virados, marcha avessa e rude".

Mas aí enviamos, para maior apreciação dos bons conhecedores da poesia bilaqueana, os dois sonetos grafados pelo "médium" Chico Xavier, na sessão de 15 do corrente:

AOS DESCRENTES

Vós, que seguis a turba desvairada,
As hostes dos descrentes e dos loucos,

Que de olhos cegos e de ouvidos moucos
Estão longe da senda iluminada,

Retrocedei dos vossos mundos ocos,
Começai outra vida em nova estrada,
Sem a ideia falaz do grande Nada
Que entorpece, envenena e mata aos poucos.

Ó ateus como eu fui — na sombra imensa
Erguei de novo o eterno altar da crença,
Da fé viva, sem cárcere mesquinho!

Banhai-vos na divina claridade
Que promana das luzes da Verdade,
Sol eterno na glória do caminho!

IDEAL

Na Terra um sonho eterno de beleza
Palpita em todo o espírito que, ansioso,
Espera a luz esplendida do gozo
Das sínteses de amor da Natureza;

É ansiedade perpetuamente acesa
No turbilhão medonho e tenebroso
Da carne, onde a esperança sem repouso
Luta, sofre e soluça, e sonha presa.

Aspirações do mundo miserando,
Guardadas com ternura, com desvelos,
Nas lágrimas de dor do peito aflito!...

>   Mas que o homem realiza apenas, quando,
>   Rotas as carnes, brancos os cabelos,
>   Sente o beijo de glória do Infinito!...

Na mesma sessão, grafou ainda o "médium" o seguinte soneto, com o nome de Augusto dos Anjos:

> VIDA E MORTE
>
> A morte é como um fato resultante
> Das ações de um fenômeno vulgar,
> Desorganização molecular,
> Fim das forças do plasma agonizante.
>
> Mas a vida a si mesma se garante
> Na sua eternidade singular,
> E em sua transcendência vai buscar
> A luz do Espaço, fúlgida e distante!
>
> Vida e Morte — fenômenos divinos,
> Na ascendência de todos os destinos,
> Do portentoso amor de Deus oriundos...
>
> Vida e Morte — Presente eterno da ânsia
> Ou condição diversa da substância,
> Que manifesta o espírito nos mundos.

E esta "Oração" assinada por João de Deus:

> Pai de Amor e Caridade,
> Que sois a terna clemência
> E de todas as criaturas
> Carinhosa Providência!

Que os homens todos vos amem,
Que vos possam compreender,
Pois tendo ouvidos não ouvem,
E vendo não querem ver.

UMA CONSULTA MENTAL

Grafada, em seguida, rápida mensagem de "Marta", e encerrados os trabalhos, o "médium" declarou que tinha uma comunicação particular do Além para o coronel Anísio Fróes. E este, pouco depois, dizia-nos que, realmente, fizera uma consulta mental, ao início da sessão.

(*O Globo*, 25-5-1935.)

UM PUNHADO DE VERSOS RECOLHIDOS DO ARQUIVO DE CHICO XAVIER

BILAC, AUGUSTO DOS ANJOS, CÁRMEN CINIRA — UMA SÚPLICA DA CIGARRA MORTA — NO RUMO IMPRESSIONANTE

PEDRO LEOPOLDO, 23 (Do enviado especial de *O Globo*, Clementino de Alencar) — Recolhido ao seu quarto de hotel, logo após o primeiro encontro com Chico Xavier, na Coletoria, o repórter entrega-se, na tranquilidade da tarde, à leitura daquele verdadeiro arquivo de mensagens de além-túmulo que o médium lhe deixara em mãos.

Nossos olhos correm, a um tempo curiosos e ansiosos, sobre aquelas páginas incríveis, que o caixeiro bisonho e humilde afirma ter recebido, em transe, do mundo das sombras invisíveis, que ficam para lá dos limites das nossas percepções normais.

Prosadores e poetas, com cujo espírito julgávamos ter perdido definitivamente todo contato que não fosse o das obras que nos deixaram, ali de novo, e imprevistamente, nos falam numa linguagem que — mesmo sem perder, em muitos, as peculiaridades de estilo inconfundíveis — traz um reflexo de estranhas claridades e um mágico sabor de purificação.

São os vates familiares à nossa alma e ao nosso coração que voltam — verdade? ilusão? — ao alcance da nossa sensibilidade para, de novo, alvoroçarem, como dantes, na fase inesquecida de suas manifestações terrenas, o mundo arcano de nossas emoções.

Bilac, Emílio, Hermes Fontes, Cruz e Souza, Antônio Nobre, Quental, Cármen Cinira, Augusto dos Anjos e outros, muitos outros, ali novamente cantam e sonham, sofrem e esperam, na expressão daquelas páginas ditas psicografadas depois de sua morte.

Devemos crer nesse parnaso do Além?

Esqueçamos, por ora, as dúvidas. Fique para mais tarde a análise.

Agora, deixemos cair, por momentos, sobre essas páginas, o olhar encantado da ilusão.

"JESUS OU BARRABÁS?"

Aqui, damos com o nome de Bilac, ao pé de um soneto. O fecho parece-nos um pouco fraco, mas, no conjunto, encontramos ainda o ritmo solene do cantor da "Tarde".

"Jesus ou Barrabás?" é o título que encima os versos:

> *Sobre a fronte da turba há um sussurro abafado.*
> *A multidão inteira, ansiosa, se congrega,*
> *Surda à lição do amor, implacável e cega,*
> *Para a consumação dos festins do pecado.*
>
> *"Crucificai-o!" — exclama... Um lamento lhe chega,*
> *Da Terra que soluça e do Céu desprezado.*
> *"Jesus ou Barrabás?" — pergunta, inquire o brado*
> *Da justiça sem Deus, que trêmula se entrega...*
>
> *"Jesus!... Jesus!... Jesus!..." — e a resposta perpassa*
> *Como um sopro cruel do Aquilão da desgraça,*
> *Bem que o Anjo da Paz amaldiçoe ou gema.*
>
> *E debaixo do apodo, e ensanguentada a face,*
> *Toma da cruz da dor para que a dor ficasse*
> *Como a glória da vida e a vitória suprema.*

"DENTRO DA NOITE"

Depois, Augusto dos Anjos, sempre atormentado, complexo, profundo:

> *É noite. À Terra volvo. E, lúcido, entro*
> *Em relação com o mundo onde concentro*
> *O Espírito na queixa atordoadora*
> *Da prisioneira, da perpétua grade,*
> *— A misérrima e pobre Humanidade,*
> *Aterradoramente sofredora!*
>
> *Ausculto a dor humana, que hórrida sinto,*
> *Dalma quebrando o cárcere do instinto,*
> *Buscando ávida a luz. Por mais que sonde,*
> *Mais o enigma do mundo se lhe aviva,*
> *Em diferenciação definitiva,*
> *Mais a luz desejada se lhe esconde!*
>
> *É o quadro mesológico, tremendo,*
> *De tudo o que ficou no abismo horrendo*
> *Da tenebrosa noite dos gemidos;*
> *São os uivos dos instintos jamais hartos,*
> *As dores espasmódicas dos partos,*
> *A desgraça dos úteros falidos.*

Queixa-se, depois, o poeta morto da tortura da hiperestesia que o faz ainda sentir a emanação "do ácido sulfídrico das tumbas" e o "tóxico e o veneno", dos "infortúnios da Terra".

"CÁRMEN CINIRA! CÁRMEN CINIRA!"

Ao fim desse drama de sensações tremendas que Augusto dos Anjos nos traça, chegamos, com alívio, ao estro delicado de Cármen Cinira:

> *Cármen Cinira! Cármen Cinira!*
> *Que é da minha cigarra cantadeira?*
> *Embalde te procuro.*
> *Por que cantaste assim a vida inteira,*
> *Cigarra distraída do futuro?*
> *Perturbada,*
> *Aturdida,*
> *Busco a mim mesma aqui nestoutra vida...*

Sente, então, a poetisa que outra existência se revela após a Terra. E, dirigindo-se ao Senhor:

> *Eu te agradeço a paz que já me deste,*
> *Mas eis que ainda te imploro comovida,*
> *Porque me sinto em fraca segurança;*
> *Deixa que eu guarde ainda nesta vida*
> *Meu escrínio de estrelas da Esperança.*

(*O Globo*, 2-5-1935.)

EMMANUEL LEVA-NOS A UMA AUDACIOSA EXCURSÃO PARA LÁ DOS LIMITES DA MATÉRIA!

O "CORPO ESPIRITUAL", FONTE DA ENERGIA E DA VONTADE, ORIGEM DE TODAS AS FACULDADES ORGANIZADORAS

PEDRO LEOPOLDO, 18 (Especial para *O Globo*, por Clementino de Alencar) — Alguns leitores, numa demonstração de acentuado interesse pelas revelações da nossa reportagem, nos têm escrito e pedido maior divulgação do "arquivo" de produções psicografadas por Chico Xavier.

Transmitimos esse desejo daqueles leitores ao médium, e este, prontamente e mais uma vez, nos pôs à disposição o referido "arquivo", ou melhor, a sua pobre pasta de papelão à qual já temos feito repetidas referências.

Assim habilitados a satisfazer o que nos é solicitado, procuraremos entremear, na reportagem propriamente dos fatos e revelações da hora, algumas mensagens colhidas daquela pasta em que, desde já podemos adiantar, dormem, ignoradas, muitas páginas realmente interessantes e capazes de merecer a atenção dos estudiosos do assunto.

O CORPO ESPIRITUAL

Iniciaremos, hoje, a série dessas divulgações com a mensagem de Emmanuel, intitulada "O corpo espiritual", e na qual o Espírito protetor do médium nos leva numa audaciosa excursão para lá dos limites da matéria.

Os subtítulos que vão entrecortando a mensagem foram postos pelo repórter no sentido de melhor destacar os seus trechos mais interessantes.

Eis o que nos diz Emmanuel sobre o "corpo espiritual":

"De todos os fenômenos da vida, que se apresentam ao raio visual da ciência humana, mantenedores do seu entretenimento, são os da assimilação e da desassimilação, todavia, os que afetam mais particularmente a percepção do homem; não são os da atividade vital em si mesma, consubstanciados nas sínteses orgânicas assimiladoras, mas justamente os fenômenos da morte. É um axioma fisiológico a extinção das células que constituem o suporte de todas as manifestações do organismo, e apenas fazeis geralmente uma ideia da vida, por intermédio desses movimentos destruidores.

A VIDA CORPORAL, EXPRESSÃO DA MORTE

Quando no homem ou nos irracionais um gesto se opera, determina o desaparecimento de uma certa percentagem da substância da economia vital; quando a sensibilidade se exterioriza e quando os pensamentos se manifestam, eis que os nervos se consomem, gastando-se o cérebro em suas atividades funcionais.

A vida corporal é bem a verdadeira expressão da morte, através da qual efetuais as vossas observações e os vossos estudos.

Não dispondes, dentro da exiguidade dos vossos sentidos, senão de elementos constatadores da perda de energia, da luta vital, dos conflitos que se estabelecem para que os seres se mantenham no seu próprio *habitat*.

A vida, em suas causalidades profundas, escapa aos vossos escalpelos, e apenas o embriogenista observa, na penumbra e no silêncio, a infinitésima fração do fenômeno assimilatório das criações orgânicas.

INACESSÍVEL AOS PROCESSOS DE INDAGAÇÃO CIENTÍFICA

Segundo os dados da vossa Fisiologia, a célula primitiva é comum em todos os seres vertebrados, e espanta ao embriogenista a lei orgânica que estabelece ideia diretora do desenvolvimento fetal, desde a união do espermatozoário ao óvulo, especificando os elementos amorfos do protoplasma; nos domínios da vida, essa ideia diretriz conserva-se inacessível até hoje aos vossos processos de indagação e de análise, porquanto esse desenho invisível não está subordinado a nenhuma determinação físico-química, porém, unicamente, ao corpo espiritual preexistente, em cujo molde se realizam todas as ações plásticas da organização sob cuja influência se efetuam todos os fenômenos endosmósticos. Organismo fluídico, caracterizado pelos seus elementos imutáveis, é ele o assimilador das forças protoplásmicas, o mantenedor da aglutinação molecular que organiza as configurações típicas de cada espécie; ele incorpora-se átomo por átomo à matéria do gérmen, dirigindo-a segundo a sua natureza particular.

RESPONDENDO A OBJEÇÕES

Algumas objeções científicas têm sido apresentadas à teoria irrefutável e verdadeira do corpo espiritual preexistente, destacando-se, entre elas, como a mais digna de refutação, a hereditariedade, a qual somente deve ser ponderável sob o ponto de vista fisiológico. Todos os tipos do reino mineral, vegetal, animal, incluindo-se o hominal, organizam-se segundo as disposições dos seus precedentes ancestrais, dos quais herdam, naturalmente, pela lei das afinidades eletivas, a sua sanidade ou os seus defeitos de natureza orgânica unicamente.

DARWIN E AS GÊMULAS

De todos os estudos referentes ao assunto, em vossa época, salienta-se a teoria darwiniana das gêmulas, corpúsculos infinitésimos que se transmitem pela via seminal aos elementos geradores, contendo na matéria embrionária a disposição de todas as moléculas do corpo, que se reproduzem dentro de cada espécie. A maioria das moléstias, inclusive a dipsomania, é transmissível; porém, isso não implica um fatalismo biológico que engendre o infortúnio dos seres, porque inúmeros Espíritos, em traçando o mapa do seu destino, buscam, com o escolher semelhante instrumento, alargar as suas possibilidades de triunfo sobre a matéria, como um fato decorrente das severas leis morais, as quais, como no ambiente terrestre, prevalecem no mundo espiritual, o que não nos cabe esplanar neste estudo.

Não obstante a preponderância dos fatores físicos nas funções procriadoras, é totalmente descabido e inaceitável o atavismo fisiológico, hipótese aventada pelos desconhecedores da independência da individualidade espiritual, que revestem a matéria de poderes que ela nunca possuiu em sua condição de passividade característica.

HIPÓTESE A AFASTAR

Reconhecendo-se, pois, a veracidade da argumentação de quantos aceitam a hereditariedade fisiológica nos fenômenos da procriação — representando cada ser o organismo de que provém pela filiação — afastemos a hipótese da hereditariedade psicológica, porquanto espiritualmente temos a considerar, apenas, ao lado da influência ambiente, a afinidade sentimental.

PELOS ESCANINHOS DO UNIVERSO ORGÂNICO

De todas as propriedades gerais que caracterizam os seres viventes somente os fenômenos da nutrição podem ser estudados pela perquirição científica, e, mesmo assim, imperfeitamente. Além das operações comuns que se efetuam automaticamente, há uma força inerente aos corpos organizados, que mantém coesas as personalidades celulares, sustentando-as dentro das particularidades de cada órgão, presidindo aos fenômenos partenogenéticos da sua evolução, substituindo através da segmentação quantas delas se consomem nas secreções glandulares, no trabalho mantenedor da atividade orgânica.

Essa força é o que denominais princípio vital, essência fundamental que regula a existência das células vivas e no qual elas se banham constantemente, encontrando assim a sua necessária nutrição; força que se acha esparsa por todos os escaninhos do universo orgânico, combinando as substâncias minerais, azotadas e ternárias, operando os atos nutritivos de todas as moléculas. O princípio vital é o agente entre o corpo espiritual, fonte da energia e da vontade, e a matéria passiva inerente às faculdades superiores do Espírito, o qual a adapta segundo as forças cósmicas que constituem as leis físicas de cada plano de existência, proporcionando essa adaptação às suas necessidades intrínsecas.

Essa força ativa e regeneradora, de cujo enfraquecimento decorre a ausência do tônus vital precursora da destruição orgânica, é simplesmente a ação criadora e plasmadora do corpo espiritual sobre os elementos físicos.

O SANTUÁRIO DA MEMÓRIA

O corpo espiritual não retém somente a prerrogativa de constituir a fonte da misteriosa força plástica da vida, a qual opera a oxidação orgânica; é também ele a sede das faculdades dos sentimentos e da inteligência e, sobretudo, o santuário da memória, em que o ser encontra os elementos comprobatórios de sua identidade por meio de todas as mutações e transformações da matéria.

O PRODIGIOSO ALQUIMISTA

Todas as células orgânicas renovam-se incessantemente; e como poderia a criatura conhecer-se entre essas contínuas transubstanciações? Para que se manifeste o pensamento — que desconhece as glândulas que o segregam, porquanto constitui a vibração consciente do corpo espiritual — quantas células se consomem e queimam?

O cérebro assemelha-se a um complicado laboratório em que o Espírito, prodigioso alquimista, efetua as mais inimagináveis associações atômicas e moleculares necessárias às exteriorizações inteligentes.

É ainda, pois, ao corpo espiritual que se deve a maravilha da memória, misteriosa chapa fotográfica em que tudo se grava sem que os menores coloridos das imagens se confundam entre si.

ALMA E CORPO

Tem-se procurado explicar, pela prática dos neurologistas, toda classe de fenômenos intelectuais, por meio das ações combinadas do sistema nervoso; e, de fato, a Ciência atingiu a certezas irrefutáveis, como, por exemplo, a de que uma lesão orgânica faz cessar a manifestação que lhe corresponde e que a destruição de uma rede nervosa faz desaparecer uma faculdade.

Semelhante asserto, porém, não afasta a verdade da influência de ordem espiritual e invisível, porque se faz mister compreender não a alma insulada do corpo, mas ligada a esse corpo, o qual representa a sua forma objetivada, com um aglomerado de matérias imprescindíveis à sua condição de tangibilidade, animadas pela sua vontade e por seus atributos imortais.

Algumas escolas filosóficas fizeram da alma uma abstração, mas a Psicologia moderna restabeleceu a verdade, unindo os elementos psíquicos aos materiais, reconhecendo no corpo a representação da alma, representação material necessária, segundo as leis físicas imperantes na Terra, as quais colocaram no sensório o limite das percepções humanas, que são exíguas em relação ao número ilimitado das vibrações da vida que para elas se conservam inapreensíveis.

É, pois, o corpo espiritual a alma fisiológica, assimilando a matéria ao seu molde, à sua estrutura, a fim de materializar-se no mundo palpável.

Sem ele, a fecundação constaria de uma composição amorfa e todas as manifestações inteligentes e sábias da Natureza, que para nós deve significar a expressão da vontade divina, constituiriam uma série de fatos irregulares e incompreensíveis, sem objetivo determinado.

Todas as faculdades organizadoras provêm do Espírito.

A EVOLUÇÃO INFINITA

E como se tem operado a evolução do corpo espiritual?

Remontai ao caos telúrico do vosso globo, nas épocas primárias.

Cessadas as perturbações geológicas, estabelecido o repouso em algumas grandes extensões de matéria resfriada, eis que, entre as forças cósmicas associadas, aparece o primeiro rudimento de vida organizada — o protoplasma; eis que os séculos se escoam... eis os amibas, os zoófitos, os seres monstruosos das profundidades submarinas... Recapitulemos os milênios passados e acharemos a nossa própria história; a individualidade, o nosso ego constitui o nosso maior triunfo. E, chegados ao raciocínio e ao sentimento da Humanidade, através de vidas inumeráveis, teremos atingido o zênite da nossa evolução anímica? Não. Se nos achamos acima dos nossos semelhantes inferiores — os irracionais, acima de nós se encontram os seres superiores da Espiritualidade que se hierarquizam ao infinito e cuja perfeição nos compete alcançar. — EMMANUEL".

É essa uma das mais recentes mensagens psicografadas por Chico Xavier.

(*O Globo*, 24-5-1935.)

CHICO XAVIER RESPONDE A TRÊS DELICADAS PERGUNTAS DE UM ESTUDIOSO EM ASSUNTOS FINANCEIROS

PEDRO LEOPOLDO, 19 (Especial para *O Globo*, por Clementino de Alencar) — Enquanto aguardamos a próxima sessão dos irmãos Xavier, enviaremos uma ou duas das demonstrações mais notáveis, que nos vão chegando às mãos, da mediunidade de Chico Xavier.

Hoje, ocupar-nos-emos da seguinte: o Sr. Francisco Teixeira da Costa, gerente do Banco Agrícola em Sete Lagoas, visita, de quando em quando, em Pedro Leopoldo, parentes e amigos que aqui possui.

De uma dessas vezes, o Sr. Teixeira da Costa, por intermédio das palestras, teve a atenção chamada para o caso Chico Xavier.

Estudioso de assuntos econômicos e financeiros, aquele senhor, com a mesma intenção de teste que observamos em outros detalhes de nossa reportagem, mostrou o desejo de fazer ao jovem "médium" uma consulta relativa aos problemas que o preocupavam.

A ECONOMIA DIRIGIDA É UM ERRO? ETC.

Posto em contato com Chico Xavier, o Sr. Teixeira da Costa, já à noite, deixou-lhe em mãos as três proposições seguintes:

I — Dado o aumento da população mundial e a escassez de ouro necessário à circulação, a socialização do sistema monetário, tendo por base certa percentagem de exportação de cada país, conseguiria, pela emissão naquela base, regular o fenômeno da troca?

II — Atendendo-se a que, na vida econômica, interessando a produção a três classes — Estado, Capital e Trabalho — em favor destas pode ser regulada a circulação, emitindo-se certa percentagem na base do valor da produção exportável, emissão que será regulada pela estatística a fim de aumentar ou diminuir automaticamente o regime da circulação, evitando-se inflação ou escassez de numerário?

III — A economia dirigida é um erro científico, que embaraça o progresso econômico dos povos?...

NÃO É APENAS O OURO A ALMA DA EMISSÃO

Chico Xavier acolheu as perguntas e prometeu que nessa mesma noite, recolhendo-se a casa, consultaria a respeito os seus amigos e protetores do Astral.

Dito e feito.

As respostas foram conseguidas nessa noite; e, na manhã seguinte, o Sr. Teixeira da Costa as recebia, em Sete Lagoas, para onde se retirara logo após haver entregue ao "médium" as suas indagações.

Conseguimos do aludido banqueiro a vista do original dessa comunicação para dela tirarmos uma cópia.

Eis as respostas dadas às proposições do Sr. Teixeira da Costa, acima citadas, pelo "médium" de Pedro Leopoldo, dublê do caixeirinho bisonho e simplório que, na sua atividade normal, não saberia certamente resolver os problemas da prosperidade nem da venda modesta de "seu" Zé Felizardo.

Para a primeira proposição: "Dado o aumento da população mundial e a escassez do ouro etc.", a resposta foi esta:

"A escassez do ouro necessário à circulação é manifesta em todos os mercados internacionais; porém, não apenas o ouro é a alma da emissão.

A produção de cada país equivale a esse ouro, produção que significa, em seus valores intrínsecos, o lastro regulador dos fenômenos da Fazenda Nacional e o qual circula nas veias do comércio como elemento responsável das expressões fiduciárias; e 'a socialização do sistema monetário, tendo por base a percentagem da exportação dos produtos de cada país, conseguirá, pela emissão nessa base, regular todos os fenômenos da troca', desaparecendo integralmente o problema do aumento da população mundial, porquanto as condições climatológicas mantenedoras das condições de habitabilidade do planeta estão completamente alheias às clausulas e cogitações dos economistas e sociólogos em geral".

UMA QUESTÃO DE POLÍTICA ADMINISTRATIVA

A segunda proposição: "Atendendo-se a que, na vida econômica, interessando a produção a três classes — Estado, Capital e Trabalho — em favor destas pode ser regulada a circulação etc.", teve a seguinte resposta:
"A circulação poderá ser perfeitamente regulada, emitindo-se certa percentagem na base do valor da produção exportável, 'evitando-se inflação ou escassez de numerário', em benefício das três classes, quando a socialização dos seus interesses for concentrada em uma só finalidade, que significa o seu bem-estar.
Essa questão, porém, está afeta à política administrativa, a qual, infelizmente, só agora se vem convencendo da necessidade do espírito de cooperação, desviando-se

das criações endógenas e da pseudo-onisciência legislativa dos parlamentares.

Quando a mentalidade geral amadurecer para a compreensão dos fenômenos econômicos, a emissão será regulada de maneira a se aumentar ou diminuir automaticamente o regime dá circulação, porque o capital deixará de ser a caixa-forte de emolumentos que tem representado; o trabalho desenvolverá a sua atividade produtora sob a esclarecida influência da técnica profissional, que operará a especificação dos valores individuais, e o Estado se experimentará fortalecido com uma nova ética política, a qual, com o espírito de colaboração, solucionará satisfatória e devidamente todas as questões de ordem administrativa".

A ECONOMIA DIRIGIDA NÃO É UM ERRO

Por fim, a terceira indagação: "A economia dirigida é um erro científico que embaraça o progresso econômico dos povos?".

A resposta veio assim:

"A economia dirigida não é um erro. Todos os obstáculos à normalidade da vida econômica dos povos são oriundos da ausência de senso administrativo dos governos, que enveredam pelo terreno da política facciosa, prevalecendo as diretrizes pessoais de personalidades ou grupos em evidência. Frequentemente, a economia está confiada a mentalidades que não especializam os seus conhecimentos a seu respeito e cujos programas de ação constituem singularíssimos fenômenos teratológicos no campo da Fazenda Pública, os quais medram entre as coletividades ao bafejo de inqualificáveis protecionismos.

É tempo de a competência administrativa recrutar entre os abalizados técnicos do assunto os conselhos da economia nacional que funcionarão como forças reguladoras dos seus fenômenos, solucionando todos os problemas financeiros, relativos à produção, repartição e consumo. Esses conselhos, que devem ser constituídos por técnicos especializados na economia política, não desprezando os benefícios que promanam do espírito cooperativista, ouvirão a voz das classes trabalhadoras e produtoras em geral, sondarão as necessidades de cada uma, veiculando as suas proposições e defendendo os seus interesses nos parlamentos legislativos, investindo a política na posse da emetropia administrativa que frequentemente lhe falta.

Faz-se mister que as classes se organizem, representando-se perante as administrações por intermédio dos seus expoentes mais dignos, porque o governo nunca confabulou com os indivíduos, e sim com as classes, as quais devem sobrepor às arbitrariedades das facções a opinião dos interesses gerais, generalizando-se assim o regime da consulta e do inquérito.

Quando a Economia for dirigida por esse corpo de mentalidades proficientes e conscienciosas, que deverão permanecer alheias aos conciliábulos de individualidades que transformam às vezes os recintos parlamentares em verdadeiros palcos de teatro jurídico onde se exibem os profissionais da palavra, constatar-se-á que a Economia deve ser dirigida com superioridade, equivalendo essa direção, que já se encontra rudimentarmente em atividade na Europa moderna, por um índice de novo ciclo de educação política, o qual traz em si a mais profunda significação histórica".

OLIVEIRA MARTINS

Todas as respostas foram assinadas por "Joaquim Pedro d'Oliveira Martins", um nome que ficou na história da cultura portuguesa.

"A SÍNTESE É A ALMA DA VERDADE"

Ao pé das respostas acima, o "médium" grafou esta nota:

"Perguntei ao Espírito se não desejava escrever mais com respeito ao assunto, respondendo-me o seguinte:

— A síntese é a alma da verdade. Prolixidade não significa lógica.

Em buscando replicar as questões formuladas, o nosso objeto é apenas integrar o homem no conhecimento das suas possibilidades próprias, porquanto a chave da solução de todos os problemas que interessam ao progresso humano, o *quid* da realização dos seus superiores idealismos reside nas mãos da Humanidade mesma.

Oferecermo-la daqui seria derrogarmos o valor da iniciativa pessoal e nem isso poderíamos realizar porque também estamos a caminho da Verdade infinita, na estrada ascensional da evolução, interessando-nos, outrossim, problemas que condizem com a nossa existência espiritual. Sugerimos apenas em razão das nossas experiências passadas.

O homem não aguarde, porém, dos elementos estranhos ao seu meio ambiente, a decifração das suas questões, devendo apenas buscar fora do seu meio a força impulsiva dos ideais realizadores.

A lei suprema que abrange a universalidade dos seres é a do arbítrio independente. Obrigar individualidades e organizações a determinadas normas de conduta seria a escravização injustificável, e podeis observar, mesmo em vosso mundo, como a liberdade caminha dia a dia para concepções mais avançadas.

Para a Causa geradora da vida não existe força compulsória; há ordem. Não há confusão de autoridade ou poder; existe sinarquia.

Todos os fenômenos, em geral, são dirigidos por atividade mística, inacessível aos vossos juízos transitórios.

Fugindo dos temas temporários da política, o homem necessita convencer-se de que a única coisa real da vida é a sua alma. Tudo o mais que o rodeia reveste-se de caráter de transitoriedade.

O Espírito encarnado atualmente é um estudante longe dos seus penates.

Todavia, a escola evoluirá com ele, transformando-se no decorrer dos tempos em berço de mestres ilustres, aptos a lecionar nos educandários do porvir.

O homem conhecerá Deus, conhecendo-se, porquanto pode assimilar e adaptar a vida, mas não pode criá-la; pode, cientificamente, alcançar ápices inimagináveis; porém, somente no papel de examinador de tudo quanto está criado, sondando efeitos e descobrindo leis que se conservam desconhecidas.

A causa dessas leis produtoras de variados fenômenos para ele se encontra sempre obscura e alheia aos seus métodos objetivos de investigação.

Até hoje, somente a fé, baseada na razão, tem podido, na sua extraordinária capacidade de ressonância, corresponder-se com os planos espirituais, através da sintonia de vibrações psíquicas; porém, pouco a pouco, a ciência humana coroará a sua obra com o conhecimento dessa Causa — que é Deus. — *Joaquim Pedro d'Oliveira Martins*".

(*O Globo*, 25-5-1935.)

QUATRO PERGUNTAS DE DIREITO PENAL E QUATRO RESPOSTAS AVANÇADAS

Como a sociedade deve punir os delinquentes

PEDRO LEOPOLDO, 20 (Especial para *O Globo*, por Clementino de Alencar) — Entre as pessoas que vieram de Sete Lagoas para assistir à última sessão espírita na casa de José Cândido, estava, conforme dissemos em correspondência anterior, o Sr. Geraldo Bhering, que advoga naquela cidade.

Após a reunião, cujos resultados já divulgamos; o jovem causídico, em palestra, no Bar do Ponto, não escondeu sua impressão sobre a maneira pronta, precisa, mesmo feliz, como Chico Xavier respondera às nossas perguntas, no decorrer da sessão.

E não tardou que o Sr. Bhering demonstrasse o desejo de fazer também uma consulta ao "médium", sobre questões enquadradas na esfera do Direito.

Formulam-se e discutem-se, então, várias perguntas que poderiam ser feitas, todas apanhadas do conjunto de problemas, leis e regras relativos às relações sociais.

A ESCOLHA

Afinal, a escolha recai sobre esta série de perguntas, grafadas ali mesmo pelo advogado:
— A sociedade tem o direito de punir aqueles que delinquem?
— A sociedade tem o direito de punir ou apenas o de se defender?

— A sociedade deve castigar o delinquente?
— O homem que delinque age livremente ou é determinado?

COMO DE COSTUME

Cuida-se, então, de procurar o "médium", embora já sejam cerca de 23 horas.

Chico Xavier é pouco depois encontrado, quando regressava da casa de José Cândido.

Como de hábito, acolhe, sem uma restrição, a consulta do advogado.

E, ainda como de hábito, promete encaminhá-la ao Além, num dos seus transes solitários, provavelmente naquela mesma noite, visto como, sessão, só a teríamos na próxima quarta-feira.

Um detalhe interessante: quando solicitado por um consulente, Chico Xavier não procura saber do gênero e número das perguntas. Acolhe-as, todas, com a mesma singeleza e solicitude, e sem jamais manifestar qualquer interesse pecuniário. Pelo contrário, por meio de declarações suas colhidas em ocasiões diversas, compreende-se que ele consideraria ofensiva qualquer oferta daquele gênero, apesar de sua pobreza.

A SOCIEDADE NUNCA DEVE PUNIR COM A MORTE

Conforme a sua promessa fizera esperar, Chico Xavier psicografou, na mesma noite, as respostas à consulta do advogado. Deu-as o próprio "guia" Emmanuel, conforme passamos a expor.

"A sociedade tem o direito de punir aqueles que delinquem?" — era a primeira pergunta.

Eis a resposta de Emmanuel:

"Na primeira proposição, a sociedade é representada pelo Estado ou pelo conjunto das leis jurídicas personalizado na sua autoridade e, assim como o Estado provê a necessidade de quantos requerem a sua assistência, prestada sem exigências de remuneração, tem o direito de punir o delinquente que lesou, com o seu crime, a segurança social, importando a pena no valor do prejuízo causado. Nunca deve punir com a morte, mas examinando atenciosamente as condições fisiológicas e psicológicas do criminoso, e considerando, ao exarar a sua sentença condenatória, que as aplicações do castigo constituem o problema relevante, por excelência, da criminologia".

CASTIGAR REGENERANDO

A segunda e a terceira pergunta foram respondidas em conjunto.

"A sociedade tem o direito de punir ou apenas o de se defender?"

"A sociedade deve castigar o delinquente?"

Resposta: "Considerando o Direito dentro de todas as suas características e precisando conciliá-lo com o Evangelho, somos de opinião que o Estado ou a sociedade deve defender-se mais e punir menos. A educação deve ser difundida em todas as suas modalidades, e as prisões, as penitenciárias, devem representar escolas, hospitais e oficinas, onde o delinquente, apesar de se conhecer coagido em sua liberdade, reconheça o seu direito de cidadão, digno da educação que ainda não tem, e do trabalho, segundo as suas possibilidades individuais. A escola, a instrução e a assistência significam um fator preponderante na intangibilidade do Estado.

A sociedade pode, pois, castigar o delinquente, regenerando-o, beneficiando-o, buscando reintegrá-lo no respeito e na consideração de si mesmo".

"NÃO ACEITAMOS A EXISTÊNCIA DO CRIMINOSO NATO"

"O homem que delinque age livremente ou é determinado?"

A esta última pergunta, o "guia" Emmanuel assim responde:

"A última proposição é de todas a mais transcendente e encerra um problema que tem ensandecido muitos cérebros. É que ela se enquadra na questão das provas e das expiações de cada indivíduo, a qual, por enquanto, é desconhecida pelas ciências jurídicas e está afeta ao plano espiritual.

Admitindo algo da nova escola penal inaugurada por Lombroso, não aceitamos a existência do criminoso nato. Atendendo-se a circunstâncias oriundas da educação e do meio ambiente, o criminoso age com pleno uso do seu livre-arbítrio. Sobre todos os atos da sua vida deve o homem observar o império da sua vontade e é pela educação desta que chegamos ao equilíbrio das coletividades. Indubitavelmente, devemos considerar as exceções nos casos de loucura *sine materia*, ou obsessões, segundo a verdade espírita, acima de qualquer juízo da justiça humana; mas as exceções não inutilizam as regras e insistimos na educação da vontade de cada um e na responsabilidade dela decorrente, única maneira de se conceber a Justiça Suma, que é a Justiça de Deus".

(*O Globo*, 27-5-1935.)

"NÃO SE PODE NEGAR. ESTAMOS DIANTE DE FENÔMENO LÍDIMO, VISTO, PRESENCIADO"

FALA AO *O GLOBO* UM PROFESSOR DA UNIVERSIDADE DE BELO HORIZONTE

PEDRO LEOPOLDO, 23 (Especial para *O Globo*, por Clementino de Alencar) — Antes de prosseguirmos na focalização de fatos novos, queremos reservar aqui espaço para o registro de algumas impressões, colhidas logo após a sessão de ontem à noite.

De uma forma geral, a reunião e seus resultados agradaram a todos. Há mesmo os que, sem serem nem inimigos nem amigos do Espiritismo, mas simples curiosos ou estudiosos de fenômenos como o em apreço, confessam a desconfiança que os trouxera à reunião e também o desejo de não admitir ou negar apenas de oitiva. Queriam "ver". Viram. E não percebemos de quem quer que fosse uma palavra de restrição à sinceridade e honestidade do "médium". Pelo contrário, mostravam-se todos otimamente impressionados com a maneira simples, espontânea e precisa como se desenvolveram os trabalhos. Aliás, conforme temos observado mais de uma vez, Chico Xavier não costuma adotar subterfúgios em face das questões e consultas que lhe são apresentadas. Vai direta e resolutamente ao encontro das perguntas.

Diante de tudo isso, sente-se o repórter no dever de anotar, já agora, aqui, esta impressão: torna-se cada vez mais remota a ideia de fraude grosseira que tenha porventura surgido com as primeiras notícias relativas ao jovem "médium" de Pedro Leopoldo.

O OBSERVADOR TENAZ

Um dos observadores mais pertinazes que teve Chico Xavier, durante a sessão, e um também dos mais esclarecidos, foi, sem dúvida, o Dr. Melo Teixeira. O distinto mestre de Psiquiatria da Universidade de Belo Horizonte sentara-se próximo ao "médium" e deste não tirara o olhar atento.

Quando se encerraram os trabalhos, foi ele o primeiro a dirigir-se a Chico Xavier, indagando sobre as sensações que esse, acaso, guardasse do transe.

Chico refere-se ao torpor característico de que já nos havia falado e cita ainda a sensação vaga de um círculo de ferro que lhe envolvesse a cabeça. Às vezes, também, parece que as ideias lhe escorrem quentes pela mente.

Pergunta-lhe ainda o professor Melo Teixeira se ele tivera alguma sensação de tato ou de impulso estranho a lhe conduzir a mão sobre o papel.

Chico Xavier diz que não: apenas julga ter percebido, de sua mão, no transe, mas muito vagamente, uma tênue irradiação. Quanto à vidência, nenhuma.

"É UM FENÔMENO LÍDIMO"

Deixando, logo a seguir, a sala da sessão, o professor Melo Teixeira dirigiu-se, em visita de amizade, à residência do Sr. Zoroastro Passos.

Ali fomos pouco depois procurá-lo e colher suas impressões.

"Não se pode negar: estamos diante de um fenômeno lídimo, visto, presenciado" — diz-nos o professor patrício. "Haverá, naturalmente, os que acusam esse rapaz de fabricar pastichos. É uma hipótese para observador distante e superficial, nunca, porém, para os que presenciem e se inteirem, como o fizemos hoje, do fenômeno."

Discorrendo sobre a citada hipótese, o Dr. Melo Teixeira admite a possibilidade de se imitar um estilo. Acha, porém, inadmissível, incrível que se possa imitar, simultaneamente, vários estilos e, mais do que isso, várias culturas como no caso de Chico Xavier.

"NÃO HÁ POSSIBILIDADE DE ELABORAÇÃO INDIVIDUAL"

"Assim" — prossegue S. Sa. —, "sentimo-nos diante de uma força ultranormal. Dadas a variedade de estilos e cultura e as circunstâncias em que vimos o "médium" grafar os trabalhos, e considerada ainda a sua pouca instrução, sente-se que não há possibilidade de elaboração individual, no caso."

QUANTO MENOS SE CREIA, MAIS SENSACIONAL É O CASO

Em outra roda de assistentes colhemos também impressões e opiniões, que resumiremos nisto:
— Evidenciando o fenômeno, temos que: para os espíritas, que o veem sob um ponto de vista dogmático, tudo é muito natural, não surpreende. Mas para os não espíritas, os que não admitem o dogma da comunicação com os mortos, então é que o caso tem de se apresentar surpreendente. Sendo o determinismo do fenômeno desconhecido para o descrente, quanto menos se creia, mais sensacional o caso se torna...

(*O Globo*, 31-5-1935.)

NO RUMO DE NOVAS REVELAÇÕES

O "quebra-cabeças" do repórter — será a vida apenas um sonho vazio? — Indagações de um átomo de um mundo atordoado

PEDRO LEOPOLDO, 24 (Especial para *O Globo*, por Clementino de Alencar) — Feito o relato da última sessão, prossigamos agora no rumo de fatos novos e de novas revelações.

Ao fim da nossa correspondência de ontem, à tarde, expusemos a intenção de um encontro, à noite, com o "médium", em sua casa, e a boa vontade de Chico Xavier em nos atender.

Sucedeu, porém, que "seu" Zé Felizardo, adoentado, há já algum tempo, piorou um pouco, ontem, devido, talvez, ao frio que tem feito aqui; e Chico Xavier não pôde abandonar cedo, para nos atender, a casa do seu patrão e padrinho.

Ficou, pois, a entrevista transferida para hoje.

Ao fazermos tal solicitação, tínhamos em mira o seguinte: obter, por intermédio de Chico, uma comunicação com Emmanuel, e então fazer a este algumas perguntas, em inglês, idioma que o "médium" não conhece absolutamente, segundo a afirmação categórica de pessoas idôneas que, no convívio tão natural das cidades pequenas, conhecem o rapaz desde quando era ele uma criança.

O "QUEBRA-CABEÇAS" DO REPÓRTER...

Com sua intenção de levar o "médium" a novo teste, o repórter cai, por sua vez, numa espécie de "quebra-cabeças"...

Com todo o seu inglês teórico dos "preparatórios" e o prático do "Berlitz", gasta o coitado, sem o auxílio de um dicionário, do *Little Londoner* e de um "amigo inglês", boa parte da sua tarde na tarefa de elaborar uma série de perguntas, das quais escolherá algumas para levar ao "médium"...

Arre! Que custo!... Inglês não é assim tão fácil...

SERÁ A VIDA APENAS UM SONHO VAZIO?...

A certa altura da nossa "intensa tarefa", ocorre-nos, felizmente, da lembrança de que lêramos algures, num *Salmo da Vida*, de Longfellow, estes fragmentos da rebeldia de um coração moço contra a sombria arenga do salmista:

> "*Tell me not, in mournful numbers,*
> *Life is but an empty dream!*"

> "*Dust thou art, to dust returnest*
> *Was not spoken of the soul*".

Não me digas que a vida é apenas um sonho vazio...

Isto — "És pó e ao pó retornarás" — não se refere à alma...

Daqui, olhando a colina distante e ensolarada sob a tarde bonita que o céu de Pedro Leopoldo generosamente nos dá, todos os dias, sentimos também, com a palpitação tão ampla, tão "viva", da vida, o ímpeto daquela rebeldia.

E elegemos a primeira pergunta ansiosa:
— *Is life but an empty dream?*

PODEM OS ESPÍRITOS INFLUIR SOBRE O FUTURO DOS VIVOS?

Depois, ocorrem-nos inquietações, outras incógnitas que nos levam a grafar isto:
— *Have you, Spirits, any power upon the future of your living friends?*

INDAGAÇÕES DE UM ÁTOMO DE UM MUNDO ATORDOADO

Por fim, as nossas inquietações humanas se espraiam, confundem-se na palpitação coletiva dos nossos dias agitados, não raro, por sombrias ameaças.

E grafamos ainda para Emmanuel, o esclarecido Amigo do Espaço, mais estas indagações:
— *I should like to ask you something else: Many voices say we are living through dangerous days, the phantom of war ahead.*

What do you think about? Shall we have a best time, in the near future? What do you think about the possibility of a new world war?

NA CASA DO "MÉDIUM"

Cerca das 21 horas estávamos diante do "médium", em sua casa.

Tudo em silêncio. Suas irmãs tinham saído.

Palestramos um pouco.

Chico Xavier lê-nos algumas páginas psicografadas de 1934 para cá, entre as quais uma interessante comunicação de Berthelot.

Depois, expomos o fito de nossa visita.

Com a simplicidade de costume, ele acede ao que pedimos. Apenas, não tem, no momento, um lápis sequer. Oferecemos-lhe o nosso. Entregamos-lhe as duas primeiras das perguntas acima. Passando sobre ela os olhos, rapidamente, ele, visto não haver mesa na sala, pede-nos licença e senta-se na mesinha da peça reservada às refeições da família, que é ao lado, e toda se expõe aos olhos do visitante que esteja na sala.

Em seguida, abrindo sobre a mesa as folhas que lhe déramos, comunica-nos que se vai concentrar.

Quanto a nós, sentamo-nos junto à porta de comunicação, ponto de onde se vê a mesa, e, delicadamente, nos inclinamos sobre a mensagem de Berthelot, que temos sobre os joelhos.

Instantes depois, ouvimos o ruído característico do lápis correndo sobre o papel.

E não tardou muito que Chico Xavier nos trouxesse as respostas.

(*O Globo*, 1-6-1935.)

EMMANUEL DÁ POR FINDA A SUA MISSÃO

Os Espíritos e a vida dos vivos

PEDRO LEOPOLDO, 25 (Especial para *O Globo*, por Clementino de Alencar) — Tivera, pois, resultado satisfatório a nossa tentativa de consultar Emmanuel num idioma desconhecido do "médium". Este, com a sua simplicidade habitual, recolhera as respostas que ali estavam diante dos nossos olhos. Ocorre-nos a frase com que, atrás, resumíramos algumas impressões: "Quanto menos se creia, mais sensacional o caso se torna".

Realmente, a evidência é sensacional. O "médium", conforme todos nos afirmam categoricamente, não sabe inglês. As perguntas, entretanto, foram muito bem interpretadas e tiveram imediata resposta.

Sem elementos lógicos para uma contestação, limitar-nos-emos a expor aqui o que Emmanuel nos respondeu pela mão humilde de Chico Xavier.

OS ESPÍRITOS E O FUTURO DOS SEUS AMIGOS VIVOS

Em uma de nossas perguntas indagávamos:
— *Have you, Spirits, any power upon the future of your living friends?* (Tendes vós, os Espíritos, algum poder sobre o futuro dos vossos amigos vivos?).

Em sua resposta, Emmanuel, de início, estranha a expressão "amigos vivos". A seu ver, o "vivos" é impróprio porque "todos nós estamos vivendo". Há, apenas, para essas vidas, planos diferentes que, aliás, se interpenetram.

Depois, diz o "Guia":

"Não creio que as personalidades desencarnadas tenham poderes sobre o futuro dos seus amigos que ainda se encontram na Terra. Essa atuação infirmaria o valor da iniciativa pessoal e encontraria os obstáculos do livre-arbítrio, lei reguladora da existência de cada indivíduo.

Os Espíritos podem influenciar na vida daqueles aos quais se sentem ligados pela afeição fraterna, mas de uma forma indireta e sutilíssima.

A presciência ainda não é atributo dos seres da minha esfera. Conheço individualidades que, mesmo no Espaço, se entregam aos estudos atinentes ao porvir; porém, quero crer que jogam com as probabilidades que as circunstâncias, às vezes, vêm inutilizar".

O PESADELO QUE PASSA RAPIDAMENTE

Passemos a outra pergunta:

— *Is life but an empty dream?* (É a vida apenas um sonho vazio?)

Ao salmista de Longfellow, o Coração do Moço Rebelado observara:

"A vida é real!... e o túmulo não é o seu termo". Assim, "no vasto campo de batalha do mundo, no bivaque da Vida, seja cada um, não a besta obtusa e submissa, mas o herói em luta" no rumo do divino infinito.

A resposta de Emmanuel, psicografada pelo "médium", foi esta:

"A vida não é o sonho, conjunto de ideias quiméricas e fantasias ocas. É o sonho da perfeição, cheio das vibrações da eterna beleza.

Na Terra, a existência é quase só a dos seres que se aglomeram na cadeia das inquietações e dos desejos, os quais a transformaram num pesadelo de expectativas e ansiedades. Passa, porém, rápido, esse mau sonho e, em reabrindo os olhos nos planos espirituais, sente-se o ser liberto, na posse dos inefáveis bens da Vida, se procurou triunfar na luta de suas imperfeições. Experimenta-se, então, envolvido em claridades consoladoras, e o seu coração é como um sacrário de amor eterno e de eterna esperança".

O INSATISFEITO...

O repórter, porém, não está satisfeito. Ele fizera perguntas, talvez num mau inglês, mas, em todo caso, sempre em inglês.

As respostas podiam estar num bom português; mas eram, sempre, em português... E ele gostaria de obter de Emmanuel pelo menos uma expressão em inglês.

Nada, porém, comunicamos ao "médium" dessa pequena margem de insatisfação que ficara ao lado do contentamento pelas respostas obtidas.

Lembramo-nos apenas de que ainda tínhamos, no bolso, uma longa pergunta. Renovaríamos a tentativa.

Não quisemos, porém, insistir, ontem. Hoje, à noite, sim, voltaremos à casa de Chico Xavier.

NA MELHOR COMPREENSÃO DAS "LEIS
DE OURO" ESTÁ AINDA A POSSIBILIDADE
DE UMA ERA MAIS FELIZ

Tudo, na modesta casinha do "médium", está silencioso, como na véspera.

Apresentamos, então, a ele, a nossa terceira pergunta:
— *I should like to ask you something else: Many voices say we are living through dangerous days, the phantom*

of war ahead. What do you think about? Shall we have a best time, in the near future? What do you think about the possibility of a new world war? (Eu gostaria de perguntar-vos mais alguma coisa. Muitos dizem que nós estamos atravessando dias perigosos, com o fantasma da guerra pela frente. Que pensais a respeito? Teremos melhores tempos, num futuro próximo? Que pensais sobre a possibilidade de nova guerra mundial?)

O "médium" volta a sentar-se, para a concentração, e o apelo ao "Guia", na mesma mesinha da outra vez. Ficamos junto à porta de comunicação e dali percebemos, dentro em pouco, o ruído do lápis. Ele está, porém, escrevendo muito depressa. Parece-nos que, ainda desta vez, a resposta vem em português.

Então, conforme mandam as práticas espíritas, fazemos ao "Guia" um pedido mental, espécie de prece insistente, para que ele nos diga alguma coisa não em português.

Enquanto ansiosamente esperávamos o resultado do apelo, notamos que o lápis estaca após o bater de um ponto e num movimento rápido: como se traçasse uma assinatura.

Estará concluída a resposta? E o nosso "inglês"?

Não; a pausa é muito rápida. O lápis volta a escrever. Devemos crer na eficiência de nosso pedido mental a Emmanuel?

A essa, como a muitas outras perguntas que nos têm ocorrido aqui, não saberíamos responder com a precisão de quem tudo entendesse...

O caso é que, na resposta às nossas indagações acima, o "médium", ao pé de um trecho em português e assinado por Emmanuel, grafou umas dezoito linhas em inglês, assinadas por seu "Guia".

Eis a íntegra dessa resposta:

"Desejas perguntar-me mais alguma coisa... a Humanidade está vivendo dias bem amargurados... tudo representa, para os homens, confusão e dor... atordoados, não se compreendem uns aos outros... O que eu penso? O futuro e suas possibilidades?... Vamos lutar conjuntamente, confiando na misericórdia da Providência Divina. Dize a todos que, para o porvir, toda a felicidade coletiva depende da cristianização: não a luta pela implantação de determinadas ideias religiosas, mas a compreensão perfeita do Evangelho de Jesus, o qual ainda representa o conjunto das leis de ouro. Somente da sua assimilação poderá emergir no mundo o esplendor de uma nova era. — *Emmanuel*".

(*O Globo*, 4-6-1935.)

BERTHELOT, O FRIO PESQUISADOR DA MATÉRIA, FALA-NOS AGORA DO FILAMENTO IMPONDERÁVEL QUE UNE O VISÍVEL AO INVISÍVEL, O FINITO AO INFINITO!...

"Dentro do psiquismo hodierno desenvolve-se o embrião promissor da química espiritual que há de trazer a renovação moral, social e política do orbe" — diz-nos, nas mensagens de Chico Xavier, o criador da termoquímica

PEDRO LEOPOLDO, 29 (Especial para *O Globo*, por Clementino de Alencar) — A acentuada palpitação que, nas últimas semanas, vinha caracterizando as quartas-feiras de Pedro Leopoldo, juntando ao movimento normal da cidade-menina, já de si viva e alegre, uma nota de ansiosa expectativa, sofreu hoje sua primeira solução de continuidade.

Não se realizou a sessão espírita na residência de José Cândido.

O caso não foi propriamente imprevisto e sua possibilidade só veio esboçando desde a sessão passada, quando o "Guia" Emmanuel, referindo-se ao enorme dispêndio, por parte do "médium", de forças neuropsíquicas, por meio de reuniões muito numerosas e repetidos *tests* durante a semana, apontava a necessidade de se entregar Chico Xavier a, pelo menos, um pequeno período de repouso.

Realmente, observamos que o "médium", nos dois últimos dias, se apresentava um pouco abatido e não seríamos nós que iríamos desviá-lo da sua intenção de ligeiro repouso.

Muita gente, entretanto, não acreditava que a sessão de hoje não se realizasse. Por isso mesmo, fomos dos que, sem insistência embora, ficaram na expectativa. Mas, pela manhã, Chico Xavier, obedecendo afinal à necessidade de descanso e às recomendações do seu "Guia", comunicava-nos que se retiraria por alguns dias, para a chácara de um seu cunhado, sita a cerca de quarenta minutos daqui.

Convém observar que, além do esforço despendido nas sessões e *tests*, Chico Xavier experimentava o cansaço físico resultante das vigílias e cuidados outros a que o obrigava o estado de saúde de seu patrão e padrinho, José Felizardo.

ALGUMAS VIAGENS PERDIDAS

Em virtude da incerteza em que ficamos, até ao último dia, sobre se a reunião se realizaria ou não, também não nos foi possível divulgar, com a necessária antecedência, o que se verificou: a não realização.

Por isso, várias foram as pessoas que vieram de fora, para a ela assistir. Assim, aquela palpitação característica das quartas-feiras de Pedro Leopoldo, a que acima nos referimos, sempre se renovou um pouco, ao cair da noite, mas inutilmente.

BERTHELOT FALA-NOS SOBRE A SOBREVIVÊNCIA DO SER CONSCIENTE

Passada essa hora de palestras mais animadas, e quando os visitantes já se haviam retirado, voltamos ao silêncio do nosso quarto e ali, mais uma vez, debruçamo-nos sobre o "arquivo" do "médium", acrescido agora de pequena parte suplementar, um caderno do qual Chico Xavier começara a copiar uma coletânea de mensagens de um ano para cá.

Entre estas figura a comunicação de Berthelot a que já fizemos referência e que nos parecem ser algumas das páginas mais notáveis constantes do "arquivo".

Nelas, o grande químico, o rigoroso e frio pesquisador da Matéria, o estudioso profundo da formação dos "princípios imediatos", criador quase que exclusivo da Termoquímica, lança uma palavra nova e imprevista de crença espiritualista sobre o panorama da sua vida terrena e da sua obra de rigorosa e vasta análise racionalista.

"...E, COMO QUALQUER HOMEM,
TAMBÉM MORRI"

Damos, a seguir, essa mensagem de Marcelin Berthelot, à qual intercalamos alguns subtítulos para melhor destaque de seus trechos mais interessantes:

"Também vivi no cenário do mundo e sobre ele vulgarizei os meus pensamentos e os meus estudos, como qualquer outra personalidade consciente de si mesma, desobrigando-se dos seus deveres de cooperação e solidariedade, e, como qualquer homem, também morri.

Quando na Terra, esse introito das minhas palavras, partido de outrem, feriria decerto as minhas convicções, porquanto implicaria uma afirmativa dogmática e abusiva, excessivamente abstrata em relação aos métodos indutivos das minhas indagações científicas; mas, como todos os recursos da lógica humana se retraem, se nulificam diante dos fenômenos metafísicos em sua maravilhosa incognoscibilidade, pude reconhecer ali mesmo que as ciências positivas abrangem apenas a fração exteriorizável das ciências ideais, em cujo centro reside a energia causal da vitalidade do Universo.

INTOXICAÇÃO DE MATERIALISMO

Como efeito das minhas perquirições nos domínios do palpável, o materialismo intoxicou grande parte das minhas obras, porque, baseando-se os meus métodos na exclusão de todas as hipóteses prováveis, para somente admitir as realidades físicas que o racionalismo positivista me oferecia, logicamente não me fora possível aceitar a sobrevivência do ser-consciência dentro da doutrina do paralelismo psicofisiológico e tampouco prever o estado de infinita radiação da matéria, fora dos fenômenos termoquímicos; contudo, a despeito de todos os preconceitos, havia no fundo do meu espírito a presciência desse novo gênero de vida que me atinge; uma crença vaga, informe, revelada nas proporções das minhas teorias de unidade que envolviam todo um sistema monístico no domínio dos problemas espirituais.

O FILAMENTO IMPONDERÁVEL QUE UNE O FINITO AO INFINITO

Nunca descobri a conexão entre o Nada e o Pensamento, estudando as mais complicadas sínteses orgânicas, escogitando os enigmas das combinações e decomposições dos corpos, sondando as propriedades da energia e do calor, escrutando todos os fatos de laboratório, e no seio da química em sua generalidade; e desde a matemática elementar às matemáticas puras, no vestígio de todas as ciências que, ligando fatos, coordenam argumentos glorificadores da matéria, apresentando-a como base permanente de todas as expressões e sensações da vida, a lógica intuitiva demonstrava-me o filamento imponderável que une o finito ao infinito, o visível ao invisível.

"E FOI POR ISSO QUE A MINHA FILOSOFIA FOI AMARGA"

É certo que a Ciência me induziu a desprezar todas as investigações do impalpável, consubstanciado no monumento das causas profundas, evitando os recursos metafísicos, oriundos de pretensas arbitrariedades mateológicas, os quais, ela, na sua rigorosa análise racionalista, abandonava aos estudos afetos às religiões irmanadas no seu maravilhoso sincretismo; e foi por essa razão que o meu Espírito inutilmente se torturou na Terra, entre dúvidas angustiosas, e a minha filosofia foi amarga, tornando-se, aí, incompreendida.

HESITAÇÕES QUE VALEM COMO PRINCÍPIOS FUNDAMENTAIS DA CRENÇA

Pode-se consagrar a existência aos estudos; porém, dedicando-me inteiramente às minhas lides científicas no labor sagrado da Humanidade, amei, sobretudo, a vida, e, de poderosas razões de sentimento, nasceram as minhas hesitações, que bem equivalem por princípios fundamentais de crença.

UM MATERIALISTA EM BUSCA DA FÉ

Fui um materialista que se desvelou na procura da fé religiosa que lhe ofertasse um alicerce estritamente positivo. Não a alcancei aí e, martirizando a minha inteligência, dediquei às cogitações da matéria todos os meus esforços e energias.

AGI MAL... AGI BEM...

Agi mal? Agi bem?
Estudando o meu próprio trabalho, agi mal, porquanto poderia realizar muito mais pelo progresso humano; e

agi bem porque só a Verdade me interessou, constituindo o sopro da minha atividade laboriosa e o alvo de todos os meus desejos.

A DEFESA DAS CONSCIÊNCIAS CONTRA O ABSURDO DOGMÁTICO

Indistintamente, os homens, de maneira coletiva, colaboram no edifício da evolução comum e cada um deles representa um papel, individualmente considerado, o qual repercute no todo; a teoria do Positivismo, se é suscetível de envenenar alguns espíritos que se caracterizam por lamentável amorfia, assegura um passo a mais da Humanidade na estrada de sua ascensão. Foi o único reduto defensivo das consciências opondo uma negativa reiterada e extrema ao absurdo dogmático, inda mais nocivo ao espírito humano, considerado em todos os seus aspectos e esferas de ação. Através da inductilidade dos seus métodos de aprendizado, escalpelando acontecimentos, partindo do particular para o geral, sem ilações que confundam o raciocínio, chegará ao ponto limítrofe entre o físico e o transcendente, o que já se esboça com os estudos metapsíquicos efetuados, e onde se estabelecerá definitivamente a existência de uma causa inteligente e ativa, reintegrando a matéria no lugar de elemento passível que lhe cabe.

E A CIÊNCIA E A RELIGIÃO SE REUNIRÃO EM DEUS

Estabelecida essa causa, a Ciência e a Religião, divorciadas pela fé cega e pelos realismos incontestes, se reunirão em Deus, origem suprema de toda a Vida.

A PERSPECTIVA IMENSA QUE SE ABRE COM A MORTE

Na existência terrena, vivemos o combate das ideias e das coisas, cujo objetivo é o aperfeiçoamento geral dos seres. Todos os homens e sistemas possuem aí doses de ilusão e de certeza. A morte, todavia, transformação fundamental de todas as coisas, é o sopro ciclópico de realidades absolutas, descortinando ao espírito a perspectiva imensa da ciência universal. Transpostos os seus umbrais é que reconhecemos a positividade dos elementos subjetivos que formam a ciência ideal, tocando os sentimentos em suas substâncias vivas, estudando a Verdade em seus fundamentos intrínsecos, porque somente com a reivindicação de nossa liberdade podemos assimilar o Espiritualismo, isento de dogmatismos incoerentes e de absurdos afirmativos que entorpecem o Espírito no seu nobilíssimo propósito de estudar e compreender a Vida em suas facetas multiformes.

O EMBRIÃO PROMISSOR DA QUÍMICA ESPIRITUAL E DA RENOVAÇÃO

São tais as matérias intangíveis que cercam o homem terreno, sem que ele as consiga apreender, que as suas capacidades perceptíveis se reduzem a um aglomerado de imagens enganadoras; compete à Ciência utilizar-se de todas as suas faculdades inventivas, perquirir todos os fatos observáveis, enumerá-los, concatená-los, esforçar-se abnegadamente pelo progresso geral, porquanto se encontra na antecâmara da fé positiva, para cuja concretização caminham todos os ideais humanos da atualidade; dentro do psiquismo hodierno desenvolve-se o embrião promissor da química espiritual que há de trazer a renovação moral, social e política do orbe, sintetizada no socialismo cristão que todos os sistemas religiosos aguardam como índice de uma nova era; e que todos os estudiosos concorram com o seu trabalho pelo monumento grandioso do porvir da Humanidade, mourejando, inda que com sacrifício, na tarefa bendita da reforma que se espera, cumprindo um dever de solidariedade fraterna.

COMO SEMPRE, NO RUMO DAS VERDADES ETERNAS

A maneira abstrata, pela qual veiculo a minha palavra, oferece poucos elementos de base à credibilidade alheia; porém, não há necessidade de qualquer certificado personalista, já que, como outrora, só a Verdade me guia e impulsiona, indene de todas as preocupações pessoais. As essências dessa mesma Verdade não as receberão talvez como emanantes da minha individualidade sobrevivente; todavia, elas constituem indefectível lição.

A CIÊNCIA NOS APROXIMARÁ DE DEUS

O positivismo científico evolui para as realidades estáveis do Universo, penetrando as causas supremas da existência, decifrando todos os enigmas do destino e do ser, estabelecendo a unidade das almas nas aspirações evolutivas, e que todos os seus corifeus se convençam, como Bacon, de que a muita ciência nos aproxima de Deus e a pouca ciência dele nos afasta.

M. Berthelot".

Codificação
Allan Kardec

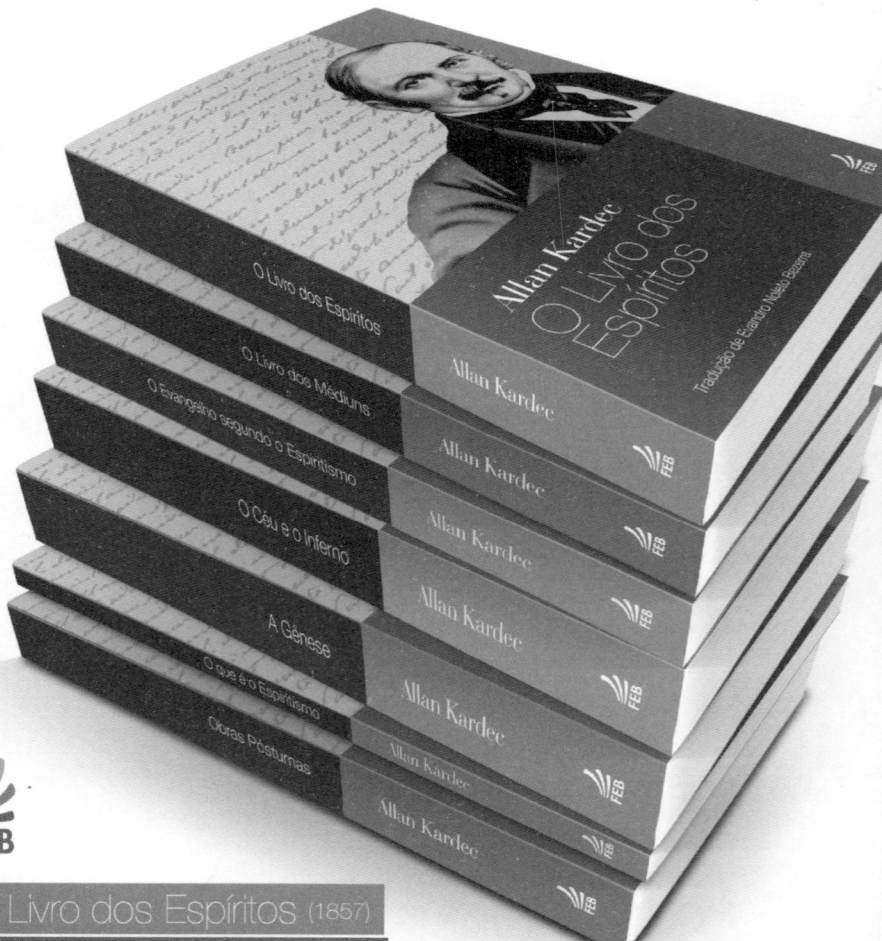

- O Livro dos Espíritos (1857)
- O Livro dos Médiuns (1861)
- O Evangelho segundo o Espiritismo (1864)
- O Céu e o Inferno (1865)
- A Gênese (1868)
- O que é o Espiritismo (1859)
- Obras Póstumas (1890)

FEB

O que é Espiritismo?

O ESPIRITISMO É UM CONJUNTO DE PRINCÍPIOS E LEIS revelados por Espíritos superiores ao educador francês Allan Kardec, que compilou o material em cinco obras que ficariam conhecidas posteriormente como a Codificação: O livro dos espíritos, O livro dos médiuns, O evangelho segundo o espiritismo, O céu e o inferno e A gênese.

Como uma nova ciência, o Espiritismo veio apresentar à humanidade, com provas indiscutíveis, a existência e a natureza do mundo espiritual, além de suas relações com o mundo físico. A partir dessas evidências, o mundo espiritual deixa de ser algo sobrenatural e passa a ser considerado como inesgotável força da natureza, fonte viva de inúmeros fenômenos até hoje incompreendidos e, por esse motivo, são tidos como fantasiosos e extraordinários.

Jesus Cristo ressaltou a relação entre homem e Espírito por várias vezes durante sua jornada na Terra, e talvez alguns de seus ensinamentos pareçam incompreensíveis ou sejam erroneamente interpretados por não se perceber essa associação. O Espiritismo surge então como uma chave, que esclarece e explica as palavras do Mestre.

A Doutrina Espírita revela novos e profundos conceitos sobre Deus, o universo, a humanidade, os Espíritos e as leis que regem a vida. Ela merece ser estudada, analisada e praticada todos os dias de nossa existência, pois o seu valioso conteúdo servirá de grande impulso à nossa evolução.

Sementes do *Evangelho*

Os comentários de Emmanuel sobre os versículos do Novo Testamento são como frutos amadurecidos da grande Árvore do Evangelho.

Desses frutos, recolhemos algumas sementes como frases enfeixadas nesta obra singela, organizada em 5 volumes.

O valor de cada uma está em seu potencial de despertar o Amor, a Caridade, a Fé, a Paz e o Trabalho.

Recolhê-las no solo do coração será o primeiro passo para o crescimento dessas sementes, não importa o quão pequenas sejam.

Literatura espírita

EM QUALQUER PARTE DO MUNDO, é comum encontrar pessoas que se interessem por assuntos como imortalidade, comunicação com Espíritos, vida após a morte e reencarnação. A crescente popularidade desses temas pode ser avaliada com o sucesso de vários filmes, seriados, novelas e peças teatrais que incluem em seus roteiros conceitos ligados à espiritualidade e à alma.

Cada vez mais, a imprensa evidencia a literatura espírita, cujas obras impressionam até mesmo grandes veículos de comunicação devido ao seu grande número de vendas. O principal motivo pela busca dos filmes e livros do gênero é simples: o Espiritismo consegue responder, de forma clara, perguntas que pairam sobre a humanidade desde o princípio dos tempos. Quem somos nós? De onde viemos? Para onde vamos?

A literatura espírita apresenta argumentos fundamentados na razão, que acabam atraindo leitores de todas as idades. Os textos são trabalhados com afinco, apresentam boas histórias e informações coerentes, pois se baseiam em fatos reais.

Os ensinamentos espíritas trazem a mensagem consoladora de que existe vida após a morte, e essa é uma das melhores notícias que podemos receber quando temos entes queridos que já não habitam mais a Terra. As conquistas e os aprendizados adquiridos em vida sempre farão parte do nosso futuro e prosseguirão de forma ininterrupta por toda a jornada pessoal de cada um.

Divulgar o Espiritismo por meio da literatura é a principal missão da FEB, que, há mais de cem anos, seleciona conteúdos doutrinários de qualidade para espalhar a palavra e o ideal do Cristo por todo o mundo, rumo ao caminho da felicidade e plenitude.

COLEÇÃO
ESTUDANDO A
CODIFICAÇÃO

Uma das mais belas coleções da literatura espírita, composta pelos livros *Religião dos espíritos*, *Seara dos médiuns*, *O Espírito da Verdade*, *Justiça divina* e *Estude e viva*, apresenta um estudo aprofundado das obras da Codificação Espírita.

O livro espírita

Cada livro edificante é porta libertadora.

O livro espírita, entretanto, emancipa a alma nos fundamentos da vida.

O livro científico livra da incultura; o livro espírita livra da crueldade, para que os louros intelectuais não se desregrem na delinquência.

O livro filosófico livra do preconceito; o livro espírita livra da divagação delirante, a fim de que a elucidação não se converta em palavras inúteis.

O livro piedoso livra do desespero; o livro espírita livra da superstição, para que a fé não se abastarde em fanatismo.

O livro jurídico livra da injustiça; o livro espírita livra da parcialidade, a fim de que o direito não se faça instrumento da opressão.

O livro técnico livra da insipiência; o livro espírita livra da vaidade, para que a especialização não seja manejada em prejuízo dos outros.

O livro de agricultura livra do primitivismo; o livro espírita livra da ambição desvairada, a fim de que o trabalho da gleba não se envileça.

O livro de regras sociais livra da rudeza de trato; o livro espírita livra da irresponsabilidade que, muitas vezes, transfigura o lar em atormentado reduto de sofrimento.

O livro de consolo livra da aflição; o livro espírita livra do êxtase inerte, para que o reconforto não se acomode em preguiça.

O livro de informações livra do atraso; o livro espírita livra do tempo perdido, a fim de que a hora vazia não nos arraste à queda em dívidas escabrosas.

Amparemos o livro respeitável, que é luz de hoje; no entanto, auxiliemos e divulguemos, quanto nos seja possível, o livro espírita, que é luz de hoje, amanhã e sempre.

O livro nobre livra da ignorância, mas o livro espírita livra da ignorância e livra do mal.

EMMANUEL

Página recebida pelo médium Francisco Cândido Xavier, em reunião pública da Comunhão Espírita Cristã, na noite de 25/2/1963, em Uberaba (MG), e transcrita em *Reformador*, abr. 1963, p. 9.

Conselho Editorial:
Jorge Godinho Barreto Nery – Presidente
Geraldo Campetti Sobrinho – Coord. Editorial
Evandro Noleto Bezerra
Marta Antunes de Oliveira de Moura
Miriam Lúcia Herrera Masotti Dusi

Produção Editorial:
Rosiane Dias Rodrigues

Capa e Projeto gráfico:
Fátima Agra

Normalização Técnica:
Biblioteca de Obras Raras e Documentos Patrimoniais do Livro

Esta edição foi impressa pela Lis Gráfica e Editora Ltda., Bonsucesso, SP, com tiragem de 5 mil exemplares, todos em formato fechado de 138x210 mm e com mancha de 100x170 mm. Os papéis utilizados foram o Lux Cream 70g/m² para o miolo e o Cartão Supremo 300g/m² para a capa. O texto principal foi composto em fonte Gorgia 11/14,7 e os títulos em Trajan Pro 13/14,3. Impresso no Brasil. *Presita en Brazilo.*